JN336499

12 最新青林法律相談

損害保険の法律相談Ⅰ
〈自動車保険〉

SEIRIN LEGAL COUNSELING

伊藤文夫
丸山一朗 [編著]
末次弘明

青林書院

はしがき

　本書は，全２冊で構成される『損害保険の法律相談』Ⅰ・Ⅱのうちの，Ⅰとして自動車保険を中心に扱うものです。

　最近の交通事故統計によれば，交通事故による死傷者は平成10年代のような120万人近くから大幅に減少し72万人台なっており，また自動車の損傷などを理由とする車両保険金の支払金も減少傾向にあります（『交通統計（平成26年）』交通事故分析センター，『自動車保険の概況（平成27年版）』損害保険料率算出機構）。これは，自動車自体の事故回避のための諸機能の充実強化，道路環境の整備，交通行政の強化などによることが大と思われますが，依然として72万人の方が事故に遭遇していることから目をそらすわけにはいきません。
　これら自動車事故から生じる損害をてん補回復するうえで，自動車保険の果たしている役割が重要なことは「クルマ」社会に生きる現代人にとって常識となっているところと思われます。現在の自動車保険は，加害者として保険契約者・被保険者が負担することになる直接的な賠償責任を免れさせるとともに被害者救済をはかる賠償責任保険のほか，物保険である車両保険や人保険である人身傷害補償保険などの傷害保険によって被保険者に生じた損害に対しても救済をはかっています。
　わが国における自動車保険は，アメリカにおいて引き受けられた自動車保険契約のリスク分散のための再保険の引き受けを主たる目的とする大正３年の東京海上保険株式会社（当時）の営業に遡ることができます。その後，わが国の経済社会の進展とともに国内の自動車を対象とする自動車保険が生成してゆきます。当初は車両保険などいわゆる物保険にウエイトが置かれたものでしたが，昭和30年の自賠法創設に伴う自賠責保険の導入等を受け，賠償リスクにも強い目が向けられるようになりました。昭和40年，47年，51年改定等の任意自動車保険約款担保内容の強化充実により，対人賠償・対物賠償責任が前面に押

はしがき

し出されるとともに，保険契約者・被保険者などの自車両による傷害危険をカバーする自損事故担保や搭乗者傷害危険担保等も組み込まれた「クルマ」社会に必要不可欠な自家用自動車総合保険が生まれるに至りました。さらに平成10年には，自らの自動車による人身死傷事故に遭遇した場合に，加害者に対する賠償請求権があるか否かを問わず，自らが保険契約者・被保険者となっている自動車保険から，約款に定める損害賠償額算定基準などによって計算された「実損額」を保険金として受け取ることができる「人身傷害補償保険」が創設されるに至り，自動車保険は広く「自動車事故犠牲者救済システム」への変貌を果たしたといえましょう。

　本書は，そのような自動車保険について，理論上又は実務上の重要な問題点などについて，この領域において指導的立場にある法実務家・研究者のご協力の下，Q＆A方式をとりつつ理論水準を維持しかつわかりやすい解説を試みたものです。

　本書によって，現行自賠責保険・任意自動車保険の理解が一段と深まるとともに，自動車保険の理論面，実務面における更なる発展の礎となることを願いつつ，本書を世に送りたいと思います。

　平成28年6月

編著者一同

凡　例

(1) 各設問の冒頭に**Q**として問題文を掲げ，それに対する回答の要旨を**A**でまとめました。具体的な説明は ■解　説■ 以下に詳細に行っています。
(2) 判例，裁判例を引用する場合には，本文中に「☆1，☆2……」と注番号を振り，各設問の末尾に ■判　例■ として，注番号と対応させて「☆1　最大判平27・3・4民集69巻2号178頁」というように列記しました。なお，判例等の表記については，後掲の「判例・文献関係略語」を用いました。
(3) 文献を引用する場合，及び解説に補足をする場合には，本文中に「＊1，＊2……」と注番号を振り，設問の末尾に ■注　記■ として，注番号と対応させて，文献あるいは補足を列記しました。必要に応じて，●参考文献● を示しました。文献は，原則としてフルネームで次のように表記をし，一部の文献については後掲の「判例・文献関係略語」を用いました。
　　〔例〕著者名『書名』（出版社，刊行年）頁数
　　　　編者名編『書名』（出版社，刊行年）頁数〔執筆者名〕
　　　　執筆者名「論文タイトル」編者名編『書名』（出版社，刊行年）頁数
　　　　執筆者名「論文タイトル」掲載誌○○号／○○巻○○号○○頁
　　　　執筆者名・掲載誌○○号／○○巻○○号○○頁
(4) 法令名は，原則として，地の文の引用では正式名称を用いましたが，法令名が長いもので通称があるものについては通称を用いました。カッコ内の引用では後掲の「法令略語」を用いて表しました。
(5) 本文中に引用した判例，裁判例は，巻末の「判例索引」に掲載しました。
(6) 各設問の ☑キーワード に掲げた重要用語は，巻末の「キーワード索引」に掲載しました。

■判例・文献関係略語

大	大審院	地	地方裁判所
大連	大審院連合部	支	支部
最	最高裁判所	判	判決
最大	最高裁判所大法廷	決	決定
高	高等裁判所	民録	大審院民事判決録

凡　例

新聞	法律新聞	ジュリ	ジュリスト
民集	最高裁判所（又は大審院）民事判例集	曹時	法曹時報
		金判	金融・商事判例
刑集	最高裁判所（又は大審院）刑事判例集	金法	金融法務事情
		交民集	交通事故民事裁判例集
集民	最高裁判所裁判集民事	判時	判例時報
高民集	高等裁判所民事判例集	判タ	判例タイムズ
下民集	下級裁判所民事裁判例集	LEX/DB	LEX/DBインターネット
最判解民	最高裁判所判例解説民事篇	WLJ	Westlaw Japan
訟月	訟務月報		

■法令略語

医師	医師法	商	商法
健保	健康保険法	道交	道路交通法
厚年	厚生年金保険法	道交令	道路交通法施行令
高齢医療	高齢者の医療の確保に関する法律	法適用	法の適用に関する通則法
		保険	保険法
国健保	国民健康保険法	保険業	保険業法
国年	国民年金法	保険業則	保険業法施行規則
自賠	自動車損害賠償保障法	民	民法
自賠令	自動車損害賠償保障法施行令	民訴	民事訴訟法
		労災	労働者災害補償保険法

編著者・執筆者一覧

編著者

伊藤　文夫（前日本大学法学部教授）
丸山　一朗（損害保険料率算出機構）
末次　弘明（弁護士　宮川・末次法律事務所）

執筆者

（執筆順）

伊藤　文夫（前日本大学法学部教授）**Q1，Q5，Q14**
丸山　一朗（損害保険料率算出機構）**Q2，Q3，Q4，Q7，Q36**
藤村　和夫（日本大学法学部教授）**Q6**
植草　桂子（損害保険料率算出機構）**Q8，Q25**
黒田　清綱（損害保険料率算出機構）**Q10，Q13**
原田　健一（損害保険料率算出機構）**Q9，Q11**
益井　公司（日本大学法学部教授）**Q12**
松居　英二（弁護士　ニューブリッジ総合法律事務所）**Q15，Q43**
岸　　郁子（弁護士　四谷番町法律事務所）**Q16，Q40**
髙木　宏行（弁護士　髙木総合法律事務所）**Q17，Q44，Q46，Q49**
芳仲美惠子（弁護士　畑・芳仲法律事務所）**Q18**
矢田　尚子（日本大学法学部准教授）**Q19**
堀切　忠和（弁護士　九段富士見法律事務所）**Q20**
高野　真人（弁護士　伊藤・遠藤・高野・野崎法律事務所）**Q21**
末次　弘明（弁護士　宮川・末次法律事務所）**Q22，Q23**
山川　一陽（日本大学名誉教授）**Q24**
甘利　公人（上智大学法学部教授・弁護士）**Q26，Q47**
花﨑　浜子（弁護士　赤尾・花﨑法律事務所）**Q27**
垣内　惠子（弁護士　涼和綜合法律事務所）**Q28**

編著者・執筆者一覧

新藤えりな（弁護士　九段坂総合法律事務所）　**Q29**
肥塚　肇雄（香川大学法学部教授・客員弁護士　佐野・吉田茂法律事務所）　**Q30**，**Q31**
井口　浩信（損害保険料率算出機構・日本大学法学部講師）　**Q32**，**Q33**
佐野　　誠（福岡大学法科大学院教授）　**Q34**，**Q35**
古笛　恵子（弁護士　コブエ法律事務所）　**Q37**，**Q38**
松田　雄紀（弁護士　松田東京法律事務所）　**Q39**
神田　温子（名古屋地方裁判所判事）　**Q41**
小松　初男（弁護士　虎の門法律事務所）　**Q42**，**Q48**
山野　嘉朗（愛知学院大学法学部教授）　**Q45**

目　次

第1章　自動車保険制度の概要 ——————————— 1

Q1 ■ 自動車保険制度の概要 ……………………………〔伊藤　文夫〕／3

　Xは自己所有の普通乗用車を運転中，信号機のない交差点でY運転（Y所有）の普通乗用車と出会い頭に衝突し，顔面挫傷，下肢複雑骨折ほかの傷害を受けるとともに，所有車両自体も大幅な損傷を受けました。

　入院翌日にはXが契約している甲損害保険会社の乙代理店が見舞いがてらに病室を訪ねてきて，見舞いの言葉を述べるとともに，「本件に係る損害のてん補回復については車両損害も含めて乙代理店が可能な限りお手伝いしますので，そのことについてはご心配なさらずに治療とお体の健康回復にご専念ください。」と述べて帰られました。

　数日後，症状が安定してきたので，自宅からノートパソコンを取り寄せ，甲社のホームページを開き，自分の負った傷害や，車両損傷（これについては，乙の指定により甲の指定修理工場に搬送し修理着手済み）に伴う損害について，どのように損害が算定されるのか，損害賠償，その他，保険によりどのような救済を受けることができるのか調べてみました。ホームページには，「自動車保険のしおり」と称するものが掲載され，平易な文言で（任意）自動車保険による救済の仕組みなどが書かれており，現在の自動車保険は，これまで自分が思っていた保険制度とは異なり，自動車事故により損害を受けた者の救済については，まさに総合救済システムに近いものになっていることを知りました。出会い頭の衝突であるから相手方から大幅な過失相殺の主張がされるので，治療費や修理費も大幅な減額を受け，自分の負担部分がかなりあると思っていましたが，自動車保険制度を活用すれば，人身傷害の部分だけではなく，車両損害についてもそれなりの損害のてん補回復を受けることを知りました。

　例えば，人身事故については，相手方あるいは契約保険会社に損害賠償請求をするのではなく，自分が契約している自動車保険に付帯されている「人身傷害補償保険」で損害相当額のてん補回復を受けることができ，また車両損害についても自分の保険の車両保険でてん補回復を受け，賠償をめぐる後処理については，契約保険会社に委ねてしまうことなどです。ただ，「契約のしおり」は，自動車保険についてのみの記載であり，自動車損害賠償責任保険（自賠責保険）などについては記載されていません。

目　　次

そこで，自動車事故により損害を被った場合に用意されている自動車保険の概要を，ごく簡単に教えてください。

第2章　自動車損害賠償責任保険（自賠責保険） ―― 9

第1節　自賠責保険制度の概要

Q2 ■ 自動車損害賠償責任保険（自賠責保険）制度の概要 ……〔丸山　一朗〕／11

自賠責保険は，交通事故の被害者を保護するための保険であると聞きました。どのような保険制度になっているのか，教えてください。

第2節　対人賠償責任保険の前提としての自賠法をめぐる解釈論

Q3 ■ 自動車損害賠償保障法（自賠法）の制度趣旨と全体像 ………〔丸山　一朗〕／18

自賠法には，どのような特色がありますか。自賠法における固有の解釈の問題があれば教えてください。

Q4 ■ 「運行」と「(運行)によって」の問題 ……………………〔丸山　一朗〕／26

自動車損害賠償保障法（自賠法）上の賠償責任が認められるためには，自賠法3条本文の要件である「運行によって」発生した事故であることが必要であると聞きました。「運行」及び「(運行)によって」の「によって」とは，それぞれどのような意味であるか，教えてください。

Q5 ■ 「運行供用者」概念 ……………………………………………〔伊藤　文夫〕／34

私は，自己所有の自動車でドライブ中，B所有の自動車を借り受けたAが運転する自動車に衝突され，全治1か月の重傷を負いました。事故原因はAの脇見運転であり，そのことは警察の実況見分時にA自身が認めていることですが，Aに，この事故で生じた治療費の自己負担分などの損害について賠償請求をしましたが，賠償したくてもお金がないと言って取り合ってくれず，所有者であるBに請求したところ，事故を起こした場合にはすべてAが責任を負い，Bが締結している自賠責保険や任意保険も使わないという約束で貸したのだから，すべてAに請求してくれというだけでこちらも相手にしてくれません。私としては，Aは事故を起こした直接の加害者として，またBは脇見運転をするようなAに自動車を貸した者として責任があるのではないかと考えており，両者に訴訟手続になることも含めて損害賠償請求をしようと考えていますが，どのような手続をすればよいでしょうか。

Q6 ■ 「他人性」概念 …………………………………………………〔藤村　和夫〕／45

甲会社を経営する太郎の娘である花子は，甲会社の専務でもある夫の次郎が海外出

目　次

張に出かけるのに同行するため次郎と一緒に車で空港に向かう途中，事故に遭って重症を負い，同時に，次郎もかなりのけがを負うこととなりました。

次郎と花子が乗っていた車は太郎の所有する車であり，運転していたのは太郎のお抱え運転手乙でした。次郎は，太郎からその車を自由に使ってよいと言われていたところ，自ら運転することもありましたし，乙に運転させることもありました。

この日は，その車を空港の駐車場に長く駐車させておくのを避けるため，乙に運転してもらっていましたが，突然，右の前輪がバーストして高速道路の側壁に車を衝突させるという事故を起こしてしまいました。

次郎と花子は，この車が付保している自賠責保険会社に損害のてん補を求めたいと思っていますが，可能でしょうか。ちなみに，花子は運転免許を持っていません。

Q7 ■　「運転者」概念 ……………………………………………〔丸山　一朗〕／55

次のようなケースでは，自動車損害賠償保障法（自賠法）3条の「他人性」の判断はどうなりますか。
(1) 甲会社の従業員であるAは，会社の営業目的のために会社所有車を運転してまず取引先の乙会社に立ち寄り，そこで同社の社員であるBを同乗させて，ともに営業先へ向かいました。用件を終えてBを乙会社へ送っていく途中で，Aは疲労のため運転の交替をBに依頼し，自らは助手席で仮眠をとっていたところ，Bの運転ミスにより当該加害車両がガードレールに衝突，Aが負傷する事故が発生しました。
　　Aは，自賠法3条の「他人」に該当しますか。
(2) Aは，作業現場の責任者としてクレーン車の玉掛作業を行った後に，クレーン車の運転者であるBに対し巻上げの合図をしたところ，自らの玉掛作業が不適切であったために，Bがクレーン車で巻き上げた際に荷崩れが起こり，これによってAが負傷する事故が発生しました。
　　Aは，自賠法3条の「他人」に該当しますか。

Q8 ■　悪意免責 ……………………………………………………〔植草　桂子〕／61

私の息子は，帰宅途中，時速60kmで走行してきた車両にはねられ，重傷を負いました。命はとりとめましたが後遺障害が残りそうです。車両の運転手は殺人未遂罪で逮捕され，「いらいらしてやった。誰でもいいからひき殺そうと思った」と供述しているそうです。加害者の運転していた車両は，加害者が所有しており，自賠責保険は付保されているものの，任意自動車保険は付保されていないそうです。息子の事件については，警察から，通常の交通事故とは異なり，刑事課で扱っているという話を聞いたのですが，自賠責保険に請求しても支払を受けられない可能性もあるのでしょうか。

第3節　自動車損害賠償の基礎としての損害額算定

Q9 ■　積極損害の認定 ……………………………………………〔原田　健一〕／66

目　次

　道路の横断歩道を横断していたところ，走行してきた自動車と衝突する事故に遭い，右手や右膝を打撲するけがをしました。医療機関を受診しましたが，治療費は，相手の自動車に付保されている任意自動車保険の保険会社が自動車損害賠償責任保険（自賠責保険）から支払われる分も含めて，医療機関に一括払をしてくれるそうです。
　⑴　健康保険ではなく，自由診療になると聞きましたが，健康保険と自由診療とは何が違うのでしょうか。
　⑵　自由診療の治療費というのは，医療機関が自由に決められると聞きましたが，算定の目安があるのでしょうか。
　⑶　任意保険会社は医療機関が決めた治療費をすべて支払ってくれるのでしょうか。

Q10 ■ 柔道整復施術費用の認定 ………………………………〔黒田　清綱〕／75

　自動車事故でけがをしました。仕事の関係で病院や診療所の診療時間に通院するのが難しいので，職場近くの接骨院や整骨院で施術を受けることを考えています。自動車保険や自動車損害賠償責任保険（自賠責保険）を利用する際に注意すべき点などがあれば教えてください。

Q11 ■ 休業損害の認定 ……………………………………………〔原田　健一〕／85

　私は男性ですが，妻が弁護士として就労しているため，自分は会社を辞め，専業主夫として3歳の子の育児など家事労働に従事していました。
　先般，横断歩道を歩行していたところ，道路を走行してきた自動車に衝突され，右大腿骨を骨折する大けがをしたため，現在，医療機関に入院して治療を受けていますが，入院中，家事労働ができずに困っています。
　⑴　休業損害というのは，実際に就労している人しか請求できないのでしょうか。
　⑵　専業主夫でも休業損害を請求することができるのでしょうか。
　⑶　入院中，家政婦に家事や育児を依頼した場合，その費用は請求できるのでしょうか。

Q12 ■ 逸失利益の認定 ……………………………………………〔益井　公司〕／94

　⑴　交通事故により，被害者に後遺障害が残った場合や被害者が死亡した場合，逸失利益はどのように算定するのでしょうか。
　⑵　その際，将来の長期間にわたり取得するはずであった利益を損害賠償として一時に一括して得ることになるので，中間利息を控除することになりますが，現在，預金金利は非常に低くなっているので，年5％の法定利率で控除するのは問題ないでしょうか。また，その際には単利で計算するのでしょうか，あるいは複利で計算するのでしょうか。

Q13 ■ 後遺障害の等級認定 ………………………………………〔黒田　清綱〕／107

　自動車事故でけがをしました。治療を続けましたが，なかなかよくなりません。後遺障害が残った場合の自賠責保険の取扱いについて教えてください。また，後遺障害等級認定の仕組について教えてください。

Q14 ■ 損害額認定における男女間格差（特に未就労児童など） ……〔伊藤　文夫〕／119

私の友人は4歳の女の子の母親でしたが，そのお嬢さんが先日幼稚園の帰りに乗っていたスクール・バスがセンターラインを越えて暴走してきた大型貨物自動車に衝突され，お嬢さんを含め同じ団地に住み幼稚園も一緒で仲のよかった同じ年の男の子など数人が亡くなり，十数人が重傷を負ったそうです。友人の話ですと，先日，加害運転手の勤務先の自動車の保険を引き受けているという保険会社の方が来訪し事故に遭遇して死亡した男の子のお母さんと一緒に説明を受けましたが，その時の説明では，お嬢さんと，男の子とでは，損害賠償額に違いがあるようなので，いただいた計算表を見ると逸失利益というところで違いが出ていることに気づき，その理由を尋ねましたら，「逸失利益というのは，将来得ることのできる賃金などの収益などを現在時点に換算したものですが，お子さんが将来どのような職に就き，いくらぐらいの収入を得るかについて明確な証拠はありません。そこで，予測するほかないのですが，予測の資料として，現在の賃金に関する統計データをベースにする方法が一般的にとられています。その結果，ご存知のとおり，現在，男女間に賃金格差があることは否定できない事実ですので，その結果，男のお子さんと女のお子さんとでは損害賠償額に違いが出てしまうのです。」としか説明してくれなかったということです。
　お子さんを無謀な運転で失われただけではなく，損害賠償額についてまで，男女の雇用に関する法律や男女共同参画社会法などのいわゆる男女均等法が制定されそれが普及して行くであろう将来も，現在のように男女間格差が続くことを前提に算定されるということでよいのでしょうか。

Q15 ■ 各種非典型後遺障害の認定 ……………………………………〔松居　英二〕／127
(1)　医師からもらった診断書に見慣れない次の診断名が記載されていました。これらは，自動車保険や損害賠償においてどのように扱われますか。
　　①高次脳機能障害　②PTSD　③RSD（CRPS）　④脳脊髄液減少症
(2)　自動車保険や損害賠償において，医師が治療で用いる診断基準はどのような意味をもつのでしょうか。診断基準に該当しないと一切損害賠償を受けることができないのですか。

Q16 ■ 後遺障害の存続期間 ……………………………………………〔岸　郁子〕／137
　父Aは，バイクを運転中に乗用車と接触し，右足首の開放骨折等で3か月間入院し，退院後もリハビリのため通院中でしたが，事故後1年経ったところで身体の不調を訴えガンと診断されて，手術の甲斐なく診断から1年後に死亡してしまいました。骨折については，ガンと診断された後も通院を続け，事故から1年3か月経ったところで症状固定の診断を受け，足関節の機能障害について後遺障害等級12級と認定を受けています。
　Aは症状固定時点で47歳で，まだまだ20年以上は働けたはずであり，その間の逸失利益については賠償を受けて当然と思うのですが，保険会社からは，既にガンで死亡しているから死亡時までの逸失利益しか算定できないと言われています。本当にそうなのでしょうか。

Q17 ■ 死亡の逸失利益 …………………………………………………〔髙木　宏行〕／147

目　　次

死亡の逸失利益はどのように算定されるのでしょうか。被害者に扶養されていた者が相続人でない場合に，損害賠償請求することはできるでしょうか。

Q18 ■ 外国人被害者に対する損害賠償 ……………………〔芳仲　美惠子〕／156

以下の外国人被害者の損害賠償額の算定において，日本人の場合と違いはありますか。

(1) 息子が2年前に「技能実習」の在留資格で日本に入国し，当初は水産加工技術の技能実習生として工場で働いたのですが，低賃金の割に仕事が過酷で辞めてしまい，友人の紹介で条件のいい建築現場で働くようになった矢先，交通事故で死亡してしまいました。息子から本国への仕送りがなくなり，生活に困っています。

(2) 大学卒業後，日本法人の現地子会社に就職してコンピュータソフトの開発に携わり，24歳の時に「企業内転勤」の在留資格で日本に入国し，本社の技術者としてソフトの設計開発に従事していたところ，2年目に事故に遭い，後遺障害が残りました。当初の在留期間は1年で，1回目の更新が1年，2回目の更新が3年です。事故前には同国人女性と結婚して妻と日本で暮らしており，ゆくゆくは永住資格をとって家族で日本で暮らすつもりでした。

Q19 ■ 事故と自殺との間の相当因果関係 …………………〔矢田　尚子〕／167

先日，夫が自殺しました。明るく，働き者だった夫が自殺するに至ったのは，今から3年前の交通事故がすべての始まりです。その事故は，夫婦旅行の帰りに起きました。夫が安全運転で国道を走行中，前方不注視のためにセンターラインを越え侵入してきたAの運転する車両に衝突され，夫は，頭部打撲，左膝蓋骨骨折，頸部捻挫等の障害を負いました。その後順調な回復をみせたものの，後遺症（自賠責等級14級10号）の認定も受けました。

もっとも，夫の受傷・後遺症の程度は，頭痛や項部痛，眼精疲労といった比較的軽度なものではありました。しかし，その事故が夫に与えた精神的影響は大きく，また，その後の補償交渉が思うように進まず，そのうえ，意思に反する就労の勧めまでもがなされたことで，災害神経症状態に陥ってしまいました。そのせいもあって退職をせざるを得ず，その後，気持ちを切り替え，再就職を試みたものの，それもうまくいかず，精神状態が悪化してうつ病となり，最悪の事態を招くことになってしまいました。

この事故さえ起きなければ，このような事態には決してならなかったと思います。そこで，Aに対し，夫の死亡による損害も含めて損害賠償を請求したいのですが，認められるでしょうか。

Q20 ■ 損害額算定にあたっての被害者の体質的素因の考慮 ………〔堀切　忠和〕／178

車で追突事故を起こしてしまったのですが，少しぶつかっただけなのに，被害者の方には，もともと椎間板ヘルニアの持病があったようで，長期の入院をされました。

事故を起こした私が悪いのですが，被害者の方の持病が影響したような場合，その分まで，損害賠償をしなければいけないのでしょうか。

目　　次

Q21 ■ 共同不法行為をめぐる問題 ……………………………〔高野　真人〕／188
　(1)　甲車が青信号で交差点を通過しようとしていたところ，赤信号で横断していた被害者Vに衝突してしまい，Vが路上に転倒したところを，黄信号で交差点に進入してきた乙車が轢過しVは死亡しました。このような場合，賠償義務の範囲はどのようになりますか。
　(2)　自転車に搭乗した児童Vが，信号のない交差点で，甲車と出合い頭に衝突し，救急搬送先の乙病院で診察を受けたものの，医師はVの母親Aに異常が出たらすぐ再来院するように指示してVを帰宅させました。帰宅後数時間経過して，Vに異常が出ましたが，Aは直ちにVを病院に連れて行かず，ようやく乙病院を受診したころには既に脳出血が進んでおり，重度の脳障害の後遺症が残存しました。このような場合，甲車と乙病院の賠償義務の範囲はどうなりますか。また，甲車側が賠償金を払った場合，乙病院に対して求償請求はどの限度できますか。

Q22 ■ 損益相殺による損害額の調整 ………………………………〔末次　弘明〕／198
　私の息子Aは，バイクに乗って信号機のある交差点を青信号にて直進進行していたところ，突然右折してきた四輪自動車にはねられ，死亡してしまいました。息子は事故当時40歳の独身であり，家内も亡くなっていたので，父である私のみが相続人となりました。私は，息子Aが死亡したことにより，これまでに労働者災害補償保険法（労災保険法）に基づく遺族補償年金として280万円，厚生年金保険法に基づく遺族厚生年金として270万円の合計550万円を受領しました。Yに対して損害賠償請求をしたところ，Y側は，それらの年金分を賠償金額から差し引くと主張してきました。
　(1)　このような場合，差し引かれてしまうのでしょうか。
　(2)　仮に差し引かれる場合，今後支払われる予定の金員も支払の対象になるのでしょうか。
　(3)　差し引く場合，金員は損害賠償額全体から差し引かれるのでしょうか，それとも差し引くことができる損害項目は限られているのでしょうか。
　(4)　差し引くべき金額は，損害の元本に充当されるのでしょうか，それとも遅延損害金から充当されるのでしょうか。
　(5)　本件のように，事故状況についてAにも過失がある場合，過失相殺後に差し引くのでしょうか，それとも過失相殺前に差し引くのでしょうか。

Q23 ■ 第三者行為災害による代位請求 ……………………………〔末次　弘明〕／208
　私は，普通自動二輪を運転し，信号機により交通整理の行われている交差点を青信号に従って直進していたところ，Aさんの運転するAさん所有車両が急に右折してきたため事故となり，外傷性クモ膜下出血で入院しました。AさんはY保険会社と自動車損害賠償責任保険（自賠責保険）契約を締結していましたが，任意保険には加入していませんでした。私は，健康保険を使って治療費を支払い，退院後，Y保険会社に対し，自動車損害賠償保障法（自賠法）16条1項に基づき被害者請求を行いました。私の傷害部分の損害は，自己負担の治療費，入院雑費，交通費，慰謝料等総額300万円であり，自賠責保険の傷害限度額120万円全額が支払われるものと思っていまし

xiii

た。ところが，Y保険会社は，私の加入しているZ健康保険組合から200万円分の治療費に関する求償請求がなされたことを理由に，120万円全額は支払えない，案分した金額しか支払えないと回答してきました。案分されてしまうのでしょうか。

Q24 ■ 損害賠償請求権と他法令給付との調整 ……………………〔山川　一陽〕／215

私は，通勤途上で交通事故に遭いました。なんとか命はとりとめたのですが，そのために入院期間が数か月に及び，退院後も手足が不自由となり，従来の勤務先での仕事に復帰することができません。加害者に対して損害の賠償を求めたいので先日弁護士を依頼しました。ところが，弁護士の説明によると今まで私が労働者災害補償保険法（労災保険法）に基づいて受領していた各種の金銭給付について損害賠償の額から差し引かれることになるかもしれないということです。本当にそうなるのでしょうか。そうであるとするとそれはどのような理由によるものなのでしょうか。

第4節　その他自賠責保険・政府保障事業をめぐる問題

Q25 ■ 遅延損害金 …………………………………………………〔植草　桂子〕／222

私の夫は，道路を横断中に右折してきたトラックにはねられ，約半年間意識不明の状態が続いた後，私と息子を残して亡くなりました。息子がある程度大きくなるまで経済的に困らなくてすむように，事故の相手方に対して訴訟を起こして，できるだけ高い賠償金を受け取れるようにしたいと考えています。事故から約1年経過したのですが，これから訴訟を起こした場合，遅延損害金はどのように計算されるのでしょうか。

第3章　任意自動車保険　　229

第1節　任意自動車保険制度の概要

Q26 ■ 任意自動車保険制度の概要 ………………………………〔甘利　公人〕／231

任意自動車保険制度の過去と現状を教えてください。

第2節　基本条項

Q27 ■ 保険料領収前免責 …………………………………………〔花﨑　浜子〕／242

私は，A保険会社の自動車保険に加入するにあたり，長年つきあいのあるB保険代理店の担当者から「保険料はB代理店が立替払いしておくので後から分割払いしてくればよいですよ。」と言われてA保険会社との保険契約を締結し，保険期間が開始していたところ，B代理店のA保険会社に対する保険料の立替払いが遅れているうち

xiv

目　次

に交通事故を起こしてしまいました。
　A保険会社に事故の報告をしたら，保険料を領収する前に生じた事故による損害や傷害に対して保険金は支払わないと言われましたが，何とかならないのでしょうか。

Q28 ■ 告知義務 ……………………………………………………〔垣内　恵子〕／252
　私は，自動車を運転中，信号待ちで停車していた際に，後続車に追突されてしまいました。加害車両は任意自動車保険に入っていません。幸いけがはありませんでしたが，私の自動車は高級車で，かなりの修理費用がかかります。加害者は資力もないようなので，私は自分が加入している任意自動車保険の車両保険を使って自動車を修理したいと思っています。ところで，私は，以前から甲保険会社の任意自動車保険に加入して契約を更新してきました。毎年契約更新時期になると保険代理店から保険契約申込書が送付されてきます。私は，ずっと運転免許証の色はゴールドだったのですが，今回は契約更新前にスピード違反があり，運転免許証の色はゴールドではなくブルーでした。しかし，私は，ブルーと申告すると保険料が値上がりすると思い，以前と同様にゴールドであると申告していました。このようなことがあっても，車両保険金は支払ってもらえるのでしょうか。

Q29 ■ 通知義務 ……………………………………………………〔新藤　えりな〕／263
　私は，A損害保険会社との間で，保有する自動車につき自動車保険契約を締結しました。契約締結の際には日常・レジャー使用目的で，通勤には使用しないと申告しましたが，転んで足首を捻挫してしまったため3か月前から被保険自動車で通勤していたところ，昨日交通事故を起こして負傷してしまいました。A損害保険会社から搭乗者傷害保険金を支払ってもらえるでしょうか。

Q30 ■ 被保険自動車の譲渡 ……………………………………〔肥塚　肇雄〕／271
　Aは自己が所有する自動車甲（以下「甲車」という）をBに譲渡しましたが，譲渡後にBが運転する甲車がCの所有するC運転の自動車乙（以下「乙車」という）と衝突し乙車を大破させただけでなくCに重傷を負わせました。Aの甲車についての自動車保険関係は甲車とともにBに承継され，BはAの自動車保険関係で乙車に発生した物害とCに発生した人身損害をてん補することができるでしょうか。

Q31 ■ 被保険自動車の入替え …………………………………〔肥塚　肇雄〕／277
　Aは自己が所有する自動車甲（以下「甲車両」という）を廃車して，新しい自動車乙（以下「乙車両」という）を購入したところ，Aは自動車保険関係に関する手続を何もしないまま，Aが運転する乙車両がAの不注意でBの運転するB所有の自動車丙（以下「丙車両」という）と衝突し丙車両を大破させBに重傷を負わせました。この場合，保険会社は，甲車両に付保していたAの自動車保険契約を乙車両に適用して，物損及び人身損害に対し保険金を支払うことはできますか。

Q32 ■ 事故発生時の保険契約者・被保険者の義務と義務違反の効果
　　　　………………………………………………………………〔井口　浩信〕／282
　私は，所有する自動車に車両保険付きの自動車保険を付保しています。最近，近隣

で不審火が相次いでいたのですが，自宅の駐車スペースに駐車中の私の自動車にも放火されました。

(1) 消防車が到着するまでの間，私は家人と一緒に自宅に備え付けていた家庭用消火器２本を使って消火に努めましたが，結果的に自動車は全焼しました。保険会社からは保険金額全額の保険金を支払う旨の連絡を受けていますが，消火剤を使い切った消火器２本分の消火剤充填費用は保険給付の対象とはならないのでしょうか。

(2) 保険会社に「損害品明細・価額申告書」を提出したのですが，記憶が不確かで早く書類を提出しなければと慌てていたこともあり，一部の付属品について，購入時期や購入価額が事実と異なったり曖昧な記憶に基づいて記載してしまいました。このような場合には一切の保険金が受け取れなくなると聞いたことがあります。早速，保険会社に修正を申し入れるつもりなのですが，保険金を受け取れなくなるのでしょうか。

Q33 ■ 重複保険の場合の保険金請求 ……………………………………〔井口　浩信〕／293

私は，休日を利用して旅行に出かけるため，友人のAさんから自動車を借りることにしました。Aさんには「この車には運転者年齢限定や運転者限定のない任意自動車保険をかけているから大丈夫だよ。」と言われたのですが，Aさんに迷惑をかけることになってはいけないので，私はドライバー保険を締結しました。

旅行中，交差点で出合い頭の事故に遭い，この事故によって相手のXさんは受傷し，Xさんの車も損傷しました。そこで，私は，私が締結したドライバー保険とAさんが締結していた任意自動車保険のうち，ドライバー保険のみに保険請求ができるのでしょうか。それとも両方に請求できるのでしょうか。

Q34 ■ 保険金支払期限 …………………………………………………………〔佐野　誠〕／302

私は，所有する自動車が盗難に遭ったので，自動車保険を付保していた保険会社に必要書類を送付して保険金を請求しました。その保険会社の約款によれば，必要書類の提出から30日以内に保険金を支払うとされ，また，特別な照会又は調査が不可欠な場合にはその期間を延長するとしていましたが，その場合でも最長は180日と規定されていました。

その後，必要書類提出から180日近くになって，保険会社から本件についての調査はなお継続しているので調査に協力してほしいとの要請がありました。私としてはともかく早く保険金を支払ってほしいので，その後の調査にはできる限り協力しました。

結局，保険会社からは１年以上経って保険金が支払われましたが，こんなに待たされた私としては釈然としません。約款上の期限の180日を超えた部分については，遅延損害金を支払ってもらうことができないでしょうか。

Q35 ■ 保険金請求権の時効 ……………………………………………………〔佐野　誠〕／312

私は，半年の間，長期海外出張をしていました。帰国すると，自宅駐車場に停めてあった自家用車がなくなっていました。警察に盗難届を出して捜査してもらったところ，しばらくして私の車を盗んだ犯人が捕まりましたが，その車は犯人が既に外国に

売りとばしており，回収することができませんでした。

そこで，自動車保険の保険会社に対して車両保険の保険金の請求をしましたが，なかなか保険金が支払われないのでしかたなく保険会社を相手に訴訟を起こしました。その訴訟の中で，保険会社は，盗難が発生してから訴訟を提起するまでに3年以上経過しているので，時効により保険金は支払われないと主張してきました。

しかし，帰国後，盗難に遭ったことを知った時から訴訟を提起するまでは3年以内であり，また，盗難発生時から計算しても，保険会社に保険金を請求したのは3年以内です。それでも時効によって保険金は支払われないのでしょうか。

第3節　対人賠償条項

Q36 ■ 対人と自賠責保険の関係 …………………………〔丸山　一朗〕／322

任意自動車保険における対人賠償責任保険（以下「対人賠償責任保険」といいます）と，自動車損害賠償責任保険（自賠責保険）とはどのような関係にあるのでしょうか。自賠責保険では保険金が支払われないものの，対人賠償責任保険では支払が行われるといったようなケースはあるのでしょうか。

Q37 ■ 被保険者の範囲 ………………………………………〔古笛　恵子〕／330

私は，私が所有する車に，対人賠償責任保険を付保していますが，ときどき，私の車で，私たち夫婦と友人で運転を交替しながらドライブに出かけています。友人が運転しているときに，友人の運転ミスで事故が生じた場合，友人が負う責任についても，私の保険でカバーされるのでしょうか。年齢条件など特別な条件は付けていません。

Q38 ■ 免責事由 ………………………………………………〔古笛　恵子〕／338

私は，妻とともに，従業員も雇用して，個人事業を営んでいますが，自家用車を業務にも利用しています。事故に備えて対人賠償責任保険を付保しています。

週に何度かは，私が運転し，妻や従業員を同乗して，仕事現場に向かっていますが，私の運転ミスで単独事故を起こした場合，私が，妻や従業員に対して負うべき損害賠償責任についても私の保険でカバーされるのでしょうか。

Q39 ■ 故意免責条項の「故意」の意義 …………………〔松田　雄紀〕／344

Aは，Bと同棲していた某女をめぐってBと対立していたところ，Bから逃れるため同女を普通乗用自動車に乗せて発進しようとしましたが，Bは運転席側のロックされたドアのノブをつかんで開けようとしたり，ドアを蹴るなどしながら同車の発進を阻止しようとしました。このため，Aは同車を徐々に発進走行させましたが，Bがなおもノブをつかみ，ウインドガラスをたたきながら「降りてこい」などと言って横歩きで並進してきたので，Bを振り切って逃げるため，Bを路上に転倒させ負傷させる可能性があることを認識しながらあえてこれを認容し，同車を時速15kmから20km程度に急加速したところ，Bは路上に転倒して頭蓋冠線状骨折等の傷害を負い，3日後に

目　次

死亡しました（Aは傷害致死罪の有罪判決を受け，同判決は確定しています）。
　Aは，本件加害車両につき，自己を記名被保険者として，Y損害保険会社との間で自家用自動車保険契約を締結していたところ，同保険契約に適用される賠償責任保険の約款には，保険会社は，保険契約者，記名被保険者又はこれらの者の法定代理人の「『故意』によって生じた損害」をてん補しない旨の条項（以下「本件免責条項」といいます）があります。
　Bの相続人であるXらは，Aに対して本件交通事故による損害賠償を求める訴えを提起したところ，一部勝訴の確定判決を得ました。
　そこで，Xらは，賠償額が確定した場合には，被害者はYに対して直接請求ができるとする約款条項に基づき，Yに対して同額の損害賠償額の支払を請求しました。これに対し，Yは，本件事故は記名被保険者であるAの故意によるものであるとして，支払を拒絶することができるでしょうか。

Q40 ■ **配偶者の範囲** ……………………………………………〔岸　郁子〕／352
　娘のAは，同棲していたBの運転する自動車の助手席に同乗中，Bが運転を誤りセンターラインをオーバーして対向車両と衝突するという事故で，死亡してしまいました。自動車はBの所有で，自動車損害賠償責任保険（自賠責保険）と任意保険が付保されていました。妻と私がBの任意保険会社に損害賠償の支払を求めたところ，AとBは内縁関係にあったから，対人賠償保険の支払はできず，金額は少し低くなるが，人身傷害保険の支払はできると言われました。娘AとBは，同棲を始めてから2年くらいで，共に仕事をもっており，いずれ結婚しようという話はあったようですが，具体的な時期等は決まっていたわけではありませんでした。任意保険会社の言うとおりなのでしょうか。

第4節　対物賠償条項

Q41 ■ **物的損害と慰謝料** ………………………………………〔神田　温子〕／360
　深夜，自宅に自動車が突っ込む事故に遭い，1階部分の居住空間にかなりの損壊が生じたうえ，1階に併設していた駐車場に駐車していた自動車も損壊してしまいました。幸いにもけが人は出ませんでしたが，愛犬のラブラドール・レトリバーが大けがをしてしまいました。自宅の損壊は居住空間にまで及んでいますし，深夜の事故で，事故以来，安心して眠れないなど感じた不安も大きいですので，加害者に修理改修費はもちろん慰謝料を支払ってもらいたいと思いますが，請求することは可能でしょうか。また，損壊した自動車は，特別限定の外国車で，これまで相当の費用を掛けて保守整備を行ってきており思い入れのあるものです。そのような自動車ですので，修理費のほかにも慰謝料も支払ってほしいと思っていますが，請求できますか。愛犬は，足を切断してしまい，自力での排尿等ができなくなる重傷でした。これまで生後間もなくから家族同様に過ごしてきた愛犬です。医療費などのほか，慰謝料は請求できますか。

目　次

第5節　傷害条項等

Q42 ■ 外来性要件と疾病起因事故 ………………………〔小松　初男〕／369

　夫が自動車を運転中に心臓発作を起こし，運転を誤って道路脇の池に車ごと転落し死亡しました。私は，夫が被保険者となっている自動車保険に付されている人身傷害補償特約による保険金の請求をしようと思いますが，保険会社の担当者の話では，病気が原因で死亡した場合は保険金が支払われない可能性があるとのことです。請求者である私の方で，夫の死亡原因が病気ではないことまで証明しなければならないのでしょうか。

Q43 ■ 酒気帯び運転免責の意義 ………………………〔松居　英二〕／376

(1)　飲酒運転で起こした自動車事故に自動車保険は支払われますか。
(2)　どのような飲酒運転事故が免責となるのでしょうか。いわゆる「もらい事故」で，酒気帯び運転と事故の発生とに因果関係がなくても免責とされますか。
(3)　免責となる場合は，飲酒運転自動車に同乗していた人も自動車保険金を受け取れないのでしょうか。

Q44 ■ 被保険者の範囲（傷害条項等）………………………〔髙木　宏行〕／386

　自動車保険に関連する人身傷害保険や無保険車傷害保険などの傷害保険が用意されていますが，これらの保険契約における被保険者の範囲について教えてください。

Q45 ■ 胎児の扱い（無保険車傷害保険）………………………〔山野　嘉朗〕／396

　妊娠中の妻が自動車を運転中，信号無視の車に追突されました。妻は搬送先の病院で帝王切開の手術を受けて長男を出産しましたが，重度仮死状態で出生したため，長男には重大な障害が残ってしまいました。加害者の自動車には対人賠償保険（任意保険）が付けられていません。一方，妻運転の自動車には，このような事態に備えるべく無保険車傷害保険を付けています。今回の事故では，同保険の利用を考えていますが，同保険には，胎児を被保険者とみなすような特別な規定が設けられていません。長男は，法律上，権利能力が認められない胎児の段階で事故に遭ったので，権利能力を有する被保険者として同保険の保護が受けられるか不安です。このような場合でも無保険車傷害保険金の請求は可能でしょうか。

Q46 ■ 保険者が代位により取得する権利の範囲 ……………〔髙木　宏行〕／402

　保険者が保険給付をした場合に，保険者が，代位よって取得する範囲はどのようになるのでしょうか。

Q47 ■ 搭乗者傷害保険金と損益相殺 ………………………〔甘利　公人〕／410

　AはY₁が運転の自動車に搭乗中，Y₂が運転する自動車との衝突事故によって傷害を被り死亡しました。そこで，Aの相続人であるX₁らは，Y₁，Y₂に対して自動車損害賠償保障法（自賠法）3条に基づく損害賠償請求訴訟を提起しました。なお，X₁らは，Y₁が締結していた自家用自動車保険の搭乗者傷害条項に基づいて，死亡保険金

xix

目　次

1000万円を受領しています。
　裁判において，Y₁は，X₁らが受け取った搭乗者傷害保険金は，保険契約者の搭乗者に対する損害賠償の一種であるから，1000万円は損害賠償額から控除されるべきである，と主張しました。この主張は，認められるでしょうか。

第6節　車両条項

Q48 ■ 偶然性の立証責任 …………………………………………〔小松　初男〕／417

　私が契約している自動車保険契約の車両保険の約款には，「衝突，接触，墜落，転覆，物の飛来，物の落下，火災，爆発，盗難，台風，洪水，高潮その他偶然な事故によって被保険自動車に生じた損害に対して，この車両条項及び基本条項に従い，被保険者に保険金を支払います。」という規定があります。この規定にいう「その他偶然な事故」とはどのような事故をいうのでしょうか。また，それは保険金請求者の側で証明しなければならないのでしょうか。

第7節　その他

Q49 ■ 弁護士費用保険 ……………………………………………〔髙木　宏行〕／425

　弁護士費用保険とはどのようなものですか。弁護士費用保険から，着手金を受領すると，加害者（賠償義務者）への損害賠償請求において，弁護士費用損害を請求することができなくなりますか。加害者から弁護士費用を含む損害賠償金を受領した場合に，弁護士費用保険を請求することはできますか。

キーワード索引 ……………………………………………………………………… 437
判例索引 ……………………………………………………………………………… 441

第 1 章

自動車保険制度の概要

Q1 自動車保険制度の概要

　Xは自己所有の普通乗用車を運転中、信号機のない交差点でY運転（Y所有）の普通乗用車と出会い頭に衝突し、顔面挫傷、下肢複雑骨折ほかの傷害を受けるとともに、所有車両自体も大幅な損傷を受けました。

　入院翌日にはXが契約している甲損害保険会社の乙代理店が見舞いがてらに病室を訪ねてきて、見舞いの言葉を述べるとともに、「本件に係る損害のてん補回復については車両損害も含めて乙代理店が可能な限りお手伝いしますので、そのことについてはご心配なさらずに治療とお体の健康回復にご専念ください。」と述べて帰られました。

　数日後、症状が安定してきたので、自宅からノートパソコンを取り寄せ、甲社のホームページを開き、自分の負った傷害や、車両損傷（これについては、乙の指定により甲の指定修理工場に搬送し修理着手済み）に伴う損害について、どのように損害が算定されるのか、損害賠償、その他、保険によりどのような救済を受けることができるのか調べてみました。ホームページには、「自動車保険のしおり」と称するものが掲載され、平易な文言で（任意）自動車保険による救済の仕組みなどが書かれており、現在の自動車保険は、これまで自分が思っていた保険制度とは異なり、自動車事故により損害を受けた者の救済については、まさに総合救済システムに近いものになっていることを知りました。出会い頭の衝突であるから相手方から大幅な過失相殺の主張がされるので、治療費や修理費も大幅な減額を受け、自分の負担部分がかなりあると思っていましたが、自動車保険制度を活用すれば、人身傷害の部分だけではなく、車両損害についてもそれなりの損害のてん補回復を受けることを知りました。

　例えば、人身事故については、相手方あるいは契約保険会社に損害賠償請求をするのではなく、自分が契約している自動車保険に付帯されている「人身傷害補償保険」で損害相当額のてん補回復を受けることができ、ま

た車両損害についても自分の保険の車両保険でてん補回復を受け，賠償をめぐる後処理については，契約保険会社に委ねてしまうことなどです。ただ，「契約のしおり」は，自動車保険についてのみの記載であり，自動車損害賠償責任保険（自賠責保険）などについては記載されていません。

そこで，自動車事故により損害を被った場合に用意されている自動車保険の概要を，ごく簡単に教えてください。

A　現在の自動車事故損害について用意されている保険（共済）制度は，人身事故賠償については契約の締結が強制されている自動車損害賠償責任保険・共済（自賠責保険），加入自体は強制されないが自動車保有者の90％以上が加入している任意自動車保険・共済があります。その内容は人保険と物保険に分かれますが，より詳細には損害賠償責任保険としての対人賠償責任保険と対物賠償保険，傷害保険としての搭乗者傷害保険や人身傷害補償保険，さらに，特殊なものとして無保険車傷害保険（特約）や他車運転担保保険（特約）などがあります。

☑キーワード
・自賠責保険，任意自動車保険，人身傷害補償保険

解　説

1　自動車保険の概要

わが国の自動車保険（含む共済）は，人身事故損害賠償に関して，ほぼすべての自動車（原動機付自転車を含む，ただし，適用除外車については，自賠10条）に契約締結が強制されている自動車損害賠償責任保険・共済（自賠責保険）と，加入

自体は強制されないが例えば対人事故については，自動車保有者の90％近くが加入している任意自動車保険・共済があります。

　その内容は人保険と物保険に分かれますが，より詳細には損害賠償責任保険としての対人賠償責任保険と対物賠償責任保険，傷害保険としての搭乗者傷害保険や人身傷害補償保険，物保険としての車両保険，さらに，特殊なものとして無保険車傷害保険や他車運転担保保険などがあります。この任意自動車保険は，いわゆるモータリゼーションの進展とともに普及も拡大し，内容的にも強化充実が図られてきました。

　特に，賠償責任保険と車両保険が中心であった時代から，例えば，道路外逸走・電柱や側壁などとの衝突による単独事故で賠償請求すべき相手方がいない場合における人身死・傷害損害を自らの自動車保険で一定額を補償するという，かつて注目を浴びた自損事故保険など傷害保険構成の担保保険（その他，搭乗者傷害保険など）が導入され，さらに近時に至って，人身賠償事故であっても，相手方に対する損害賠償請求あるいは相手方の契約保険会社に対する損害賠償額の直接請求権の行使より先に，自らが契約する保険会社に対して，約款に定める損害賠償額の算定基準に定める方式によって算定された金額を保険金として支払を求め，相手方に対する賠償請求権は保険会社が保険代位の規定（保険25条）によって取得するといった「人身傷害補償保険」（保険会社によって名称を異にする場合があります）が開発され商品化され，自動車保険はまさに自動車事故総合救済保険ともいうべき制度への変貌をみせてきています。

2　自賠責保険

　ところでわが国の自動車人身損害賠償責任の基底部分を担うものとして前述の自賠責保険があります。その創設，生成・発展過程などについてはQ2に譲りますが，第二次世界大戦後に欧米諸国において急速に発展した自動車の普及，それとともに不可避的に生じる自動車事故に対する損害賠償についてオーストリアやドイツにおける特別法の制定やその他の国における判例法理の進展等による被害者の救済の充実・強化を目のあたりにしたとき，わが国においても経済の発展などにとって自動車の今までより以上の活用は不可避でした。そ

うだとすると，ある意味で不可避的に生じる自動車事故被害者の救済問題はわが国においても喫緊の課題になるとし，それまでにあった比較法的検討，立法にあたってのわが国における制度基盤などの検討をふまえ，昭和30年に自動車損害賠償保障法（自賠法）が制定され，自動車事故の民事責任の強化とともに，その履行確保手段として自動車保有者などに対する契約の締結を強制するものとして，自賠責保険制度が創設されるに至りました[*1]。自賠法の大まかな構成は，まず自動車事故民事責任について，これまでの不法行為に関する民法709条やその中の使用者責任に関する715条から離れ，自動車事故民事責任の中心的責任規定として「自己のために自動車を運行の用に供する者」すなわち運行供用者なる者を新たに創設し，その者に無過失の証明責任を負わせること（証明責任の転換）を通して民事責任の成立を容易化した責任規定が置かれました。ついで，責任の成立の容易化が図られたとしても，認められた賠償責任の履行が困難であれば，被害者救済といっても画餅にすぎなくなりますので，人身事故部分に限定され物的損害には適用されませんが，自衛隊の特有任務遂行のための特殊な自動車や，一般道路での走行は予定されない，例えば工場構内専用車などを除く（適用除外車，自賠10条），一般道路を走行可能なすべての自動車の保有者などに，車検とのリンク（自賠9条）や自賠責保険無保険者に対する刑罰権を背景に（自賠86条の3）自賠責保険・共済の締結を強制させるシステムが構築されています。さらに，ひき逃げ被害にあったときは，加害者が特定できませんので加害者の自賠責保険を適用することができませんし，数は少ないものの，改造車などのため車検を受けることができないため，あるいは原動機付自転車は車検制度がないために，自賠責保険の更新を失念したり，自動車事故は起こさないとの過信から自賠責保険無保険で走行している可能性があるものもあり，そのような場合も自賠責保険により救済は不可能です。そこで自賠法には，そのような場合の被害者の救済のために，保険契約者の出捐による自賠責保険料の中に組み込まれた自動車損害賠償保障事業賦課金を財源とする政府保障事業に関する規定があります。

　自賠責保険は，この責任規定により，保有者に運行供用者責任が生じた場合，及び運転者も損害賠償責任を負ったときは，その者の賠償責任について，保険金などを支払うというものです。その保険金等の請求方式には二通りあ

り，一つは保有者など被保険者が被害者などに損害賠償額を支払ったときに，その支払った限度で被保険者が保険会社に保険金の支払を請求し得るとする保険金請求方式（自賠15条），もう一つは被害者が直接保険会社に損害賠償額を請求する方式（自賠16条）です。

　自賠責保険の損害額の算定については，訴訟係属した場合は，一般の民事損害賠償のルールに則った算定がされますが，保険内部で処理されるときには国土交通大臣並びに総理大臣が定める（自賠16条の3）自賠責保険支払基準に則って行われます。また，損害認容額が自賠責保険金額を超過する場合には任意保険の領域になります。そのような場合には自賠責保険と任意保険のそれぞれが損害調査並びに支払を行うことなく，任意保険会社が自賠責保険支払部分を含めて一括して支払い，事後的に自賠責保険会社に求償するといった自賠責保険と任意保険の「一括払い」方式が実務運用の中で定着し，さらに一括払いなどを前提に，民事責任の有無や後遺障害等級についてあらかじめ自賠責保険の認定すなわち自賠責保険の事前認定制度などのバックアップを受け，被害者さらには被保険者のための制度運用が充実強化されてきています（損害額の調査等については，Q9以下を参照してください）。

3　任意自動車保険

　次に契約の締結は強制されていませんが，契約を締結することが期待され，いざ事故が生じたときには，事故加害者のみならず，被害者にとっては有益なものとして任意自動車保険があります。この保険は1で述べたとおり様々な種類があり，各保険項目を単品で契約することもできますが，現在ではむしろ，必要な担保項目をほぼ網羅的にセットしてあたかもそれ自体が単品のようなセット保険が，各保険会社ごとに名称は異なりますが，用意されています。契約者にとって個々の担保内容を細かく検討することなく，自動車事故の場合に契約者，被保険者の有益な救済が図られるように総合保険化した自動車保険が提供されています。

　まず，賠償責任保険の場合は，保険事故が「自動車の運行による事故」ではなく「自動車の所有・使用・管理に起因する事故」とされており出発点から異

第1章◇自動車保険制度の概要

なる部分があります。これは自賠責保険がドイツにおける自動車事故民事責任を定めたドイツ道路交通法7条を参考にしたのに対し，任意保険はアメリカの約款などを参考にしたという歴史的な経緯の違いに起因したことによるものです。事故が保険事故か否かによって，例えば約款の適用等について，自賠責保険の取扱いと若干の違いが生じる場合がありますが，その違いもほぼ解釈論で補うことができます（より詳細については**Q36**参照）。

また，自賠責保険の場合には，被害者救済の要請の強さから保険免責も重複契約と悪意免責に限定されていますが（自賠14条），任意自動車保険の場合にはこれらに限定されることなく，担保種目によって若干の違いがある場合がありますが，広く，戦争危険・地震危険免責など通常の保険契約で認められる免責事由がそのまま導入されています。

以上がごく概略的に見た自動車保険制度の概要ですが，本書では現在の自賠責保険と任意保険についての重要な問題点などについて項目別に詳細な解説がなされていますので，問題点ごとにそれらについての解説を参照してください。

〔伊藤　文夫〕

■注　記■

*1　その詳細については，川井健ほか編『注解交通損害賠償法①自動車損害賠償法／国家賠償保障法』（青林書院，1997年）3頁以下〔松本朝光＝飯村敏明〕（「第1条」），吉野衛「自賠法の立法過程」吉岡進編『現代損害賠償法講座3交通事故』（日本評論社，1980年）3頁以下。

第 2 章

自動車損害賠償責任保険
（自賠責保険）

第1節　自賠責保険制度の概要

Q2　自動車損害賠償責任保険（自賠責保険）制度の概要

自賠責保険は，交通事故の被害者を保護するための保険であると聞きました。どのような保険制度になっているのか，教えてください。

A

　自賠責保険は，自動車ユーザーに加入が強制されている賠償責任保険です。自動車事故で他人を死傷させた場合（人身事故），被保険者（事故の加害者）が自動車損害賠償保障法3条による損害賠償責任（運行供用者責任）を負う場合に保険金が支払われます。また，被害者には，自賠責保険の保険会社に対して直接損害賠償額を請求すること（被害者請求）が認められています。

☑キーワード
　強制保険，賠償責任保険，加害者請求，被害者請求

第2章◇自動車損害賠償責任保険（自賠責保険）
第1節◇自賠責保険制度の概要

解説

1 自動車損害賠償責任保険（自賠責保険）制度

　自動車損害賠償責任保険（自賠責保険）は，交通事故被害者の救済を目的とした賠償責任保険であり，すべての自動車・原動機付自転車に加入が強制されています。自賠責保険は，自動車損害賠償保障法（自賠法）によって創設されたもので，車検を受ける対象となる自動車について自賠責保険の締結が確実に行われる仕組みになっているとともに（自賠9条），国の一定の関与が認められる（自賠16条の6等）強制保険という点で，わが国独特の保険制度であるといえます。

2 主な特色

(1) 強制保険制度

　自賠法5条では，「自動車は，これについてこの法律で定める自動車損害賠償責任保険又は自動車損害賠償責任共済の契約が締結されているものでなければ，運行の用に供してはならない」と規定し，自動車側の賠償資力を確保するため，原則として，すべての自動車について自賠責保険の締結を義務づけています。

　一方，自賠責保険契約の保険者（引受主体）である保険会社に対しても，契約の引受義務を課し，政令で定める正当な理由がない限り，保険会社は契約の締結を拒否できないこととしています（自賠24条）。保険会社には自賠責保険契約の引受義務が課されています。

　また，自賠責保険契約自体は諾成契約であるものの，契約当事者間の合意による解除や契約締結時に解除条件を附すことを禁止しており，極めて限定的な場合にのみ契約の解除を認めることとしています（自賠20条の2）。

(2) 賠償責任保険

　保険法によれば,「責任保険契約」は,損害保険契約のうち被保険者が法律上の損害賠償責任を負担することにより被る損害をてん補するものをいう,とされています（保険17条2項括弧書）。自賠責保険は,自動車の運行によって他人の生命又は身体を害した場合において,法律上の損害賠償責任を負担することによって被る被保険者の損害をてん補するものですが（自賠1条），これは保険法でいうところの前記「責任保険契約」であり,いわゆる賠償責任保険の一種ということになります。

　自賠責保険でてん補されるのは,人身損害,すなわち対人賠償責任に関する部分のみであり,いわゆる物的損害に関する賠償責任についてはカバーされません。

(3) 免責事由の制限

　保険法によれば,「保険契約者又は被保険者の故意又は重大な過失によって生じた損害」及び「戦争その他の変乱によって生じた損害」について,それぞれ保険会社の免責を認めています（保険17条1項）。

　しかしながら,被害者保護を目的とする自賠責保険では,その実現を図るため,保険会社の免責事由をできるだけ制限し,①保険契約者又は被保険者の「悪意」による場合（自賠14条),②重複契約の場合（自賠82条の3）にのみ免責を認めています。

　ここでいう「悪意」とは,「わざと」という意味で,例えば殺人などの目的で加害運転者が通行人をはね飛ばしたケースなどがその典型例として挙げられます。加害者の悪意による場合であっても,被害者は,後記(5)の自賠法16条（保険会社に対する損害賠償額の請求）の規定により,保険会社に対して損害賠償額を直接請求することができます（自賠16条1項）。そもそも免責となる損害を被害者に対して支払った保険会社は,政府に対してその補償を求めることができます（自賠16条4項）。

(4) 保険金額

　保険金額とは,保険会社が支払う保険金の最高限度額のことをいいます。一般の損害保険では,保険金額は保険会社と保険契約者との間で任意に定めることができますが,自賠責保険では,保険金額は政令（自賠令2条）によって定め

第2章◇自動車損害賠償責任保険（自賠責保険）
第1節◇自賠責保険制度の概要

られています。

自賠法施行令2条では，1事故における死傷者1人当たりの限度額が定められており，保険期間中に複数回の事故が発生しても保険金額が減額されない，自動復元という仕組みがとられています。

現在の保険金額は，死亡事故の場合が3000万円，後遺障害事故の場合は介護を要するものとそれ以外で分かれており，介護を要する後遺障害が3000万円（第2級）及び4000万円（第1級），それ以外の後遺障害が級別に75万円（第14級）から3000万円（第1級），傷害が120万円となっています。

(5) 加害者請求と被害者請求

自賠責保険の請求形態には，加害者請求と被害者請求の2つがあります。

(a) **加害者請求（保険金の請求）**

加害者（被保険者）は，被害者に対する損害賠償額として支払った額を保険会社に対して請求することができます（自賠15条）。自賠責保険は，前記(2)のとおり被保険者が損害賠償責任を負担することによる損害をてん補することを目的とした保険であり，①加害者が被害者に損害賠償金を支払い，②支払った金額を保険会社に請求してそのてん補を受けるというのが，本来的な支払の形となります。保険会社が被保険者に保険金を支払い，その後被保険者が被害者に対して支払うという形態をとっていないのは，被保険者による保険金の着服の危険性などを考慮したことによるものといえます。

(b) **被害者請求（保険会社に対する損害賠償額の請求）**

自賠責保険では，加害者請求のほかに，被害者が直接保険会社に対して損害賠償額の請求をすることが認められています（自賠16条1項）。この権利は，通常，被害者の直接請求権と呼ばれており，保険契約の当事者ではない被害者が直接保険会社を相手に交渉することができる，自賠法によって特別に認められた制度といえます。

任意自動車保険においても，直接請求権は認められていますが，これは保険約款によって認められているもので，あくまでも保険金請求権の成立が前提条件となるのに対し，自賠責保険における直接請求権は，自賠法によって認められたもので，保有者の損害賠償責任の発生によって被害者はその権利を行使することができます。

(6) 仮渡金の請求

　自動車事故が発生すると，加害者側の損害賠償責任の有無を明確にしたうえで，被害者の損害額を確定し，示談等による解決を指向していくことになりますが，被害者の立場としては，それらに先立って早急に治療を受けることが必要であり，その費用を支払わなければならないことになります。自賠責保険では，賠償責任が確定していない段階で，被害者が当座の出費に充てるため，賠償額の一部を保険会社に対して直接請求することができます。これを仮渡金請求といいます（自賠17条）。

　保険会社が支払う仮渡金の金額については，自賠法施行令5条に規定されています。

(7) ノーロス・ノープロフィットの原則

　自賠責保険は，被害者保護を目的とする社会保障的性格を有する強制保険制度であることから，保険料の算出にあたっては，適正原価主義をとり，営利目的の介入を認めていません（自賠25条）。これを，ノーロス・ノープロフィットの原則と呼んでいます。

　なお，自賠責保険の保険料率は，非営利の民間法人である損害保険料率算出機構によって「基準料率」として算出されています（損害保険料率算出団体に関する法律3条5項・7条の2）。

3　自賠責保険制度の推移

　自賠責保険制度は，昭和30年に発足して以来，今日に至るまで，被害者救済と契約者保護をより一層推進していくため，制度の改善が数次にわたって行われてきました。そのなかでも特に改定規模が大きかった平成14年の制度改正と，保険法施行に伴う平成22年の制度改正は，以下のとおりになります。

(1) 平成14年の制度改正

　自賠責保険の制定当初，政府は保険会社の支払能力の担保と支払内容の事前チェックのため，再保険により自賠責保険の責任の6割を国の負担とし，国による支払案件の全件チェックを行っていました。この再保険制度は，保険会社の経営基盤が強化され，再保険によるリスクヘッジという制度の必然性がなく

第2章◇自動車損害賠償責任保険（自賠責保険）
第1節◇自賠責保険制度の概要

なったことから，平成14年4月1日の自賠法改正により廃止となり，同時に国による支払案件のチェックも廃止されました。同改正では，国による支払案件のチェックという制度に代わって，保険金支払等の適切性を担保する目的で，支払基準の法定化（自賠16条の3），被害者等に対する保険金などの支払に関する情報提供の義務化（自賠16条の4・16条の5），重要事案等の保険金などの支払に関する国土交通大臣への届出の義務化（自賠16条の6），保険金等の支払に関する紛争処理制度の新設（自賠23条の5～23条の21）などが導入されています。

さらに，平成14年の法改正では，介護を要する重度の後遺障害については，介護に多額の費用を要するため，死亡に比べ損害額が高額となることを受け，神経系統の機能もしくは精神又は胸腹部臓器の機能に著しい障害を残した後遺障害を従来の後遺障害等級表から切り離し，「常に介護を要するもの」として旧等級表第1級の保険金額3000万円を4000万円に，「随時介護を要するもの」として旧等級表第2級の保険金額2590万円を3000万円にそれぞれ引き上げました。

(2) 平成22年の制度改正

平成22年4月1日の保険法施行に伴い，自賠法・自賠責保険普通保険約款の一部改正が行われました。法改正では，保険法95条によって，それまで商法663条にて2年とされていた保険金請求権の消滅時効が3年に延長されたことをふまえ，前記**2**(5)の被害者からの直接請求権，(6)の仮払金請求権の消滅時効がそれぞれ延長されました（自賠19条）。これによって，自賠責保険に対するすべての請求の消滅時効は，従前の2年から3年へと延長されました。約款改定では，保険給付の履行期について，起算点・確認事項を明記するとともに，照会・調査内容に応じた履行期が規定され（自賠責保険普通保険約款14条・15条），保険法25条の規定を受けて請求権代位につき差額説の立場をとること（被害者の損害の全額について保険金が支払われない場合，事故により取得した債権に基づき，保険金が支払われなかった損害について被害者が優先的に弁済を受けること）が明記されています（同約款20条）。

なお，保険契約の締結においては，保険制度の趣旨から当然に保険契約の内容が定型化される必要があり，保険者（保険会社）の作成による保険約款（普通保険約款）が使用されます。自賠責保険の契約内容を定めるものが自賠責保険

普通保険約款ということになりますが，既に解説のとおり，自賠責保険は被害者保護を図るために自賠法によって特別に設けられた保険であり，自賠法の規定自体が強行規定であることから，自賠責保険普通保険約款によってこれを修正するようなことはそもそも許されておらず，したがって，自賠責保険普通保険約款に規定がない場合には，当然に自賠法が適用されるという関係になります。この点が，通常の損害保険の保険約款とは取扱いが大きく異なるところであるといえます。

〔丸山　一朗〕

第2章◇自動車損害賠償責任保険（自賠責保険）
第2節◇対人賠償責任保険の前提としての自賠法をめぐる解釈論

第2節　対人賠償責任保険の前提としての自賠法をめぐる解釈論

Q3　自動車損害賠償保障法（自賠法）の制度趣旨と全体像

自賠法には，どのような特色がありますか。自賠法における固有の解釈の問題があれば教えてください。

A

　自賠法は，大きく分けると，自動車事故における賠償責任に関する規定と損害賠償の確保のための制度に関する規定の部分から成り立っています（損害賠償の確保に関する規定については**Q2**参照）。賠償責任に関する規定としては，自動車損害賠償保障法（自賠法）3条がその根幹をなすものとして非常に重要な規定であり，①賠償責任主体としての「運行供用者」であるかどうかの問題，②加害車両の「運行によって」発生した事故であるかどうか（運行起因性）の問題，③被害者が自賠法3条の「他人」として認められるかどうか（他人性）の問題という，自賠法固有の解釈の問題が発生します。

☑キーワード

運行供用者，運行によって，他人性，重過失減額，免責事由の限定

Q3◆自動車損害賠償保障法（自賠法）の制度趣旨と全体像

解　説

1　自動車損害賠償保障法（自賠法）3条責任

　自動車損害賠償保障法（自賠法）3条は，「①自己のために自動車を運行の用に供する者は，その②運行によって③他人の生命又は身体を害したときは，これによって生じた損害を賠償する責に任ずる。」（下線筆者）と定めています。自賠責保険制度の根幹をなす重要な規定であり，そこでは，①自動車人身事故の新たな賠償責任主体として「運行供用者」なる概念が創設され，②対象となる保険事故は自動車の「運行によって」発生した事故に限定されるとともに，③保険保護を受けるための資格要件として「他人」であることが必要とされています。

2　運行供用者

　自賠法3条の前記規定からも明らかなとおり，「自己のために自動車を運行の用に供する者」（運行供用者）が自賠法上の責任主体となります。加害者が被害者に対して人身損害を発生させた場合，一般的には民法709条，715条によって損害賠償責任を負うことになりますが，自動車事故の場合には，自賠法3条によってさらに運行供用者が賠償責任を負い，その責任は後記6(1)のとおり無過失責任に近い重いものとなります。

　自賠法上は，「自動車の所有者その他自動車を使用する権利を有する者で，自己のために自動車を運行の用に供するもの」（自賠2条3項）を「保有者」と定めています。これによれば，運行供用者の概念は保有者よりも広く，例えば，泥棒運転者のように，自己のために自動車を運行の用に供する者ではあるが，自動車を使用する権利を有する者には属さない者も出てきます。保有者は，自賠法11条により自賠責保険の被保険者となりますが，泥棒運転者のような運行供用者は被保険者とはなりません。

第 2 章◇自動車損害賠償責任保険（自賠責保険）
第 2 節◇対人賠償責任保険の前提としての自賠法をめぐる解釈論

　運行供用者責任については，誰が運行供用者になるのかという形で従前から議論が行われています。運行支配・運行利益というメルクマールによってその判断を行うとする立場[☆1]と，両概念に捉われることなく新たな判断基準によってその判断を行うとする立場の違いはなお残っているものの，裁判例の集積等によって，賃貸借や使用貸借が行われた場合の貸主，名義貸与者，子の起こした事故に対する親，泥棒運転や無断運転が行われた場合の保有者などの運行供用者性については，今日では特段大きな問題なく判断ができているものといえるでしょう。そもそも「運行供用者」に該当するかどうかが争われるケースというのは，加害者側に任意自動車保険が付保されていないか，付保されていても免責事由の問題が生じるケースなどに限定されると考えてよいと思われます（詳細については**Q 5** 参照）。

　なお，運転中にてんかん発作が出現した事故，危険ドラッグを吸引しながらの事故などが近時問題になっていますが，責任無能力のゆえをもって運行供用者責任が否定されるかどうかという問題について，「行為者の保護を目的とする民法713条は，自賠法 3 条の運行供用者責任には適用されないとものと解するのが相当である」という判断が裁判例[☆2]によって示されています。

3　「運行によって」

　通常の自動車事故（例えば，加害車両と被害車両の衝突，加害車両による被害者の轢過）であればあまり意識されることはありませんが，クレーン車やフォークリフトなどの特殊自動車による事故や荷積み・荷降ろし作業中の事故，違法駐停車車両の関わる事故，さらには自然災害が関与する事故などについては，加害車両の「運行によって」発生した事故であるかどうか，すなわち加害車両の運行起因性が実務上問題になります。この「運行によって」の要件は，解釈上，当該自動車が「運行」状態にあるかどうかという問題と，その「（運行）によって」発生した事故であるかどうかの問題とに分かれます（詳細については**Q 4** 参照）。

　「運行」については，自賠法 2 条 2 項によって「人又は物を運送するとしないとにかかわらず，自動車を ア 当該装置の イ 用い方に従い用いることをいう」

20

（下線筆者）と定義されています。この定義をめぐって、ア「当該装置」とは、いかなるもの（装置）が対象となるのか、イ「用い方に従い用いる」とは何か、すなわち「装置」である以上、一定の「操作」を前提とするべきであるか、自動車を「使用」していれば足りるかという点について、なお解釈上の問題が残されています。通説・判例は「固有装置説」の立場をとっており☆3、状況によっては、装置の「操作」とは必ずしもいえない「使用」の場合にも「運行」状態が認められるとしていますが☆4、この立場をとったとしても、前記のような様々な事故類型に対して、必ずしも明快な整理ができているとはいえないように思われます。

他方、「（運行）によって」の問題については、運行と事故との間に相当因果関係を要するというのが通説・判例☆5であるとされていますが、どのような場合に相当因果関係が認められるかについては、なお判断に苦慮するケースが多いといえます。これまで任意自動車保険の各種約款における「運行に起因する」の解釈は、基本的には自賠法3条の「運行によって」と同義であると解されてきましたが、特に人身傷害保険の普及（請求機会の増加）によって、「運行起因性」そのものが正面から争われるケースが顕在化するにつれて、その判断に疑問が感じられるものも散見されるようになってきました☆6。

最近の裁判例としては、集中豪雨、道路冠水のために自動車から降車し、避難中の被害者らが河川氾濫による濁流によって流されて死亡した事故について、自賠法3条の「運行によって」発生した事故ではないと判示したケース☆7が注目されるといえるでしょう。

4 他人性

自賠法3条によって運行供用者に対し損害賠償請求ができる者は、単に事故の被害者というだけでは足らず、自賠法3条の「他人」に該当することが必要となります。自賠法自体には「他人」についての明確な定義規定がないことから、どのような者が「他人」に当たるかが問題となりますが、判例☆8は、当初これについて、「運行供用者」及び「運転者（運転補助者）」以外の者をいうと整理していました。この判例の考え方に従うと、「運行供用者」自身は「他

人」には当たらないことになります。

　その後，自動車利用形態の複雑化と被害者保護の要請から，運行供用者であっても，他に運行供用者がいる場合には，加害車両に対する運行支配の優劣などを比較することによって，一定のケースにおいて他の運行供用者に対して損害賠償請求ができる（「他人」である）ことが認められるようになりました[9]。いわゆる共同運行供用者の他人性といわれる問題です。共同運行供用者の他人性が問題となるケースは，一定の類型に整理されるといわれています。すなわち，他人性が問われる被害者たる運行供用者と運行供用者責任が問われる運行供用者とが事故車両に同乗していないケース（非同乗型），両者がともに同乗しているケース（同乗型），さらには運行供用者責任を問われる運行供用者が複数いて，そのうちある者が同乗し，他の者が同乗していなかったケース（混合型）の3類型です。判例は，いわゆる〔青砥事件〕判決において[10]，いわゆる同乗型のケースで事故当時車内にいた自動車所有者の場合には，他の運行供用者がいても原則として「他人」にはならない，ということを明らかにしています。〔青砥事件〕判決は，所有者は事故の防止につき中心的な責任を負う者であり，「特段の事情」がない限り，「他人」にはならないとしていますが，この例外的な「特段の事情」がいかなるケースにおいて認められるかという点について，なお問題が残されているといえます（詳細は**Q6**参照）。

5　重過失減額制度

　民法722条2項の過失相殺とは異なり，自賠責保険においては，「重大な過失による減額」として被害者の過失割合が7割以上認められるような場合に限り，定率方式による減額が行われます。いわゆる「支払基準」（「自動車損害賠償責任保険の保険金等及び自動車損害賠償責任共済の共済金等の支払基準」（平13・12・21金融庁・国土交通省告示第1号，平成22年3月8日改正）における「第6　減額」の項参照）では，被害者の損害を「傷害による損害」，「後遺障害による損害」，「死亡による損害」に分けていますが，このうち「後遺障害による損害」，「死亡による損害」については，被害者の過失割合が7割以上8割未満の場合には20％，8割以上9割未満の場合には30％，9割以上10割未満の場合には50％の減額を行

い,「傷害による損害」については,被害者の過失7割以上の場合に一律20％の減額を行うこととしています。自賠責保険では保険金額の縛りがあるため,積算した損害額が保険金額に満たない場合には積算した損害額から,保険金額以上となる場合には保険金額から減額が行われます。

また,受傷と死亡又は後遺障害との間の因果関係の有無の判断が困難な場合には,「死亡による損害」及び「後遺障害による損害」について,積算した損害額が保険金額に満たない場合には積算した損害額から,保険金額以上となる場合に保険金額から5割の減額が行われます。これは,民事損害賠償実務において広く一般的に行われている「素因減額」とは明らかに性格の異なるものといえます。

6 免責事由の限定

(1) 損害賠償責任に係る免責

運行供用者は,自賠法3条ただし書に規定する3要件,すなわち「自己及び運転者が自動車の運行に関し注意を怠らなかったこと」,「被害者又は運転者以外の第三者に故意又は過失があったこと」,「自動車に構造上の欠陥又は機能の障害がなかったこと」を立証しない限り,運行供用者としての損害賠償責任を免れることはできません。過失の立証責任が転換されることによって,自動車保有者に対して極めて重い責任が課せられたものであり,相対的無過失責任といわれています。

ここで留意をしなければならないのは,重い責任が課せられたからといって,損害賠償責任の根拠となる運転者の過失の範囲が民法の不法行為責任より拡大されたものではないという点です。チャイルドシートの不使用が自賠法3条の過失に該当するかどうかが争われたケースについて,自賠法3条ただし書の「自己及び運転者が自動車の運行に関し注意を怠らなかったこと」は,もっぱら損害拡大に関わる過失など,人身事故の発生と関わりのない過失が存在しないことまで求めるものではないとし,チャイルドシート不使用は本件事故の発生と因果関係のある過失とはいえない,と判示している裁判例[11]が注目されます。

第2章◇自動車損害賠償責任保険（自賠責保険）
第2節◇対人賠償責任保険の前提としての自賠法をめぐる解釈論

(2) 保険会社の支払責任

　自賠責保険では，**Q2❷**(3)のとおり，保険契約者又は被保険者の「悪意」によって損害が生じた場合，保険会社の免責が認められます（自賠14条）。保険法17条2項では，責任保険契約において被保険者に「故意」があるときは，保険会社を免責としていますが，これと平仄が合う規定といえます。実務上では，いわゆる未必の故意は「悪意」に該当しないという取扱いが行われています。

　「悪意」免責に付随する問題になりますが，例えば殺人ないし自殺の目的で加害運転者がレンタカーを借り受け，通行人等をはね飛ばした場合，自賠法16条1項に基づく被害者請求がなされると，本来的には悪意免責が認められるケースになりますが，保険会社は支払を拒むことができず，支払った後に政府保障事業に対し求償を行うことになります（自賠法16条4項）。このようなケースにおけるレンタカー会社の運行供用者責任について，「自賠法3条の運行供用者責任の有無を判断するにあたっては，自動車の運行，すなわち，当該車両の使用に対する支配の有無及びその利益の帰属を客観的・外形的に検討すれば足りるものと解されるのであって，使用方法のいかん，ひいては，借主たる運転者の過失の軽重や故意又は過失の別という主観的事情，事故の反社会性の程度といった交通事故の態様いかんによって，貸主の運行支配ないし運行利益の有無が異なると解することに合理的理由はない」と判示し，レンタカー会社の運行供用者責任を認めている裁判例☆12が注目されます。

　なお，自賠責保険においては，例えば任意対人賠償責任保険においてみられる，いわゆる親族間事故を免責とするような取扱いは行われません（詳細については**Q6**参照）。

〔丸山　一朗〕

　　■判　例■

☆1　最判昭43・9・24集民92号369頁・判タ228号112頁・判時539号40頁，最判昭44・1・31交民集2巻1号1頁・判時553号45頁等。
☆2　東京地判平25・3・7交民集46巻2号319頁・判タ1394号250頁・判時2191号56頁。
☆3　最判昭52・11・24民集31巻6号918頁・交民集10巻6号1533頁・判タ357号231頁。
☆4　最判昭63・6・16民集42巻5号414頁・判タ681号111頁・判時1291号65頁（運行起因性否定），最判昭63・6・16集民154号177頁・判タ685号151頁・判時1298号113

Q3◆自動車損害賠償保障法（自賠法）の制度趣旨と全体像

　　　頁（運行起因性肯定）。
☆5　最判昭43・10・8民集22巻10号2125頁・判タ228号114頁・判時537号45頁，最判昭54・7・24交民集12巻4号907頁・判タ406号91頁・判時952号54頁等。
☆6　タクシーから降車して1歩か2歩程度歩いたところで転倒，傷害を負った事故について，人身傷害条項の「自動車の運行に起因する事故」かどうかが争われたケースとして，大阪高判平23・7・20判タ1384号232頁（運行起因性肯定）。
☆7　東京高判平25・5・22交民集46巻6号1701頁。
☆8　最判昭42・9・29集民88号629頁・判タ211号152頁・判時497号41頁。
☆9　最判昭50・11・4民集29巻10号1501頁・交民集8巻6号1581頁・判タ330号256頁。
☆10　最判昭57・11・26民集36巻11号2318頁・交民集15巻6号1423頁・判タ485号65頁。
☆11　東京地判平24・6・12交民集45巻3号720頁。
☆12　東京地判平19・7・5交民集40巻4号849頁・判時1999号83頁。

第2章◇自動車損害賠償責任保険（自賠責保険）
第2節◇対人賠償責任保険の前提としての自賠法をめぐる解釈論

Q4 「運行」と「（運行）によって」の問題

自動車損害賠償保障法（自賠法）上の賠償責任が認められるためには，自賠法3条本文の要件である「運行によって」発生した事故であることが必要であると聞きました。「運行」及び「（運行）によって」の「によって」とは，それぞれどのような意味であるか，教えてください。

A

自賠法3条本文の「運行」及び「（運行）によって」の解釈については，今日でもなお議論があるところです。「運行」については，自賠法2条2項が「自動車を当該装置の用い方に従い用いること」と定義していますが，ここでいう「当該装置」の意味としては，現在の判例上，当該自動車の「固有装置」と理解されています。また，「（運行）によって」については，「運行」と事故との間に相当因果関係があることを意味するものと理解するのが現在の判例の立場とされています。

また，任意自動車保険における各種約款の規定では，「運行に起因する」事故であることが必要であるとされていますが，この「運行に起因する」の解釈は，自賠法3条の「運行によって」と同義であると解されています。

☑キーワード

固有装置説，相当因果関係，運行に起因する事故

解 説

1 自賠法3条の「運行」の意義

　自賠法3条本文は，自賠法3条責任が発生するための要件として，当該自動車の「運行によって」発生した事故であることが必要であるとしていますが，この「運行によって」は，解釈上，「運行」状態にあるのかどうかという問題と，「(運行) によって」発生した事故であるかどうかという問題とに分かれます。

　このうち，「運行」については，自賠法2条2項において，「人又は物を運送するとしないとにかかわらず，自動車を①<u>当該装置</u>の②<u>用い方に従い用いること</u>をいう」（下線筆者）と定義しています。この規定からも明らかなとおり，ここでは①「当該装置」とはいかなるもの（装置）が対象となるのかという問題と，②「用い方に従い用いること」とは何かという問題とにさらに分かれることになります。

　①の問題（「運行」の意義）については，次のような諸説があります。

(a)原動機説……「当該装置」を「原動機装置」と解する説

(b)走行装置説……原動機装置だけでなく，自動車の構造上設備されている操行，制動，機関その他走行に関連する走行装置を「当該装置」と解する説

(c)固有装置説……自動車の構造上設備されている各装置のほか，クレーン車のクレーン，ダンプカーのダンプ等当該自動車に固有の装置が含まれるとする説

(d)車庫から車庫説……「当該装置」とは自動車そのものであると解し，車庫から出て車庫に戻るまでの走行及び駐停車は運行であるという説

(e)危険性説……運行概念は，形式的な解釈によって定めるべきではなく，自動車を通常の走行に匹敵するような危険性をもつ状態におく行為といえるか否かという観点から決めるべきであるという説

(f)物的危険性説……「運行」とは，その自動車の装置といえるものの用い方

に従って用いる場合の物的危険状態を意味するという説

判例[*1]は，道路脇の田んぼに転落した貨物自動車をクレーン車によって引上げ作業中，上空に架設されていた高圧電線にクレーンのワイヤーが接触したため，作業員が感電死した事故について，「運行」には「自動車をエンジンその他の走行装置により位置の移動を伴う走行状態におく場合だけでなく，本件のように，特殊自動車であるクレーン車を走行停止の状態におき，操縦者において，固有の装置であるクレーンをその目的に従って操作する場合をも含むものと解するのが相当である」と判示し，固有装置説の立場をとることを明らかにしています。

また，②の「用い方に従い用いること」の問題については，「装置」である以上，一定の「操作」を前提とするべきであるという（「操作」を重視する）考え方と，自動車を「使用」していれば足りるという考え方の対立が認められます。この点に関連して，フォークリフトと木材運搬用の貨物自動車が事故発生に関与した2つの事件について，判例は異なる判断を示しています。すなわち，停止中のフォークリフトのフォーク部分に被害者運転の軽四輪貨物自動車が衝突したという事故につき，そのフォークリフトではなく，共同して荷降ろし作業を行っていた木材運搬用の貨物自動車の運行性が問題とされたケースにおいて，当該貨物自動車がフォークリフトによる荷降ろし作業のための枕木を荷台に装着した木材運搬用の貨物自動車であり，同車両の運転者が荷降ろし作業終了後直ちに出発する予定で一般道路に同車両を駐車させ，フォークリフトの運転者と共同して荷降ろし作業を開始したものであって，本件事故発生当時，フォークリフトが3回目の荷降ろしのため同車両に向かう途中であった等の事情があっても，同車両を当該装置の用い方に従い用いることによって発生したものとはいえないと解するのが相当である，と判示しています[*2]。

一方，同じく荷台にフォークリフトのフォーク挿入用の枕木等が装着されている木材運搬用の貨物自動車からの木材荷降ろし作業で，フォークリフトのフォークを枕木により生じている木材と荷台との間隙に挿入したうえ，フォークリフトを操作して木材を荷台上から反対側に突き落としたところ，たまたまそこを通りかかった6歳の女児が突き落とされた木材の下敷きになって死亡したケースについては，「右枕木が装置されている荷台は，本件車両の固有の装

置というに妨げなく，また，本件荷降ろし作業は，直接的にはフォークリフトを用いてされたものであるにせよ，併せて右荷台をその目的に従って使用することによって行われたものというべきである」から，貨物自動車を当該装置の用い方に従い用いることによって生じたものということができる，と判示しています☆3。

　現時点での最高裁の考え方は，固有装置説の立場に立ったうえで，例えば固有装置の「操作」とはいいがたい荷積み・荷降ろし中の事故について，固有の装置たる荷降ろし設備の施された荷台を本来予定していた形で「使用」する場合においては，「運行」状態に含まれるという判断を行っているものと思われます。

2　自賠法3条の「(運行) によって」の意義

　自賠法3条の「(運行) によって」の解釈については，次のような諸説があります。
　(a)「に際して」説……運行と生命・身体の侵害との間に時間的・場所的近接性が存することを要するという説
　(b)事実的因果関係説……運行と生命・身体の侵害との間に事実的因果関係のあることを要するという説
　(c)相当因果関係説……運行と生命・身体の侵害との間に相当因果関係のあることを要するという説

　判例は，相当因果関係説の立場をとっているといわれています☆4。自動二輪車の突進に驚いた歩行者が転倒，負傷したという，いわゆる不接触事故について，判例☆5は，「不法行為において，車両の運行と歩行者の受傷との間に相当因果関係があるとされる場合は，車両が被害者に直接接触したり，または車両が衝突した物体等がさらに被害者に接触したりするときが普通であるが，これに限られるものではなく，このような接触がないときであっても，車両の運行が被害者の予測を裏切るような常軌を逸したものであって，歩行者がこれによって危難を避けるべき方法を見失い転倒して受傷するなど，衝突にも比すべき事態によって傷害が生じた場合には，その運行と歩行者の受傷の間に相当因

果関係を認めるのが相当である」と判示しています。

　もっとも，「運行」につき「固有装置説」，「（運行）によって」につき相当因果関係説という判例の立場に立ったとしても，それによって直ちに「運行起因性」の判断が容易にできるというわけではないように思われます。「運行起因性」が問題となるケースは，例えば前記 1 のような荷積み・荷降ろし中の事故☆6，自動車の修理・点検中に発生した事故☆7，後記 3 のような自動車への乗り降りの際に発生した事故☆8，駐停車中の車両の同乗者に係る事故（一酸化炭素中毒，熱中症）☆9等々，様々な事故形態がみられ，当該車両の事故発生への関与の度合いも様々であることから，結局のところは，個別具体的に判断をしていかざるを得ないといえるでしょう。この判断を行うにあたり，「当該装置」を自動車と読み替え，自動車を社会通念上本来の用い方に従って「使用」している限り，「運行」状態にあるものと解したうえで，当該自動車のもつ本来的な危険が具体化・顕在化したことによって発生した事故であれば，当該事故と「運行」との間には相当因果関係が認められる（およそ自動車のもつ固有の危険が具体化・顕在化して発生した事故とは考えられない，単なる人為的ミスによる作業上の事故や自招行為，自然現象による事故については，「（運行）によって」発生した事故とはいえない），という考え方も散見されるところです。

3　任意自動車保険における「運行起因性」の判断

　任意自動車保険における約款の規定を概観すると，例えば人身傷害条項においては，被保険者が「自動車の運行に起因する」急激かつ偶然な外来の事故によって身体に傷害を被ることが保険金の支払要件とされています。また，搭乗者傷害条項においては，被保険自動車の正規の乗車用構造装置又はその装置のある室内に乗車中の被保険者が，「自動車の運行に起因する」急激かつ偶然な外来の事故によって身体に傷害を被ることが保険金の支払要件とされています。

　ここでいう「運行に起因する」の解釈については，一般的には，自賠法3条の「運行によって」と同義であると解されています。この点について裁判例☆10は，「本件保険契約の自損事故条項では，保険の対象となる事故は『被保

Q4◆「運行」と「(運行)によって」の問題

険自動車の運行に起因する急激かつ偶然な外来の事故』とされているところ，ここにいう『運行』とは，被保険自動車の固有の装置をその用い方に従って用いることをいい，『運行に起因する』とは，『運行』と右事故との間に相当因果関係のあることをいうものと解するのが相当である」と判示しています。

　最近の裁判例として，乗客がタクシーから降車した直後，1歩か2歩程度歩いたところで転倒，左大腿骨転子部骨折等の傷害を負い，人身傷害保険金の支払請求を行ったケースが挙げられます。裁判例[11]は，「自動車が停車中であることをもって，直ちに自動車の運行に起因しないと判断するのは相当ではなく，自動車の駐停車中の事故であっても，その駐停車と事故との時間的・場所的近接性や，駐停車の目的，同乗者の有無及び状況等を総合的に勘案して，自動車の乗客が駐停車直後に遭遇した事故については，『自動車の運行に起因する事故』に該当する場合があると解するのが相当である」と判示し，本件事故は時間的に停車直後であったことはもちろんのこと，場所的にもタクシーの直近で発生しており，加えて同乗者である妻が料金支払のためにいまだタクシーの車内にいたという事情を併せて考慮して，本件事故は自動車の運行に起因する事故であったとして保険金請求を認容する判断を示しています。ここでは，時間的・場所的近接性が強調されるあまり，当該駐停車（「運行」）と路上での転倒事故との間の相当因果関係についてはまったく触れられていない（当該駐停車が転倒事故の原因となったのかどうかの判断がそもそも行われていない），という問題があるように思われます。

4　運行起因事故と身体傷害との間の因果関係

　前記任意自動車保険の約款の規定によれば，自動車の「運行に起因する事故」であることが認められたとしても，それによって身体に傷害を被ったと認められるかどうか，いわゆる「運行起因事故」と身体傷害との間の因果関係が次に問題となります。もっともこの問題は，自動車の「運行起因事故」と身体傷害とがほぼ同時に発生していれば，普段あまり意識されることはありません。

　夜間，高速道路においてAが自動車を運転中に中央分離帯のガードレールに

第2章◇自動車損害賠償責任保険（自賠責保険）
第2節◇対人賠償責任保険の前提としての自賠法をめぐる解釈論

衝突させ走行不能状態で停止した後に（自損事故），車外に出て走行車線を横切って道路左側の路肩付近に移動した直後に後続の大型貨物自動車に接触，衝突されて転倒した後，さらに後続の大型貨物自動車に轢過されて死亡した事故において，搭乗者傷害保険の請求が行われたケースについて，判例[☆12]は，「Aは，本件自損事故により，本件車両にとどまっていれば後続車の衝突等により身体の損傷を受けかねない切迫した危険にさらされ，その危険を避けるために車外に避難せざるを得ない状況に置かれたものというべき」であり，「さらに……，後続車にれき過されて死亡するまでのAの避難行動は，避難経路も含めて上記危険にさらされた者の行動として極めて自然なものであったと認められ，上記れき過が本件自損事故と時間的にも場所的にも近接して生じていることから判断しても，Aにおいて上記避難行動とは異なる行動をとることを期待することはできなかったというべき」であるから，「運行起因事故である本件自損事故とAのれき過による死亡との間には相当因果関係があると認められ，Aは運行起因事故である本件自損事故により負傷し，死亡したものと解するのが相当である」と判示しています。

この判例は，先行して運行起因事故（自損事故）が生じ，その後，多少の時間的場所的間隔を空けて，別の事故等によって被保険者が負傷又は死亡した場合の相当因果関係の判断について，一つの考え方を示したものといえます。しかし，その後の裁判例[☆13]をみる限り，その適用範囲は極めて限定的に捉えるべきものと思われます。

〔丸山　一朗〕

━━■判　例■━━

☆1　最判昭52・11・24民集31巻6号918頁・交民集10巻6号1533頁・判タ357号231頁。
☆2　最判昭63・6・16民集42巻5号414頁・判タ681号111頁・判時1291号65頁。
☆3　最判昭63・6・16集民154号177頁・判タ685号151頁・判時1298号113頁。
☆4　前掲（☆2）最判昭63・6・16。
☆5　最判昭47・5・30民集26巻4号939頁・交民集5巻3号631頁・判タ278号145頁。
☆6　前掲（☆2）最判昭63・6・16，前掲（☆3）最判昭63・6・16のほか，仙台高判平14・1・24交民集35巻6号1732頁・判時1778号86頁，大阪地判平15・9・10交民集36巻5号1295頁等。

☆7　最判平8・12・19交民集29巻6号1615頁。
☆8　後掲（☆11）大阪高判平23・7・20のほか，熊本地判昭59・11・28交民集17巻6号1649頁・判タ548号255頁・判時1144号134頁，静岡地下田支判昭62・12・21金商804号38頁等。
☆9　東京地判昭55・12・23判タ442号160頁・判時993号68頁，山形地酒田支判平3・2・28交民集24巻1号245頁，富山地判平9・2・28交民集30巻1号302頁・判タ946号257頁等。
☆10　札幌高判平4・11・26交民集29巻6号1621頁。
☆11　大阪高判平23・7・20判タ1384号232頁。
☆12　最判平19・5・29集民224号449頁・判タ1255号183頁。
☆13　東京高判平21・4・28自保ジャーナル1812号2頁，東京高判平25・8・7 LEX/DB文献番号25501813。

第2章◇自動車損害賠償責任保険（自賠責保険）
第2節◇対人賠償責任保険の前提としての自賠法をめぐる解釈論

Q5 「運行供用者」概念

　私は，自己所有の自動車でドライブ中，B所有の自動車を借り受けたAが運転する自動車に衝突され，全治1か月の重傷を負いました。事故原因はAの脇見運転であり，そのことは警察の実況見分時にA自身が認めていることですが，Aに，この事故で生じた治療費の自己負担分などの損害について賠償請求をしましたが，賠償したくてもお金がないと言って取り合ってくれず，所有者であるBに請求したところ，事故を起こした場合にはすべてAが責任を負い，Bが締結している自賠責保険や任意保険も使わないという約束で貸したのだから，すべてAに請求してくれというだけでこちらも相手にしてくれません。私としては，Aは事故を起こした直接の加害者として，またBは脇見運転をするようなAに自動車を貸した者として責任があるのではないかと考えており，両者に，訴訟手続になることも含めて損害賠償請求をしようと考えていますが，どのような手続をすればよいでしょうか。

A

　自動車の貸借時に，貸主・借主間で，借主が事故を起こしたときには借主がすべて責任を負い，また貸主が締結している自賠責保険や任意保険は使わないという約束がされており，それが契約内容になっていたとしても，それは貸主・借主間にしか効力が及ぶものではなく，契約外の第三者たる被害者を拘束するものではありません。被害者は加害者たる借主や貸主に法的責任が生じる限り，加害者らに対する損害賠償請求や，それを前提とする自賠責保険や任意保険に対する請求も可能です。
　また，自動車事故民事責任，特に自動車損害賠償保障法（自賠法）で創設された「自己のために自動車を運行の用に供する者」，すなわち運行供用者責任における運行供用者とは，運転者などのよ

Q5◆「運行供用者」概念

うに当該自動車の使用等を直接的・物理的に支配していた者に限定されるわけではなく，伝統的な判例法理に従うと「当該自動車の運行を支配し，運行による利益」を受けていたか否かによって判断されます。自動車の貸借による貸主は，特段の事由がない限り借主の起こした事故については運行供用者として責任は免れないと思われますので，Bの主張は成り立ちません。もしBが賠償の話合いに応じなくても，Bの運行供用者責任を前提に，自賠責保険，任意保険に対して直接の損害賠償額の支払請求が可能です。

☑キーワード

貸借当事者間の免責契約の第三者効力，運行供用者，運行支配・運行利益，危険責任，報償責任，危険物管理責任

解説

1　自動車の貸与と事故時の免責特約

今日，いわゆるファミリー・ユースカーなどが広く普及するとともに，知人間・友人間等での自動車の貸借が頻繁に行われるようになってきています。その際，貸主側は事故時の賠償などに巻き込まれるのを嫌い，あるいは，保険を適用したような場合には，いわゆる無事故割引率が縮小するために，借主が事故を起こした時には車両の修理はもとより，対外的な賠償責任が生じたような場合にも，借主がすべて責任を負い，貸主には一切迷惑をかけないとか，借主が一切の責任をとる等との約束（特約・契約）が交わされることもあるようです。これが，契約として当事者間においては拘束力をもつものであったとしても，契約外の第三者である被害者や保険会社を拘束するものではなく，貸主が賠償義務者とされ賠償請求を受けた場合には，法的な免責事由などがない限り，貸主は法的な賠償義務を免れることはできません。したがって，人身事故に関していうならば，被害者は，後に述べるように，貸主の運行供用者責任を

第2章◇自動車損害賠償責任保険（自賠責保険）
第2節◇対人賠償責任保険の前提としての自賠法をめぐる解釈論

理由とする損害賠償請求は可能であり，たとえ貸主が相手にしない場合でも，貸主を被告として損害賠償請求訴訟を提起することができます。より直截的には，人身事故については貸主の締結している自賠責保険に対して損害賠償額の直接請求権（自賠16条）を行使することができ，また任意保険の対人・対物賠償保険に対しても各社の約款で定められているところの損害賠償額の直接請求権の行使が可能です。また賠償損害額が自賠責保険で支払われる金額を超えるような場合には，自賠責保険・任意保険の「一括払」手続，すなわち，任意保険会社に自賠責保険で支払われる分も含めて支払ってもらい，事後処理は保険会社同士に委ねるという方法も可能です。

2　自動車事故民事責任等について

　わが国において，自賠法が制定される以前の自動車事故損害賠償責任は，民法709条の一般不法行為責任と，715条に定める使用者責任が中心でした。しかし，民法709条を適用するためには証明責任上，損害賠償請求権者側が加害者に故意・過失があったことなどを証明しなければならず，瞬時に起こる自動車事故についてそのような証明はかなり困難なことでした。また，被用者の起こした自動車事故について，使用者の責任を追及するにしても，まず，加害者すなわち被用者に故意・過失があったことなどの不法行為責任の成立が必要なこと，判例法により，使用・被用関係は，かなりの程度拡大され，外形的にみれば使用・被用関係があると擬制し得るような場合にも使用者責任の成立を認めるようになってきましたが，使用・被用関係が擬制的にも成り立たないような場合には適用の余地はないということにより，人身事故における被害者救済上の障害にならざるを得ない状態でした。しかし，第二次世界大戦後に一時的に減少したわが国の自動車保有台数は，その後急速に普及拡大し，その結果，諸外国がそうであるようにわが国においても交通事故はある意味で不可避なこととなり，その法的な救済の強化・充実は経済社会を支える自動車交通並びに自動車産業の発展と表裏の関係にあることから，その立法的救済の必要性が説かれ，昭和25年頃から運輸省において比較法的視点などをふまえながら検討が開始されました。そこでは，民事責任のあり方，履行確保手段などの検討が行わ

れ，昭和30年に人身事故に限定されるという形でしたが，自動車事故民事責任主体等に関する責任規定，民事責任に関する履行確保手段として自賠責保険（後に，責任共済なども含む）の強制加入方式の導入に関する規定，さらに，ひき逃げや自賠責保険無保険車による事故被害者救済制度としての政府保障事業に関する規定などを柱とする自賠法が制定施行されました。

3 自動車事故民事責任主体としての運行供用者

上記のようにして自賠法は制定施行されましたが，その3条は「自己のために自動車を運行の用に供する者は，その運行によって他人の生命又は身体を害したときは，これによって生じた損害を賠償する責に任ずる。」とし，直接の加害行為者でなくとも，また，使用・被用関係がない場合でも，自動車と一定の関係にある「自動車を運行の用に供する者」（運行供用者）であると認定されれば，当該自動車事故の民事責任主体として（故意・過失の証明責任を転換した形で，〔自賠3条ただし書〕）賠償責任を免れないものとしました。しかし，この規定はドイツ道路交通法7条の保有者（Halter）概念等をモデルに導入されたものと思われ，自賠法においては，「保有者」について2条3項で「自動車の保有者その他自動車を使用する権利を有する者で，自己のために自動車を運行の用に供するもの」と定義されていますが，運行供用者とはどのような者を指すのかについての規定がないため，長い間混迷を続けてきました。もっとも，自動車事故民事責任のあり方などについては諸外国における判例法の展開や特別法草案や特別法などを参考にして，わが国の実定法，すなわち民法709条，715条などの狭隘さの克服などが目指されていたこともあり，当初は証明責任自体は立法的に解決し，責任主体については使用者責任ではカバーされない領域を射程に入れるというような考え方がベースにあったためか，使用者責任の特則として規定されたという考え方が支配的であったようです。すなわち，使用者責任についての報償責任をベースに考えるべきではないか，さらに使用者責任における危険責任的要素も重要であることを契機として捉える考え方が定着したことで，この概念とドイツにおける帰責主体としての保有者概念における「運行支配」「運行利益」概念とが結合され，使用者責任における危険責任的契

機を「運行支配」として，報償責任的契機を「運行利益」として把握し，自動車の「運行を支配し運行による利益」を得ている者が「自己のために自動車を運行の用に供する者」すなわち運行供用者に該当し，自動車人身事故民事責任の主体に該当するという考え方が次第に支配的見解となっていきました。摘記判例は使用者責任における外形標準説あるいは，使用・被用関係等，使用者責任における判断枠組みによっています☆1。

　運行支配・運行利益の帰属の有無によって運行供用者か否かを判断する手法は，使用者責任判断で蓄積されてきた解釈手法も応用できるなどのメリットもあったためか，実務に広く浸透していきました。しかし，自動車保有台数の急成長を受けたわが国のクルマ社会の発展は，他方において，自動車利用形態の複雑化・多様化さらにはファミリー・ユース・カーの増加を意味すると同時に，それまでに蓄積され，それなりの基準性をもちつつあった運行支配・運行利益概念だけでは帰責主体判別のための一義的な基準性をもち得ないようになりました。そのため，この運行支配・運行利益に多様な意味の持込みがなされるに至り，運行支配については，初期の自動車に対する現実的物理的支配☆2から間接的支配への拡張，さらに効果的支配でも足りるとする立場から支配可能性でも足りるとする規範的評価への拡張☆3，運行利益については必ずしも明示的とはいえませんが，初期の自動車の運行自体から生じる利益に限られるとする立場から，自動車の賃貸収入でも足り，さらには，自動車を所有すること又は使用権限をもつことによる精神的利益でも足りる，あるいは規範的な意味で運行による利益が帰属していると評価し得る場合も含まれるとするような方向に進んでいったように思われます。

　もっとも，多くの判例において運行支配・運行利益，事案によっては運行支配のみで判断を下してきたようにみえますが，判例において初期にみられたような使用者責任の特則としての報償責任・危険責任を受けた運行利益・運行支配概念が維持されてきたかについては疑問であり，内容は時代とともに大きく変貌し，ただ言葉だけ運行支配・運行利益概念を当てはめてきたのではないかという批判も成り立ち得るのではないかと思われます。

　そのようななかにおいて，運行供用者責任の帰責の実質的内容について，使用者責任は人と人との関係のなかに帰責の根拠があるのに対し，自動車事故責

任は自動車という危険物と人との関係のなかに帰責の根拠があり，民法上は工作物設置瑕疵等危険物管理責任の系譜に属するものであり，そのような意味では危険物管理責任としての運行支配に重点をおいて考えるべきものであるとする有力な見解が示され[*1]，学説，裁判例に強い影響を与えました。

そして，判例・裁判例は依然として言葉のうえでは運行支配・運行利益概念を使用するケースが圧倒的多数ですが，学説は，運行支配・運行利益概念の空虚さから，新たな概念提起をするものが多数生まれてきました。危険性関連説，人的物的管理説，制御可能性説，最安価事故回避説などがそれです。それらは，方向的には危険責任をベースに自動車という危険物の管理可能性あるいは危険物を扱うことを業とする者についての規範的評価を加味し運行供用者の判断をする，さらには事故法の最大の目的は事故の回避にあり，そのためには最も安価に事故を回避できる者を求めて帰責させてはどうかなどというものです[*2]。

4 運行供用者をめぐる具体的類型についての検討

これまで，運行供用者概念の推移などについてごく概略的な説明を行いました。以下では紙幅の制約もあり，運行供用者責任の有無をめぐって争われ，一定の方向が示されてきたものを類型化し，大まかな到達点を示し，さらに，設問についても結論の方向性を示したいと思います。

まず，①無断運転，泥棒運転については，所有者など保有者と身分関係・知人関係，雇用関係などにある者が保有者に無断で当該自動車を運転中に事故を起こした場合については，保有者が第三者による無断運転を客観的に見て容認していたとみられるか否かを判断枠組みとし，人的関係が認められるときには保有者はそのような者の運転を客観的には容認していたものとして，特段の事由がない限り運行支配などを失っていないとして責任を肯定される傾向にあります[☆4]。運行支配概念から離れた立場からでも，人的関係があると評価される者の無断運転については，保有者はそのような者の運行による自動車の危険の具体化を制御すべき立場にあったか，あるいはその可能性をもっていたと評価し得る場合には，そのような危険の具体化を制御しなかったことを理由にし

第2章◇自動車損害賠償責任保険（自賠責保険）
第2節◇対人賠償責任保険の前提としての自賠法をめぐる解釈論

て責任を免れないものとして同様の結論を導くことができます。しかし，人的関係が認められないような第三者による無断運転の場合には☆5，多くの場合泥棒運転となると思いますが，第三者に窃取された時点で保有者の運行支配などが失われたとしてその者の運行供用者責任を否定することが一般的と思われます☆6。ただし，人通りの多い路上に，キーを付けたまま駐車をしていたような場合には，郵便配達など特段の事由がない限り，保有者には第三者の泥棒運転を客観的に容認していたとみることができるとして運行供用者責任を認める傾向が強いと思われます☆7。ここで，「客観的」という修辞語がつくとはいえ，第三者による窃取を保有者が「容認」するということ自体，自己撞着ではないかと思われ，端的に，保有者などは，自動車は自己ないし自分と一定の身分関係にある者のみが自動車による危険を具体化する可能性をもつだけではなく，第三者による泥棒運転等による危険の具体化を制御すべき立場にあり，またその可能性があるはずであるが，第三者により自動車を窃取されるような状態におくこと自体が，事故を制御すべき保有者の運行による事故として運行供用者責任を免れないとした方が説明がしやすいのではないかと思われます。

　その他運行供用者の問題類型としては，②名義貸し・名義残り，すなわち自動車の所有名義を他人に貸した場合に，その他人などが起こした事故について名義人が責任を負うか，あるいは，例えば，自動車の売買等において割賦代金の完済まで所有名義を売主に残した場合に買主の起こした事故について名義人は責任を負うかなどが争われるか，については，形式的な名義よりも実質的な所有・使用関係を中心に判断される方向にあります☆8。また，③元請・下請関係にあった場合に，下請人が起こした事故について元請人が運行供用者責任を負うか否かについては，各々事業主体として独立しているような場合には，単なる取引関係にすぎず，下請人が請け負った業務などのために使用する自動車について，元請人が運行を支配しあるいは運行による利益を得ているなどという関係にはないであろうし，さらには，下請人の自動車の運行を指示・制御すべき立場にないといえるので運行供用者に該当することはないと思われます☆9。もっとも，元請・下請といっても，事業体の経営合理化のために子会社化した部門を専属的に利用したり，あるいは商品運搬部門を内部にもたず，特定の会社をほぼ専属的に使用しているような場合には，事実上の親会社の一

部門とみなされる可能性があり，そのような場合には親会社あるいは専属的元請部門は専属的下請の自動車の運行を支配し運行による利益が帰属している，あるいは，専属的下請け部門などの自動車が事故を起こさないように指示・制御すべき立場にあったとして運行供用者責任を免れない場合もあるでしょう。

その他，争われてきた類型としては，④修理業者・陸送業者が受託自動車について起こした事故について依頼者が運行供用者責任を負うか，⑤会社から通勤にマイカーの利用が許され，勤務先会社等の駐車場の使用，業務への利用が許され又は黙認されている自動車が事故を起こした場合に，勤務先会社は運行供用者責任を負うか，などがあります。前者については否定的な傾向にあり，後者については，通勤途上又は業務中・就業時間内の事故については責任を肯定される傾向にあるようです。また，やや異質の問題で，⑥運転代行業者が起こした事故について代行業者が責任を負うことは当然として，依頼者が同乗していて死傷したような場合に当該依頼者は運行供用者であるとして自賠法上の「他人」としての保護が否定されるのか（他人性についてはQ6参照）などの問題がありますが，ここでは設問の自動車の貸借と運行供用者責任について概観してみましょう。

⑦賃貸借と使用貸借，すなわち自動車の貸借については有償で自動車を借り受ける，賃貸借（民601条）と，知人・友人間などで無償で貸し借りする使用貸借（民539条）があります。このうち，ドライブクラブあるいはレンタカーについて，判例はドライブクラブといわれた当時のものですが，賃貸業者が自動車を賃貸料を得て貸与した場合には，「自動車賃貸業者としては，借受人の運転使用についてなんら支配力を及ぼし得ない」としてその運行供用者責任を否定しました☆10。しかし，その後の判例では，免許人口の拡大などを受けて自動車賃貸借に対する需要が高まったこともあってか，賃貸業者，レンタカー業者側の貸出にあたっての業務の進展，特に免許証などによる書面審査のほか，安全運転確認のため同乗審査の励行などを受け，レンタカー業者は借受人の起こした事故について「本件自動車に対する運行支配および運行利益を有していたということができ，自動車損害賠償保障法（自賠法）3条所定の自己のために自動車を運行の用に供する者（以下「運行供用者」という）としての責任を免れない」として，事実上の判例変更がなされました☆11。次に設問でも問われ

第2章◇自動車損害賠償責任保険（自賠責保険）
第2節◇対人賠償責任保険の前提としての自賠法をめぐる解釈論

ている使用貸借ですが，この場合には貸借自体が所有者の意思の下でなされており，通常使途や返還期限なども明示・黙示で定められているのが通常でしょうから，借主の起こした事故についてはなお，運行支配，運行利益は貸主の下にあるとされることになるか，あるいは貸出にあたり，使用についての安全性の確認，事故防止のための配慮などが明示的・黙示的になされるでしょうから，事故を防止すべき立場にあったとして，特段の事由☆12がない限り，運行供用者責任を免れることはできないと思われます。したがって設問については，被害者は，自動車の所有者Bに対しては自賠法3条の運行供用者責任の追及が可能ですし，運転者Aに対しても故意・過失の証明は必要ですが民法709条はもとより，まさに「自己のため自動車を運行の用に供していた者」として自賠法3条による運行供用者責任の追及も可能であり，それを根拠として自賠責保険，任意対人賠償保険に対する損害賠償額の直接請求も可能になります。また自動車の損傷に対する修理費等の損害についてもBが対物賠償保険に加入していれば，Aの許諾被保険者（**Q37**参照）性並びにAの不法行為責任についての対物賠償損害についての損害賠償額の直接請求も可能になります（対物賠償責任保険における直接請求権については，例えば，某社約款対物賠償条項第8条など）。

〔伊藤　文夫〕

===== 判　例 =====

☆1　最判昭39・2・11民集18巻2号315頁・集民72号137頁・判タ160号69頁，最判昭40・9・7集民80号141頁・判タ184号146頁，最判昭44・9・12民集23巻9号1654頁・集民96号567頁・交民集2巻5号1215頁等。

☆2　ドライブ・クラブ（後のレンタカー）事案についての最初の判例ですが，賃貸自動車について貸主は借主の当該自動車の運転使用について何ら支配力を及ぼさないとした，最判昭39・12・4民集18巻10号2043頁・判タ169号219頁・判時394号57頁等。

☆3　最判昭43・10・18判タ228号115頁・判時540号36頁，なお，最判昭50・11・28民集29巻10号1818頁・集民116号717頁・交民集8巻6号1595頁は運行利益に触れず，「自動車の運行を事実上支配，管理することができ，社会通念上自動車の運行が社会に害悪をもたらさないよう監視，監督すべき立場にある場合」には運行供用者にあたるとして，運行支配概念を極端なまでに抽象化し運行供用者責任を肯定しました。

☆4　やや特殊な事案ですが，自動車の所有者の元妻が所有者の自宅から鍵とともに自

動車も持ち出し，ゲーム喫茶で知り合った者に，所有者宅まで送ってもらう途中で生じた事故について，所有者の自宅への返還予定中の事故であり所有者の運行支配は失われていないとした直近のものとして，大阪地判平25・4・17交民集46巻2号554頁があります。

☆5　やや特殊な事案ですが，友人の父親の経営する工場構内でのみ使用されていたフォークリフトを，その父親に無断で一般道路で運転中に事故を生じた事案について所有者たる友人の父親の運行使用者責任を認めたものとして，最判平5・3・16判タ820号191頁・判時1462号99頁など。

☆6　最判昭48・12・20民集27巻11号1611頁・集民110号787頁・交民集6巻6号1704頁．ただしこれは塀で囲繞されたタクシー会社の構内から白タク営業目的に窃取された事案であり，その結論については批判が多いです。

☆7　やや古いが札幌地判昭55・2・5交民集13巻1号186頁・判タ419号144頁。

☆8　最判昭46・12・7集民104号595頁・交民集4巻6号1660頁・判時657号50頁，最判昭50・11・28民集29巻10号1818頁・集民116号717頁・交民集8巻6号1595頁等。

☆9　前掲（☆8）最判昭46・12・7。

☆10　前掲（☆2）最判昭39・12・4。

☆11　自動車賃貸業者は「その所有自動車についての利用申込を受けた場合，免許証により，申込者が小型四輪自動車以上の運転免許を有し，原則として免許取得後6月経過した者であることを確認し，さらに一時停止の励行，変速装置，方向指示器の操作その他交通法規全般について同乗審査をなし，かかる利用資格を有する申込者と自動車貸渡契約を締結したうえで自動車の利用を許すものであること，利用者は，借受けに際し届け出た予定利用時間，予定走行区域の遵守および走行中生じた不測の事故については大小を問わず上告会社に連絡するよう義務づけられていること，料金は，走行粁，使用時間，借受自動車の種類によって定められ，本件自動車と同種のセドリック62年式の場合，使用時間24時間・制限走行粁300粁で6000円に上ること，燃料代，修理代等は利用者負担とされていること，使用時間は概ね短期で，料金表上は48時間が限度とされていること，訴外（第一審被告）Tは，上告会社から以上の約旨のほか，同人が前記利用資格に達していなかったため，特に，制限走行粁300粁，山道，坂道を走行しないことを条件に上告会社所有の本件自動車を借り受けたものであること，本件事故は訴外Tが本件自動車を運転中惹起したものであること等の事実関係のもとにおいては，本件事故当時，上告会社は，本件自動車に対する運行支配および運行利益を有していたということができ，自動車損害賠償保障法（以下，自賠法という。）3条所定の自己のために自動車を運行の用に供する者（以下，運行供用者という。）としての責任を免れない旨の原判決（その引用する第一審判決を含む。以下同じ。）の判断は，正当として是認することができる。」とする最判昭46・11・9民集25巻8号1160頁・集民104号177頁・交民集4巻6号1589頁ですが，大法廷によらずに事実上の判例変更がなされたのではないかと思われます。それはさておき，今日ではこのような同乗審査を含めたような厳格な審査は行われていないようですが，レンタカーの賃貸借契約料金のなかに自動車

第 2 章◇自動車損害賠償責任保険（自賠責保険）
第 2 節◇対人賠償責任保険の前提としての自賠法をめぐる解釈論

　　　　保険料などが包含されているようであり，運行支配・運行利益の帰属を根拠とする
　　　点は別にしても，結論自体は支持されてもよいように思われます。なお，レンタ
　　　カー事故についてよく問題となるのは，例えば，学生などが休暇中に友人数人と
　　　ドライブを企てそのなかに一人の名義でレンタカーを借り受け，借受人以外の者が運
　　　転中に起こした事故の場合，借受人自体も負傷したときの法的処理についてで，「共
　　　同運行供用者と他人性」の問題が生じます。結論的には，誰名義で借りたかは問わ
　　　ず，費用分担・交代運転などの合意があったような場合には，レンタカー会社も共
　　　同ドライブ中の者もともに運行供用者になり自賠法上の「他人」としての保護が否
　　　定されることもあります。
☆12　 2 時間の約束で自動車を借り受けながら，返還要請にはその場限りの約束を繰り
　　　返しほぼ 1 か月にわたって使用を継続し続けているなかで起こした事故について，
　　　所有者には，何らその運行を指示・制御し得る立場になく，運行利益も帰属してい
　　　なかったとして運行供用者責任を否定したものとして，最判平 9 ・11・27集民186
　　　号227頁・交民集30巻 6 号1559頁・判タ960号95頁。

━━■注　記■━━

＊ 1 　川井健「運行供用者の基本理念」『現代不法行為法』（日本評論社，1978年） 3 頁
　　　以下。伊藤文夫「運行供用者責任について」『自動車事故民事責任と保険の交錯』
　　　（保険毎日新聞社，1999年）。
＊ 2 　教科書レベルで，最近の最も詳細な叙述としては，潮見佳男『不法行為法Ⅱ〔第
　　　 2 版〕』（信山社，2011年）305頁以下をあげることができます。

Q6 ◆「他人性」概念

6 「他人性」概念

　甲会社を経営する太郎の娘である花子は，甲会社の専務でもある夫の次郎が海外出張に出かけるのに同行するため次郎と一緒に車で空港に向かう途中，事故に遭って重症を負い，同時に，次郎もかなりのけがを負うこととなりました。

　次郎と花子が乗っていた車は太郎の所有する車であり，運転していたのは太郎のお抱え運転手乙でした。次郎は，太郎からその車を自由に使ってよいと言われていたところ，自ら運転することもありましたし，乙に運転させることもありました。

　この日は，その車を空港の駐車場に長く駐車させておくのを避けるため，乙に運転してもらっていましたが，突然，右の前輪がバーストして高速道路の側壁に車を衝突させるという事故を起こしてしまいました。

　次郎と花子は，この車が付保している自賠責保険会社に損害のてん補を求めたいと思っていますが，可能でしょうか。ちなみに，花子は運転免許を持っていません。

A

　自動車損害賠償責任保険（自賠責保険）が機能する（自賠責保険金を請求することができる）ためには，自動車損害賠償保障法（自賠法）3条の運行供用者責任が成立し，その運行供用者が当該事故（加害）車の保有者であることが必要です。そして，運行供用者責任が成立するためには，被害者が，（運行供用者からみて）他人でなければならないとされています。

　そこでまず，この事故における運行供用者は誰か，その運行供用者は保有者かということを考え，次いで，被害者である次郎と花子が，その運行供用者からみて他人に当たるかどうかを検討することになります。そうすると，花子は保険会社に損害のてん補を求める

45

ことができそうですが、次郎は請求することができないということになりそうです。

ところで、自賠責保険金が支払われるのは被保険者に対してですから、被害者が、自賠法16条1項に基づいて、直接保険者（保険会社）に対して損害のてん補を求めるのは、保険金の支払を求めるのではなく、（保険金額の限度において）損害賠償額の支払を求めることになり、条文上もそのように表現されています（ただ、一定の場合を除いて、保険金と損害賠償額とを合わせて「保険金等」というともされています〔自賠16条の2〕）。

☑キーワード

他人，他人性，共同運行供用者の他人性

解説

1　被害者の直接請求権

花子と次郎は，ともに自賠法16条1項に基づいて，自賠責保険会社に対し損害賠償額の支払を求めようとしているわけですから，そもそも自賠責保険が機能するのはどのような場合かを明らかにしておく必要があるでしょう。

自賠責保険（共済）契約について定める自賠法11条は，1項，2項ともに「第3条の規定による保有者の損害賠償の責任が発生した場合において……」と定めていますから，自賠責保険金が支払われる（自賠責保険が機能する）のは，運行供用者が保有者である場合に限定されることになります。

その保有者については，自賠法2条3項に定義規定があり，「自動車の所有者その他自動車を使用する権利を有する者で，自己のために自動車を運行の用に供するものをいう」とされています。

このことを前提にして，以下，花子と次郎の損害は自賠責保険会社によってん補されるかどうかについてみていきましょう。

2　運行供用者責任の成立

(1)　運行供用者責任の成立要件

　自賠法3条の運行供用者責任については**Q5**で説明されていますが、そこで明らかにされているように、運行供用者責任が成立するためには一定の（かなり厳しい）要件を満たさなければなりません。

　自賠法3条は、①運行供用者は、②自動車の運行によって、③他人の生命又は身体を害したときは、④これによって生じた損害を賠償しなければならないと定めています。したがって、運行供用者責任が成立するかどうかを確認するためにこの4つの要件を満たしているかどうかを検討していくことになります。

　①の「運行供用者」とはどのような人のことをいうのか、②の「自動車の運行によって」とはどのようなことを指すのか、さらに④の「損害」とは何かについては、それぞれの設問の解説を参照していただくことにして、ここでは③の「他人の生命又は身体」についてみていくこととします。とはいいましても、生命又は身体については、改めて「生命又は身体とはこれこれこういうものである」との説明を要するものではないと思われますから、ここで問題としなければならないのは"他人"性です。

　この"他人"性についても、それほど深刻に考える必要はない、他人とは自分以外の者をいうのは当然ではないかと思われるかもしれません。しかし、そう単純なものではないのです。ここでいう"他人"とは、運行供用者からみた他人ということを意味しているからです。それならば、運行供用者以外の者がすべて"他人"になるといってよいかというと、そうでもないのです。

(2)　本設問での運行供用者は誰か

　さて、"他人"性の検討に入る前に、本設問において具体的な運行供用者は誰かについてみておくことにしましょう。先に述べたように、他人とは、運行供用者からみた他人ということでしたから、被害者である花子と次郎が他人に当たるかを検討するためには、誰が運行供用者であるのかを明らかにしておくことが必要でしょう。

第 2 章◇自動車損害賠償責任保険（自賠責保険）
第 2 節◇対人賠償責任保険の前提としての自賠法をめぐる解釈論

　運行供用者は，自賠法上の責任を負う者として非常に重要な意味を有するものであるにもかかわらず，自賠法にはその定義規定がありません。したがって，運行供用者とはどのような人をいうのかについては，ひとえに判例・学説の議論に委ねられることになりました。
　運行供用者とは「自己のために自動車を運行の用に供する者」をいうわけですが，そのうちの「自己のために」については，自動車の運行についての支配権とそれによる利益が自己に帰属することを意味すると解されています。すなわち，運行供用者とは，当該自動車について"運行支配"と"運行利益"とを有する者を指すと理解されています[☆1]。したがって，一般的には，自動車の保有者，すなわち自動車の所有者その他正当な権限をもって自動車を使用する者（賃借権者，使用借権者等）が運行供用者ということになります（ただ，自動車泥棒のように正当な権限を有しない者であっても"運行支配"と"運行利益"とを有するものであれば，運行供用者とみられることになります）。
　そうすると，本設問では，自動車の所有者である太郎は，運転していないのはもちろん，その車に乗っているわけでもありませんが，所有者として抽象的にではあるものの運行を支配しているとして，運行供用者ということになりそうです。そして，次郎は，所有者である太郎から，その車を自由に使ってよいと言われていて，正当な使用権限を有していたといえますから，本件事故当時，自分で運転していたわけではありませんが，なお運行を支配しており，同時に利益も享受しているということができますから，やはり運行供用者といってよさそうです。同時に，所有者である太郎，使用権限を有する次郎は，ともに当該自動車の保有者でもあります。
　これに対して，花子は，次郎と違って，太郎からその車を使ってよいと言われていたものではなく，そもそも運転免許を持っていないのですから，単に同乗しているだけであって，運行供用者には当たらないといってよいでしょう。
　なお，運転者である乙の受傷の有無については設問中明らかではありませんが，仮に，受傷していたとしても，後述（ 3 (1)）のように，乙が他人として自賠法による救済を受けることはできません。
　このようにみてくると，この車には，太郎と次郎の 2 人の運行供用者がいるということになりそうですが， 1 台の車に（自賠法上の責任を負うべき）運行供用

者が2人（複数）いるということがあるのだろうかという疑問が湧いてくるかもしれません。しかし，後に，次郎が損害賠償額の支払を求めることができるかどうかを検討していくところでみるように，今日では，このことも承認されているのです。

3　「他人」の意義

(1) 他人とは

自賠法には，"運行供用者"の定義規定がないのと同様，"他人"についての定義規定もありません。したがって，ここでいう"他人"がどのような人であるのかについても，判例・学説の議論に委ねられました。

判例は，まず当該自動車の運転者は"他人"に含まれないとし[2]，次いで，自動車に同乗していて被害を受けた人の他人性を肯定するに際して，他人を「自己のために自動車を運行の用に供する者及び当該自動車の運転者を除くそれ以外の者」とするものが現れました[3]。そして，運転者には運転補助者も含まれます（自賠2条4項）から[4]，"他人"とは，運行供用者，当該自動車の運転者・運転補助者を除く，それ以外の者ということになります。

(2) 花子は他人か

花子は，運行供用者でも運転者でもありませんから，他人であることは間違いない，何も悩むことはないといえそうです。そして，花子が他人であるとすると，運行供用者である太郎（父）あるいは次郎（夫）に損害賠償を請求していくことができるということになります。しかし，いかに事故で被害を被ったからといって，父親や夫に損害賠償請求していくものだろうか，そんなことができるのだろうかということも考えてみる必要がありそうです。その前に，花子は，確かに運転免許は持っていないとしても，太郎（父）が所有する車で，次郎（夫）が自由に使ってよいとされている車であるのだから，花子も当該自動車の運行供用者だという主張も出てくるかもしれません。はたして，花子は他人に当たるのでしょうか。

まず，花子も運行供用者だという主張に対してはどのように考えればよいでしょうか。

第２章◇自動車損害賠償責任保険（自賠責保険）
第２節◇対人賠償責任保険の前提としての自賠法をめぐる解釈論

　先にも述べたように，花子は車の所有者ではなく，車を使用する正当な権限を有していたかというと，所有者である太郎，花子の父である太郎が，運転免許を持っていない花子に車を自由に使ってよいと言うとは思われませんから，花子は車の使用権限を有するものでもなく，したがって保有者ではないということになります。そして，車の運行について，それを支配し得るような立場にもなかったということができるでしょうから，運行支配がない＝運行供用者たり得ないということになるでしょう。

　次に，被害者が，運行供用者の配偶者あるいは子であるという場合には，当該被害者は他人には当たらないし，そもそも家族間で損害賠償請求がなされることもない，したがって，自賠法に基づいて損害賠償請求することもできないのだという主張に対してはどのように考えていくことになるでしょうか。

　この点については，既に判例の立場が明確にされています。

　すなわち，自賠法３条は，自己のために自動車を運行の用に供する者及び運転者以外の者を他人といっているのであり，被害者が運行供用者の配偶者であるからといって，そのことだけで，その被害者が他人に当たらないと解すべき論拠はなく，具体的な事実関係の下において判断すべきであるとしているのです☆5。

　本設問では，次郎が車の保有者であり，花子は運転免許を有しておらず，運転補助行為をしていたわけでもありませんから，花子が，次郎との関係で，自賠法３条にいう他人に当たることは間違いないといってよいでしょう。

　また，このように解されるのは，なにも配偶者に限定されるものではなく，子についても同様に解して差し支えないものとなります☆6から，太郎との関係でも，花子は他人に当たると解して差し支えないことになります。

　したがって，花子は，次郎に対しても太郎に対しても損害賠償請求権を有することになりますから，自賠法16条１項により，保険者（保険会社）に対して損害賠償額の支払をするよう請求することができます。

4　共同運行供用者の他人性

(1)　共同運行供用者の他人性判断指標

Q6◆「他人性」概念

　前述したように，前掲（☆3）最判昭42・9・29によれば，他人とは，運行供用者及び当該自動車の運転者を除く，それ以外の者をいうわけですから，運行供用者たる者は他人となるはずがない，すなわち，運行供用者は，被害を被った場合であっても自賠法による救済を受けることはできないといわざるを得ないはずです。ところが，❸(2)で紹介した妻は他人たり得るのか等を考える過程を通じて，たとえ運行供用者であっても，同時に他人となり得るといって差し支えない場合があるのではないかとも考えられていました。そしてついに，1台の自動車に複数の運行供用者が存在することを当然の前提として，そのうちの一人の運行供用者が被害者となった場合に他の運行供用者との関係で他人たることを主張し得るかという，いわゆる共同運行供用者の他人性に係る問題が登場することとなりました。

　リーディングケースといえる判例[☆7]では，運行供用者はすべて他人たり得ないというべきではなく，運行支配の程度が"直接的，顕在的，具体的"である運行供用者が他に存在する場合には，その程度が"間接的，潜在的，抽象的"であって被害を被った運行供用者は，他人として保護される余地があるという立場が示されました。その結果，共同運行供用者の一人が被害者となった場合に，その者が自賠法による救済を受けることができるかどうかは，他の運行供用者との関係における運行支配の程度如何によるというのが判例の立場になっています。

　その際，共同運行供用者の一人が車内にいて被害に遭い，他方が車外にいるという場合には，車内にいる運行供用者の支配の程度は，車外にいる者のそれに比して運行支配の程度が"直接的，顕在的，具体的"であるとして，その"他人性"は否定されるというのが一般的です。

(2) 次郎は他人か

　太郎と次郎は，いずれも保有者，運行供用者であるわけですが，(1)でみたところから明らかなように，判例の立場に立てば，車に乗っていない太郎の運行支配の程度が間接的，潜在的，抽象的であるのに対し，運転しているわけではないとはいえ，車に乗っていた次郎のそれは，はるかに直接的，顕在的，具体的であるとして，次郎は，太郎に対して他人であることを主張できないことになるでしょう。したがって，次郎は，太郎の運行供用者責任を追及することは

できず，保険会社に対し，自賠法16条1項に基づいて損害賠償額の支払を求めることもできないということになります。

(3) 共同運行供用者の他人性余滴

本設問と直接関わるわけではありませんが，共同運行供用者の他人性をめぐる問題，判例の立場についてもう少し付言しておきましょう。

(a) 共同運行供用者がともに乗車していた場合

まず，共同運行供用者がいずれも車に乗っていた場合はどのように考えられているのでしょうか。

車の所有者Aが，友人Bらと飲食した後，友人らを最寄りの駅まで送る途中，Bから運転させてほしいと懇願され，Bに運転を委ねて自らは後部座席に同乗していたところ，Bの過失により生じた事故でAが死亡したという事案で，1審・原審[8]はいずれも，A・Bはともに運行供用者であるが，Bの運行支配の方が，Aのそれよりも直接的・顕在的・具体的であるとして，Aは，Bに対して他人であることを主張し得るとしました。

これに対し最高裁[9]は，次のように述べて，Aは，Bに対する関係で他人に当たるということはできないとしました。すなわち，Aは，事故の防止につき中心的な責任を負う所有者として同乗していたのであって，いつでもBに運転の交替を命じ，その運転につき具体的な指示をすることができる立場にあったのであるから，Bが，Aの運行支配に服さずAの指示を守らなかった等の特段の事情がある場合は格別，そうでない限り，車の具体的運行に対するAの支配の程度は，Bのそれに比し勝るとも劣らなかったというべきものであるとして，Aの他人性を否定したのです。ただ，この判決に対しては批判も有力になされています。

(b) 代行運転の場合

次に，代行運転を依頼した顧客が事故で死傷した場合，その者が他人に当たるかどうかについてみていきましょう。多くの裁判例が存するわけではありませんが，共同運行供用者の他人性を考えていくうえで，どのようなことに留意すべきかにつき示唆的な判例があります。

車の保有者Aが酒酔い運転を避けるためB運転代行業者に代行運転を依頼し，派遣されてきたCが運転する車の助手席に同乗して帰宅途中に他車両との

事故により受傷したという場合において，A，B，Cはいずれも運行供用者であるとしたうえで，AとBとの関係からすれば，事故当時，自動車の運行による事故発生を防止する中心的な責任を負っていたのはBであり，Aの運行支配は，Bのそれに比べて間接的・補助的なものにとどまっていたものというべきであるとして，Aの他人性を肯定しました[10]（なお，Bは，当該車の使用権を有するAの依頼を受けてAを自宅まで送り届ける業務を有償で引き受けてCを派遣していたのであり，事故当時，当該車を使用する権利を有していたから，保有者でもあるとしていました）。

(4) 小　　括

このようにみてくると，共同運行供用者の他人性を判断するに際して判例が掲げる基準（運行支配の程度が"直接的・顕在的・具体的"か"間接的・潜在的・抽象的"か）はあまりにも漠然としていて，これで妥当な結論を導き得るかどうかは疑問なしとしないところです。具体的な場面で，この基準に基づいて認定していこうとしますと，どうしても規範的要素にかなりの比重がかけられることになるのではないかと思われるからです。

そもそも，運行供用者概念に規範的要素が取り入れられたのは被害者保護の充実を図り責任を拡張するためであったわけですが，共同運行供用者の各運行支配の程度を相対化し，被害者たる運行供用者の他人性を判断するに際して規範的要素を持ち込むことは，もともと規範的要素を機能させることを目的としたのとは異なる次元でこれが機能することになり，これによって，本来，他人として保護・救済されてしかるべき者が，他人として認められなくなるという事態を招くことにもなりかねません。

そうした事態を招かないためにも，この他人性をめぐる議論，とりわけ共同運行供用者の他人性判断をめぐる議論は，なお慎重に検討が継続されるべきものといえます。

〔藤村　和夫〕

=====■判　例■=====

☆1　最判昭39・12・4民集18巻10号2043頁・判タ169号219頁・判時394号57頁等。
☆2　最判昭37・12・14民集16巻12号2407頁・判時327号36頁。
☆3　最判昭42・9・29集民88号629頁・判タ211号152頁・判時497号41頁。

第 2 章◇自動車損害賠償責任保険（自賠責保険）
第 2 節◇対人賠償責任保険の前提としての自賠法をめぐる解釈論

☆ 4　最判昭57・ 4 ・27交民集15巻 2 号299頁・判タ471号99頁・判時1046号38頁。
☆ 5　最判昭47・ 5 ・30民集26巻 4 号898頁・交民集 5 巻 3 号625頁・判タ278号206頁。
☆ 6　東京高判昭46・ 1 ・29交民集 4 巻 1 号35頁・高民集24巻 1 号13頁・判タ257号103頁．仙台高判昭47・ 6 ・29交民集 5 巻 3 号658頁・判タ280号246頁。
☆ 7　最判昭50・11・ 4 民集29巻10号1501頁・交民集 8 巻 6 号1581頁・判タ330号256頁。
☆ 8　東京地判昭54・ 1 ・25交民集12巻 1 号84頁・判タ387号119頁，東京高判昭55・ 9 ・ 4 交民集13巻 5 号1126頁・判タ430号132頁・判時980号64頁。
☆ 9　最判昭57・11・26民集36巻11号2318頁・判タ485号65頁・判時1061号36頁。
☆10　最判平 9 ・10・31民集51巻 9 号3962頁・交民集30巻 5 号1298頁・判タ959号156頁。

Q7 「運転者」概念

次のようなケースでは，自動車損害賠償保障法（自賠法）3条の「他人性」の判断はどうなりますか。

(1) 甲会社の従業員であるAは，会社の営業目的のために会社所有車を運転してまず取引先の乙会社に立ち寄り，そこで同社の社員であるBを同乗させて，ともに営業先へ向かいました。用件を終えてBを乙会社へ送っていく途中で，Aは疲労のため運転の交替をBに依頼し，自らは助手席で仮眠をとっていたところ，Bの運転ミスにより当該加害車両がガードレールに衝突，Aが負傷する事故が発生しました。

　Aは，自賠法3条の「他人」に該当しますか。

(2) Aは，作業現場の責任者としてクレーン車の玉掛作業を行った後に，クレーン車の運転者であるBに対し巻上げの合図をしたところ，自らの玉掛作業が不適切であったために，Bがクレーン車で巻き上げた際に荷崩れが起こり，これによってAが負傷する事故が発生しました。

　Aは，自賠法3条の「他人」に該当しますか。

A

　自賠法2条4項は，「他人のために自動車の運転又は運転の補助に従事する者」を「運転者」と定義しています。このうち，特に「自動車の運転の補助に従事する者」は，実務上「運転補助者」と呼ばれています。判例によれば，自賠法3条本文にいう「他人」とは，「運行供用者」・「運転者」・「運転補助者」以外の者をいうと解されていることから，「運転者」もしくは「運転補助者」に該当する者は，交通事故の被害者となった場合であっても，自賠法3条の保護を受けることはできません。

(1)は、いわゆる交替運転が行われたケースであり、交替運転が行われたことによって、Aが当該加害車両の「運転者」としての地位を離脱しているものと認められる場合には、自賠法3条の他人性が認められることになります。

(2)は、クレーンの玉掛作業を行っていたAが「運転補助者」に該当するかどうかが問題となるものですが、玉掛作業に従事している者がすべて「運転補助者」に該当するということではありません。事故発生当時、被害者が現に運転の補助に従事していたかどうか、運転補助行為と事故発生との間に因果関係があるかどうかなどといった点を勘案して、「運転補助者」に該当するかどうかの判断を行うことになります。

☑キーワード

運転者，交替運転，運転補助者，運転者としての地位の離脱，玉掛作業，運転補助行為

解 説

1 「運転者」の概念

自賠法2条4項は、「他人のために自動車の運転……に従事する者」を「運転者」として定義づけていますが、その典型的な例としては、会社の営業目的のために会社所有車を運転中の従業員、運転手などが挙げられます。一般に、自賠法2条4項にいう「運転者」に該当する者は、自動車事故を直接惹起した当事者として民法709条などによる賠償責任を負うべき立場にある（加害者側に属する）ことから、自賠法3条の他人性が否定されるものと解されています。

2 「運転者」としての地位の離脱——交替運転

自賠責保険の実務では、特に業務の途中で運転を交替するなどして、事故当

時現にハンドルを握っていなかった者について,「運転者」としての地位を離脱しているかどうかが問題となります。

判例[☆1]は,業務命令によって助手に運転させることが禁止されていたにもかかわらず,事故当時は助手に運転させていて自らは助手席で指図をしていた正運転者(被害者)について,自賠法3条の他人性を否定する判断を示しています。また,甲会社の自動車運転手であるA及びBが,甲会社所有車に引越荷物を積載して交互に運転をしながら目的地へ向かう途中,たまたまBの運転中に同人の過失によって惹起された事故により,助手席で仮眠中のAが死亡したケースについて,Aの自賠法3条の他人性を肯定する裁判例[☆2]があります。

こうした判例等の動向をふまえると,①交替運転を行った者同士の身分関係,②交替運転に至った経緯,③正規の運転手以外の運転を禁止する旨の社内規定の有無などといった点を確認したうえで,交替運転を行うにあたって当該被害者に非難すべき事情が認められるかどうかという観点から自賠法3条の他人性を判断していくことになると思われます。

設問(1)のケースについては,確かに当該加害車両はAの勤務先である甲会社の所有車であるものの,Aが運転を交替した相手は取引先の乙会社の社員であるBであり,営業を終えた後乙会社にBを送っていく途中でBの了承の下に交替運転を行っていることなどの諸事情を勘案すると,本件交替運転を行うにあたってAには特に非難すべき事情は認められず,事故当時Aは「運転者」としての地位を離脱していたものと判断されるでしょう。

3 「運転補助者」の概念

自賠法2条4項では,「他人のために自動車の運転又は運転の補助に従事する者」を「運転者」と定めていますが,このうち,「運転の補助に従事する者」(運転行為を補助する者)は一般に「運転補助者」と呼ばれ,直接的な運転行為に従事している「運転者」とともに,自賠法3条の他人性が否定されるものと解されています。「運転補助者」に該当する具体的な例としては,バスが後退するのを誘導中の車掌やラリーのナビゲーター[☆3]などが挙げられます。

57

第２章◇自動車損害賠償責任保険（自賠責保険）
第２節◇対人賠償責任保険の前提としての自賠法をめぐる解釈論

4 「運転補助者」に該当するかどうかの判断

　しかしながら，いかなる者を「運転補助者」として認定するかについては，様々な裁判例や学説などがあり，自賠責保険の実務においても判断に苦慮するところといえます。特に，判例における「運行」概念がいわゆる「原動機説」から「走行装置説」，さらには「固有装置説」へと拡大していき，クレーン車のクレーン操作[☆4]，ショベルローダーのショベル操作[☆5]，フォークリフトのフォーク操作[☆6]等についても，すべて「運行」に当たるとされたことにより（詳細については**Q4**参照），例えば荷降ろし作業中の事故のような場合，荷降ろし作業を手伝っていた者はすべて「運転補助者」に該当し，他人性が否定されてしまうのかどうかという問題が顕在化するようになりました。視点を変えると，自賠法の救済範囲を広げるために「運行」概念を拡大していったことが，かえって他人性が否定される「運転補助者」の概念を広げることになるのではないかという問題であるといえるでしょう。

　運転補助者の定義及び判断基準については，①現に運転補助行為に従事していること，②事故発生と運転補助行為との間に因果関係があること，という要件に加えて，さらに③その者が「業務上ないし職務上当然当該補助行為をなすべき立場，地位にあること」を要件とすべきであるという考え方が主張されています。また，自賠法３条の「運行」概念が前記のとおり拡大していることに伴い，「運行」と「運転」を区別し，「運行」を補助する者のうち，走行関連行為たる「運転」の補助行為者のみを「運転補助者」として自賠法３条の保護範囲から外すべきであるという考え方も主張されているところです。

　判例[☆7]は，車上渡しの約定で売買された鋼管くい10本を積載したトラックを運転して引渡場所に行った運送会社の従業員Ａが，工事現場で鋼管くいの荷降ろしを手伝うため，クレーン車を運転するＢの指示に従ってＡ及びほか１名が玉掛作業を行い，Ｂが鋼管くいをつり上げたところ，これが落下してＡの身体に当たり，死亡したというケースにおいて，「本件トラックにより本件工事現場に運搬された鋼管くいは現場車上渡しとする約定であり，本件トラックの運転者Ａは，Ｂが行う荷下ろし作業について，指示や監視をすべき立場にな

かったことはもちろん，右作業を手伝う義務を負う立場にもなかった。また，鋼管くいが落下した原因は，(……)鋼管くいを安全につり上げるのには不適切な短いワイヤーロープを使用した上，本件クレーンの補巻フックにシャックルを付けずにワイヤーロープを装着したことにあるところ，これらはすべてBが自らの判断によって行ったものであって，Aは，Bが右のとおりワイヤーロープを装着した後に，好意から玉掛け作業を手伝い，フックとシャックルをワイヤーロープの両端に取り付け，鋼管くいの一端にワイヤーロープの下端のフックを引っ掛けて玉掛けをするという作業をしたにすぎず，Aの右作業が鋼管くい落下の原因となっているものではない。そうすると，Aは，本件クレーン車の運転補助者には該当せず，自賠法3条本文にいう『他人』に含まれると解するのが相当である」と判示しています。

この判例は，①荷降ろし作業を手伝う義務はなかったというAの地位，立場，②Aの行った補助作業が事故の原因にはなっていないという2点を斟酌して，Aが「運転補助者」ではなかったと判断したものと思われます。

この最高裁判決以後，自賠法3条の「他人性を否定される運転補助者に該当するというためには，職務上運転を補助する立場にあって，現に運転補助作業に従事している者（あるいは運転補助作業から離脱していない者）であることともに，その者の行為によって当該事故が発生したという補助行為と事故発生との因果関係を要すると解するのが相当である」と判示し，玉掛作業を終えた後，吊り荷を上げて旋回したクレーンから落下した吊り荷に当たって負傷した被害者について，自賠法3条の「運転補助者」には該当しないとした裁判例[8]があります。

こうした動向をふまえると，単にクレーンの玉掛作業を事故当時行ったからといって直ちに「運転補助者」に該当するということではありません。設問(2)についても，事故発生当時，Aが現に運転の補助に従事していたかどうか，当該補助行為と事故発生との間に因果関係があるかどうか，Aの業務上ないし職務上の地位，立場などといった具体的諸事情を勘案したうえで，事故発生を防止すべき立場にあったと認められるかどうかという観点からその判断を行うことになります。

〔丸山　一朗〕

第2章◇自動車損害賠償責任保険（自賠責保険）
第2節◇対人賠償責任保険の前提としての自賠法をめぐる解釈論

===■判　例■===

☆1　最判昭44・3・28民集23巻3号680頁・交民集2巻2号291頁・判時555号46頁。
☆2　大阪地判昭43・5・10判時534号66頁。
☆3　金沢地判昭50・11・20交民集8巻6号1667頁。
☆4　大阪地判昭51・5・24判タ345号287頁，最判昭52・11・24民集31巻6号918頁・交民集10巻6号1533頁・判タ357号231頁，東京地判昭55・7・15交民集13巻4号897頁等。
☆5　函館地判昭47・6・28交民集5巻3号871頁・判タ280号276頁。
☆6　大阪地判昭57・9・29交民集15巻5号1274頁・判タ483号138頁。
☆7　最判平11・7・16交民集32巻4号983頁・判タ1011号81頁・判時1687号81頁。
☆8　大阪高判平16・9・16交民集37巻5号1171頁。

Q8 悪意免責

　私の息子は，帰宅途中，時速60kmで走行してきた車両にはねられ，重傷を負いました。命はとりとめましたが後遺障害が残りそうです。車両の運転手は殺人未遂罪で逮捕され，「いらいらしてやった。誰でもいいからひき殺そうと思った」と供述しているそうです。加害者の運転していた車両は，加害者が所有しており，自賠責保険は付保されているものの，任意自動車保険は付保されていないそうです。息子の事件については，警察から，通常の交通事故とは異なり，刑事課で扱っているという話を聞いたのですが，自賠責保険に請求しても支払を受けられない可能性もあるのでしょうか。

A

　自動車損害賠償保障法（自賠法）14条は，「保険会社は，第82条の3に規定する場合を除き，保険契約者又は被保険者の悪意によって生じた損害についてのみ，てん補の責めを免れる。」としています。すなわち，自賠責保険の保険会社は，保険契約者又は被保険者の悪意による事故によって生じた損害に対しては，保険金支払義務を負いません。設問のケースでは，加害車両の運転手（加害者）の供述によれば，加害者の「悪意」（確定的故意）による事故であったと認められ，自賠責保険の保険会社は保険金支払義務を負いません。

　しかし，事故の被害者は，保険契約者又は被保険者の悪意による事故であっても，自賠責保険の保険会社に対し，自賠法16条請求をすることができます。被害者に支払を行った保険会社は，政府の保障事業に対し補償を求めることとなります。

第2章◇自動車損害賠償責任保険（自賠責保険）
第2節◇対人賠償責任保険の前提としての自賠法をめぐる解釈論

☑ キーワード

故意免責，悪意免責，政府の保障事業

解説

1 故意免責とは

　保険法17条1項前段は，「保険者は，保険契約者又は被保険者の故意又は重大な過失によって生じた損害をてん補する責任を負わない。」と定めています。これは，故意によって招致された事故についても被保険者が保険給付を受けるのは公益に反することから，保険契約者又は被保険者の故意又は重大な過失によって生じた損害について，保険会社はてん補責任（保険金支払責任）を負わないとしたものです。重大な過失（重過失）による保険事故招致については，危険性の高い行為を保険保護の対象から除外する趣旨で免責事由とされています[1]が，保険法17条2項は「責任保険契約（損害保険契約のうち，被保険者が損害賠償の責任を負うことによって生ずることのある損害をてん補するものをいう。以下同じ。）に関する前項の規定の適用については，同項中『故意又は重大な過失』とあるのは，『故意』とする。」と定めており，賠償責任保険については，重過失免責は除外されています。

　任意自動車保険の保険約款では，故意免責以外にも様々な免責事由を定めていますが，自賠法14条は，「保険会社は，第82条の3に規定する場合を除き，保険契約者又は被保険者の悪意によって生じた損害についてのみ，てん補の責めを免れる。」と定めており，自賠責保険における免責事由を，重複契約の場合（自賠82条の3）と，保険契約者又は被保険者の悪意のみに限定しています。自賠責保険は，交通事故の被害者保護を目的として定められた保険である（自賠1条）ことから，このような取扱いとなっています。

　また，被保険者の悪意による事故の被害者が保護されないのでは，自賠法創設の趣旨を貫徹できないことから，自賠法は，被保険者が悪意であっても，被

害者が保険会社に対し自賠法16条1項の請求や自賠法17条1項の仮渡金請求を行うことを認めています（この取扱いは被害者のみであり，悪意による事故を起こした自賠責保険の被保険者（加害者）が，被害者に賠償金を支払い，自賠法15条に基づき保険金請求を行った場合は，当然のことながら，保険会社は支払責任を免れ，被保険者は保険金の支払を受けられません）。

被害者に対して支払を行った保険会社は，政府の保障事業に対して補償を求めることができ（自賠16条4項・17条4項・72条3項），政府は，保険会社に対し保障金を支払ったときは，被保険者に対して求償を行います（自賠76条）。

2 「悪意」とは

自賠法14条の「悪意」とは，「わざと」という意味で，いわゆる未必の故意（積極的に人をひく気はないが人をひいてもかまわないというつもりで自動車を運転して事故を起こした場合）は含まれず，積極的に人をひこうとしたり，心中を図ったりするような故意の明白な場合（確定的故意）とされています*2。

例えば，自賠責保険の被保険者が，女性と車両内にいたところを女性の夫に発見され，その場から逃れようとしたが，進路前方に夫が両手を車両のフロントガラスに当てるなどして立ち塞がったため，そのまま車両を発進すれば車体を夫に衝突させて傷害を負わせる可能性が高いことを認識しながら，それもやむを得ないと考え，その場を逃れたい気持ちから車両を発進させ，7，8m前進した地点で夫を路上に転倒させ，傷害を負わせたという事案☆1では，事故による損害は被保険者の未必の故意によって生じたものといえ，確定的故意によるものとはいえないため，自賠責保険における悪意免責は成立しません（任意自動車保険の対人賠償責任保険においては故意免責が成立するものと考えられます）。

他方，自賠責保険の被保険者が車で無理心中を図り，同乗者とともに死亡した場合（例えば，夫が運転，妻が同乗する車両が海中に転落し，双方が死亡，自宅から夫の遺書がみつかった場合）は，同乗者を殺そうという明白な故意（確定的故意）が認められますので，悪意免責が成立します。なお，無理心中のように，無理心中を図った被保険者も被害者とともに死亡したケースについて，被害者の遺族が自賠法16条1項の請求を行い，保険会社が支払った場合，保険会社に対し保

障金の支払を行った政府は被保険者の相続人に対し自賠法76条に基づく求償を行います。

　設問のケースでは，加害者は自己の所有する車両を運転していますので自賠責保険の被保険者に該当します。そして，「誰でもいいからひき殺そうと思った」という供述や時速60kmで走行していることからすれば，明白な故意（確定的故意）が認められます。したがって，悪意免責が成立しますが，被害者は自賠責保険の保険会社に対し，自賠法16条1項の損害賠償額の支払請求権を行使し，損害賠償額の支払を受けることができます。

3　レンタカーによる事故

　レンタカーの借主が，歩行者等をひき殺す意図で，すなわち確定的故意をもって道路を暴走し，歩行者を死傷させた場合，車両の所有者で，自賠責保険の契約者でもあるレンタカー会社は被害者やその遺族に対し自賠法3条の損害賠償責任を負うのでしょうか。

　Aが，レンタカー会社Cから賃借した普通貨物自動車を運転中，歩行者専用アーケードを走行してアーケードを歩行中のBらに衝突し，Bらが死亡したという事案[2]について，裁判所は，レンタカー契約に際し，使用目的が引っ越しであるとのAの説明を信じ，レンタカー契約書と契約約款（約款には，車両の所有権侵害行為と法令又は公序良俗に反する車両の使用が禁止行為として規定されていました）を交付したうえで，貸渡条件を遵守して運転するよう念を押して車両を貸し渡したもので，Aの走行行為は，Cの意思に反するものであり，Cの運行支配はAにより排除されていた等のCの主張を退け，「自動車事故により人的損害を受けた被害者の保護を図るという自賠法の目的（同法1条参照）に照らせば，運行供用者の運行支配は，……客観的・外形的に見て，自動車の運行に対し支配を及ぼすことのできる立場にあり，運行を支配，制御すべき責務があると評価される場合には，その運行支配が肯定されるべきものと解すべきであ」り，レンタカー契約時の手続や，貸渡期間中に事故が発生していること等からすれば「本件事故発生の時点において，客観的・外形的に見れば，被告会社は，被告車両の運行支配及び運行利益を有していたものとみるのが相当という

べきである。」,「自賠法3条の運行供用者責任の有無を判断するにあたっては,自動車の運行,すなわち,当該車両の使用に対する支配の有無及びその利益の帰属を客観的・外形的に検討すれば足りるものと解されるのであって,使用の方法いかん,ひいては,借主たる運転者の過失の軽重や故意・過失の別という主観的事情,事故の反社会性の程度といった交通事故の態様いかんによって,貸主の運行支配ないし運行利益の有無が異なると解することに合理的な理由はない。」として,CはBの遺族らに対し運行供用者として自賠法3条の損害賠償責任を負うと判示しました。この判決によれば,悪意による事故が,レンタカーを使用して行われた場合,被害者やその遺族は,レンタカーの自賠責保険に自賠法16条1項の損害賠償額の支払請求(被害者請求)を行い,支払を受けられるほか,レンタカー会社に自賠法3条に基づく損害賠償請求を行い,支払を受けることもできるということになります(返還期限を著しく過ぎてから事故が発生した場合等,レンタカー会社の運行支配が失われたと評価される場合を除きます)。

〔植草 桂子〕

■判 例■

☆1 最判平4・12・18集民166号953頁・判タ808号165頁・判時1446号147頁。
☆2 仙台地判平19・7・5交民集40巻4号849頁・判時1999号83頁。

■注 記■

＊1 潘阿憲『保険法概説』(中央経済社,2010年) 101頁・105頁。
＊2 国土交通省自動車局保障制度参事官室監修『逐条解説自動車損害賠償保障法〔新版〕』(ぎょうせい,2012年) 126頁。

第2章◇自動車損害賠償責任保険（自賠責保険）
第3節◇自動車損害賠償の基礎としての損害額算定

第3節　自動車損害賠償の基礎としての損害額算定

Q9　積極損害の認定

　道路の横断歩道を横断していたところ，走行してきた自動車と衝突する事故に遭い，右手や右膝を打撲するけがをしました。医療機関を受診しましたが，治療費は，相手の自動車に付保されている任意自動車保険の保険会社が自動車損害賠償責任保険（自賠責保険）から支払われる分も含めて，医療機関に一括払をしてくれるそうです。
　(1)　健康保険ではなく，自由診療になると聞きましたが，健康保険と自由診療とは何が違うのでしょうか。
　(2)　自由診療の治療費というのは，医療機関が自由に決められると聞きましたが，算定の目安があるのでしょうか。
　(3)　任意保険会社は医療機関が決めた治療費をすべて支払ってくれるのでしょうか。

A

　(1)　自動車事故によるけがの治療を受ける場合，医療機関の窓口で健康保険証を呈示して健康保険を使用することもできますが，多くのケースでは自由診療で行われます。健康保険を使用する場合，健康保険法に基づき全国一律に診療報酬体系が定められていますが，自由診療の場合，診療内容や診療報酬の決め方に制約がないという違いがあり，総じて自由診療の方が治療

費の金額が高くなります。
(2) 自由診療の場合の診療報酬の算定方法には明確な目安が存在せず，医療機関の運用に任されていますが，実務的には，受診した医療機関と治療費の一括払をする任意保険会社との間の調整で決まることが多いと思われます。
(3) 損害賠償として一括払を受けられる治療費の範囲は「必要かつ妥当な実費」に限られ，必要性，相当性がないときは，過剰診療，高額診療として治療費の支払を拒否されることがあるため，注意が必要です。

☑キーワード

積極損害，治療費，自由診療，高額診療，1点単価

解説

1 損害の区分

　自動車事故による損害は，人の死傷による損害（人身損害）と車両や物の破損による損害（物的損害）に区分されます。
　また，損害は，財産的損害と精神的損害（慰謝料）に区分されますが，財産的損害は，積極損害と消極損害にさらに区分されます。
　積極損害とは，被害者が事故のために現に出費をし，又は，出費を余儀なくされる金銭のことをいい，消極損害とは，事故に遭わなければ得られたであろう利益（収入）を失ったことによる損害のことをいいます。
　積極損害としては，治療関係費，付添看護費，入院雑費，通院交通費，装具・器具等購入費，葬儀関係費用などを代表的なものとして挙げることができます。

第2章◇自動車損害賠償責任保険(自賠責保険)
第3節◇自動車損害賠償の基礎としての損害額算定

2 治療費

　加害者側に責任のある自動車事故により，けがをして医療機関で治療を受けると，治療費がかかります。

　治療費は，事故により出費を余儀なくされる金銭(積極損害)ですので，原則として，加害者側が損害賠償の一部として負担することになります。加害者側に任意自動車保険が付保されている場合，自賠責保険から支払われる部分も含め，任意保険会社が一括して医療機関に直接治療費の支払をすることが一般的です(一括払)。

　加害者側に責任のある自動車事故でけがをして医療機関で治療を受けた場合，原則として治療費の実費についての損害賠償を受けることができますが，損害賠償として認められる治療費の範囲は，「必要かつ妥当な実費」と認められる範囲となります。この「必要かつ妥当な実費」について，『民事交通訴訟における過失相殺率の認定基準〔全訂5版〕』[1]は，「治療費は，必要かつ相当な実費全額が賠償の対象となるのであるから，単に治療を行い，治療費を支出したことだけでなく，これらの治療が事故と因果関係があり，治療費として適切な支出であることを主張する必要がある」と解説しています。

3 治療費の立証資料

　損害賠償を請求する場合の治療費の立証資料としては，通常，医療機関の発行する診断書及び診療報酬明細書が必要となります。診断書には，傷病名，症状の経過，治療の内容，今後の見通し，主たる検査所見，治療期間，入・通院の日数などが記載されます。また，診療報酬明細書には，具体的な診療の内容やそれに応じた点数，1点単価，実際に入・通院した日付などが記載され，医療機関の請求する診療報酬の詳細を把握することができます。診断書と診療報酬明細書の両方が揃って，その治療費が，自動車事故と因果関係のある「必要かつ妥当な実費」と評価できるかどうかが判断できることになります。治療費はすべての人身損害算定の基礎となりますので，人身損害の請求にあたって

は，診断書及び診療報酬明細書は必須の立証資料といえます。

4　診療報酬の算定

　自動車事故によるけがの治療にあたっては，医療機関の窓口で健康保険証を呈示して健康保険を使用することもできますが，多くのケースでは自由診療で行われます。

　健康保険においては，健康保険法に基づき診療報酬体系が定められており，基本的には，診療内容に応じて定められた点数に１点単価10円を乗じることにより，診療報酬が決まります。この診療報酬のうち，自己負担分を除いた金額が健康保険から医療機関に支払われています。したがって，健康保険の場合は，同じ診療内容であれば，どこの医療機関で治療を受けたとしても，治療費は同じ金額になります。

　一方，自由診療においては，健康保険とは異なり，すべての医療機関に共通する診療報酬体系というものはなく，明確な目安は存在しません。過去には，各地の医師会において診療報酬の申合せがなされていた時期もあったようですが，独占禁止法に抵触するおそれもあり，医療機関ごとの運用に任されているというのが実情です。

　本来，自由診療とは，医療機関と患者間において結ばれる診療契約に基づくものですが，自動車事故に伴う自由診療の場合，その治療費を最終的に損害賠償債務として負担するのは加害者側，ひいては損害保険会社であり，直接の契約当事者と実質的に利害関係を有する者が異なるため，その構造上，診療報酬に対する経済合理性が働きにくいことがここでの問題を複雑にしています。

　自由診療の場合の診療報酬の算定方法には様々なものがありますが，健康保険における診療報酬体系をベースに，１点単価を15円，20円といった金額に設定することにより，健康保険を使用した場合よりも高い金額を請求するケースが一般的です。なかには，１点単価を25円，30円などとし，健康保険で治療をした場合と比べて2.5倍，３倍といった治療費を請求するような医療機関もあるため，損害賠償として適正な治療費の水準はどの程度なのか，ということが問題になるケースが発生します。

第２章◇自動車損害賠償責任保険（自賠責保険）
第３節◇自動車損害賠償の基礎としての損害額算定

　このように，自動車事故による傷害に対する自由診療において医療機関が健康保険よりも高額な報酬を請求する根拠としては，①自動車事故の場合には，すぐに重点かつ集中的に適切な治療行為を施し，高度の救急措置を実施する必要がある，②いつ発生するかもわからない自動車事故による外傷に医療機関として即応できる体制を構築するためには，人員，設備，機械，薬品等の整備に費用がかかる，といった点が医療側から指摘されているところです。

　このような医療側の主張も重症事案に対する急性期治療を前提とすれば，一定の理解はできるところですが，自動車事故による外傷に対する治療は頸椎捻挫などの軽症事案に対するものが大半を占めていることに加え，重症事案でも慢性期治療を前提とした場合には，必ずしも妥当性を有する説明とはいえないと考えられます。

　ただ，少子・高齢化の進展に伴い，健康保険の財政が厳しくなっている社会情勢のなか，社会保険による治療から得られる診療報酬だけではなく，自動車事故による自由診療から得られる診療報酬も医療機関の経営の一端を担っているのは事実であり，自由診療における診療報酬のあり方について，国民に良質な医療を提供する責務を負っている医療側としても重大な関心をもたざるを得ない状況であることは理解すべきでしょう。

　なお，自由診療における診療報酬の算定方法としては，上記のほか，災害医療という観点で親和性を有する労働者災害補償保険の診療費算定基準に準拠し，薬剤等「モノ」についてはその単価を12円とし，その他の技術料についてはこれに20％を加算した額を上限とする内容の自賠責保険診療報酬基準案があります。これは，昭和59年の自動車損害賠償責任保険審議会における治療費適正化に向けての指摘に基づき，自動車事故独自の診療報酬基準の策定を目指したもので，各都道府県医師会と日本損害保険協会，損害保険料率算出機構とで都道府県ごとに合意形成の努力が進められてきたものです。この自賠責保険診療報酬基準案の推進は高額治療の問題に一定の解決をもたらすものとして期待されますが，独占禁止法との関係上，合意がなされた都道府県においても，自賠責保険診療報酬基準案の採用可否は医療機関の判断に委ねられており，自由診療における標準的な診療報酬の算定方法として定着するには至っていないのが実情です。

5　高額診療

『民事交通事故訴訟・損害賠償額算定基準　上巻（基準編）〔2016年版〕』[*2]によれば，治療費については，「必要かつ妥当な実費全額」とされている一方，「必要性，相当性がないときは，過剰診療，高額診療として，否定されることがある。」とされています。また，高額診療について「高額診療とは，診療行為に対する報酬額が，特段の事由がないにも拘らず，社会一般の診療費水準に比して著しく高額な場合をいう。」とされています。

それでは，この「社会一般の診療費水準に比して著しく高額な場合」とは，具体的にはどのような場合を指すのでしょうか。この点についての裁判例を概観してみましょう。

この問題に関するリーディングケースとしては，1点10円判決と呼ばれる平成元年東京地裁判決[☆1]が挙げられます。

この判決は，被害者・加害者間で損害賠償額が争われた事案ではなく，患者と医師との間に自由診療における診療報酬の額についての明確な合意が存しないなかで，むち打ち症等の傷害に対する治療費の一括払を行った任意保険会社から医療機関に対し，過剰診療，高額診療が行われたことを理由に，既に支払った治療費のうち過剰・高額の部分についての不当利得の返還を求めた事案において，「健康保険法の診療報酬体系には，一般の診療報酬を算定する基準としての合理性も存するのであって，自由診療における診療報酬についての合意を欠く場合の診療報酬額についても，健康保険法の診療報酬体系を基準とし，かつ，ほかにこれを修正すべき合理的な事情が認められる場合には，当該事情を考慮し，右基準にそれらに即応した修正を加えて，相当な診療報酬額を決定するのが相当というべきである」などとして，1点単価については，薬剤料につき10円，薬剤料を除くその他の医療費につき10円50銭とすることが相当と判示しました。

この1点10円判決以前は，地域の慣行料金をふまえたうえで1点単価を15円ないし20円としている裁判例が多くみられました[☆2]。

1点10円判決は社会的に反響を呼び，自賠責保険診療報酬基準案の合意促進

にも影響を与えましたが，その後の下級審裁判例の趨勢となることはなく，1点単価が争点となった裁判例においては，1点単価を15円とするものが多くみられていたところです☆3。

しかしながら，この点について，最近になり再び1点単価を10円とする裁判例が出てきており，注目を集めています。

平成23年東京地裁判決☆4は，1点10円判決と同様，患者と医師との間に自由診療における診療報酬の額についての合意が存しないなかで，頸椎捻挫等の傷害に対する治療費の一括払を行った任意保険会社が原告となり，被告である医療機関に対し，過剰診療，高額診療が行われたことを理由に，支払った治療費のうち過剰・高額の部分についての不当利得の返還を求めた事案です。当該判決は，1点10円判決とほぼ同様の判断枠組みにより，自由診療契約における相当な診療報酬額についても，健康保険法に基づく診療報酬体系が一応の基準になるとしたうえで，本件において健康保険法に基づく基準を修正すべき合理的な事情を認めることはできないとして，診療報酬単価は1点10円とするのが相当であると判示しました。

平成25年東京地裁判決☆5は，頸椎捻挫等の傷害に対する治療を受けた被害者が原告となり，被害者が治療を受けた医療機関において1点単価25円で治療費が算定されていることを前提に，加害者に対し損害賠償請求訴訟を提起した事案（医療機関が原告側に補助参加している）です。

当該判決は，医師による治療内容の選択と実施については，「医師の個別の判断を尊重し，医師に対して一定の裁量を認めることが相当」「それが明らかに不合理なものであって，医師の有する裁量の範囲を超えたものと認められる場合でない限り，その必要性と相当性を欠く過剰診療又は濃厚診療であるとすることはできず，実施された治療と交通事故との間に相当因果関係を認めるべき」とする一方で，加害者が被害者に対して賠償すべき治療費の額については，「当該事故と相当因果関係があると認められる範囲に限られるのであって，治療費の算定については，治療内容の選択と実施と同様に医師又は病院の裁量に委ねられるものとすることはできない」「交通事故の被害者が病院との間で一定の算定方法により算定された額の治療費を支払う旨の合意をしたとしても，被害者が当該合意に基づいて病院に対して治療費を負うのは格別，加害

者は，当該合意に拘束されるものではないから，相当な範囲を超える治療費については賠償責任を負わない」と判示しました。

そして，診療報酬単価については，「原告が本件事故により負った頸椎捻挫の傷害は，何ら重篤なものではなく，また，その治療の経過をみても，高度の救急措置，麻酔管理，専門医療従事者の参加等を必要とするものではなく，さらに，その治療内容についてみても，自由診療であるといっても，特に高い専門知識や技術を要する治療がされたわけではないから，結局，頸椎捻挫に対する一般的な治療の域を出るものではなかった」「原告の傷害に対する治療は，健康保険に基づく治療の範囲により実施することも十分可能なものであった」との前提の下，「交通事故の被害者が自由診療契約に基づく治療を受けた場合であっても，本件のように，健康保険に基づく治療の範囲により治療を実施することも十分可能であったと認められるときには，実施された治療について交通事故の加害者が被害者に対して不法行為責任に基づいて賠償すべき相当な治療費の額を判断する上で，健康保険法に基づく診療報酬体系による算定方法が一応の基準になるということができる」「（健康保険法に基づく診療報酬体系における）単価を修正すべき事情もうかがわれない」として，「被告が賠償すべき本件事故と相当因果関係のある治療費を算定するに当たっては，1点単価を10円とすべきである」と判示しました。

これまで1点単価を10円とした裁判例は，患者と医師との間に自由診療における診療報酬の額についての合意が存しない事案における，一括払をした任意保険会社からの不当利得返還請求訴訟でしたが，平成25年東京地裁判決は，損害賠償請求訴訟における東京地裁の民事交通専門部の判断であり，患者・医師間の合意の有無にかかわらず，損害賠償請求訴訟における相当因果関係の判断の場面においても，不当利得返還請求訴訟の裁判例と同様の判断枠組みによって1点単価10円とすることが妥当との見解を明らかにした点で極めて注目されるべきものです。

高額診療の問題については，自動車事故の治療の場合には，自由診療の名の下に傷病の態様や治療内容にかかわらず，自動的に健康保険の2倍，3倍の診療報酬が請求されるという事態は，社会通念上も国民経済的な観点からも妥当とはいえず，是正されるべきものと考えますが，自動車事故の治療において，

第2章◇自動車損害賠償責任保険(自賠責保険)
第3節◇自動車損害賠償の基礎としての損害額算定

短期的に,制度として統一された診療報酬基準の策定が望めない現状からすれば,健康保険における診療報酬基準を一応の基準とし,健康保険で認められる範囲を超えて,治療行為に医療資源を投入した場合には,傷病の態様等から,その必要性,妥当性に鑑みて,個別に修正を認めるという立場が現実的であり,妥当なものと考えられます。

〔原田　健一〕

===== ■判　例■ =====

☆1　東京地判平元・3・14判タ691号51頁・判時1301号21頁。
☆2　東京地判昭51・3・25交民集9巻2号429頁・判時829号65頁,大阪地判昭60・6・28交民集18巻3号927頁・判タ565号170頁,神戸地判昭60・9・25交民集18巻5号1256頁等。
☆3　福岡高判平8・10・23交民集29巻5号1313頁・判タ949号197頁・判時1595号73頁,福岡高宮崎支判平9・3・12交民集30巻2号307頁・判タ956号193頁・判時1611号77頁,山形地判平13・4・17交民集34巻2号519頁等。
☆4　東京地判平23・5・31交民集44巻3号716頁。
☆5　東京地判平25・8・6交民集46巻4号1031頁。

===== ■注　記■ =====

＊1　東京地裁民事交通訴訟研究会編『民事交通訴訟における過失相殺率の認定基準〔全訂5版〕』〔別冊判タ38号〕12頁。
＊2　日弁連交通事故相談センター東京支部編『民事交通事故訴訟・損害賠償額算定基準　上巻(基準編)〔2016年版〕』1頁。

Q10 柔道整復施術費用の認定

自動車事故でけがをしました。仕事の関係で病院や診療所の診療時間に通院するのが難しいので，職場近くの接骨院や整骨院で施術を受けることを考えています。自動車保険や自動車損害賠償責任保険（自賠責保険）を利用する際に注意すべき点などがあれば教えてください。

A

　接骨院や整骨院で柔道整復師が行う施術は，整形外科領域における代替医療であり医業類似行為の一つとなります。柔道整復師は，骨，関節，靭帯，筋，腱などの運動器に生じた捻挫や打撲などの急性期もしくは亜急性期の外傷症状のほか，医師の同意を得た場合や応急手当を行う場合に骨折や脱臼に対して施術を行うことができますが，病院や診療所などの医療機関で医師が行う治療と異なり，外科的な手術や薬品の投与などは禁止されている点に注意が必要です。

　また，近年，柔道整復による療養費の増加が社会問題となっています。多部位に及ぶ濃厚過剰な施術，特別な理由がないにもかかわらず社会一般の水準よりも高額な施術費用のほか，施術効果を評価する基準が必ずしも明らかでなく，施術期間も遷延化しやすいことから，柔道整復施術費用が自賠責保険の治療関係費として認められる「必要かつ妥当な実費」の範囲か否かが問題となる場合があります。

☑キーワード

医業，医業類似行為，必要かつ妥当な実費，VAS（Visual Analogue Scale）チャート

第2章◇自動車損害賠償責任保険（自賠責保険）
第3節◇自動車損害賠償の基礎としての損害額算定

解　説

1　はじめに

　自動車事故で頸部や腰部を受傷して痛みやしびれなどの神経症状が生じた場合，病院や診療所で整形外科医をはじめとする医師の治療を受けることが一般的ですが，接骨院や整骨院で柔道整復師の施術を受けたり，はり，きゅう，マッサージ，カイロプラクティック，整体などで施術を受けることもあります。これらの治療や施術は，医業と医業類似行為に分類されます。

2　医業と医業類似行為

(1) 医　業

　医師の業務や義務などは医師法に定められており，免許を有する医師以外のものが医業を行うことは禁止されています（医師17条）*1。ここでいう医業とは「当該行為を行うに当たり，医師の医学的判断及び技術をもってするのでなければ人体に危害を及ぼし，又は危害を及ぼすおそれのある行為（医行為）を，反復継続する意思をもって行うこと」とされています*2。

　また，医行為は「医学上の知識と技能を有しない者がみだりにこれを行うときは生理上危険がある程度に達している」☆1行為とされていますので，医師であれば，診察のほか，レントゲンやCT，MRIなどの画像検査や血液検査などによる診断，メスを使った手術などの治療を行うことができます。したがって，自動車事故で頸部や腰部のほか，手や足の骨・関節・靭帯などの運動器を受傷し整形外科などを受診した場合には，消炎鎮痛剤や筋弛緩剤などの投薬，牽引，温熱パック，マイクロウェーブ，バイブラ（温冷療法）などのほか，観血的整復固定術などの外科的手術治療が行われることになります。

(2) 医業類似行為

　医師が行う医業に対して，接骨院や整骨院，はり，きゅう，マッサージ，カ

イロプラクティック，整体や骨格矯正などは，医業類似行為とされています。

このうち，法律に基づく医業類似行為としては，打撲や捻挫，脱臼や骨折などの外傷を治療する柔道整復師，肩こりや腰痛などの慢性疾患を治療するあん摩マッサージ師，指圧師，はり師，きゅう師があります。このほか，法律に基づかない医業類似行為として，カイロプラクティックや整体などがあります。

3 柔道整復

法律に基づく医業類似行為である柔道整復は，整形外科領域における代替医療であり[*3]，医師を除き厚生労働大臣の免許を有する柔道整復師以外の者が柔道整復を行うことは禁止されています（柔道整復師法15条）[*4]。また，柔道整復師は，骨，関節，靱帯，筋，腱などの運動器に生じた捻挫や打撲などの急性期もしくは亜急性期の外傷症状に対する施術のほか，医師の同意を得た場合や応急手当を行う場合に骨折や脱臼に対する施術を行うことができますが（柔道整復師法17条）[*5]，外科的な手術や薬品の投与などは禁止されており，外科的な手術を行わない非観血的療法により，人間のもつ治癒能力を活用した治療を行います（柔道整復師法16条）[*6]。

柔道整復の治療方法は，整復法，固定法，後療法に分けられます。整復法は，外傷性の脱臼に対するものが対象となりますが，麻酔を用いず，手でもみほぐし，けん引して整復します。関節組織の異常による病的な脱臼については，施術の対象になりません。また，固定法は，骨折や脱臼に対して，ギプスや添え木，包帯や三角巾，サポーターなどにより固定しますが，皮膚の外側から固定する外固定に限られます。そして，後療法は，機能回復のための施術となります。もむ，さする，たたく，おすなどの刺激を患部に与えて自然治癒力を高める手技療法，関節に対して自動運動や他動運動により機能回復を図る運動療法，患部を温める温罨法，冷湿布などで患部を冷やす冷罨法や電気刺激療法，光線療法などの物理療法があります。

4　柔道整復をとりまく問題

　自動車事故による損害として治療費が認められる範囲は，自動車事故と相当因果関係があるものに限られることから，自動車事故による外傷の内容や程度と治療や施術の必要性や妥当性が問題となります。接骨院や整骨院で行われる柔道整復による施術については，個々の具体的症例により異なりますが，多部位に及ぶ濃厚過剰な施術，特別な理由がないにもかかわらず社会一般の水準よりも高額な施術費用のほか，施術効果を評価する基準が必ずしも明らかでなく，施術期間も遷延化しやすいことから，治療費として認められる範囲が問題となります。近年，柔道整復による療養費の増加が問題となっており，平成21年11月の行政刷新会議では，「柔道整復療養費は国民医療費の伸びを上回る勢いで増加」「請求部位数の地域差が大きい→多部位請求の適正化など給付の適正化が必要」と指摘されています*7。

　一方，民事訴訟においては，柔道整復による施術は「症状により有効かつ相当な場合，ことに医師の指示がある場合などには認められる傾向にある」*8とされていますが，自賠責保険では，免許を有する柔道整復師，あん摩・マッサージ・指圧師，はり師，きゅう師が行う施術費用は「傷害による損害」のうち，治療関係費として「必要かつ妥当な実費」が認定されることとなります*9。このほか，柔道整復をとりまく問題としては，様々なものがあります。

(1)　医師の指示や同意

　病院や診療所などの医療機関は，レントゲンやCT，MRIなどの画像検査機器も充実し，高度な医学的専門知識や技術を用いて患者の症状に応じた治療を行うことができるため，医師が治療方法として柔道整復を指示することは，一般的ではないように思われます。しかしながら，医業類似行為である接骨院や整骨院は，外科的な手術や薬品の投与などが禁止されるなど治療内容に制限があるにもかかわらず，患者の意思で柔道整復による施術を選択する場合も多いようです。通院の利便性や医療環境などの地域事情のほか，疼痛やしびれに対する治療として病院や診療所などの医療機関における診療よりも，柔道整復師が行う身体に直接触れる施術*10が選択されている実情があることを勘案する

ならば，病院や診療所で行われる整形外科治療の代替機能を有する医業類似行為である柔道整復による施術については，医師の指示や同意がなくても必要かつ妥当な範囲で認める余地があります。

なお，柔道整復師は，応急手当をする場合を除き，骨折や脱臼の患部に対する施術を行う場合には，医師の同意が必要となります。骨折や脱臼の患部に対する施術を接骨院や整骨院で行う場合には，診断書や紹介状などで医師が柔道整復による施術に同意したことを明らかにしておく必要があります。

(2) 施術部位

柔道整復による施術は，打撲や捻挫の場合，症状に対する対処療法が主体となるため，医師により診断された病名と柔道整復による施術部位が整合しないこともあり，医師から柔道整復による施術の同意がある場合でも施術部位の問題が生じることがあります。これは病院や診療所などの医療機関が診療報酬のような点数表示方式であるのに対して，柔道整復師の施術料金は外傷による症状の部位ごとに施術を行う部位別・施術別請求であることから生じる問題と思われます[11]。

例えば，自動車事故後に病院や診療所を受診し，頸部捻挫の治療がなされた後，接骨院や整骨院で頸部のほか上肢の施術を受けた場合には，新たな施術部位である上肢に対する施術について，自動車事故との間の相当因果関係が問題となります。このように医師の診断と柔道整復師による施術部位の整合性が問題となる場合がありますので，診断書や紹介状などに自分の訴えている症状が記載されているのか十分に確認しておく必要があります。

(3) 施術効果

自動車事故などの外傷により生じた疼痛などの症状は，時間の経過とともに軽快するのが一般的です。外傷による捻挫や打撲などの急性期もしくは亜急性期の症状に対して，柔道整復が施術され施術効果により症状が緩解している場合には，施術効果があるものと認められますが，長期間の遷延施術など，必要な範囲や限度を超えて行われた柔道整復施術については，自動車事故との間の相当因果関係が問題となります。したがって，外傷による捻挫や打撲による痛みやしびれなどの神経症状は，自覚症状であり症状改善の程度が判然としない部分もあることから，定期的に病院や診療所を受診して，整形外科をはじめと

する医師の診察を受け，神経学的検査や画像検査などで施術効果を確認し，接骨院や整骨院での施術継続の可否を検討することが望ましいと思われます。

なお，痛みの自覚症状や程度を的確に評価することは，治療効果を検証するうえで必要不可欠であるものの，様々な表現で痛みを訴えられることが多く，心理的要因も複雑に関与するため，痛みの強さを客観的に評価することは困難であるものと考えられます。これに対して，一部の医療機関では，疼痛の程度をVAS（Visual Analogue Scale）チャートに記録し治療に役立てています[*12]。

(4) 症状固定後の施術

病院や診療所で治療が継続されたものの，症状が一進一退となり，医師により症状固定と診断された後であっても，疼痛やしびれを取り除くため，患者本人の意思で柔道整復施術を継続されることがあります。

自動車事故による外傷が慢性期となり，傷病に対して行われる医学上一般に承認された治療方法をもってしても，その効果が期待し得ない状態で，かつ，残存する症状が，自然的経過によって到達すると認められる最終の状態（症状固定）に達したと医学的に診断されている以上，症状固定後の柔道整復施術については，自動車事故との間の相当因果関係を認めることは困難です。もっとも，症例によっては，症状固定後も柔道整復施術を継続することにより症状の悪化を防ぐ必要がある場合も考えられますが，症状固定後に継続的な柔道整復施術が必要不可欠であるという医学的な立証が必要となります。

5　参考裁判例

(1) 東京地判平14・2・22判時1791号81頁〔確定〕

自動車事故当時57歳の整骨院長である原告が，病院や整骨院に158日間通院した治療費や慰謝料など224万円余の損害賠償請求を求めて提訴したものです。裁判所は，整骨院における施術は医師の指示によるものではなく，施術の必要性を裏づける証拠はないと判断しましたが，施術内容は合理性を有し，症状緩解させるものとして有効であったことから，施術費を自己負担をしてでも症状を軽快させたいと思う程度の症状に苛まれていたものと認め，施術費用の請求は否定したものの，慰謝料の加算事情として考慮されています。

この裁判例では，医師の治療は「特段の事情のない限り，その治療の必要があり，かつ，その治療内容が合理的で相当なものであると推定され，それゆえ，それに要した治療費は，加害者が当然に賠償すべき損害となる」とする一方，柔道整復師など医業類似行為による施術は「その施術を行うことについて医師の具体的な指示があり，かつ，その施術対象となった負傷部位について医師による症状管理がなされている場合，すなわち，医師による治療の一環として行われた場合でない限り，当然には，その施術による費用を加害者の負担すべき損害と解することはできない」と，医師の治療と柔道整復師など医業類似行為による施術の違いが示されており，医師の指示がない場合の施術費用の請求について厳しく制限しています。

　また，柔道整復師などの医業類似行為による施術費が損害として認められる条件として，①施術の必要性，②施術内容の合理性，③施術の相当性，④施術の有効性などについての主張や立証が必要であることを示したうえで，柔道整復師などの医業類似行為による施術は，医師と異なり限られた範囲内でしか行うことができないため，症状の見立てや評価，施術方法などに差が生じる可能性があること，施術者によって施術技術が異なることなどから，医師の治療のような必要性，合理性，相当性の推定をすべきではなく，医師の治療費と同様に加害者が負担すべき損害とはいえないとしています。

(2)　大阪高判平22・4・27交民集43巻6号1689頁〔確定〕，原審：神戸地判平21・10・21交民集43巻6号1697頁〔施術料請求事件〕

　自動車事故で頸部捻挫，腰部捻挫，胸部打撲などを受傷した28歳の主婦が，整骨院で約5か月弱の間に110日間の施術を自由診療で受けたことにより生じた合計114万円余の施術費用などのほか，自動車事故で左肘打撲を受傷した主婦の3歳の娘が，整骨院で約3か月弱の間に62日間の施術を自由診療で受けたことにより生じた合計33万円余の施術費用などの支払を求め，施術を行った柔道整復師が提訴したものです。裁判所は，自由診療であっても無限定に高額の施術料を請求することは許されるものではなく，労災算定基準の上限額を認定しました。また，自動車事故当日に受診した病院の診断書や整骨院受診時の問診票の記載と施術内容に差がありすぎることから，28歳の主婦に対する施術については，自動車事故から2週間の間で6回程度，頸椎捻挫による施術に限り

必要性を認め，自動車事故と相当因果関係のある施術料は3万円弱としています。さらに，主婦の3歳の娘に対する施術については，相当な範囲を著しく超える過剰な施術であったとして施術料の請求を認めませんでした。

　この裁判例では，28歳の主婦の自動車事故当日に受診した病院の診断名が「頸椎捻挫」であり，約2週間の加療が見込まれると診断されていたところ，自動車事故の2日後に受診した整骨院では，頸部捻挫，腰部捻挫，胸部打撲，左手関節捻挫，左膝関節打撲として施術が開始され，医師による診断と柔道整復師による施術部位の差が大きいことが問題となったものです。裁判所は事故当日に診察を受けた病院で頸部症状は訴えていたものの，必ずしも軽微な傷害ではない腰部捻挫や左手関節捻挫等の症状が訴えられておらず，病院の診療録にも記載されていないこと，接骨院を受診した際に首と肩以外の症状は訴えておらず，食い違いに差がありすぎることのほか，事故態様から衝突時の衝撃の程度も勘案し，被害者が「本件事故により受けた傷害は頸椎捻挫に止まり，腰部捻挫，胸部打撲，左手関節捻挫及び左手関節打撲の傷害を受けたことを認めることはできないというべきである」としています。

　また，接骨院において約5か月弱で110日間施術した114万円余の施術費用などの請求については，初診病院で「向後約2週間の加療の見込みである旨診察され」ていたことから，接骨院への通院は医師の指示に基づくものではないものの，頸椎捻挫の症状の軽減に施術の効果が見込まれる期間については，「医師が加療を要する見込みとしていた」約2週間と限定したうえで，施術の内容などを精査し「初期の7日程度は安静を旨とし，その後約7日程度の理学療法をするのが一般的な治療方法である……，その施術については，その必要性があったのは，合計6回程度と認めるのが相当である」と施術内容も制限的に判断しています。

　さらに，自由診療であることを理由に労災算定基準の2倍の施術費用を請求するところ，「交通事故の被害者に対する自由診療であるからといって，無限定に高額の施術料を徴収することは許されるものではない」「通常の医師による治療に加えて柔道整復師による治療を必要としたという事情は立証されていないから，その施術料は，医師による診察治療を受けた場合の治療費を著しく超えることはできないというべきである」として，労災算定基準の上限額を認

めています。

　このほか，主婦の３歳の娘が自動車事故当日に受診した病院の診断名が「左肘打撲」であり，対処療法を要する程度とされていたところ，自動車事故の２日後に受診した整骨院では，左肘関節打撲，上背部打撲として施術が開始され，整骨院において３か月弱で62日間施術した33万円余の施術費用なども請求されていますが，裁判所は「受傷の程度は軽微なものであったというべきである」，「受傷の程度に照らし相当な範囲を著しく超える過剰な施術であったといわざるを得ず」と，施術の必要性自体を否定しています。

〔黒田　清綱〕

■判　例■

☆１　最判昭30・５・24刑集９巻７号1093頁。

■注　記■

＊１　「医師でなければ，医業をなしてはならない」。
＊２　平17・７・26医政発0720065号厚生労働省医政局長通知。
＊３　平３・６・28医事58号厚生省健康政策局医事課長通知には，医療類似行為として，あん摩マッサージ指圧，はり，きゅうのほか，柔道整復に対する取扱いが示されています。
＊４　「医師である場合を除き，柔道整復師でなければ，業として柔道整復を行ってはならない」。
＊５　「柔道整復師は，医師の同意を得た場合のほか，脱臼又は骨折の患部に施術をしてはならない。ただし，応急手当をする場合は，この限りでない」。
＊６　「柔道整復師は，外科手術を行ない，又は薬品を投与し，若しくはその指示をする等の行為をしてはならない」。
＊７　健康保険における柔道整復師等の施術にかかる療養費の取扱いについては，単なる肩こりや筋肉疲労などに対する施術は対象にならないこと，病院や診療所などで医師の治療を受けながら，同一疾病について同時に接骨院・整骨院で治療を受けることができないとされています（「柔道整復師の施術を受けられる方へ」http://www.mhlw.go.jp/stf/seisakunitsuite/bunya/kenkou_iryou/iryouhoken/jyuudou/index.html）。
＊８　日弁連交通事故相談センター東京支部編『民事交通事故訴訟・損害賠償額算定基準　上巻（基準編）〔2016年版〕』３頁。
＊９　これに対して，公的資格のない医業類似行為であるカイロプラクティックなどの

第2章◇自動車損害賠償責任保険（自賠責保険）
第3節◇自動車損害賠償の基礎としての損害額算定

　　　民間療法については，自賠責保険の対象となりません。
＊10　視床下部で生成されるホルモン（オキシトシン）は，痛みの抑制や安らぎを高める効果があり，愛撫や抱擁などの行為により分泌されることが知られています。施術者の手でもみほぐすなどの手技が，ホルモン（オキシトシン）分泌を促進し，治療効果を高めている可能性があります。
＊11　「柔道整復師の施術に係る療養費の算定基準」（平成26年4月1日適用）
　　（打撲の部分）　頭部，顔面部，頸部，胸部，背部（肩部を含む），上腕部，肘部，前腕部，手根・中手部，指部，腰殿部，大腿部，膝部，下腿部，足根・中足部，趾部
　　（捻挫の部分）　頸部，肩関節，肘関節，手関節，中手指・指関節，腰部，股関節，膝関節，足関節，中足趾・趾関節
＊12　見松健太郎ほか「VASチャートよりみた外傷性頸部症候群」東海脊椎外科16巻16〜18頁。

どんな程度の痛みなのかの調査です（VAS）

　　　　　診察時に痛みのある人は，どの程度の痛みか数値で教えて下さい。
　　　　　痛みの程度が他人によくわかりますので。

　　　　　　　あてはまる数値に○をつけて下さい。

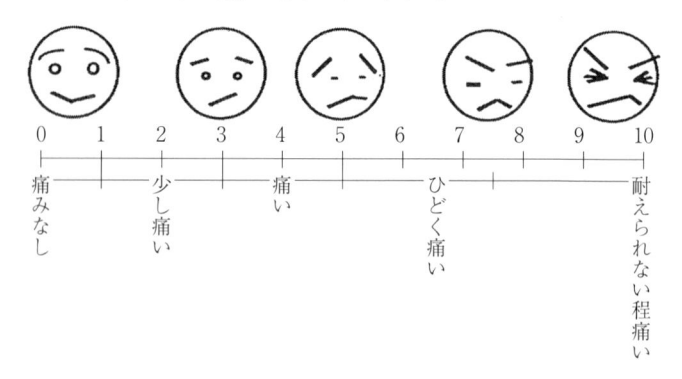

```
    0   1   2   3   4   5   6   7   8   9   10
    |───|───|───|───|───|───|───|───|───|───|
   痛み   少し    痛い   ひどく    耐えられ
   なし   痛い         痛い      ない程痛い
```

　　　患者の訴える痛みの程度を10段階（痛みなし〜少し痛い〜痛い〜ひどく痛い〜耐えられない程痛い）で評価。VASが2／10近くになったら，症状の固定や治療の打切りを勧めるのがよい。

Q11 休業損害の認定

私は男性ですが，妻が弁護士として就労しているため，自分は会社を辞め，専業主夫として3歳の子の育児など家事労働に従事していました。
先般，横断歩道を歩行していたところ，道路を走行してきた自動車に衝突され，右大腿骨を骨折する大けがをしたため，現在，医療機関に入院して治療を受けていますが，入院中，家事労働ができずに困っています。

(1) 休業損害というのは，実際に就労している人しか請求できないのでしょうか。
(2) 専業主夫でも休業損害を請求することができるのでしょうか。
(3) 入院中，家政婦に家事や育児を依頼した場合，その費用は請求できるのでしょうか。

A

(1) 休業損害とは，事故により受傷し，その傷害が治癒ないし症状固定するまでの間に，治療や療養のために休業や不十分な稼働を余儀なくされたことにより生じた収入減（経済的利益の損失）のことをいいます。基本的には，事故当時において就労により収入を得ていることが，休業損害が認められる前提となりますが，主婦については，家事従事者と認められれば，家事に従事できなかったことによる休業損害を請求できます。失業者，学生・生徒・幼児等は，原則として休業損害を請求できません。
(2) 専業主夫についても，主婦と同様，家事従事者と認められれば，休業損害を請求できます。性別・年齢を問わないのが基本的な考え方です。
(3) 代替労働のために支出した費用については，損害として認められます。ただし，この場合，現実に支出された費用の金額と被害者本人につき計算した休業損害額のいずれか高い方をもっ

て損害と認めるのが通常です。

☑キーワード

消極損害，休業損害，給与所得者，事業所得者，家事従事者，代替労働，企業損害

解　説

1　消極損害

　積極損害とは，被害者が事故のために現に出費をし，又は，出費を余儀なくされる金銭のことをいいますが，消極損害とは，事故に遭わなければ得られたであろう利益（収入）を失ったことによる損害のことをいいます。

　消極損害としては，休業損害，後遺症（後遺障害）逸失利益，死亡逸失利益が挙げられます。いずれも被害者の受傷や後遺症の残存（症状固定），死亡，それぞれの局面に応じた減収等の経済的不利益のことを指しています。

　消極損害の捉え方については，いくつかの学説がありますが，差額説が通説・判例といわれています。これは，事故がなかったら被害者が得られたであろう収入と事故後に得られる収入の差をもって損害と捉える考え方です。ただ，この考え方によれば，事故によりひどい後遺症が残ったにもかかわらず，本人の努力により現実の収入減が生じていない場合は，損害が発生していないという評価となり，妥当性を欠く場面が出てきてしまいます。そこで，実務上は差額説をベースとしつつも，死傷による労働能力の全部ないし一部の喪失をもって損害と捉える労働能力喪失説の考え方が一部取り入れられ，損害の把握を行っているのが実態といえます。

2 休業損害

　休業損害とは，事故により受傷し，その傷害が治癒ないし症状固定するまでの間に，治療や療養のために休業や不十分な稼働を余儀なくされたことにより生じた収入減（経済的利益の損失）のことをいいます。
　休業損害においては，事故から治癒ないし症状固定までの間の比較的短期間に発生した経済的利益の損失を損害として捉えることになるため，差額説的な考え方で損害額の把握が十分可能であり，かつ，損害額の立証も比較的容易であるという特徴があります。休業損害を請求する場合，現実の収入減や事故後現実に得られた収入額などを被害者側が具体的に立証し，それに基づき損害額を把握していくことになります。
　なお，休業損害の発生を客観的に立証するための資料としては，給与所得者であれば，勤務先の発行する休業損害証明書，源泉徴収票，給与明細書，賃金台帳や，確定申告書控（税務署の受付印のあるもの），所得証明書（住民税課税証明書）等が挙げられます。

3 休業損害の算定方法（総論）

　休業損害は，ごく単純化すると，「1日当たり基礎収入（休業損害日額）×休業日数」という算式により算定されます。現実の収入減が問題ですから，原則としては，被害者が事故時において就業しており，これによる収入額を立証できること，かつ，休業により収入減が生じていることが立証できることが求められます。
　この点，自動車損害賠償責任保険（自賠責保険）の支払の基準である「自動車損害賠償責任保険の保険金等及び自動車損害賠償責任共済の共済金等の支払基準」（平成13年金融庁・国土交通省告示第1号）においては，収入額の具体的な立証がなくても，給与所得者・事業所得者・家事従事者であれば，休業損害日額を5700円と認定することとされています（収入額の具体的な立証があり，日額5700円を超えることが明らかであれば，自賠法施行令第3条の2に定められた上限の日額1万9000円

の範囲内で認定されます)。

　休業日数については，休業損害証明書などで休業日数が立証される場合は比較的把握が容易ですが，事業所得者や家事従事者などでは，休業日数が必ずしも明確ではない場合が多いため，何らかの手法で休業日数を決める必要が生じます。この場合，治療期間の範囲内で傷病の態様や治療の状況，業務内容などを勘案して，相当と認められる休業日数を認定する手法や実治療日数をもって休業日数とする手法がとられることが一般的です。

　また，休業損害証明書が提出されていても，休業期間が長期化した場合には，休業の必要性・相当性が問題となるケースが発生しますので，全期間の必要性・相当性が認められない場合には，休業期間を短縮したり，総額の一定割合をもって損害額と認めるような手法がとられます。

4　休業損害の算定方法（各論）

　休業損害は，就労の形態による収入の獲得方法に応じて算定方法を分類することができ，実務的にも有用です。これらの分類は，基礎収入や休業日数を立証する方法が異なることに由来します。

(1)　有職者

(a)　給与所得者

　給与所得者とは，雇用契約などの法律関係の下に，労務を提供し，その対価として所得を得ている者をいいます。

　給与所得者の休業損害について，『民事交通事故訴訟・損害賠償額算定基準上巻（基準編）〔2016年版〕』[*1]では，「事故前の収入を基礎として受傷によって休業したことによる現実の収入減とする」としています。休業以外の遅刻・早退などにより生じた減収も含まれます。

　事故前の収入による基礎収入の把握の仕方には，主に①事故前の3か月間の平均給与を基礎とする方法と②年間給与・年収を基礎とする方法がありますが，実務上，①の方法がとられることが一般的です。①の方法の場合，事故前3か月間の給与（各種手当等を含む）を合計した金額を90日で除して1日当たり基礎収入を算出することになります。これは，休業損害は事故から治癒ないし

症状固定までの間の比較的短期間に発生した経済的利益の損失を損害として捉えることになるため，直近の3か月が現実の収入減を最も反映しているとの考えに基づきますが，休業に伴い賞与の減額・不支給，昇給・昇格遅延等が発生したことが立証できれば，これらによる減収額を別途休業損害へ算入することが可能です。

なお，休業に伴う欠勤扱いを避けるために年次有給休暇を取得することがありますが，このような場合，直接の減収は発生しないものの，年次有給休暇取得権の喪失を休業損害として金銭評価するのが通常です。

(b) 事業所得者

事業所得者とは，個人事業主（商・工業者，農林・水産業者など），自営業者，自由業者（弁護士，開業医，著述業，プロスポーツ選手，芸能人，ホステス等報酬・料金などによって生計を営む者）などをいいます。

事業所得者といっても，ここでいう事業所得者は主に中小規模事業者が想定され，大規模事業主は後述(c)の会社役員として捉えることが多いと思われます。

事業所得者の基礎収入は，原則として，事故前年1年分の確定申告所得によって把握することになりますが，収入額に相当な変動がある場合は，事故前数年分の確定申告所得をもって把握することもあります。事故前年1年分の確定申告所得によって把握する場合，事業所得を365日で除して1日当たり基礎収入を算出することになります。確定申告所得を基礎とするため，確定申告をしていないが実際の所得額が相当あるとか，過少申告をしており実際の所得額は確定申告書よりも多い等の主張がなされることも考えられますが，実務的にこのような主張が簡単に認められることはなく，収入，経費などの立証が不十分であることを理由に否認されるのが通常です。

ここでいう事業所得とは，基本的には，売上額から原価と経費（主に流動経費）を控除した金額をいいます。経費は，休業によって支出を免れる流動（経）費と休業と無関係に支出しなければならない固定（経）費に分類されますが，地代家賃，電気・ガス等の公共料金，従業員給与等の固定経費については，休業中も支出を余儀なくされるため，必要性・相当性が認められる限りにおいて，損害として評価されるのが一般的です。

なお，事業にあたり家族専従者等，第三者を使用している場合は，事業所得をすべて被害者の基礎収入とするのは妥当でなく，事業所得に被害者の寄与の割合（寄与率）を乗じて，被害者の基礎収入を算定する必要があります。本人寄与率には，決まった求め方はなく，事故前後の収支状況・営業状況，業種・業態，事業所得者の職務内容・稼働状況，家族・従業員の寄与の状況・給与額等を勘案して，個々のケースに応じて具体的に算定されます☆1。

　(c)　会社役員

　会社役員は，会社との委任契約に基づいて経営業務を委託される者をいいます。役員報酬は委任業務に対するものであるため，休業したからといって直ちに減収は発生せず，休業損害が発生していないという見方もできます。

　しかしながら，『民事交通事故訴訟・損害賠償額算定基準　上巻（基準編）〔2016年版〕』＊2では，「会社役員の報酬については，労務提供の対価部分は休業損害として認容されるが，利益配当の実質をもつ部分は消極的である」と解説されており，労務提供の対価部分と利益配当部分に分け，労務提供の対価部分については，休業損害としての評価を行う考え方が一般的です☆2。

　問題は，役員報酬のうち，労務提供の対価部分と利益配当部分をどのように捉えるかですが，会社の規模やその地位の実質，役員報酬の額等により，個々のケースに応じて具体的に算定されます。裁判例は，労務対価部分を役員報酬の全額又は一定割合と認定しているものが多いですが☆3，報酬額にかかわらず，年齢別の賃金構造基本統計調査（賃金センサス）を基礎として労務対価部分を算定するものもあります☆4。

　(2)　家事従事者

　(a)　基本的な考え方

　設問のようなケースになりますが，家事従事者とは，主婦に限らず，現に主として家事労働に従事する者をいい，性別・年齢を問いません。

　稼働による現実の所得のない家事従事者の場合，家事を休業したからといって直ちに減収が発生しないことから，事故により休業しても損害が発生していないという見方もできますが，現在は，家事に従事できなかったことによる損害を金銭評価する考え方が定着しています☆5。

　家事従事者の損害の算定には，賃金センサス第1巻第1表の産業計，企業規

模計, 学歴計, 女子労働者の全年齢平均の賃金額（女子平均賃金）が一般に用いられます。

　女性の活躍推進などの社会構造の変化により, 夫婦のうち女子が給与所得者として勤務し, 男子が家事労働に従事するケース（いわゆる専業主夫）も出てきていますが, 男子の家事従事者の場合でも, 休業損害の評価にあたっては, 賃金センサスの女子平均賃金が用いられるのが一般的です[6]。これは, 家事労働は女子平均賃金をもって換算するという考え方によるものですが, 裁判例のなかには男子平均賃金を用いるものもあり[7], 家事労働をどのように金銭評価するかは, 今もなお検討を要すべき課題といえます。

　なお, 一人暮らしの無職女性の場合には, 原則として休業損害は認められません。これは, 他人のためにする家事労働について労働の対価性を認め, 損害としての金銭評価を行っているためであり, 自己のためにする家事労働は損害とは評価できないことによります。

　(b)　家事従事者に現金収入のある場合

　有職の主婦（兼業主婦）の場合については, 現実収入が平均賃金を超えるときは現実収入を基礎とし, 現実収入が平均賃金以下のときは, 平均賃金を基礎として算定する, というのが裁判例の傾向です[8]。現金収入を平均賃金に加算した金額を基礎収入とする考え方もありますが, 家庭外の労働に従事する分, 家事労働は十分に行えず, 家庭外の労働と家事労働の総量には変化がないという考え方の下, このような考え方が主流となっています。

　(c)　家事代替労働のための支出

　主婦が休業した場合, 炊事・洗濯・掃除・子供の養育などについて, 代替労働を利用するケースがあります。職業的な者を雇い入れる場合や, 親族・知人などに依頼し, 謝礼を払う場合がありますが, その必要性・相当性が認められる限り, 支出した費用については, 損害として認められます。

　この場合, 原則として, 現実に支出された費用の金額と主婦本人につき計算した休業損害額のいずれか高い方をもって損害と認めることになります（休業損害と代替労働能力のための費用を合算することはしません）。

(3)　無　職　者

(a)　失　業　者

失業者とは、失職などにより就業しておらず収入を得ていない者をいいますが、このような者が自動車事故で受傷したとしても、通常、休業による減収は発生しないことから、休業損害は認められません。

例外として、労働能力及び労働意欲があり、治療期間内に就労の蓋然性がある者には休業損害が認められる場合がありますが、その場合でも平均賃金より下回った金額とするなど基礎収入は控え目に算定する傾向にあります。具体的には、就職が内定している場合、就労開始が具体的に予定されている場合などで休業損害を認めた裁判例があります[9]。

(b) 学生・生徒・幼児等

就労していない学生等は、原則として休業損害は認められませんが、アルバイトに従事しているなど収入がある場合には、現実のアルバイト収入を基礎として休業損害が認められるケースが多いといえます。

また、治療が長期化し、留年などにより学校の卒業時期が遅れ、就職の時期が遅延した場合には、就職すれば得られたはずの給与額が休業損害として認められることがあります[10]。

5 企業損害

企業損害とは、企業の取締役・従業員等が自動車事故によって死傷した場合に企業に生じる収益減少などの損害をいいます。このような損害は、直接の被害者に生じた損害ではなく、企業という間接被害者に生じた損害（間接損害）のため、この場合の企業は、原則としては損害請求の主体として認められませんが、代表取締役である被害者と会社との間に経済的同一体の関係の成立があり、代表取締役が会社の機関として代替性がない場合には、会社の収益減少による損害は、代表取締役の受傷と相当因果関係のある損害とした最高裁の判例があります[11]。この判例は、被害者と企業との間に経済的同一体の関係が成立するか、財布共通の原則が成立する場合にのみ企業損害を認める経済的同一体性説の立場に実質的に立っていると評されており、最近の下級審裁判例は、経済的同一体性説の考え方をベースにしつつ、制限的に企業損害を認める傾向にあるといえます[12]。

〔原田　健一〕

Q11◆休業損害の認定

■判　例■

☆1　大阪地判平5・4・8交民集26巻2号459頁，大阪地判平10・10・13交民集31巻5号1515頁等。

☆2　東京地判昭61・5・27交民集19巻3号716頁・判タ621号162頁・判時1204号115頁。

☆3　東京地判平11・10・20交民集32巻5号1579頁，東京地判平17・1・17交民集38巻1号57頁，神戸地判平20・6・24交民集41巻3号754頁等。

☆4　長崎地判平9・10・21交民集30巻5号1500頁，神戸地判平9・10・28交民集30巻5号1549頁等。

☆5　最判昭49・7・19民集28巻5号872頁・交民集7巻4号960頁・判タ311号134頁，最判昭50・7・8集民115号257頁・交民集8巻4号905頁。

☆6　東京地判平16・9・1自保ジャーナル1582号18頁，京都地判平17・7・28自保ジャーナル1617号5頁等。

☆7　東京地判平9・9・18交民集30巻5号1404頁，名古屋地判平12・4・28交民集33巻2号758頁等。

☆8　名古屋地判平3・8・30交民集24巻4号1001頁，神戸地判平6・3・31交民集27巻2号465頁等。

☆9　大阪地判平9・11・27交民集30巻6号1696頁，名古屋地判平14・9・20交民集35巻5号1225頁等。

☆10　東京地判平12・12・12交民集33巻6号1996頁，大阪地判平19・1・31交民集40巻1号143頁等。

☆11　最判昭43・11・15民集22巻12号2614頁・集民93号191頁・判タ229号153頁。

☆12　大阪地判平9・3・27交民集30巻2号516頁，名古屋地判平10・4・22交民集31巻2号593頁等。

■注　記■

＊1　日弁連交通事故相談センター東京支部編『民事交通事故訴訟・損害賠償額算定基準　上巻（基準編）〔2016年版〕』67頁。

＊2　前掲（＊1）『民事交通事故訴訟・損害賠償額算定基準　上巻（基準編）〔2016年版〕』78頁。

第２章◇自動車損害賠償責任保険（自賠責保険）
第３節◇自動車損害賠償の基礎としての損害額算定

Q12 逸失利益の認定

(1) 交通事故により，被害者に後遺障害が残った場合や被害者が死亡した場合，逸失利益はどのように算定するのでしょうか。
(2) その際，将来の長期間にわたり取得するはずであった利益を損害賠償として一時に一括して得ることになるので，中間利息を控除することになりますが，現在，預金金利は非常に低くなっているので，年５％の法定利率で控除するのは問題ないでしょうか。また，その際には単利で計算するのでしょうか，あるいは複利で計算するのでしょうか。

A

(1) 実務上，逸失利益は原則として以下に述べる算定式により導き出されます。
　①後遺障害逸失利益は，「基礎収入（年収）×労働能力喪失率×労働能力喪失期間－中間利息」により導かれます。しかし，中間利息については既にその係数が明らかにされており，その係数（巻末資料参照）を乗ずることになるので，実際には，「基礎収入（年収）×労働能力喪失率×中間利息控除係数（労働能力喪失期間に対応する係数〔ライプニッツ係数又は新ホフマン係数〕）」というようになります。なお，18歳未満の未就労者の後遺障害逸失利益は，「統計上の平均賃金（年収）×労働能力喪失率×（就労可能年数に対応する係数－18歳までの年数に対応する係数）」によります。
　②死亡逸失利益は，「基礎収入（年収）×（１－生活費控除率）×中間利息控除係数（労働能力喪失〔稼働可能〕期間に対応する係数〔ライプニッツ係数又は新ホフマン係数〕）」により導かれます。なお，一定の年齢に達している被害者については，一定の要件を満たす場合には，年金逸失利益が認められることがあり，それは，「年金収入（年収）×（１－生活費控除率）×平均余命に対応

する係数」により導かれます。また，18歳未満の未就労者の死亡逸失利益は，「統計上の平均賃金×（1－生活費控除率）×（就労可能年数に対応した係数－18歳までの年齢に対応した係数）」により導かれます。

　以上の算定式は，基本的に差額説を前提としていますが，労働能力の喪失自体を損害と捉える見解（労働能力喪失説）がかなりの程度取り入れられています。
(2)　近時の超低金利状況を反映して，年5％以下で中間利息を控除する下級審判例が出るようになっていましたが，最高裁は，「逸失利益を現在価額に換算するために控除すべき中間利息の割合は，民事法定利率〔年5％〕によらなければならない」としました。三庁共同提言は，複利（ライプニッツ式）で計算するとし実務の統一を図りましたが，最高裁は単利（新ホフマン式）で計算することも違法ではないとしています。

☑キーワード

差額説，労働能力喪失説，基礎収入，労働能力喪失率，労働能力喪失期間，中間利息の控除，ライプニッツ式，新ホフマン式，生活費控除割合，年金の逸失利益性

解　説

1　損害論における逸失利益

(1)　損害論の代表的学説

逸失利益は，「損害をどのようなものと捉えるか」ということと関連して問題となることがよくあります。そこで，損害論の代表的な見解と逸失利益の関係を見てみることにしましょう。

(a)　差　額　説

加害行為がなかったとしたならばあったであろう利益状態と加害行為がなさ

れた結果，現実にもたらされて存在している利益状態との差を損害と捉えるものです。こうした捉え方により，実務では一般的に，損害を積極的財産損害，消極的財産損害（逸失利益），非財産的（精神的）損害に分け，それぞれの損害を算定し，それらを合算して総額を出すという個別損害積上げ方式がとられています。しかし，差額説を徹底すると，①後遺障害を負っても現実に収入の減少がない場合や②現実に収入を得ていない幼児や主婦などの場合には，逸失利益を認めることが難しくなります。

　(b)　**労働能力喪失説**

　生命・身体の侵害（死亡や後遺障害）により，労働能力の全部又は一部が失われた場合，その喪失自体を損害と捉えるものです。現実に収入が失われたか否かは労働能力の低下の程度を評価するための一資料にすぎないことになります。これによると，差額説で説明することの困難であった問題（(a)①②）は生じません。

　(2)　**判　　例**

　(1)(a)②の問題につき，差額説を前提にし，最高裁の判例は，当初，幼児等に関し逸失利益を問題にしませんでしたが☆1，その後，8歳の男児が死亡したケースにつき，死亡逸失利益を認め☆2，さらに，7歳の女児が死亡したケースにつき家事労働を財産的利益と認め，女子雇用労働者の平均的賃金により死亡逸失利益を算定しました☆3。現在では，現実の収入のない幼児や専業主婦等については，（原則として症状固定時の）賃金センサスにより，損害（基礎収入）の認定をすることに異論のないものとなっているといってよいでしょう。

　また，(1)(a)①の問題につき，最高裁の判例は，差額説を徹底し，後遺障害等級5級相当の後遺症を負ったが，労働能力の減少によって格別の収入減を生じていないケースにつき，労働能力の減少による損害賠償を請求できないとしました☆4。しかしその後，労働能力喪失説につながる含みをもった判例が現れます☆5。つまり後遺障害14級の後遺障害を負った公務員（通産省技官）につき，「かりに交通事故の被害者が事故に起因する後遺症のために身体的機能の一部を喪失したこと自体を損害と観念することができるとしても，その後遺症の程度が比較的軽微であって，しかも被害者が従事する職業の性質からみて現在又は将来における収入の減少も認められないという場合においては，特段の事情

のない限り，労働能力の一部喪失を理由とする財産上の損害を認めるべき余地はないというべきである」としました。この判決は，結論的には差額説を維持したのですが，「特段の事情」がある場合（例えば，労働能力の低下による収入の減少を回復すべく本人が特別の努力をしており，こうしたことがなければ収入の減少が認められる場合，労働能力の喪失が軽微であっても，本人が現に従事し又は将来従事すべき職業の性質に照らし，特に昇給，昇任，転職に際して不利益な扱いを受けるおそれがあると認められる場合など，後遺症が被害者にもたらす経済的不利益を肯認できるとき）には，労働能力の喪失による損害を認めることができるとしています。

　この「特段の事情」を認めるその後の下級審判例も多く出ています[6]。下級審の判例は，労働能力喪失説に移行してきています。また最高裁は，(1)(a)②問題については賃金センサスの平均賃金を基礎として用いる方式をとっており，これについて特段の説明をしていませんが，労働能力喪失説の立場に立っているといわざるを得ないでしょう。

2　逸失利益の算定方法

(1)　基礎収入
(a)　現実に収入のある場合

　基礎収入は，現実に収入を得ている場合には，基本的にその額が基礎となります。その際，①将来における昇給と②インフレーション（デフレーション）を考慮するかが問題となります。①に関しては，将来，昇給等による所得の倍増を得たであろうことが証拠に基づいて「相当の確かさ」をもって推定できる場合には，その昇給等の回数・金額等を予測し得る範囲内で控えめに見積もり，これを基礎に逸失利益を算定してよいとされ，その証明度が大幅に緩和されています[7]。②に関しては，インフレーション加算を肯定した下級審判例もありますが，裁判所はこれを認めることに消極的です[8]。

(b)　賃金センサスを用いる場合

　被害者が現に収入を得ていない場合（現実に収入を得ていない幼児や主婦など）については，既に損害論における逸失利益**1**の部分（(2)の(1)(a)②の問題）で論じています（なお，賃金センサスの平均賃金によるとすると，男女で格差があるためそれをど

のように解決すべきかについては**Q14**を参照)。

(2) 労働能力喪失率

　労働能力喪失率とは，被害者に後遺障害が残ったことにより労働能力がどの程度失われたかをパーセンテージで認定するものです。被害者が死亡したケースでは100%労働能力が失われたことになります。労働能力喪失率の認定は，労働省基準局長通牒（昭32・7・2基発551号）別表労働能力喪失率表（巻末資料を参照）を参考にして，被害者の職業，年齢，性別，後遺症の部位，事故前後の稼働状況等を総合的に判断して，具体的な喪失率が決められています（後遺障害の等級認定に関しては**Q13**を参照）。その結果，別表の基準より喪失率が高くなることもあるし，低くなることもあります☆9。労働能力喪失率や喪失期間など後遺障害における逸失利益の認定において実務上問題となるものとしては，①PTSD（心的外傷後ストレス障害），②RSD（反射性交感神経性ジストロフィー），③高次脳機能障害，④低髄液圧症候群，⑤外貌醜状，⑥腸骨採取による骨盤骨変形，⑦歯牙障害，⑧脾臓障害，⑨脊柱変形，⑩臭覚・味覚障害，⑪鎖骨変形，⑫腓骨の偽関節，⑬脊髄損傷などがあります（**Q13**を参照）。

(3) 労働能力喪失期間

(a) **労働能力喪失期間の始期と終期**

　被害者死亡のケースでは，その死亡時がその始期となり，後遺障害のケースでは，症状固定日がその始期となります。なお，被害者が幼児等の場合には，就労開始時は18歳（高校卒業時）とされるのが一般です☆10。大学に在学している場合には22歳ということになります。その終期は，死亡・後遺障害のいずれについても，一般に67歳（稼働可能期間の終期）とされています。

　とはいえ，場合によっては，①終期を遅らせる場合や②労働能力喪失期間を短縮する場合があります。①は被害者が高齢者の場合です。被害者が67歳を超えている場合にもはや逸失利益はないとしたり，被害者が65歳など67歳に近い場合に67歳で打ち切ってしまうことには問題があります。そこでこうした高齢者については，67歳までの年数と平均余命の2分の1のいずれか長期の方を採用することを原則とし，具体的な職業や健康状態を考慮して労働能力喪失期間が決められることになります。②の典型的な例としては，むち打ち症を挙げることができます。この場合には症状の消褪の蓋然性や被害者個人の就労におけ

る慣れ等を考慮して，労働能力喪失期間は，後遺障害等級12級（局部に頑固な神経症を残す場合）で10年，同14級（局部に神経症を残す場合）で5年程度に制限されることが多いのですが，後遺症の具体的症状に応じて適宜判断されることになります。

(b) 事故と因果関係のない事情が介在する場合

被害者が，症状固定後口頭弁論終結前に当該交通事故と因果関係のない事情によって死亡した場合，加害者が負担すべき逸失利益の範囲はどこまでかが問題となります（**Q17**を参照）。死亡時までのものに限られるとする切断説と死亡の事実は就労可能期間の認定上考慮しないとする継続説がありますが，最高裁は，「交通事故の被害者が事故に起因する傷害のために身体機能の一部を喪失し，労働能力の一部を喪失した場合において，いわゆる逸失利益の算定に当たっては，その後に被害者が死亡したとしても，右交通事故の時点で，その死亡の原因となる具体的事由が存在し，近い将来における死亡が客観的に予想されていたなど特段の事情がない限り，右死亡の事実は就労可能期間の認定上考慮すべきものではないと解するのが相当である」として継続説をとっています☆11。こうした最高裁の判例の立場は最近の下級審の判例においても維持されています☆12。

(4) 中間利息の控除

逸失利益は，将来長期間にわたって取得するはずであった利益を現在の一時金で支払うことになりますから，中間利息を控除する必要があります＊1。

(a) 控除の方式

これには被害者が元本を単利で運用することを前提とする新ホフマン式と複利で運用することを前提とするライプニッツ式があります。最高裁はいずれの方式をとることも不合理ではないとしており☆13，そのため，ライプニッツ方式をとる東京方式と新ホフマン式をとる大阪方式という対立が生じました。そこで，平成11年11月22日の東京・大阪・名古屋の各地方裁判所の交通専門部総括裁判官による「交通事故による逸失利益の算定方式についての共同提言（三庁共同提言）」＊2が公表され，平成12年1月1日以後に口頭弁論が終結した事件についてはライプニッツ式で処理するものとしました。そのため，個々の事案の特殊性ゆえに独自の判断をしなければならない要請があり，かつ，その独

自の判断に合理性がある場合を除いて☆14，ライプニッツ式によるというようになってきています。もっとも，その後においても，原審がホフマン式を採用したことは不合理なものとはいえないとする最高裁の判例がでており☆15，最高裁は現在もいずれの方式をとることも不合理ではないと解しているようです。

(b) 利　　率

中間利息を控除する場合の利率は，一般に，民事法定利率（民404条）である年５％によっていましたが，近時の超低金利状況を反映して，年５％未満によるべきであるという下級審判例がいくつも現れるようになっていました☆16。しかし，最高裁は，①法的安定性及び統一的処理の必要性，②被害者相互間の公平の確保，③損害額の予測可能性による紛争予防効果などを理由に，控除すべき中間利息の割合は民事法定利率である年５％によるべきであるとしたので☆17，以後この問題は実務上決着したといっていいでしょう。なお，実勢金利との乖離を埋めるものとして，債権法改正要綱では変動制を採用することが考えられていますが*3，この問題を回避するには定期金賠償によるしかありません。

(c) 中間利息計算の起算時

死亡事故による逸失利益の場合には，遅延損害金との平仄を合わせるのが合理的であり，事故時を基準とすることになります☆18。これに対し，傷害事故による後遺障害の逸失利益の場合には，後遺障害による逸失利益が具体化するのは症状固定時であることを理由に症状固定時を基準にすることになります☆19。

(5) 生活費控除割合

後遺障害逸失利益と死亡逸失利益を算出する際の大きな違いは，生活費を控除するか否かにあります。死亡逸失利益を算出する場合，生活費を控除するのは，人は生きていれば生活を営むための費用が必要ですが，死亡した場合こういった費用はまったく不要となるからです。損害論との関係でいうと，差額説によれば損害を被ったのと同一の原因により支出を免れたのですから，損益相殺により生活費を控除することになると説明することになりますし☆20，労働能力喪失説によると労働能力を再生産すべき必要経費だから控除するという説明になります。

生活費を控除するといっても，これは将来にわたる仮定的なものですから，実務上は，被害者の所得，生活状況，被扶養者の有無・人数，性別などを勘案して，一定割合を想定して30～50％を生活費とみなして，類型的・割合的に控除しています。日弁連交通事故相談センター東京支部「民事交通事故訴訟・損害賠償額算定基準」(赤い本)によると生活費控除率は次のようになっています。

　　一家の支柱
　　　被扶養者１人の場合　　　　　　40％
　　　被扶養者２人以上の場合　　　　30％
　　女性（主婦，独身者，幼児等を含む）　30％
　　男性（独身，幼児等を含む）　　　50％
　　ただし，兄弟姉妹が相続人のときは別途考慮する

　なお，未就労年少女子の場合には，男性を含む全労働者の平均賃金を基礎とし，生活控除率をほぼ45％とするか，全女子の全年齢平均賃金を基礎とし生活控除率30％にする方向で定着しようとしていますが☆[21]，これと異なる控除率を認める下級審判例が出ており☆[22]どのような形で定着するか予断を許さないところです。また各種年金のみで生活している高齢者の場合，その年金の大部分が生活費に充てられると考えられますから，60～70％が控除される場合も少なくありませんが，具体的な生活状況によりこれより低い控除率を認めることもできます☆[23]。

(6) 年金の逸失利益性

　交通事故により死亡した被害者が，何らかの年金を既に受けていた場合や現に給付を受けてはいないがその受給資格を有していた場合☆[24]，年金を受けることができなくなったことをもって，それを損害（逸失利益）と認めることができるかが問題となります。労働能力喪失説を徹底すると，労働能力と関係ない年金の逸失利益性は認めにくいものとなりますし，年金等の一身専属性の強いものについて，それを損害（逸失利益）であるとして，その利益を相続人に承継させることは問題であるといわれていましたが，実務上は，次のような方向でほぼ固まっているとみることができます。

(a) 普通恩給（恩給法による）

普通恩給は，当該恩給者に対して損失補償ないし生活保障を与えることを目的とすると同時に恩給者の収入に生活を依存している家族に対する関係においても同一の機能を営むものであるとして，その逸失利益性を肯定し，その相続人がそれを取得することを認めています[25]。

(b) 退職年金

共済組合法に基づく退職年金は，その逸失利益性が肯定されています[26]。

(c) 老齢年金

1986年4月の公的年金の一元化を目的とした新年金制度実施前の国民年金法に基づく老齢年金につき，その目的・趣旨が普通恩給のそれと同じであるという理由（上記(a)）で，逸失利益性を肯定しています[27]。

(d) 障害年金

新年金制度実施後の国民年金法に基づく障害基礎年金，厚生年金法に基づく障害厚生年金は，いずれも保険料が拠出されたことに基づく給付としての性質を有することを理由に逸失利益性が肯定されています[28]。しかし，子と配偶者の加給分については，①加給は生活保障のためになされており，拠出された保険料と牽連関係がないことや②子の婚姻，養子縁組，配偶者の離婚など本人の意思により決定し得る事由により加算が終了することが予定されており（国年33条の2，厚年50条の2）その存続が確実でないことを理由にその逸失利益性を否定しています。

(e) 遺族年金

遺族年金についてその逸失利益性を認めるか否かにつき下級審の判例は分かれていましたが，最高裁は，①遺族厚生年金は，専ら受給権者自身の生計の維持を目的とした給付という性質を有し，受給者自身が保険料を拠出しておらず，給付と保険料との牽連性が間接的であるから社会保障的性質の強い給付といえること，②受給者の婚姻，養子縁組等本人の意思により決定し得る事由により受給権が消滅するのでその存続が必ずしも確実とはいえないということを理由に，遺族厚生年金につきその逸失利益性を否定しました[29]。また，これと同様の理由で，軍人恩給としての遺族扶助料につきその逸失利益性が否定されています[30]。

〔益井　公司〕

Q12◆逸失利益の認定

===■判　例■===

☆1　最判昭37・5・4民集16巻5号1044頁・集民60号541頁（3歳2か月の男児が死亡したケース）等。

☆2　最判昭39・6・24民集18巻5号874頁・集民74号181頁・判タ166号106頁。

☆3　最判昭49・7・19民集28巻5号872頁・交民集7巻4号960頁・判タ311号134頁。

☆4　最判昭42・11・10民集21巻9号2352頁・集民89号115頁・判タ215号94頁（労働能力喪失説によるべきとの上告を退けています）。

☆5　最判昭56・12・22民集35巻9号1350頁・集民134号609頁・交民集14巻6号1277頁。

☆6　東京地判平6・4・22交民集27巻2号503頁，大阪地判平13・11・30交民集34巻6号1567頁，東京地判平20・3・11交民集41巻2号271頁，大阪地判平21・2・26交民集42巻1号294頁等。

☆7　最判昭43・8・27民集22巻8号1704頁・集民92号91頁・判タ226号78頁。昇給を前提に算出しているものとしては，東京高判平22・10・28判タ1345号213頁（大手鉄道会社に車掌として勤務する高卒）等。

☆8　この問題は，逸失利益だけでなく，損害賠償一般にかかわるものであり，クロロキン薬害訴訟（東京地判昭57・2・1判タ458号187頁・判時1044号19頁〔インフレ加算を否定〕）以来議論されていますが，いまだ決着をみていません。インフレ加算を認めるものとしては，東京高判昭57・5・11交民集15巻3号578頁・判タ466号65頁・判時1041号40頁等があります。なお，交通事故により死亡した幼児〔2歳の男児〕の逸失利益の算定につき男子労働者の平均賃金を基準とし収入額を算定したケースですが，物価上昇ないし賃金上昇を斟酌しなくても不合理ではないとするものがあります（最判昭58・2・18集民138号157頁・交民集16巻1号14頁・判タ494号66頁）。

☆9　大阪地判平10・7・27交民集31巻4号1107頁（併合11級で25％），大阪地判平12・1・27交民集33巻1号180頁（併合14級で20％），東京地判平14・1・29判時1785号55頁（12級12号相当・14級10号相当で20％），名古屋地判平22・3・19交民集43巻2号435頁（7級4号の高次脳機能障害及び13級2号の複視〔併合6級〕につき研究生活に致命的となるとして90％）等。

☆10　大学入学前の年少者に大学卒業を前提にして逸失利益を算定することができるか（賃金センサスのどの賃金額を基礎にするかにもかかわる）という問題については，これを肯定する判例（福岡地小倉支判昭61・9・1交民集19巻5号1215頁，大阪地判平元・3・10交民集22巻2号353頁・判タ707号198頁・判時1328号83頁，仙台地判平5・3・25交民集26巻2号406頁・判タ846号233頁等）がありますが，①大学進学・卒業の蓋然性をどのように証明するか，②就労時を18歳とする場合と22歳とする場合でどちらの逸失利益が大きくなるかなどを検討する必要があります。

☆11　最判平8・4・25民集50巻5号1221頁・集民179号1頁・交民集29巻2号302頁〔貝採り事件〕。この判決はこのように解する理由として，①「労働能力の一部喪失による損害は，交通事故の時に一定の内容のものとして発生しているのであるから，交通事故の後に生じた事由によってその内容に消長を来すものではなく，その

第 2 章◇自動車損害賠償責任保険（自賠責保険）
第 3 節◇自動車損害賠償の基礎としての損害額算定

　　　　逸失利益の額は，交通事故当時における被害者の年齢，職業，健康状態等の個別要素と平均稼働年数，平均余命等に関する統計資料から導かれる就労可能期間に基づいて算定すべきものであって，交通事故の後に被害者が死亡したことは，前記の特段の事情のない限り，就労可能期間の認定に当たって考慮すべきものとはいえない」，②「交通事故の被害者が事故後にたまたま別の原因で死亡したことにより，賠償義務を負担する者がその義務の全部又は一部を免れ，他方被害者ないしその遺族が事故により生じた損害のてん補を受けることができなくなるというのでは，衡平の理念に反することになる」を挙げています。その後，この結論は，最判平 8・5・31民集50巻 6 号1323頁・集民179号117頁・交民集29巻 3 号649頁〔高校生別件事故死事件〕においても維持されており，そのように解する理由として，「被害者の死亡が病気，事故，自殺，天災等のいかなる事由に基づくものか，死亡につき不法行為等に基づく責任を負担すべき第三者が存在するかどうか，交通事故と死亡との間に相当因果関係ないし条件関係が存在するかどうかといった事情によって異なるものではない。本件のように被害者が第二の交通事故によって死亡した場合，それが第三者の不法行為によるものであっても，右第三者の負担すべき賠償額は最初の交通事故に基づく後遺障害により低下した被害者の労働能力を前提として算定すべきものであるから，前記のように解することによって初めて，被害者ないしその遺族が，前後二つの交通事故により被害者の被った全損害についての賠償を受けることが可能となる」からであるとしています。
☆12　東京地判平24・ 4・13交民集45巻 2 号471頁等。
☆13　これは，賃金センサス値のどの平均額と組み合わせるかと関連する形でも議論されています。最判昭53・10・20民集32巻 7 号1500頁・集民125号531頁・交民集11巻 5 号1280頁（初任給平均額とライプニッツ式），最判昭54・ 6・26集民127号127頁・交民集12巻 3 号607頁・判タ391号71頁（初任給平均額と新ホフマン式），最判昭56・10・ 8 集民134号39頁・交民集14巻 5 号993頁・判タ954号80頁（全年齢平均額とライプニッツ式）がありましたが，最判平 2・ 3・23集民159号317頁・判タ731号109頁・判時1354号85頁及び最判平 2・ 6・ 5 判時1354号87頁は，全年齢平均額とホフマン式を採用したとしても「直ちに不合理な算定方式ではない」としています。
☆14　福岡高判平17・ 8・ 9 交民集38巻 4 号899頁・判タ1209号211頁（謙抑的にその事故前の実収入を基礎としている）。
☆15　最判平22・ 1・26判タ1321号86頁・判時2076号47頁。原審は，民事執行法等における中間利息の控除にあたっては，複利方式であるライプニッツ式でなく民法が予定している単利計算（民404条）を用いたホフマン式により行われているのであるから，法的安定及び統一的処理の見地からホフマン式を採用すべきであるとしています。最判平22・ 1・26判タ1321号86頁・判時2076号47頁。
☆16　東京高判平12・ 3・22交民集33巻 2 号445頁・判時1712号142頁（ 4 ％），長野地諏訪支判平12・11・14交民集33巻 6 号1855頁・判タ1074号226頁・判時1759号94頁（ 3 ％），札幌地判平13・ 8・30判タ1089号223頁・判時1769号93頁（ 5 年間は 3 ％，その後の42年間は 5 ％），札幌地判平15・11・28判時1852号130頁（ 3 ％），札幌高

判平16・7・16民集59巻5号1054頁（3％，最判平17・6・14の原審）等。
- ☆17　最判平17・6・14民集59巻5号983頁・集民217号69頁・判タ1185号109頁。
- ☆18　最判昭39・6・24民集18巻5号874頁・集民74号181頁・判タ166号106頁。
- ☆19　最判昭62・12・17集民152号281頁。
- ☆20　大判大2・10・20民録19輯910頁，前掲（☆18）最判昭39・6・24等。
- ☆21　最決平14・7・9交民集35巻4号917頁（男子を含む全労働者の全年齢平均賃金を基礎とし生活費控除割合を45％とした原審につき上告受理申立不受理の決定をなした），最決平14・7・9交民集35巻4号921頁（女子労働者の全年齢平均賃金を基礎とし生活費控除率を30％とした原審の上告棄却，上告不受理の決定をなした）。
- ☆22　東京地判平19・12・17交民集40巻6号1619頁（全労働者・全年齢平均賃金を基礎とし，生活費控除率を30％とするもの），東京地判平19・6・27交民集40巻3号816頁（生活費控除率を40％とするもの）。
- ☆23　大阪地判平14・4・11交民集35巻2号514頁は，その生活費全額を遺族厚生年金のみで賄うことができ，老齢厚生年金と老齢国民年金については生活費を控除しないとしています。
- ☆24　この場合に逸失利益性を認めるものとしては，大阪地判平20・3・13交民集41巻2号321頁（共済年金の受給資格を得ていた47歳の女性が死亡した場合），大阪地判平20・6・17交民集41巻3号735頁（国民年金〔老齢基礎年金〕と厚生年金〔老齢厚生年金〕の受給資格を得ていた61歳の男性が死亡した場合），東京地判平20・12・17交民集41巻6号1643頁（事故の1か月前に受給通知を受けた49歳の男性が死亡した場合）等。
- ☆25　最判昭41・4・7民集20巻4号499頁・集民83号41頁・判時449号頁，最判昭59・10・9集民143号49頁・判タ542号196頁・判時1140号78頁。
- ☆26　最判昭50・10・24民集29巻9号1379頁・交民集8巻5号1258頁・判タ329号127頁（国家公務員のケース），最判平5・3・24民集47巻4号3039頁・判タ853号63頁・判時1499号51頁（地方公務員のケース）。この後者の判例が，「退職年金を受給していた者が不法行為によって死亡した場合には，相続人は，加害者に対し，退職年金の受給者が生存していればその平均余命期間に受給することができた退職年金の現在額を同人の損害として，その賠償を求めることができる」としたことにより，同様の性質を有する各種退職年金についても逸失利益性が認められると考えられています。
- ☆27　最判平5・9・21集民169号793頁・判タ832号70頁・判時1476号120頁。
- ☆28　最判平11・10・22民集53巻7号1211頁・判タ1016号98頁・判時1692号50頁。
- ☆29　最判平12・11・14民集54巻9号2683頁・集民200号139頁・交民集33巻6号1741頁。
- ☆30　最判平12・11・14集民200号155頁・交民集33巻6号1755頁・判タ1049号218頁。

■注　記■

＊1　債権法改正法律案では，新たに中間利息の控除に関する規定（417条）を設ける

第2章◇自動車損害賠償責任保険(自賠責保険)
第3節◇自動車損害賠償の基礎としての損害額算定

ことが考えられており,それは次のような内容になっています。「(1)将来において取得すべき利益についての損害賠償の額を定める場合において,その利益を取得すべき時までの利息相当額を控除するときは,その損害賠償の請求権が生じた時点における法定利率により,これをする。(2)将来において負担すべき費用についての損害賠償の額を定める場合において,その費用を負担すべき時までの利息相当額を控除するときも,前項と同様とする。」

*2　判時1692号162頁,井上繁規 = 中路義彦 = 北澤章功「交通事故による逸失利益の算定方式についての協同提言」判タ1014号62頁,同宣言ジュリ1171号124頁。

*3　債権法改正法律案では,変動制による法定利率をとることが考えられており,民法404条の規律を次のように改めようとしています。「(1)利息を生ずべき債権について別段の意思表示がないときは,その利率は,その利息が生じた最初の時点における法定利率による。(2)法定利率は,年3パーセントとする。(3)前項の規定にかかわらず,法定利率は,法務省令で定めるところにより,3年を一期とし,一期ごとに,(4)の規定により変動するものとする。(4)各期における法定利率は,この項の規定により法定利率に変動があった期のうち直近のもの(以下この項において「直近変動期」という。)における基準割合と当期における基準割合との差に相当する割合(その割合に1パーセント未満の端数があるときは,これを切り捨てる。)を直近変動期における法定利率に加算し,又は減算した割合とする。(5)前項に規定する「基準割合」とは,法務省令で定めるところにより,各期の初日の属する年の6年前の年の1月から前々年の12月までの各月における短期貸付けの平均利率(当該各月において銀行が新たに行った貸付け(貸付期間が1年未満のものに限る。)に係る利率の平均をいう。)の合計を60で除して計算した割合(その割合に0.1パーセント未満の端数があるときは,これを切り捨てる。)として法務大臣が告示するものをいう。」

Q13 後遺障害の等級認定

自動車事故でけがをしました。治療を続けましたが，なかなかよくなりません。後遺障害が残った場合の自賠責保険の取扱いについて教えてください。また，後遺障害等級認定の仕組みについて教えてください。

A

　自動車事故による外傷を病院や診療所などの医療機関で治療したものの，疼痛などの神経症状や関節機能障害などの症状が後遺障害として残存することがあります。自動車損害賠償責任保険（自賠責保険）は，自動車事故で発生した損害のうち人身損害をてん補するものですが，自賠法施行令では，「傷害が治ったとき身体に存する障害をいう」と後遺障害が定義されており（自賠令2条1項2号），介護を要する後遺障害（別表第一）及び後遺障害（別表第二）の後遺障害等級が定められています[1]。これらの後遺障害等級に該当もしくは相当する場合に後遺障害等級が認定され，「後遺障害による損害」として，逸失利益や慰謝料等が積算されることとなりますが，自賠責保険の後遺障害等級の認定は「原則として労働者災害補償保険における障害の等級認定の基準に準じて行う」ことが告示されていることから[2]，労働者災害補償保険（労災保険）の「障害等級認定基準」[3]に準拠して後遺障害等級を認定することとなります[4]。

☑キーワード

後遺障害の等級認定の仕組み，症状固定，系列，序列，併合，相当，加重

第２章◇自動車損害賠償責任保険（自賠責保険）
第３節◇自動車損害賠償の基礎としての損害額算定

解　説

１　自賠責保険の後遺障害

　自動車事故後に残存する後遺障害のすべてが，自賠責保険で補償されるわけではありません。自賠責保険で「後遺障害による損害」が発生したと認められるためには，後遺障害として評価できることのほか，自動車損害賠償保障法施行令で定められた後遺障害等級に該当もしくは相当することが必要となります。具体的には，下記の条件をすべて満たした場合に自賠責保険の後遺障害として評価されます。

　(1)　症状固定

　自動車事故による外傷に対して行われる医学上一般に承認された治療方法をもってしても，その効果が期待し得ない状態で，かつ，残存する症状が，自然的経過により到達すると認められる最終の状態に達していること，すなわち，自動車事故により受傷した外傷に対する治療効果が期待できなくなり，将来においても回復が見込めない状態であることが必要です。

　(2)　相当因果関係

　自動車事故による外傷が原因の後遺障害であること，すなわち，自動車事故による外傷と相当因果関係を有する後遺障害である必要があります。残存する後遺障害が自動車事故により生じた外傷に起因するものなのか，後遺障害の医学的原因が重要となります。

　(3)　永久残存性

　将来においても回復が困難と見込まれる精神的又は身体的なき損状態であることが必要となります。自動車事故による外傷の症状が，自然経過によって消退すると認められる場合には，自賠責保険の後遺障害として評価することができません。頸椎捻挫や腰椎捻挫などの神経症状について，トラブルになることの多い条件の一つです。

(4) 医学的根拠

自賠責保険では，後遺障害診断書や診断書などに記載されている医学的所見に基づいて後遺障害等級を認定します。後遺障害の存在が医学的に認められるためには，後遺障害の残存を裏づける医学的根拠が必要となります。レントゲン写真やCT，MRIなどの画像検査資料，反射や病的反射などの神経学的検査所見など，適正な後遺障害等級を認定するために必要な医学的所見は多岐にわたります。すべての被害者に公平な後遺障害等級を認定する必要があるため，自覚症状だけでは，自賠責保険の後遺障害として評価することはできません。

(5) 労働能力の喪失

労働能力とは，平均的な労働能力をいいます。年齢，職種，利き腕，知識，経験などの職業能力的諸条件は，後遺障害等級認定の要素となりません。

なお，後遺障害による労働能力の喪失のため，収入減少という現実損害が発生しない場合であっても，日常生活全般において不自由が生じることになりますので，自賠責保険では，労働能力の喪失そのものを損害として評価する労働能力喪失説を採用しています。

(6) 後遺障害等級に該当もしくは相当

自動車事故後に残存する後遺障害が，自賠責保険の後遺障害として評価できる場合には，労災保険の「障害等級認定基準」に準拠して後遺障害等級を認定することとなります。

ただし，後遺障害の内容や程度が障害等級認定基準に当てはまらず，後遺障害等級に該当又は相当しない場合には，「後遺障害による損害」を積算することはできません。

2　後遺障害等級表の仕組

自賠法施行令では，介護を要する後遺障害（別表第一）として2等級，後遺障害（別表第二）として14等級が定められていますが，解剖学的な区分である「系列」と労働能力喪失の程度に応じた「序列」により整理されています。

(1) 系　列

人間の身体を解剖学的観点から「部位」に分類し，生理学的観点（器質的障

害，機能的障害）から細分化したうえで，各部位ごとに後遺障害群に区分しています。

ただし，眼球及び内耳等については，左右両器官をもって一つの機能を営む相対性器官としての特質を有することから，両眼球，両内耳等を同一部位として取り扱いますが，上肢及び下肢は，左右それぞれを別部位として取り扱います。

また，「両眼球の視力障害，運動障害，調節機能障害，視野障害の各相互間」，「同一上肢の機能障害と手指の欠損又は機能障害」，「同一下肢の機能障害と足指の欠損又は機能障害」については，本来は異なる系列の後遺障害ですが，同一系列の後遺障害とみなして取り扱うことが認定実務上合理的であることから，具体的な運用にあたっては同一系列として取り扱います。

① 眼　　眼球，まぶた（右又は左）
② 耳　　内耳等，耳殻（右又は左）
③ 鼻
④ 口
⑤ 神経系統の機能又は精神
⑥ 頭部，顔面，頸部
⑦ 胸腹部臓器（外生殖器を含む）
⑧ 体幹　　脊柱，その他の体幹骨
⑨ 上肢（右又は左）　　上肢，手指
⑩ 下肢（右又は左）　　下肢，足指

(2) 序　列

介護の必要性と後遺障害の程度に応じて，一定の順序の下に配列されており，介護を要する後遺障害については2等級，その他の後遺障害については14等級に格付けされています。

最高等級である欠損障害は，労働能力の完全な喪失であり，後遺障害等級表上，同一部位に係る機能障害よりも上位に格付けされていることから，同一部位に欠損障害以外の後遺障害が残存したとしても，その程度は欠損障害の程度に達することはありませんが，機能の全部喪失については，欠損障害と同等に評価されている場合があります[*5]。

また，後遺障害の程度は一定の幅で評価されることから，上位等級の後遺障害と下位等級の後遺障害との間に中間等級が定められていません。例えば，視力障害の場合，視力が0.1超0.6以下のものは，別表第二第13級1号に該当することになります。しかしながら，後遺障害等級表に典型的な後遺障害のみ規定され中間等級が定められていない上肢や下肢の機能障害などについては，後遺障害の序列に従い中間等級を認定します。例えば，肩関節や肘関節など同一上肢の3大関節中の2関節に別表第二第12級6号の機能障害が残存する場合には，後遺障害等級表には該当する等級が規定されていないことから，後遺障害の序列に従い中間等級を定め，別表第二第11級相当として格付けします。

3　併　　合

自動車事故による外傷が原因の後遺障害には，様々なものがあります。系列の異なる後遺障害が複数発生した場合には，重い方の後遺障害の等級によるか，又は，その重い方の後遺障害等級を1等級ないし3等級繰り上げます（自賠令2条1項3号）。

4　通常派生関係にある障害など

骨折した部位が変形し疼痛も残存したような場合など，一つの後遺障害に他の後遺障害が通常派生する関係にある場合は，いずれか上位の後遺障害等級を採用します。

また，大腿骨を骨折して変形した結果，短縮障害も残存したような場合など，一つの後遺障害が観察の方法によっては，後遺障害等級表上の複数の後遺障害等級に該当する場合は，一つの後遺障害を複数の観点で評価しているにすぎないため，いずれか上位の後遺障害等級を採用します。

5　組合せ等級

「両上肢をひじ関節以上で失ったもの」（別表第二第1級3号）や「両上肢の用

を全廃したもの」(別表第二第1級4号)などの後遺障害は，異なる上肢に残存する後遺障害であることから，系列を異にする複数の後遺障害として取り扱うべき後遺障害ですが，後遺障害等級表上，組合せ等級として定められているため，後遺障害等級表に定められた後遺障害等級を認定します[*6]。

6　介護を要する後遺障害とそれ以外の後遺障害が残存する場合

介護を要する後遺障害(別表第一)と後遺障害(別表第二)の両方が残存している場合は，介護を要する後遺障害(別表第一)の後遺障害等級を評価します。

7　相　　当

後遺障害が系列に分類できない場合，系列はあるが該当する後遺障害が存在しない場合には，後遺障害等級表に規定された後遺障害に準じて相当級を認定する場合があります[*7]。

また，「両眼球の視力障害，運動障害，調節機能障害，視野障害の各相互間」，「同一上肢の機能障害と手指の欠損又は機能障害」，「同一下肢の機能障害と足指の欠損又は機能障害」については，各障害の後遺障害等級を認定したうえで，同一系列とみなす系列間で併合の方法を準用し相当級を認定します。

8　序列調整

併合により後遺障害等級が，1等級ないし3等級繰り上げられた結果，後遺障害の序列を乱す場合は，後遺障害の序列に従い後遺障害等級を定めることとなります。具体的には，直近下位又は直近上位の後遺障害等級に序列調整を行い相当級を認定します。

9　加　　重

後遺障害等級表に定められている程度の既存障害や既往症が残存していた場

合で，既存障害や既往症と同一部位（同一系列）を自動車事故により受傷した結果，後遺障害等級表上，上位等級に格付けされる程度に後遺障害の程度が増悪した場合には，加重を適用することとなります（自賠令2条2項）。

ただし，自動車事故により既存障害や既往症が残存している部位を受傷した結果，最高等級である欠損又は機能の全部喪失に至った場合には，既存障害や既往症が系列を異にする場合でも加重を適用します。例えば，既存障害として下腿部に変形障害があり，自動車事故で同一下肢を大腿部で失った場合には，加重を適用することとなります。

〔黒田　清綱〕

■注　記■

＊1
■自賠令別表第一

等　級	介護を要する後遺障害	保険金額
第1級	1　神経系統の機能又は精神に著しい障害を残し，常に介護を要するもの 2　胸腹部臓器の機能に著しい障害を残し，常に介護を要するもの	4000万円
第2級	1　神経系統の機能又は精神に著しい障害を残し，随時介護を要するもの 2　胸腹部臓器の機能に著しい障害を残し，随時介護を要するもの	3000万円

備考　各等級の後遺障害に該当しない後遺障害であって，各等級の後遺障害に相当するものは，当該等級の後遺障害とする。

■自賠令別表第二

等　級	後遺障害	保険金額
第1級	1　両眼が失明したもの 2　咀嚼及び言語の機能を廃したもの 3　両上肢をひじ関節以上で失ったもの 4　両上肢の用を全廃したもの 5　両下肢をひざ関節以上で失ったもの 6　両下肢の用を全廃したもの	3000万円

第2章◇自動車損害賠償責任保険(自賠責保険)
第3節◇自動車損害賠償の基礎としての損害額算定

等級	内容	金額
第2級	1 1眼が失明し,他眼の視力が0.02以下になったもの 2 両眼の視力が0.02以下になったもの 3 両上肢を手関節以上で失ったもの 4 両下肢を足関節以上で失ったもの	2590万円
第3級	1 1眼が失明し,他眼の視力が0.06以下になったもの 2 咀嚼又は言語の機能を廃したもの 3 神経系統の機能又は精神に著しい障害を残し,終身労務に服することができないもの 4 胸腹部臓器の機能に著しい障害を残し,終身労務に服することができないもの 5 両手の手指の全部を失ったもの	2219万円
第4級	1 両眼の視力が0.06以下になったもの 2 咀嚼及び言語の機能に著しい障害を残すもの 3 両耳の聴力を全く失ったもの 4 1上肢をひじ関節以上で失ったもの 5 1下肢をひざ関節以上で失ったもの 6 両手の手指の全部の用を廃したもの 7 両足をリスフラン関節以上で失ったもの	1889万円
第5級	1 1眼が失明し,他眼の視力が0.1以下になったもの 2 神経系統の機能又は精神に著しい障害を残し,特に軽易な労務以外の労務に服することができないもの 3 胸腹部臓器の機能に著しい障害を残し,特に軽易な労務以外の労務に服することができないもの 4 1上肢を手関節以上で失ったもの 5 1下肢を足関節以上で失ったもの 6 1上肢の用を全廃したもの 7 1下肢の用を全廃したもの 8 両足の足指の全部を失ったもの	1574万円
第6級	1 両眼の視力が0.1以下になったもの 2 咀嚼又は言語の機能に著しい障害を残すもの 3 両耳の聴力が耳に接しなければ大声を解することができない程度になったもの 4 1耳の聴力を全く失い,他耳の聴力が40cm以上の距離では普通の話声を解することができない程度になったもの 5 脊柱に著しい変形又は運動障害を残すもの 6 1上肢の3大関節中の2関節の用を廃したもの 7 1下肢の3大関節中の2関節の用を廃したもの 8 1手の5の手指又はおや指を含み4の手指を失ったもの	1296万円

Q13◆後遺障害の等級認定

第7級	1 1眼が失明し，他眼の視力が0.6以下になったもの 2 両耳の聴力が40cm以上の距離では普通の話声を解することができない程度になったもの 3 1耳の聴力を全く失い，他耳の聴力が1m以上の距離では普通の話声を解することができない程度になったもの 4 神経系統の機能又は精神に障害を残し，軽易な労務以外の労務に服することができないもの 5 胸腹部臓器の機能に障害を残し，軽易な労務以外の労務に服することができないもの 6 1手のおや指を含み3の手指を失ったもの又はおや指以外の4の手指を失ったもの 7 1手の5の手指又はおや指を含み4の手指の用を廃したもの 8 1足をリスフラン関節以上で失ったもの 9 1上肢に偽関節を残し，著しい運動障害を残すもの 10 1下肢に偽関節を残し，著しい運動障害を残すもの 11 両足の足指の全部の用を廃したもの 12 外貌に著しい醜状を残すもの 13 両側の睾丸を失ったもの	1051万円
第8級	1 1眼が失明し，又は1眼の視力が0.02以下になったもの 2 脊柱に運動障害を残すもの 3 1手のおや指を含み2の手指を失ったもの又はおや指以外の3の手指を失ったもの 4 1手のおや指を含み3の手指の用を廃したもの又はおや指以外の4の手指の用を廃したもの 5 1下肢を5cm以上短縮したもの 6 1上肢の3大関節中の1関節の用を廃したもの 7 1下肢の3大関節中の1関節の用を廃したもの 8 1上肢に偽関節を残すもの 9 1下肢に偽関節を残すもの 10 1足の足指の全部を失ったもの	819万円
	1 両眼の視力が0.6以下になったもの 2 1眼の視力が0.06以下になったもの 3 両眼に半盲症，視野狭窄又は視野変状を残すもの 4 両眼のまぶたに著しい欠損を残すもの 5 鼻を欠損し，その機能に著しい障害を残すもの 6 咀嚼及び言語の機能に障害を残すもの 7 両耳の聴力が1m以上の距離では普通の話声を解すること	

第9級	がができない程度になったもの 8　1耳の聴力が耳に接しなければ大声を解することができない程度になり，他耳の聴力が1ｍ以上の距離では普通の話声を解することが困難である程度になったもの 9　1耳の聴力を全く失ったもの 10　神経系統の機能又は精神に障害を残し，服することができる労務が相当な程度に制限されるもの 11　胸腹部臓器の機能に障害を残し，服することができる労務が相当な程度に制限されるもの 12　1手のおや指又はおや指以外の2の手指を失ったもの 13　1手のおや指を含み2の手指の用を廃したもの又はおや指以外の3の手指の用を廃したもの 14　1足の第1の足指を含み2以上の足指を失ったもの 15　1足の足指の全部の用を廃したもの 16　外貌に相当程度の醜状を残すもの 17　生殖器に著しい障害を残すもの	616万円
第10級	1　1眼の視力が0.1以下になったもの 2　正面を見た場合に複視の症状を残すもの 3　咀嚼又は言語の機能に障害を残すもの 4　14歯以上に対し歯科補綴を加えたもの 5　両耳の聴力が1ｍ以上の距離では普通の話声を解することが困難である程度になったもの 6　1耳の聴力が耳に接しなければ大声を解することができない程度になったもの 7　1手のおや指又はおや指以外の2の手指の用を廃したもの 8　1下肢を3cm以上短縮したもの 9　1足の第1の足指又は他の4の足指を失ったもの 10　1上肢の3大関節中の1関節の機能に著しい障害を残すもの 11　1下肢の3大関節中の1関節の機能に著しい障害を残すもの	461万円
第11級	1　両眼の眼球に著しい調節機能障害又は運動障害を残すもの 2　両眼のまぶたに著しい運動障害を残すもの 3　1眼のまぶたに著しい欠損を残すもの 4　10歯以上に対し歯科補綴を加えたもの 5　両耳の聴力が1ｍ以上の距離では小声を解することができない程度になったもの 6　1耳の聴力が40cm以上の距離では普通の話声を解するこ	331万円

	とができない程度になったもの 7　脊柱に変形を残すもの 8　1手のひとさし指，なか指又はくすり指を失ったもの 9　1足の第1の指を含み2以上の足指の用を廃したもの 10　胸腹部臓器の機能に障害を残し，労務の遂行に相当な程度の支障があるもの	
第12級	1　1眼の眼球に著しい調節機能障害又は運動障害を残すもの 2　1眼のまぶたに著しい運動障害を残すもの 3　7歯以上に対し歯科補綴を加えたもの 4　1耳の耳殻の大部分を欠損したもの 5　鎖骨，胸骨，ろく骨，けんこう骨又は骨盤骨に著しい変形を残すもの 6　1上肢の3大関節中の1関節の機能に障害を残すもの 7　1下肢の3大関節中の1関節の機能に障害を残すもの 8　長管骨に変形を残すもの 9　1手のこ指を失ったもの 10　1手のひとさし指，なか指又はくすり指の用を廃したもの 11　1足の第2の足指を失ったもの，第2の足指を含み2の足指を失ったもの又は第3の足指以下の3の足指を失ったもの 12　1足の第1の足指又は他の4の足指の用を廃したもの 13　局部に頑固な神経症状を残すもの 14　外貌に醜状を残すもの	224万円
第13級	1　1眼の視力が0.6以下になったもの 2　正面以外を見た場合に複視の症状を残すもの 3　1眼に半盲症，視野狭窄又は視野変状を残すもの 4　両眼のまぶたの一部に欠損を残し又はまつげはげを残すもの 5　5歯以上に対し歯科補綴を加えたもの 6　1手のこ指の用を廃したもの 7　1手のおや指の指骨の一部を失ったもの 8　1下肢を1cm以上短縮したもの 9　1足の第3の足指以下の1又は2の足指を失ったもの 10　1足の第2の足指の用を廃したもの，第2の足指を含み2の足指の用を廃したもの又は第3の足指以下の3の足指の用を廃したもの 11　胸腹部臓器の機能に障害を残すもの	139万円
	1　1眼のまぶたの一部に欠損を残し又はまつげはげを残すもの	

第2章◇自動車損害賠償責任保険（自賠責保険）
第3節◇自動車損害賠償の基礎としての損害額算定

第14級	2　3歯以上に対し歯科補綴を加えたもの 3　1耳の聴力が1m以上の距離では小声を解することができない程度になったもの 4　上肢の露出面にてのひらの大きさの醜いあとを残すもの 5　下肢の露出面にてのひらの大きさの醜いあとを残すもの 6　1手のおや指以外の手指の指骨の一部を失ったもの 7　1手のおや指以外の手指の遠位指節間関節を屈伸することができなくなったもの 8　1足の第3の足指以下の1又は2の足指の用を廃したもの 9　局部に神経症状を残すもの	75万円

備考
1　視力の測定は，万国式試視力表による。屈折異状のあるものについては，矯正視力について測定する。
2　手指を失ったものとは，おや指は指節間関節，その他の手指は近位指節間関節以上を失ったものをいう。
3　手指の用を廃したものとは，手指の末節骨の半分以上を失い，又は中手指節関節若しくは近位指節間関節（おや指にあっては，指節間関節）に著しい運動障害を残すものをいう。
4　足指を失ったものとは，その全部を失ったものをいう。
5　足指の用を廃したものとは，第1の足指は末節骨の半分以上，その他の足指は遠位指節間関節以上を失ったもの又は中足指節関節若しくは近位指節間関節（第1の足指にあっては，指節間関節）に著しい運動障害を残すものをいう。
6　各等級の後遺障害に該当しない後遺障害であって，各等級の後遺障害に相当するものは，当該等級の後遺障害とする。

＊2　「自動車損害賠償責任保険金等及び自動車損害賠償責任共済の共済金等の支払基準」（平成13年金融庁・国土交通省告示第1号第3）。
＊3　昭50・9・30基発565号別冊労働基準局長通達。
＊4　労災保険の対象者がいわゆる「労働者」に限定されているのに対し，自賠責保険の対象者は交通事故の被害者であることから，幼児や学生，主婦，高齢者など，特定の職業に就労していない，あるいは就労できない人々も認定の対象となることから，労災保険の認定基準では解決できないケースもあります。
＊5　「両上肢をひじ関節以上で失ったもの」（別表第二第1級3号）と「両上肢の用を全廃したもの」（別表第二第1級4号），「両下肢をひざ関節以上で失ったもの」（別表第二第1級5号）と「両下肢の用を全廃したもの」（別表第二第1級6号）など。
＊6　両上肢の欠損障害又は機能障害，両手指の欠損障害又は機能障害，両下肢の欠損障害又は機能障害，両足指の欠損障害又は機能障害，両眼瞼の欠損又は機能障害に組合せ等級が定められています。
＊7　例えば，嗅覚脱失は，神経系統の機能障害に準じて，別表第二第12級相当の後遺障害として取り扱います。

Q14 ◆ 損害額認定における男女間格差（特に未就労児童など）

 私の友人は4歳の女の子の母親でしたが，そのお嬢さんが先日幼稚園の帰りに乗っていたスクール・バスがセンターラインを越えて暴走してきた大型貨物自動車に衝突され，お嬢さんを含め同じ団地に住み幼稚園も一緒で仲のよかった同じ年の男の子など数人が亡くなり，十数人が重傷を負ったそうです。友人の話ですと，先日，加害運転手の勤務先の自動車の保険を引き受けているという保険会社の方が来訪し事故に遭遇して死亡した男の子のお母さんと一緒に説明を受けましたが，その時の説明では，お嬢さんと，男の子とでは，損害賠償額に違いがあるようなので，いただいた計算表を見ると逸失利益というところで違いが出ていることに気づき，その理由を尋ねましたら，「逸失利益というのは，将来得ることのできる賃金などの収益などを現在時点に換算したものですが，お子さんが将来どのような職に就き，いくらぐらいの収入を得るかについて明確な証拠はありません。そこで，予測するほかないのですが，予測の資料として，現在の賃金に関する統計データをベースにする方法が一般的にとられています。その結果，ご存知のとおり，現在，男女間に賃金格差があることは否定できない事実ですので，その結果，男のお子さんと女のお子さんとでは損害賠償額に違いが出てしまうのです。」としか説明してくれなかったということです。
 お子さんを無謀な運転で失われただけではなく，損害賠償額についてまで，男女の雇用に関する法律や男女共同参画社会法などのいわゆる男女均等法が制定されそれが普及して行くであろう将来も，現在のように男女間格差が続くことを前提に算定されるということでよいのでしょうか。

第2章◇自動車損害賠償責任保険（自賠責保険）
第3節◇自動車損害賠償の基礎としての損害額算定

A

損害賠償額算定における男女間格差について，既に就労している者の間の格差について憲法の平等論の視点からの批判はありますが，民事損害賠償における損害賠償制度は「原状回復」が主眼ですので，現に得ている収入あるいは平均賃金による算定の結果格差が生じたとしても，ある程度まで現在の社会的病理の発現としてやむを得ないものと思われます。しかし未就労年少者については，現在の男女間賃金格差の病理的社会現象部分が将来にわたって継続すると断言できないことなどから，可能な限り男女間格差が生じないような方法での算定を行うべきと思われます。

最近の下級審の傾向として女子年少者について基礎収入として，賃金センサスの男女計の平均賃金によるものが多くなっていることに意を配る必要があります。後遺障害については，基礎収入（平均賃金）×後遺障害等級に対応する労働能力喪失率×（就労可能年数に対応するライプニッツ係数－就労までの年数に対応するライプニッツ係数），死亡による逸失利益については，核家族化の進展により，未成年者死亡などについて，いわゆる「逸失利益の相続的構成」の虚構性（実質的・機能的には，残存家族の扶養的構成）がこれまで以上にあらわになると思われますが，「逸失利益」の算定方法は当面大きな変化はなく，基礎収入（平均賃金）－生活費×（就労可能年数に対応するライプニッツ係数－就労までの年数に対応するライプニッツ係数）となると思われます。

☑キーワード

賃金構造基本統計調査（賃金センサス），平均賃金，相続的構成と扶養的構成

Q14◆損害額認定における男女間格差（特に未就労児童など）

解　説

1　後遺障害と逸失利益（Q12参照）

　まず，死亡に至らなくとも，重傷を負い，後遺障害を残すに至った子どもの場合はどうなるでしょうか。慰謝料についてはおおよそ，後遺障害等級に準拠することでよいと思いますが，問題は逸失利益です。

　逸失利益とは，別名，得べかりし利益ともいわれるように，事故がなければ将来にわたって得ることのできた利益のことをいいます。後遺障害に即していえば，工場で立ち仕事など工員として働いていた者が事故により下肢切断などの傷害・障害を受け，専業主婦についていえば，それまでの家事労働に伴う力仕事を夫あるいは外部に委託せざるを得なくなった，あるいは賃金労働者については，それまでの立ち仕事ができなくなり力仕事や社外への納品作業などのない机上業務に配置替えされた結果収入額が減少した，あるいは今のところは従前と違いがありませんが，将来的には昇給が遅れたりして事実上の減収が生じる可能性が高いなどという場合に，事故がなければ将来にわたって得ることのできたはずの利益と，事故後に減少し，また，減少し続ける可能性のある収入との差額を損害として賠償請求の対象とし得ることになります（事故時，失職中であっても，働く意思と能力が認められ，就労による稼働収益が認められる蓋然性が高い場合には，逸失利益が認められるケースもあります）。逸失利益全体については，**Q12**で詳論されていますのでそちらに譲りますが，ここで問題とするのは，未就労児童・生徒・学生などのように，事故時に現実的あるいは仮定的収入がない者が事故後，後遺障害を残したり，死亡してしまったような場合に，どのようにして損害賠償額が算定されるかです。まず，後遺障害を残したケースはどうなるでしょうか。

　被害者に現実収入がない以上，将来的財産的損害を算定するには，基礎としての賃金ベースについて賃金センサスの平均賃金をベースにして算定することにならざるを得ません。

第2章◇自動車損害賠償責任保険(自賠責保険)
第3節◇自動車損害賠償の基礎としての損害額算定

　後遺障害の部位・程度等については，医師に後遺障害診断書を書いてもらうというのが出発点になりますし，任意対人賠償責任保険の前提として，自賠責保険の損害調査を担当している損害保険料率算出機構による，「後遺障害事前認定制度」の活用を検討されることをおすすめします（これらについては，保険会社に照会してください）。

　ところで，逸失利益の基礎になる収入ですが，児童・生徒などについてはこれまでは，賃金センサスの第1巻第1表の産業計・企業規模計・学歴・性別・男女別による平均賃金をベースにすることが多かったと思われますが，性別による全年齢平均賃金をベースに算定すると，女性の逸失利益が男性に比し明らかに低くなりますので，最近では，このような格差は説得力に乏しいとして，女子年少者については，男性労働者平均より低いが女子労働者平均より高い，男女計の全年齢平均賃金をベースに算定する傾向が読み取れるようになってきています（なお，高校生以下の生徒などについて，学歴を大卒・大学院卒などにして平均賃金を引き上げることも考えられますが，場合によっては，就労開始年齢が大学卒業後になるため，就労期間が短くなり逸失利益自体が減少してしまうケースもあるので注意が必要です）。

　逸失利益の具体的算定公式は要旨に述べたところですが，未就労年少者の後遺障害についてはこれまであまり指摘されていませんでした。既就労者などでは逸失利益の算定のなかで評価されているとみることも可能ですが，逸失利益の算定によってカバーされる以前の後遺障害による生活上の不利益について評価勘案することも必要なように思われます。この点については，慰謝料の加算要素とすることも考えられますが，そうであるならば，認定額のばらつきを抑えて可能な限り平準化するために，後遺障害等級・号別，年齢別加算額などが各種損害賠償額算定基準などに試案などとして示されることを期待したいところです。

　なお，外貌醜状痕については平成22年の労働者災害補償保険法施行令の改訂まで男女間で等級認定に違いがありましたが，同施行令の改訂並びに自動車損害賠償法施行令の改訂により違いが生じることはなくなりました。外貌については一般的に就労機会や賃金に直結するものではなく，逸失利益に影響は少ないと思われますが，その程度によっては就労機会や職種・収入にも影響を与え

ることも考えられ，そのような場合には逸失利益にも影響が生じます。

2　死亡の場合の逸失利益

　死亡については，内縁の妻のケースで夫死亡について内縁の妻に扶養喪失損害を認めた最近の判例がありますが[☆1]，わが国では，被害者の死亡により，死者が将来得ることのできたであろう損害を相続人が承継するという「逸失利益の相続的構成」といわれる法処理が一般的です。そのような法処理は権利能力の始期は出生に始まる（民3条，終期は死亡）という原則に反し「死前に死あり，死後に生あり」ということになり，権利義務の主体たる能力，すなわち，権利能力の始期・終期に関する民法理論からは疑問の余地があるとして，これまでの多くの学説はこのような相続的構成に対し疑問を投げかけてきました。しかし近時に至り，相続的構成によれば，残された個々人の要扶養状態などを個別に詳細に認定する必要もなく，また，権利承継人を相続人とすることでかなり画一的な処理をしやすいこと，死者が生前得ていた収入や平均賃金についても統計資料を使いやすいことなどから，この逸失利益の相続的構成を支持する見解が有力となりつつあります。

　この考え方は，相続概念を媒介とするため，死亡事故によって，残された者について具体的・現実的に救済すべきどのような損害が生じたかを問うことなく，ある程度まで定型化された方式に従って損害額の計算ができますので，事案処理の迅速化と同時にこの方式に従う限り，必ずしも訴訟まで考えなくても，ある程度まで妥協しやすい金額を提示し得るなどのメリットを併せもちます。さらには，相続的構成をとるといっても，日本的家族構成などに照らし，相続人は，ある程度までは扶養喪失的構成における被害者と同視し得ることが多いのではないかとも思われ，そうであれば，相続的構成といっても，ある程度まで，扶養喪失損害のてん補・回復機能をもつものとして，それなりの説得力があることも否定できません。

　しかし，本設問が提起する問題は，被害者自身がいまだ未成年等の被扶養者が中心であり，その者が死亡したとしても，残された相続人などに将来的財産的損害等は生じないのではないかと思われる点です。親が子どもに，親に対す

第2章◇自動車損害賠償責任保険（自賠責保険）
第3節◇自動車損害賠償の基礎としての損害額算定

る将来の扶養などを期待し，それを失ったことについて加害者に経済的損害を求めるというような論理は，冷静に考えると核家族化が進んだ現在社会においては奇異な感じがしないでもありません。

しかし，これまで積み重ねられてきた逸失利益の相続的構成の公式は次のようなものです。

> 収入（現実，あるいは統計数値）－被害者の属性に応じた生活費（率）×
> 一時金換算の場合の中間利息控除係数＝逸失利益額

例えば，被害者に妻のほか，子どもが2人いたと仮定し，さらに住居が社宅であるか，銀行からの融資によるものであるかなどの個々の状況ごとに詳細に計算することも可能でしょうが，それほど緻密に検証をしなくても，この事故によって被害者自身が亡くなり生理学的損害が生じたとしても，原状回復としての「生への回帰」は物理的に不可能ですが，残された遺族に対しては，被害者の死亡によって生じた経済的損害の回復や非財産的損害の賠償（民710条・711条）などの算定や評価は可能です。

このうち財産的損害については，これまでの逸失利益の相続的構成という手法によって，残された遺族について，葬儀費などのほか，実質的な生活保障的機能を果たしてきました。しかし，未就労児童・生徒などが死亡したような場合，残された遺族に，葬儀費用などは別にして，どのような損害が生じたといえるのでしょうか。欧米にみられるように幼児死亡について慰謝料ですら原則否定するというような考え方は，核家族化が進んだとしても，依然として家族制度等が息吹いているこの国においては採用できないように思われます。

ところで，平成14年7月9日に最高裁[☆2]は，11歳の女子生徒の死亡損害について，「高等学校卒業までか，少なくとも義務教育を修了するまでの女子年少者については，逸失利益算定の基礎収入として賃金センサスの……男女を併せた全労働者の平均賃金を」用いるのが合理的であると判示した①東京高判平13・8・20を，また，11歳の女子の逸失利益算定にあたり，「女子年少者について，（性別ではない）全労働者の平均賃金を基礎収入として逸失利益の額を算定し，不法行為者にその損害賠償をさせることは，現段階においては，でき

Q14◆損害額認定における男女間格差（特に未就労児童など）

る限り蓋然性のある額を算定することにより不法行為者と被害者の双方にとって公平な結果を実現しようという」損害賠償法の理念に照らし相当ではないとした②東京高判平13・10・16についての上告，上告受理申立てのいずれも棄却し，この問題については事実審での判断に委ねる意向を示しました。

　たしかに現実収入のない者について逸失利益を算定するにあたり統計データを採用せざるを得ない以上，どのデータによるべきかは法解釈固有の問題ではなく，ある意味で事実の評価の問題であり法律審としての最高裁の出番ではないことはそのとおりでしょう。しかし，高裁レベルですら，性別平均賃金と全労働者平均賃金というように採用すべき基礎収入を異にするようでは，法的安定性を保ち得ないでしょうし，保険実務に対する裁判例としての指導力ももち得ないと思われます。

　私見では，未就労年少者に対する逸失利益概念は放棄し，「わが国における親子間の特性などを考慮した，逸失利益の相続的構成にも，扶養喪失的構成にも属しない親として，家族としての損害項目」を立ち上げるのが妥当と考えますが，現在，逸失利益の相続的構成が損害賠償実務に定着していることをふまえ，下級審裁判例などでも見られる，年少者の逸失利益算定にあたり，男女を問わず全労働者平均賃金を採用する方法が妥当ではないかと考えています。また裁判例では女子年少者について，男子との格差解消のため，全労働者平均賃金を採用する方向が強まっています。しかし，年少者の逸失利益といわれているものの実態が，一般的にいわれているような経済的損害のみではなく，家族間の平穏な生活への侵害や子どもが成長していくことについての親としての期待などに対する侵害などを理由とする場合には，全年齢平均賃金を採用すると，男子については，これまでの男子労働者平均から下がることになる可能性があるにしても，家族間の平穏な生活関係の破壊や子の成長に対する期待などについてはそもそも男女間では相違などあり得ないのであり，男女間で違いを設けない方がはるかに説得的ではないでしょうか。また，控除すべき生活費について，男子児童などは50％，女子児童などについては40〜45％等男女間で違いを設けることが行われるケースも見受けられます。これは女子年少者の逸失利益算定の基礎収入の操作だけでは解消できない場合に，男女間をさらに近づけるための手法と思われますが，そのような手法も，男女とも，全年齢平均賃

金を採用すれば，不要になりましょう。

3 損害額認定についての男女間格差

　以上，後遺障害と死亡について，特に男女間で損害額認定にあたり格差が生じるという点について具体的なケースを中心に検討を加えてきました。理論上は別として，後遺障害による逸失利益や死亡による逸失利益についても，男女間で格差があり，それはわが国のこれまでの男女間での就業構造上の違いなどを受けたものであり，それが未就労児童や生徒などにおいては必ずしも適切なものではないことについての理解が進み，裁判実務においても格差解消についての努力が積み重ねられつつあることを説明してきました。しかし，他方において，現に就労中であるような場合には，そこにおいて生じている格差は憲法の平等論とは異なり，原状回復を使命とする損害賠償法がなし得ることではなく，経済構造など法外在的契機に待たざるを得ないことと思われます。

〔伊藤　文夫〕

──■判　例■──

☆1　最判平5・4・6民集47巻6号4505頁・集民169号1頁・判タ832号73頁。
☆2　最決平14・7・9交民集35巻4号917頁，最決平14・7・9交民集35巻4号921頁。

Q15 各種非典型後遺障害の認定

(1) 医師からもらった診断書に見慣れない次の診断名が記載されていました。これらは、自動車保険や損害賠償においてどのように扱われますか。
①高次脳機能障害 ②PTSD ③RSD（CRPS） ④脳脊髄液減少症
(2) 自動車保険や損害賠償において、医師が治療で用いる診断基準はどのような意味をもつのでしょうか。診断基準に該当しないと一切損害賠償を受けることができないのですか。

A

(1) 交通事故後の被害者に残存した後遺障害に対して、近時新たにつけられるようになった診断名（疾患名）があり、「非典型後遺障害」と呼ばれることがあります。これらには、①見落とされやすい後遺障害として注意喚起されるようになったもの（高次脳機能障害）、②その原因がX線写真、CT、MRI等では判断しにくいもの（高次脳機能障害、RSDなど）、③器質的な原因が存在しないため事故との因果関係等が問題となりやすいもの（PTSD、RSD）、④新しく提唱された診断基準に基づき疾患として主張されるもの（脳脊髄液減少症）があります。

(2) 診断基準は本来、特定の疾患に該当することを判断し治療方法を決定したり、研究の対象とするためのものですが、裁判所はこれを事故と症状との相当因果関係、後遺症の原因や永続性を認定するために、事実認定における経験則を補うものとして用いています。診断基準に該当すれば、その疾患の原因と症状が客観的に確認されたと事実認定して損害評価するのです。ただし、診断基準に該当しなくても後遺症と事故との相当因果関係が認定されれば、その程度に応じた損害賠償が認められることもあります。

第2章◇自動車損害賠償責任保険（自賠責保険）
第3節◇自動車損害賠償の基礎としての損害額算定

☑キーワード

非典型後遺障害，高次脳機能障害，MTBI，PTSD，非器質性精神障害，脳脊髄液減少症（低髄液圧症候群），CRPS（カウザルギー・RSD）

解説

1 非典型後遺障害とは

交通事故後に被害者に残存した症状に対して近時，従来みられなかった診断名の疾患が，その診断基準や判定指標（以下「診断基準等」といいます）に該当することを理由に事故の後遺症だと主張されることがあり，自動車保険及び損害賠償における扱いが問題となっています。「非典型後遺障害」と呼ばれることがあるこれらの診断名（疾患）のうち，代表的なものを紹介します。

2 問題の所在

自動車損害賠償責任保険（自賠責保険）の後遺障害等級は原則として労働者災害補償保険の認定基準（以下「自賠責の認定基準」といいます）に準じて行われており（**Q13**）（自賠16条の3）[1]，裁判所も自賠責の認定基準を尊重した等級評価を行う傾向にありますので，新しい診断名のつけられた症状も自賠責の認定基準に照らしてどのように等級評価するかがまず問題となり，損害評価において症状の原因と永続性（改善可能性），素因減額（**Q20**）等が争点となります。

非典型後遺障害のなかには高次脳機能障害やカウザルギー・RSDのように，既に自賠責の認定基準に取り入れられているものもありますが，「基準へのあてはめ」や「基準自体が医学的に見て時代遅れではないか」という形で争われることも少なくありません。

非典型後遺障害が注目されたことにより，医学的あるいは行政的な目的で作成された診断基準等を損害賠償の場面に持ち込むことができるのか等が正面か

ら議論されるようになり、「診断基準等を厳格に適用して判断すべきとする見解」（厳格説）と「診断基準等に該当しなくても後遺症として損害評価すべきとする見解」（緩和説）という形でも争われました。一方で、疾患の認定（診断基準等への該当性）が本質ではなく事故後の症状・障害との因果関係、程度や永続性をふまえた適切な損害認定の問題として検討すべきだという見解もあり、裁判例にも疾患の該当性を離れて損害認定を行うものがあります。

3 高次脳機能障害

(1) 意 義

脳の働き（機能）のうち、知覚や運動（脳の一次機能）から得られた情報を連合して発揮される高度の機能（認知、言語、記憶、行動・遂行、情動・人格など）に生じた障害が高次脳機能障害です。脳外傷による脳機能の障害は、従来から後遺障害として等級評価の対象とされてきました。しかし、脳外傷の治療が終わり身体障害がないか軽かったにもかかわらず、家庭や仕事場に戻った後に「怠け者になった」あるいは「人が変わった」等の問題が指摘される被害者がおり、このような障害は社会復帰に重大な影響があるにもかかわらず適切な救済が受けられない場合がありました。このような「見過ごされやすい（見えにくい）」社会行動の障害等に対する福祉を充実させる必要があることが問題提起され、そのような行政の動きを背景に、自動車事故の被害者に関する高次脳機能障害の適切な補償の問題がクローズアップされていったのです。

高次脳機能障害は、自賠責の認定基準で「脳の器質的精神障害」に分類され、最も重度なもの（常時介護が必要）は1級とされます。同じ症状（障害）が脳外傷によらない場合は「非器質性精神障害」として原則として9級より低い等級でしか評価されないことから、それが脳外傷によるものか否か（症状の原因の認定）が激しく争われ、重症度の検討（等級評価）においても情動や性格など神経心理学的検査で評価しにくいものへの障害を含むことからの困難さがあるのが特徴です。

(2) 自賠責保険における扱いと裁判例の傾向

自賠責保険の損害調査においては、平成13年より「高次脳機能障害認定シス

テム」を導入し，高次脳機能障害の認定を慎重に行うようにしており，同システムの運用と自賠責保険としての医学的見解等を報告書（以下「自賠責報告書」といいます）で公表しています[*2]。この報告書によれば，脳外傷の判断は①意識障害の有無と程度・長さ，②画像（CT，MRI等）資料上で外傷後ほぼ３か月以内に完成する脳室拡大・びまん性脳萎縮の所見が重要なポイントとし，③外傷と障害の因果関係（他の疾患との識別）の検討も必要だとされています。また，等級評価は「意思疎通能力」，「問題解決能力」，「作業負荷に対する持続力・持久力」，「社会行動能力」という４つの側面から障害等級を判断する労災保険と矛盾のないよう配慮しながらも，「小児は事故後の各種能力（学習能力等）の獲得や集団生活への適応能力に与える高次脳機能障害の影響を勘案し，また高齢者は，加齢による症状の変化を勘案し」て妥当な等級を認定するとしています。このような自賠責保険の理解と等級認定における扱いが損害賠償の実務に与えている影響は大きく，裁判例にも自賠責報告書（及びこれを基に作成されている弁護士会の相談マニュアル[*3]）を参考として判断を行うものが多くみられます。

(3) 行政的診断基準と機能画像の評価

厚生労働省が2001年度から2005年度にかけて実施した「高次脳機能障害支援モデル事業」でも「高次脳機能障害診断基準（行政的）」が公表されており[*4]，そこでは脳外傷を確認する画像がPET，SPECTなど機能画像でもよいと解説されています。そのため，自賠責報告書が重視するCT，MRIなどの形態画像で所見がない事案において，行政的診断基準を根拠として主張がなされることがあります。裁判例では，機能画像の所見だけは脳外傷による機能低下であることを裏づけるには根拠として不十分であること，行政的救済の充実を目的とする診断基準であることから，損害賠償の認定でそのまま用いることに消極的なものが多いと思われます。

4 軽症脳外傷（MTBI）

画像所見がなく，意識障害も軽度（一般的には頭部外傷後の意識喪失が30分以下で，かつGCSが13〜15点の場合とされます）の被害者に残存した障害について，世界

保健機構（WHO）が提唱するMTBI（mild traumatic brain injury）の診断基準を根拠に「脳の器質的損傷」によると主張されることがあります。これは，診断基準等を裁判所の事実認定における経験則を補うものとして採用するかどうかが争点となる場面です。

前述の自賠責報告書（平成23年3月版）では，米国におけるMTBI・TBIの定義は様々であって必ずしも脳実質の損傷（器質性変化）を意味するものでないこと等から，「それがWHOの診断基準を満たすMTBIとされる場合であっても，それのみで高次脳機能障害であると評価することは適切でな」く，「症状の経過，検査所見等も併せ慎重に判断する」としています。

裁判例では，意識障害が認められないか軽度であり，症状が脳外傷によらない場合にも見られるものの場合には，客観的に器質性脳損傷を窺わせるものに乏しいと評価する傾向にあると思われます。

5 PTSD

(1) 意　義

PTSD（Post Traumatic Stress Disorder：心的外傷後ストレス障害）は，強烈な恐怖体験（死又は重傷を負うような出来事）による心の傷（トラウマ）により社会生活及び日常生活への障害が残存する疾患で，ベトナム帰還兵の精神障害をきっかけに疾患概念として結実したとされ，継続的再体験症状（フラッシュバック），持続的覚醒亢進症状及び持続的回避症状の3つが特徴的な症状とされています。

PTSDは，脳の器質的損傷を原因としない精神障害（非器質性精神障害）の一つに分類されます。器質的な身体損傷がないことから，事故との因果関係や永続性が問題となりやすく，事故以外の要因（環境的要因，個体側の要因等）が複雑に関連する多因性の障害であるため素因減額が問題となることが多いという特徴があります。

(2) 診断基準等と裁判例の傾向

自賠責の認定基準は，非器質性精神障害を原則として9級から14級で認定し，それが適切な治療等によって改善する可能性があることもふまえて等級評価することとされています。

第2章◇自動車損害賠償責任保険（自賠責保険）
第3節◇自動車損害賠償の基礎としての損害額算定

　損害賠償請求の場面において，PTSDの診断基準等への該当性は事故との因果関係，永続性及び重症度の根拠として主張されます。そこで主張される代表的な診断基準等に世界保健機構（WHO）の「国際疾病分類第10版」（ICD-10），アメリカ精神医学会（APA）の発表する「精神障害の診断と統計マニュアル第4版」（DMS-Ⅳ）*5がありますが，いずれも「強烈な恐怖（外傷）体験」と「特徴的な症状」を要件としています。このため，裁判においては，交通事故でもこの強烈な恐怖体験の要件を満たすのかを中心に争いとなり，それが非器質性のものであることから症状の永続性をふまえた等級評価と損害評価も問題となりました。

　交通事故後のPTSDを後遺障害7級と認定した横浜地判平10・6・8（交民集31巻3号815頁・判タ1002号221頁）をきっかけに，交通事故後の後遺障害としてPTSDが主張される事案が増加し「PTSD論争」と呼ばれましたが，東京地裁民事27部（交通事故専門部）が東京地判平14・7・17（判時1792号92頁）において，PTSDのように目に見えない後遺障害の判断を客観的に行うためには医学的診断基準に依拠せざるを得ず，診断基準（DMS-Ⅳ及びICD-10）を厳格に適用すると述べ，いわゆる「厳格説」の立場により判断すべきとし，裁判例の方向性を示したことで一応の決着をみたといわれています。

(3)　非器質性精神障害をめぐる残された問題

　PTSDをめぐる議論は，「自賠責の認定基準に該当するか否か」で後遺障害としての損害賠償の有無と内容を決定してきた実務の扱いに一石を投じ，自賠責の認定基準が医学的な知見の進歩に追いついていないことがあることや医学的な診断基準等により不法行為責任を判断することの困難さを再検討することのきっかけとなりました。そして，近時の裁判例には，診断基準等に該当しない障害もその内容や程度に応じた労働能力喪失率や喪失期間を認定し，あるいは素因減額を行うことによって損害の公平な分担という不法行為法の趣旨を実現しようとするものが現れるようになりました。このような，器質的な原因が確認できない後遺障害の適切な損害評価は，残された問題といえるでしょう。

6　CRPS（RSD，カウザルギー）

(1)　意　義

　受傷後に遷延する慢性痛のうち，激しい痛み（アロディニア）に加えて浮腫や発汗異常，皮膚萎縮等の様々な異常を伴う「異常な疼痛」について，国際疼痛学会（IASP）が定めた呼称がCRPS（Complex Regional Pain Syndrome：複合性局所疼痛症候群）です。従来，カウザルギー（causalgia）と呼ばれた神経損傷が明確なものと，RSD（Reflex Synpathetic Dystrophy：反射性交感神経性萎縮症）と呼ばれたそれが明確でないものの双方を含む疾患概念です。この「異常な疼痛」に該当すると，通常は末梢神経を原因とする「局部の神経症状」として12級又は14級で評価される疼痛等の神経症状が，それより上位の後遺障害等級で評価されることがあるため争いとなります。

　CRPSは，いまだ医学的に未解明な部分が多く診断基準等も変遷しており，確立した治療法もないとされている疾患です。その発症に複数の因子が関与しているかについても定説がなく混乱した状況であるため，診断基準等への該当性だけでなく，素因減額の有無など損害評価も争点となります。

(2)　診断基準等と裁判例の傾向

　自賠責保険の認定基準は，①カウザルギー（末梢神経の不完全損傷によって生じる灼熱痛であり，血管運動性症状，発汗の異常，軟部組織の栄養状態の異常，骨の変化〔ズデック萎縮〕などを伴う強度の疼痛の場合）と②反射性交感神経性ジストロフィー（RSD）（主要な末梢神経の損傷がなくても，微細な末梢神経の損傷が生じ，外傷部位にカウザルギーと同様の疼痛が起きる場合）を「異常な疼痛」と位置づけて，最も重度の場合を7級と評価します。このうち，RSDに関しては，RSD診断において4徴候とされる疼痛，腫脹，関節拘縮，皮膚変化（栄養障害）のほかに骨萎縮という客観的な要件が加えられていますが，CRPSを神経損傷の有無で区別しない診断基準が現れている今日，認定基準の理解は古くて厳格すぎるという批判もあります。

　医学的な診断基準等としては，IASPが定義を統一する必要があったように，疾患概念も診断基準等も様々なものが存在したため，損害賠償において主張さ

れる診断基準等も様々なものがあり，それが議論をいっそう複雑にしていたともいえます。IASPが1994年に公表した診断基準は，CRPSをtype 1（RSDタイプ）とtype 2（カウザルギータイプ）とに区分する診断基準を発表しましたが，その後の研究によりtype 1とtype 2で症状徴候に優位な差がないことが報告されたことから，2005年には両者を区別しない診断基準（臨床目的，研究目的の2種類）が公表されています。わが国では，2008年に厚生労働省CRPS研究班による「日本版CRPS判定指標」（臨床用及び研究用）が公表されましたが，そこでは同指標を補償や訴訟などで使用すべきでない等の注意書きが付されています。

　疾患概念をめぐる議論の混乱があるため，裁判例に一定の傾向を見い出すことは困難だといわざるを得ません。近時は，自賠責の認定基準や医学的な診断基準等への該当性を総合的に検討して最終的な損害評価を行っていますが，骨萎縮等の客観的に確認可能な所見があり，異常な疼痛の範囲が広い場合は比較的上位の等級で評価されやすいと思われます。

7　脳脊髄液減少症（低髄液圧症候群）

(1)　意　　義

　脳脊髄液減少症（低髄液圧症候群）は，脳・脊髄組織を包むクモ膜と硬膜との間（脳脊髄腔）を流れる脳脊髄液（CSF）が漏れ出すことによる頭痛やめまい等の症状を中心とする疾患（症候群）です。その発症のメカニズムから起立性頭痛と密接に関連する疾患とされています。麻酔のための腰椎穿刺後に針跡から脳脊髄液が漏出して頭痛等を発症することは古くから知られ，腰椎穿刺等のない突発性の低髄液圧症候群が存在するともされており，治療法として硬膜外自家血パッチ（EBP）を用いることも確立されていました。「国際頭痛学会の診断基準第2版」（ICHD－Ⅱ）は，起立性頭痛を中心とする疾患を①硬膜（腰椎）穿刺後頭痛，②髄液瘻性頭痛（手術や外傷により髄液漏〔髄液瘻〕が発生したことが明白なタイプ）及び③突発性低髄液圧症性頭痛（原因が明確でないタイプ）とに分類しています。

　このような従来より医学的にも承認されていた症候群であるにもかかわらず，近時，交通事故損害賠償において脳脊髄液減少症（低髄液圧症候群）が注目

されているのは、「事故後に遷延する不定愁訴の原因が低髄液圧症である」と考えたわが国の医師らにより提唱された新たな診断基準（脳脊髄液減少症ガイドライン）[6]（以下「ガイドライン」といいます）に該当することをもって事故後の症状あるいは後遺症残存の根拠だとする主張が現れ、法廷で争われるなど社会問題化したためです。このガイドラインの評価が医学（治療）と法律（損害賠償）の各分野において問題とされるようになり、医学界では客観性のある診断基準の確立に向けて研究が行われています。

(2) 診断基準等と裁判例の傾向

自賠責の認定基準では、脳脊髄液減少症はその中心的な症状である頭痛等として検討され、程度や持続性、他覚的所見の有無により9級から14級で評価されます。そのため、ガイドラインに該当することで後遺障害等級認定における他覚的所見とできるか、そもそもガイドラインで求められる画像所見等が存在するのかという形で争いとなりました。

ガイドラインに基づく損害賠償請求が多発し、健康保険適用の問題もあったことから、医学界においても同疾患に関する検討が行われ、平成22年3月に日本脳神経外傷学会から起立性頭痛又は体位による症状の変化という特徴的な症状を前提に診断する「外傷に伴う低髄液圧症候群の診断基準」が[7]、平成23年4月に厚生労働省の研究班から「脳脊髄液漏出症および低髄液圧症の画像判定基準（案）・画像診断基準（案）」及び「脳脊髄液減少症診断フローチャート（案）」がそれぞれ公表されています。

裁判例は、脳脊髄液減少症（低髄液圧症候群）の発症を否定するものが大多数です。その理由は、ガイドラインが医学界一般に了承されたものでないとするもの（ICDH等を用いるべきとするもの）と、そもそもガイドラインで求められている髄液漏出の所見が存在しないとするものが大多数だと思われます。近時の裁判例には、日本脳神経学会の診断基準や厚生労働省研究班による診断基準（案）を基に当事者が主張、反論を行うものが現れており、裁判所も上記の議論をふまえて公表された診断基準を参考にすべきとするものが増えていると思われます。今後、裁判ではこれらの診断基準等への該当性に争点の中心が移っていくのではないでしょうか。

なお、裁判例には脳脊髄液減少症の発症は否定しながら、被害者に残存した

第２章◇自動車損害賠償責任保険（自賠責保険）
第３節◇自動車損害賠償の基礎としての損害額算定

症状と事故との相当因果関係を認めて，局部の神経症状あるいは非器質性精神障害として12級ないし14級の後遺障害と評価するもの，少数ですが脳脊髄液減少症の発症は否定しながらその治療費は事故と相当因果関係のある損害と認めるものもあります。

〔松居　英二〕

■注　記■

＊１　「自動車損害賠償責任保険の保険金等及び自動車損害賠償責任共済の共済金等の支払基準」（平成13年金融庁・国土交通省告示第１号）。

＊２　最新のものは平成23年３月公表のもの。なお，報告書は損害保険料率算出機構のウェブサイトで入手できます（http://www.giroj.or.jp/service/jibaiseki/tyousa/qa.html）。

＊３　「脳外傷による高次脳機能障害相談マニュアル」日弁連交通事故相談センター『交通事故損害賠償額算定基準〔25訂版〕』319頁。

＊４　「高次脳機能障害診断基準（行政的)」を含む「高次脳機能障害者支援の手引き〔改訂第２版〕」は，国立障害者リハビリテーションセンターのウエブサイトから取得可能です（http://www.rehab.go.jp/ri/brain_fukyu/data）。

＊５　最新版は第５版（2013年）。

＊６　脳脊髄液減少症研究会ガイドライン作成委員会（委員長篠永正道医師）による。最新版は「脳脊髄液減少症ガイドライン2007」。

＊７　日本脳神経外傷学会の診断基準と作業部会の報告書は，日本脳神経外傷学会のウェブサイトで取得できます（http://www.neurotraumatology.jp/）。

Q16 後遺障害の存続期間

　父Aは，バイクを運転中に乗用車と接触し，右足首の開放骨折等で3か月間入院し，退院後もリハビリのため通院中でしたが，事故後1年経ったところで身体の不調を訴えガンと診断されて，手術の甲斐なく診断から1年後に死亡してしまいました。骨折については，ガンと診断された後も通院を続け，事故から1年3か月経ったところで症状固定の診断を受け，足関節の機能障害について後遺障害等級12級と認定を受けています。

　Aは症状固定時点で47歳で，まだまだ20年以上は働けたはずであり，その間の逸失利益については賠償を受けて当然と思うのですが，保険会社からは，既にガンで死亡しているから死亡時までの逸失利益しか算定できないと言われています。本当にそうなのでしょうか。

A

　交通事故の被害者に後遺障害が残存し，その後に被害者が事故とは無関係の原因で死亡した場合の逸失利益の算定にあたっては，交通事故の時点で，その死亡の原因となる具体的事由が存在し，近い将来における死亡が客観的に予測されていたなどの特段の事情がない限り，死亡の事実は就労可能期間の認定上考慮すべきものではないというのが最高裁判例です。

　ガンという死因は事故とは無関係のものと思われますので，交通事故の時点で，ガンに罹患していた事実が存し，かつ，近い将来における死亡が客観的に予測されていたなどの特段の事情がない限り，Aの逸失利益算定において，労働能力喪失期間については，実務の原則どおり67歳まで計算すべきといえます。

　この特段の事情が存したか否かについては，医師等の意見をきいてみる必要がありますが，保険会社が具体的に主張し立証すべ

き事由ですので，まずはこれを保険会社に求めてみるべきでしょう。

☑ キーワード

後遺障害逸失利益，労働能力喪失期間，切断説，継続説

解説

1 後遺障害とは

(1) 後遺症と後遺障害

一般に，後遺障害とは，後遺症，すなわち事故による傷害が完全には回復せず，考え得る治療を行った後も身体に残ってしまった不調ないし症状と同じ意味で使われているものと思われます。

しかし，交通事故による損害賠償実務では，その不調や症状が自動車損害賠償責任保険（自賠責保険）の認定あるいは裁判の結果「後遺障害」として認められ，「後遺障害等級」が認定されたものをいうことがほとんどであると思われます。つまり，被害者が身体の不調を訴えていても，後遺障害として等級認定がなされなければ，ほとんどの場合後遺障害がないものとして扱われ，後遺障害逸失利益や後遺障害慰謝料等の賠償はなされないということになります。

自動車損害賠償保障法（自賠法）上の「後遺障害」は「傷害が治ったとき身体に存する障害」（自賠令2条1項2号）をいいます。

そして，自賠責保険における後遺障害認定手続は，自賠責保険会社が後遺障害による損害について，自賠責保険金等を支払うための手続です。すなわち，法令上，自賠責保険会社が保険金等を支払うときは，死亡，後遺障害及び傷害の別に国土交通大臣及び内閣総理大臣が定める支払基準に従ってこれを支払わなければならないとされ（自賠16条の3），支払基準では「後遺障害による損害

は，逸失利益及び慰謝料等とし，自動車損害賠償保障法施行令第2条並びに別表第1及び別表第2に定める等級に該当する場合に認める」とされています。

このような自賠責保険金等を支払うための後遺障害認定が，なぜ損害賠償実務で尊重されるのか，という点ですが，判断の専門性，客観性，統一性にあるものと考えられます。個々の被害者や保険会社の示談担当者，裁判官は，基本的には医学的な知識を有しません。これに対し，自賠責保険の認定は，損害保険料率算出機構などが，診断画像や検査所見等の客観的所見を中心に，医学の専門家の知見を得ながら，集中して行っているため，これを尊重することにより被害者間の公平を図ることもできます。

そのため，「自賠法施行令別表の定めるところは，後遺障害が労働に与える影響の評価に関し，わが国における考え方のいわゆる指標となって」おり，「その内容は一般的な経験則をなすものとして基礎とされている」「自賠責制度の後遺障害認定手続における判断がされている場合には，特段の事情のない限り，その認定に見合った後遺障害の存在とそれによる労働能力の喪失について，一応の立証ができた状態にあると考えられ」るとの裁判官の指摘もあるところです[1]。

(2) 後遺障害とは

自賠責保険の支払基準においては，後遺障害の「等級の認定は，原則として，労働者災害補償保険における障害の等級認定の基準に準じて行う」ものとされています。

そして，労働者災害補償保険(労災保険)の障害等級認定基準を掲載した『労災補償障害認定必携〔16版〕』[2]では，障害とは負傷又は疾病(傷病)が治ったときに残存する当該傷病と相当因果関係を有し，かつ，将来においても回復が困難と見込まれる精神的又は身体的なき損状態(障害)であって，その存在が医学的に認められ，労働能力の喪失を伴うものとされています。ここで，「治ったとき」というのは，一般にいう完治とは意味が異なり，「症状固定」を意味します。すなわち，傷病に対して行われる医学上一般に承認された治療方法(療法)をもってしても，その効果が期待できない状態(療養の終了)で，かつ，残存する症状が，自然的経過によって到達すると認められる最終の状態(症状の固定)に達したとき，という意味です。

このように，労災保険上の障害といえるためには，将来においても回復が困難と見込まれること，すなわち「永久残存性」が要件とされています。そしてこの点は自賠責保険の後遺障害認定においても同様で，後遺障害が認定されるためには，将来においても回復が困難と見込まれることが必要とされています。

2　逸失利益の算定と後遺障害の存続期間

(1)　一般的な後遺障害逸失利益の算定

後遺障害逸失利益の算定は，一般的には次のような計算式を用いて行われます。

> 基礎収入額×労働能力喪失率×労働能力喪失期間に対応するライプニッツ係数

後遺障害逸失利益は，事故の結果後遺障害を負ったことによる被害者の将来的な収入減少額を，症状固定時に一括して算定し，加害者に賠償させるものですが，将来の収入減少額を正確に把握することは現実には不可能です。そのため，実務上は，被害者の後遺障害の内容及び程度に応じた労働能力喪失率を認定し（通常は自賠責保険の労働能力喪失率表の数値を用います），同じく，将来にわたって労働能力を喪失する期間を認定して，ライプニッツ係数を用いて中間利息を控除して算定する手法が用いられています。

そして，労働能力喪失期間については，後遺障害の永久残存性を前提に，原則として，被害者が一般的に就労可能であったであろう期間とイコールと考えられます（将来の収入減少の賠償ですので，就労可能期間より後の期間については逸失利益の算定はなされないということでもあります）。

労働能力喪失期間の始期は，既に就労している場合は症状固定日とされる場合がほとんどですが，症状固定後にすぐに就労しない事情があったような場合（事故と無関係な病気で療養中であった場合など）には，当該事情が消失した時点からとされる場合もあります。被害者が未就労の場合には，就労するであろう年齢が始期とされ通常は18歳とされていますが，大学に進学中であったり進学することが明らかだったような場合には大学卒業時が始期とされます。

就労可能期間すなわち労働能力喪失期間の終期については、実務上、これを67歳までとするのが一般的です。67歳というのは、昭和44年の新生児の平均余命をそのまま採用したといわれていますが、実務では、現在に至るまでこの数値が一般的に用いられています。ただし、比較的高齢の被害者については、67歳と平均余命の2分の1を比較しいずれか長期の方を就労可能期間とするのが通常です。

以上の労働能力喪失期間の終期についての原則的な考え方に対し、裁判においては、被害者の職業や就労環境、健康状態等に応じ、就労可能期間（労働能力喪失期間）をそれよりも長期あるいは短期とする場合もあります。

さらに、障害の具体的内容や程度によっては、労働能力喪失期間を就労可能期間と切り離し、労働能力喪失期間を就労可能期間より短期に制限する場合もあります。

(2) 労働能力喪失期間が短縮される場合

(1)で述べた、労働能力喪失期間が就労可能期間より短期とされる場合の典型例として、次のような場合があります。

まず、いわゆるむちうち症、頸部や腰部の軽度の損傷後に残存する神経症状があります。

むち打ち症後の神経症状については、自賠責保険及び裁判実務上は、後遺障害非該当とされる場合も多く、後遺障害として認定される場合でも、多くの場合、他覚的に存在が証明できない神経症状として14級と認定される場合がほとんどです。そして14級の場合には、労働能力喪失期間は5年（あるいはそれ以下）とされることがほとんどです。

また、症状が他覚的に証明できるとされ12級と認定された場合にも、労働能力喪失期間はほとんどの場合、5年から10年とされます（なお、東京地裁のみならず多くの裁判所で損害賠償額の算定基準として用いられているいわゆる「赤い本」[*3]では、「むち打ち症の場合は、12級で10年程度、14級で5年程度に制限する例が多く見られるが、後遺障害の具体的症状に応じて適宜判断すべきである」とされています）。

このように、労働能力喪失期間が短期に制限されるのは、時間の経過によって症状の消失や改善が期待される、馴れにより症状が緩和されるためなどと一般に説明されています。

他方，骨折後に受傷部位に残存する神経症状など，むち打ち症以外の傷害による12級，14級の神経症状については，他の後遺障害同様，就労可能年数まで労働能力喪失を認める場合もありますが，むち打ち症と同様に労働能力喪失期間を短縮する場合もあります。この場合にも，5年，10年といった期間ではなく，15年等やや長めの喪失期間が認定される場合もあります。
　また，事故によりPTSDとなったり，うつ状態となるなど，被害者に非器質性の精神障害が残存した場合にも，将来の回復可能性を考慮して，労働能力喪失期間が10年等に短縮される場合があります。

3　事故後死亡した場合

(1)　問題の所在
　後遺障害が残存した被害者に対する賠償がなされるより前に，被害者が死亡する場合があります。
　この場合，死亡が事故によるものといえる場合，すなわち事故と死亡との間に因果関係がある場合には，被害者（相続人）には後遺障害による損害ではなく，死亡による損害の賠償を行うというのが実務の一般的な扱いと思われます。例えば，事故により植物状態となった被害者が死亡したような場合です。
　これに対し，事故とは無関係の原因で死亡した場合，例えばガンなどの病気により死亡したり，まったく別の事故で死亡したような場合には問題です。
　被害者は事故に遭わなくとも，もともと早期に死亡したはずであるから，就労可能期間（労働能力喪失期間）は死亡時までとして構わないという考え方もあり，これを切断説といいます。
　これに対し，就労可能期間（労働能力喪失期間）を考えるうえで，事故と無関係の原因により死亡した事実は考慮すべきではないとする考え方もあります。これを継続説といいます。

(2)　最高裁判例
　最高裁[1]は，事故により脳挫傷等の傷害を負った被害者が，知能低下，左腓骨神経麻痺，複視等の後遺障害を残し症状固定と診断された後，その数日後

に，海中に入り貝採りをしていた最中に心臓麻痺で死亡したという事案において，継続説を採用しました（いわゆる〔貝採り事件判決〕）。

　同判決は「交通事故の被害者が事故に起因する傷害のために身体的機能の一部を喪失し，労働能力の一部を喪失した場合において，いわゆる逸失利益の算定に当たっては，その後に被害者が死亡したとしても，右交通事故の時点で，その死亡の原因となる具体的事由が存在し，近い将来における死亡が客観的に予測されていたなどの特段の事情がない限り，右死亡の事実は就労可能期間の認定上考慮すべきものではないと解するのが相当である」としました。その理由として，「労働能力の一部喪失による損害は，交通事故の時に一定の内容のものとして発生しているのであるから，交通事故の後に生じた事由によってその内容に消長を来すものではなく，その逸失利益の額は，交通事故当時における被害者の年齢，職業，健康状態等の個別要素と平均稼働年数，平均余命等に関する統計資料から導かれる就労可能期間に基づいて算定すべきもの」であること，「交通事故の被害者が事故後にたまたま別の原因で死亡したことにより，賠償義務を負担する者がその義務の全部又は一部を免れ，他方被害者ないしその遺族が事故により生じた損害のてん補を受けることができなくなるというのでは，衡平の理念に反すること」が指摘されています。

　同様に，最高裁☆2は，左膝開放骨折，右第五中手骨骨折の傷害を負って，左膝痛，右小指関節部痛，右第五中手骨変形等の後遺障害を残して症状固定した被害者が，症状固定の約3か月後に，別の交通事故により死亡したという事案について，同様の判断をしました。

　この判決は，「被害者の死亡が病気，事故，自殺，天災等のいかなる事由に基づくものか，死亡につき不法行為等に基づく責任を負担すべき第三者が存在するかどうか，交通事故と死亡との間に相当因果関係ないし条件関係が存在するかどうかといった事情によって」結論が異なるものではないとしています。「被害者が第二の交通事故によって死亡した場合，それが第三者の不法行為によるものであっても，右第三者の負担すべき賠償額は最初の交通事故に基づく後遺障害により低下した被害者の労働能力を前提として算定すべきものであるから，前記のように解することによって初めて，被害者ないしその遺族が，前後二つの交通事故により被害者の被った全損害についての賠償を受けることが

可能となる」からです。

　なお，この判決は，事故と被害者の死亡との間に相当因果関係が認められる場合にも同様に扱うものとしていますが，前述のように，事故と死亡との間に相当因果関係が認められるのであれば，死亡による損害として，就労可能年数までの逸失利益を認めることになりますので，死亡の事実は就労可能期間の認定上考慮すべきものではないというのは当然の結論といえます。

　ただし，生活費控除の問題は別途生じます。被害者が死亡した後の逸失利益の算定において，生活費控除を認めるか否かについては，同判決は，「交通事故の被害者が事故に起因する後遺障害のために労働能力の一部を喪失した後に死亡した場合，労働能力の一部喪失による財産上の損害の額の算定に当たっては，交通事故と被害者の死亡との間に相当因果関係があって死亡による損害の賠償をも請求できる場合に限り，死亡後の生活費を控除することができる」としました。その理由は，「交通事故と死亡との間の相当因果関係が認められない場合には，被害者が死亡により生活費の支出を必要としなくなったことは，損害の原因と同一原因により生じたものということができず，両者は損益相殺の法理又はその類推適用により控除すべき損失と利得との関係にない」ためとされています。

(3) 　**介護費用**について

　後遺障害逸失利益に関しては，最高裁は上記のとおり継続説を採用しましたが，将来の介護費用に関しては，その後，切断説を採用する判決が出ました。

　脳挫傷等の傷害を負った被害者が，四肢麻痺等による寝たきりとなり1級後遺障害を残し症状固定となった後，2年10か月強経った後に胃ガンにより死亡したという事案において，最高裁[☆3]は，後遺障害逸失利益についての前記最高裁判決の立場を維持しつつ，「介護費用の賠償については，逸失利益の賠償とはおのずから別個の考慮を必要とする」として，「介護費用の賠償は，被害者において現実に支出すべき費用を補てんするものであり，判決において将来の介護費用の支払を命ずるのは，引き続き被害者の介護を必要とする蓋然性が認められるからにほかならない」ところ，「被害者が死亡すれば，その時点以降の介護は不要となるのであるから，もはや介護費用の賠償を命ずべき理由はなく，その費用をなお加害者に負担させることは，被害者ないしその遺族に根

拠のない利得を与える結果となり，かえって衡平の理念に反することになる」とし，さらに「交通事故による損害賠償請求訴訟において一時金賠償方式を採る場合には，損害は交通事故の時に一定の内容のものとして発生したと観念され，交通事故後に生じた事由によって損害の内容に消長を来さないものとされるのであるが，右のように衡平性の裏付けが欠ける場合にまで，このような法的な擬制を及ぼすことは相当ではな」いとしました。そして，「被害者死亡後の介護費用が損害に当たらないとすると，被害者が事実審の口頭弁論終結前に死亡した場合とその後に死亡した場合とで賠償すべき損害額が異なることがあり得るが，このことは被害者死亡後の介護費用を損害として認める理由になるものではない」とも指摘しています。

(4) 残された問題

後遺障害逸失利益について継続説を採用した最高裁判例は，いずれも症状固定後に被害者が死亡したという事案です。症状固定前に被害者が死亡した場合にどのように解するかという問題については，「考え方が固まったとまではいいがたい状況にある」との指摘もあります[*4]。

とはいえ，症状固定前に被害者が死亡した場合であっても，事故と死亡との因果関係がなく，死亡が客観的に予測されていたなどの特段の事情がない以上は，死亡の事実を考慮せず，死亡時までの治療経過や死亡時の症状等を総合判断して，被害者に後遺障害が残存したか否かを検討し，後遺障害が残存した可能性が高いのであればこれを認定して逸失利益を認めるという扱いにならざるを得ないとも考えられます。

〔岸　郁子〕

━━■判　例■━━
　☆1　最判平8・4・25民集50巻5号1221頁・集民179号1頁・交民集29巻2号302頁。
　☆2　最判平8・5・31民集50巻6号1323頁・集民179号117頁・交民集29巻3号649頁。
　☆3　最判平11・12・20民集53巻9号2038頁・集民195号755頁・交民集32巻6号1669頁。

━━■注　記■━━
　*1　佐久間邦夫＝八木一洋編『リーガル・プログレッシブ・シリーズ5　交通損害関

第 2 章◇自動車損害賠償責任保険（自賠責保険）
第 3 節◇自動車損害賠償の基礎としての損害額算定

　　　　係訴訟〔補訂版〕』（青林書院，2013年）151頁以下。
　＊ 2　『労災補償障害認定必携〔16版〕』（労災サポートセンター，2016年）。
　＊ 3　日弁連交通事故相談センター東京支部編『民事交通事故訴訟損害賠償額算定基
　　　　準』（各年版）。
　＊ 4　佐久間＝八木編・前掲注（＊ 1 ）175頁。

Q17 死亡の逸失利益

死亡の逸失利益はどのように算定されるのでしょうか。被害者に扶養されていた者が相続人でない場合に，損害賠償請求することはできるでしょうか。

A

　　死亡の逸失利益とは，被害者が死亡しなかったならば得られたであろう利益をいい，「基礎収入額×（1－生活費控除率）×就労可能年数に対応する中間利息控除係数」の計算式で計算されます。こうして計算された死亡の逸失利益を相続人が相続することを認めるのが現在の判例及び実務です。相続人でない者について，死亡した被害者から扶養を受けていたときは，その扶養利益の喪失を損害賠償請求することができます。また，相続人が相続放棄したときでも，扶養利益の喪失を損害賠償請求することができます。

☑キーワード

死亡の逸失利益，基礎収入額，生活費控除率，ライプニッツ係数，新ホフマン係数，民法改正，相続構成，被扶養利益喪失構成

解　説

1　死亡の逸失利益とは

死亡の逸失利益とは，被害者が死亡しなかったならば得られたであろう利益

をいい，消極損害の一種です。逸失利益認定の考え方には差額説，労働能力喪失説などがありますが（それらについてはQ12参照），死亡逸失利益に関しては，これらの説による違いは生じません。

この死亡の逸失利益は，実務上，次の計算式で求めます。

> 基礎収入額×（1－生活費控除率）×就労可能年数に対応する中間利息控除係数

この式の各要素の意味は次のとおりです。

(1) 基礎収入額

死亡逸失利益に関しても，休業損害や後遺障害逸失利益と同様に，基礎収入額の認定に関してはよく争われます（詳細はQ11参照）。

給与所得者については，原則として事故前の収入により，現実の収入が賃金センサスの平均額以下の場合，平均賃金が得られる蓋然性があれば，その額によります。若年労働者（概ね30歳未満）の場合には，全年齢平均の賃金センサスを用いるのを原則とします。

事業所得者（自営業者，自由業者，農林水産業者など）については，申告所得を参考にします。申告額と現実収入が異なる場合には，立証があれば実収入額を基礎としますが，ここでの立証は帳簿類等による厳格な立証を要します。また，所得が資本利得や家族の労働などの総体のうえで形成されている場合には，所得に対する本人の寄与部分の割合によって算定します。

会社役員については，報酬における労務対価部分は認められますが，利益配当部分について，これを含めるか否かについては議論があります。

家事従事者については，主婦，主夫ともに，死亡した年の賃金センサスの女性学歴計全年齢平均賃金によります。有職主婦の場合，実収入が平均賃金以上のときは実収入，平均賃金を下回るときは平均賃金を用います。家事労働分の加算は認めないのが通常です。

学生・生徒・幼児等については，男女別学歴計全年齢平均賃金を用います。年少女子については，男女計全年齢平均賃金を用い，次に述べる生活費控除率を45％程度とする場合が多いといえます。

Q17◆死亡の逸失利益

　高齢者については，就労の蓋然性が認められる場合には，男女別学歴計年齢別平均賃金を用います。年金については，老齢・退職時支給の年金，後遺障害支給の年金（子や妻加給分を除く）は逸失利益性が認められ，労災の傷害補償年金，障害特別年金について認めた裁判例☆1があります。

　失業者については，労働能力及び労働意欲があり，就労の蓋然性がある場合に，再就職によって得られるであろう収入を基礎とします。また場合によっては，失業前の収入を参考にしつつ，賃金センサスを用いて蓋然性の高い基礎収入の金額を認定することもあります。

(2) 生活費控除率

　死亡した被害者については生活費が不要となりますので，支出しないで済むことになった生活費分が利得とならないようにするため，死亡の逸失利益の算定においてはこれを控除する必要があります。この生活費控除については，逸失利益認定の考え方によって理解の仕方が異なり，差額説からは損益相殺として，労働能力喪失説からは必要経費的なものと説明することになります。

　生活費控除の割合については，次の割合が示されています*1。

　　一家の支柱　被扶養者1人の場合　　40％

　　　　　　　　被扶養者2人以上の場合　30％

　　女性（主婦，独身，幼児等を含む）　　30％

　　男性（独身，幼児等を含む）　　50％

　もっとも，基礎収入のうち，年金部分については，上記の割合よりも高い割合が用いられることがあります。

　また，年少女子については，上述のように，基礎収入を男女計としたうえで45％とした裁判例が多くみられます。

　なお，被害者が幼児等であったときは，その死亡によって父母等が養育費の支出を免れることになりますが，最高裁は「交通事故により死亡した幼児の損害賠償債権を相続した者が一方で幼児の養育費の支出を必要としなくなった場合においても，右養育費と幼児の将来得べかりし収入との間には前者を後者から損益相殺の法理又はその類推適用により控除すべき損失と利得との同質性がなく，したがって，幼児の財産上の損害賠償額の算定にあたりその将来得べかりし収入額から養育費を控除すべきものではないと解するのが相当である」と

判示して控除を否定しています☆2。

(3) 就労可能年数に対応する中間利息控除係数

就労可能年数とは，被害者が生存していれば稼働したであろう期間をいい，原則として67歳までとされています。67歳を超える者や67歳までの年数が平均余命の2分の1より短くなる者については，平均余命の2分の1の期間を採用します。平均余命は，死亡した年の簡易生命表によるのが一般的です。

こうして求められた就労可能年数に対応する中間利息控除係数を求めます。現在（民法改正前）は，5％のライプニッツ係数を用いるのが通常です*2。民法改正後は，新民法722条によって準用される新民法417条の2第1項により，中間利息の控除は法定利率によって行うものとされ，法定利率を定める新民法404条2項は当初の法定利率を3％と定めています。したがって，新民法施行後は，当初3％の割合による中間利息控除係数を用い，以後，法定利率の変動に応じた中間利息控除係数を用いることになります。

5％の中間利息控除係数を用いることについては，最判平17・6・14（民集59巻5号983頁・集民217号69頁・判タ1185号109頁）が中間利息の控除割合は民事法定利率によると判示したことを受けて，新ホフマン方式（複式ホフマン方式）を用いるべきとの主張がみられるようになってきていたところでした。新民法では，前述のように中間利息控除率は法定利率によると定めたことから，利息計算を単利で行う新ホフマン方式（複式ホフマン方式）を用いることが，新法の定めと整合的となるのではないかと考えられるためその主張が強まる可能性がありますが，これまでの実務方式を重視して複式ライプニッツ方式を維持する可能性もあるでしょう。新民法は中間利息控除率についての定めを新設しましたが，それを複利で用いるか単利で用いるかなどについては定めませんでしたので，この点は，解釈と運用に委ねられることになり，新民法施行後の裁判例の動向に注意する必要があります。

2 相続構成と被扶養利益喪失構成

死亡事故においては，損害賠償請求を死者が行うことはできませんので，その遺族等が行うことになります。■で述べた死亡逸失利益の計算方法は，死亡

した被害者本人の収入額等を基礎収入として，生きていたとすれば得られたであろう利益を計算するもので，そのようにして計算した被害者本人の損害賠償請求権を相続人が相続し，それを加害者等の賠償義務者に請求することを想定しています。

(1) 死亡逸失利益の相続性

もっとも，民法起草者は生命侵害による損害賠償請求権の相続を否定していました。これに対して，相続を肯定する学説が現れ，判例も，交通事故の10日後に死亡したケースで，負傷者は死亡以前において不法行為者に対して将来取得する利益の喪失による損害賠償請求権を取得し，これが死亡によって相続人に相続されるとしました☆3。さらに即死の事案でも，傷害の瞬間において被害者に損害賠償請求権が生じ，その相続人はその権利を承継するものと解するのが相当であるとしました☆4。こうして判例において，相続肯定説は定着を見るに至りました☆5。

このように相続を肯定的に解する理由については，主として，相続を否定すると，傷害を受けた被害者が生存したときは損害賠償請求が認められるのに，傷害よりも重い死亡の場合には損害賠償請求権が存在しないこととなる不均衡が無視できず正義に反すること，被扶養者の損害として理論構成した場合には金額が低く評価されるであろうことにあります。

このような死亡した被害者の逸失利益を相続によって取得した相続人が加害者に請求するという相続構成に対しては，権利の帰属主体である被害者本人は，死亡によって発生する損害賠償請求権については，その時点で権利の帰属主体ではないことからそれを取得することができず，相続させることは理論的に不可能であること，子どもより余命の短い親が子どもの就労可能年数までの逸失利益を取得できることになる逆相続を認めるのは不合理であること，実際には何ら不利益を受けていない笑う相続人の登場を許すのは不合理であること，相続を認めるのは比較法的にも珍しいものである，などと批判されています。

肯定説からは，相続を可能とする理論的な説明として，致命的傷害に対する賠償請求権を相続すると構成する時間的間隔説，被相続人と相続人とは同一人格であるとする人格承継説，生命侵害は身体傷害の極限概念であるから両者の

差異は実際上無視し得るとする説などが提唱されました。

 しかし，必ずしも説明に成功しているとはいいがたいことから，現在の学説では，相続否定説が多数説ないし通説となっています。相続否定説に対する批判に対しては，傷害との均衡論は感情論でしかないといえること，被扶養利益侵害構成で賠償額が小さくなるのは慰謝料でカバーし得るなどと反論しています。

 このように，相続肯定説に対しては，理論的な批判や問題点が指摘されていますが，死亡による逸失利益の相続を肯定する判例や実務が変更される兆しはないといえます。傷害との均衡と賠償額の高額化の要請による結果の妥当性が肯定説を支えているといえるでしょう。現在の学説における肯定説は，均衡論には説得力があること，命を奪う不法行為に対する国民感情，司法政策的な配慮ないしは便宜（計算が簡単明瞭）などを論拠にしています。死亡により得られるはずの利益は死者に帰属しないという理論的な問題については，理論的な難点であることを承認したうえで，法的擬制を用いることも法の世界では稀ではないと割り切る立場もあります。

(2) 被扶養利益喪失構成等

 相続否定説に立った場合，遺族等の固有の損害をどう捉えるのかについては考え方が一致していません。死亡した被害者本人から扶養もしくは扶助を求める権利ないしその期待を喪失したことを損害とする説（扶養請求権侵害説），本人と生活をともにするなど，本人の生存や収入に依存している者が，本人が死ななければ得たであろう財産的利益の喪失を損害とする説（家団利益侵害説），本人が天寿を全うすれば，これを相続して得ることができたであろう財産的利益（相続の期待）の喪失を損害とする説（相続期待侵害説）などがあります。

(3) 相続人以外の被扶養者がいる場合

 現在の実務である相続肯定説に立っても，相続人でない者（例えば，内縁の妻）が扶養される利益を得ていた場合があります。この場合に，被扶養者は固有損害の賠償を求めることができるのか，これを認めた場合には相続との関係はどう調整するのか，という問題が生じます。

 この問題について，最判平5・4・6（民集47巻6号4505頁・集民169号1頁・判タ832号73頁）は，車両にひき逃げされた被害者の内縁の妻に，国が自動車損害

賠償保障法（自賠法）72条1項に基づいて被扶養利益の喪失に相当する額（擬制相続分）として700万円余を支払ったところ，被害者の相続人が国に対して，既払金375万円余のほか，1524万円余のてん補を求めて提訴した事案において，次のように判示しています。

自賠「法72条1項にいう『被害者』とは，保有者に対して損害賠償の請求をすることができる者をいうと解すべきところ，内縁の配偶者が他方の配偶者の扶養を受けている場合において，その他方の配偶者が保有者の自動車の運行によって死亡したときは，内縁の配偶者は，自己が他方の配偶者から受けることができた将来の扶養利益の喪失を損害として，保有者に対してその賠償を請求することができるものというべきであるから，内縁の配偶者は，同項にいう『被害者』に当たると解するのが相当である。

そして，政府が，同項に基づき，保有者の自動車の運行によって死亡した被害者の相続人の請求により，右死亡による損害をてん補すべき場合において，政府が死亡被害者の内縁の配偶者にその扶養利益の喪失に相当する額を支払い，その損害をてん補したときは，右てん補額は相続人にてん補すべき死亡被害者の逸失利益の額からこれを控除すべきものと解するのが相当である。けだし，死亡被害者の内縁の配偶者もまた，自賠法72条1項にいう『被害者』として，政府に対して死亡被害者の死亡による損害のてん補を請求することができるから，右配偶者に対してされた前記損害のてん補は正当であり，また，死亡被害者の逸失利益は同人が死亡しなかったとすれば得べかりし利益であるところ，死亡被害者の内縁の配偶者の扶養に要する費用は右利益から支出されるものであるから，死亡被害者の内縁の配偶者の将来の扶養利益の喪失に相当する額として既に支払われた前記てん補額は，死亡被害者の逸失利益からこれを控除するのが相当であるからである。」

こうして，最高裁は，死亡逸失利益の相続肯定説を前提に，内縁の妻の被扶養利益損害を認めましたが，この事案の第1審判決が被扶養利益を控除した残額を相続人が相続すると判断したのに対して，最高裁は，上記のように，逸失利益には被扶養利益分も含み，権利主体を異にする債権競合状態が生じているところ，被扶養利益の喪失に相当する金額が被扶養者に支払われたときは，相続の対象となる損害賠償請求権が縮減すると判断し，常に被扶養者が優先する

第2章◇自動車損害賠償責任保険（自賠責保険）
第3節◇自動車損害賠償の基礎としての損害額算定

ことになるとは判断していないことには注意が必要です。

(4) 相続放棄の場合

　上記の最高裁判決は，死亡逸失利益について，相続を肯定する立場を前提に，被扶養者の被扶養利益を喪失した損害を賠償請求できることを明らかにしましたが，相続人が相続を放棄した場合に，被扶養利益を喪失したとしてその損害賠償を請求することができるでしょうか。

　これについて，最判平12・9・7（集民199号477頁・判タ1045号120頁・判時1728号29頁）は，多額の負債を抱えていた被害者が殺害されたことから，この被害者に生活を依存していた妻と子2名が相続放棄をしたうえで，被扶養利益の喪失等の損害を請求した事案において，次のように判示して，相続放棄をした場合であっても，被扶養利益の喪失による損害賠償請求ができると判示しました。

　「不法行為によって死亡した者の配偶者及び子が右死亡者から扶養を受けていた場合に，加害者は右配偶者等の固有の利益である扶養請求権を侵害したものであるから，右配偶者等は，相続放棄をしたときであっても，加害者に対し，扶養利益の喪失による損害賠償を請求することができるというべきである。」

　さらに，被扶養利益喪失による損害額の算定方法について次のように判示しています。

　「その扶養利益喪失による損害額は，相続により取得すべき死亡者の逸失利益の額と当然に同じ額となるものではなく，個々の事案において，扶養者の生前の収入，そのうち被扶養者の生計の維持に充てるべき部分，被扶養者各人につき扶養利益として認められるべき比率割合，扶養を要する状態が存続する期間などの具体的事情に応じて適正に算定すべきものである。」

　そして，この事案では，多額の負債があったことから，死亡前年度年収780万円ではなく，平均賃金544万円余を用いた計算であってもなお是認できないとし，かつ子らについては被害者による扶養を脱する時期を考慮していないとして破棄・差戻しとしました。

　この判示に基づいて被扶養利益額を算定する場合，その計算は相当複雑にならざるを得ないといえます。

〔髙木　宏行〕

■判　例■

☆1　東京地判平7・3・28交民集28巻2号527頁・判タ904号184頁。
☆2　最判昭53・10・20民集32巻7号1500頁・集民125号531頁・交民集11巻5号1280頁。同旨，最判昭39・6・24民集18巻5号874頁・集民74号181頁・判タ166号106頁。
☆3　大判大9・4・20民録26輯553頁。
☆4　大判大15・2・16民集5巻3号150頁。
☆5　大判昭16・12・27民集20巻24号1479頁など。

■注　記■

＊1　日弁連交通事故相談センター東京支部編『民事交通事故訴訟・損害賠償額算定基準　上巻（基準編）〔2016年版〕』156～157頁。

　　日弁連交通事故相談センター編『交通事故損害額算定基準—実務運用と解説〔25訂版〕』152頁には次の記載があります。

　　　　一家の支柱　　30～40％
　　　　女性（女児・主婦を含む）　30～40％
　　　　男性単身者（男児を含む）　50％

　　また，大阪地裁民事交通訴訟研究会編著『大阪地裁における交通損害賠償の算定基準〔第3版〕』（判例タイムズ社，2013年）8頁には「一家の支柱及び女性は30％～40％，その他は50％とする」との記載があります。

＊2　日弁連交通事故相談センター編・前掲（＊1）135頁。

第2章◇自動車損害賠償責任保険（自賠責保険）
第3節◇自動車損害賠償の基礎としての損害額算定

Q18　外国人被害者に対する損害賠償

　以下の外国人被害者の損害賠償額の算定において，日本人の場合と違いはありますか。
　(1)　息子が2年前に「技能実習」の在留資格で日本に入国し，当初は水産加工技術の技能実習生として工場で働いたのですが，低賃金の割に仕事が過酷で辞めてしまい，友人の紹介で条件のいい建築現場で働くようになった矢先，交通事故で死亡してしまいました。息子から本国への仕送りがなくなり，生活に困っています。
　(2)　大学卒業後，日本法人の現地子会社に就職してコンピュータソフトの開発に携わり，24歳の時に「企業内転勤」の在留資格で日本に入国し，本社の技術者としてソフトの設計開発に従事していたところ，2年目に事故に遭い，後遺障害が残りました。当初の在留期間は1年で，1回目の更新が1年，2回目の更新が3年です。事故前には同国人女性と結婚して妻と日本で暮らしており，ゆくゆくは永住資格をとって家族で日本で暮らすつもりでした。

A

　日本に滞在する外国人被害者のうち，永住者，日本人の配偶者等，永住者の配偶者等，定住者については，日本国内での活動に制限がなく，日本人被害者の場合とほぼ同様に考えられますが，その他の在留資格で滞在している場合や資格がなくて滞在している場合には，日本人と異なる配慮をする場合があります。
　例えば，逸失利益は，「得べかりし利益」として，将来的にその収入が得られる蓋然性を追求する関係上，将来の被害者の生活状況にかかわる事情の一つとして，在留資格の有無や内容等のほか，具体的な来日目的や入国前の事情，入国後の様々な事情が考慮されますし，慰謝料については，事情によって，支払われた慰謝料が主に

Q18◆外国人被害者に対する損害賠償

費消される国（本国や遺族の生活基盤のある国）の物価水準等を考慮に入れる場合があります。

☑キーワード

外国人，在留資格，裁判管轄，準拠法

解 説

1 裁判管轄・準拠法について

(1) 裁判管轄

日本に滞在中の外国人を被害者とする事故については，不法行為地である日本の裁判所に国際裁判管轄があります（民訴3条の3第8号）。

(2) 準 拠 法

裁判の中身の問題として，裁判所はどの国の法律に準拠して裁判すべきかという問題が準拠法の問題です。

準拠法については，法の適用に関する通則法が定めており，不法行為についての準拠法は，原則として「加害行為の結果が発生した地（結果発生地）」とされています（法適用17条本文）。交通事故の場合，結果発生地は事故発生地と同義ですので*1，日本国内の事故には，民法その他の日本法が適用になります。

しかし，相続については，被相続人の本国地法による（法適用36条）とされていますので，在留資格にかかわらず，例えば，特別永住者（在留期間無期限）であっても，死亡した被害外国人の国籍が大韓民国であれば，相続に関しては韓国民法に従うということになります☆1。

第2章◇自動車損害賠償責任保険（自賠責保険）
第3節◇自動車損害賠償の基礎としての損害額算定

2 日本に滞在する外国人の逸失利益

(1) 最判平9・1・28（民集51巻1号78頁・判タ934号216頁・判時1598号78頁）〔改進社事件〕（以下「平成9年最判」という）

(a) 事　案

上記平成9年最判の事案は労災事故に関するものですが、外国人の逸失利益の考え方についてのリーディングケースとされています。事案は、パキスタン人が短期滞在ビザ（観光目的90日間）で入国しながら製本会社で就労し、在留期間経過後も残留して就労中（いわゆる不法就労）に、右手人差し指を製本機に挟まれて切断する事故に遭ったというもので、被害者から休業損害、後遺障害逸失利益（後遺障害等級11級に該当）や慰謝料が請求されました。

(b) 判　断

平成9年最判は以下のような判断を示しました。

「財産上の損害としての逸失利益は、事故がなかったら存したであろう利益の喪失分として評価算定されるものであり、その性質上、種々の証拠資料に基づき相当程度の蓋然性をもって推定される当該被害者の将来の収入等の状況を基礎として算定せざるを得ない。損害の填補、すなわち、あるべき状態への回復という損害賠償の目的からして、右算定は、被害者個々人の具体的事情を考慮して行うのが相当である。こうした逸失利益算定の方法については、被害者が日本人であると否とによって異なるべき理由はない。

したがって、一時的に我が国に滞在し将来出国が予定される外国人の逸失利益を算定するに当たっては、当該外国人がいつまで我が国に居住して就労するか、その後はどこの国に出国してどこに生活の本拠を置いて就労することになるか、などの点を証拠資料に基づき相当程度の蓋然性が認められる程度に予測し、将来のあり得べき収入状況を推定すべきことになる。そうすると、予測される我が国での就労可能期間ないし滞在可能期間内は我が国での収入等を基礎とし、その後は想定される出国先（多くは母国）での収入等を基礎として逸失利益を算定するのが合理的ということができる。そして、我が国における就労可能期間は、来日目的、事故の時点における本人の意思、在留資格の有無、在

留資格の内容，在留期間，在留期間更新の実績及び蓋然性，就労資格の有無，就労の態様等の事実的及び規範的な諸要素を考慮して，これを認定するのが相当である。」

以上のような判断を示したうえで，不法就労中の本件被害者については，不法残留外国人は出入国管理及び難民認定法によって退去強制の対象となるものであるから，日本における滞在及び就労は不安定なものといわざるを得ない。事実上は直ちに摘発を受けることなくある程度の期間滞在している不法残留外国人がいること等を考慮しても，在留特別許可等によりその滞在及び就労が合法的なものとなる具体的蓋然性が認められる場合はともかく，不法残留外国人の就労可能期間を長期にわたるものと認めることはできない，として，就労可能期間を3年とした原審の判断を是認したのです。

(2) 外国人の逸失利益
(a) 考え方

逸失利益は，事故がなければ将来得ていたであろう収入の状況を想定し，それが失われ又は減少したことによる損害を算定して求められます。特に上記平成9年最判の事案のように不法就労の場合，①日本での就労が不法である以上，あくまでも母国で就労して得られたであろう収入を基礎とするという考え方や，②逆に平等原則を貫いて日本人とまったく同様に扱うという考え方もありますが，③実務の大勢は，上記平成9年最判のとおり，基本的には日本における賃金を基礎にするけれども，就労の不安定さを前提として，将来的な日本における就労可能年数を予測認定して，その後の逸失利益については母国等の賃金を基準にするという折衷的な考えによっています。

(b) 蓋然性の判断

したがって，具体的な逸失利益の算定にあたっては，被害者が日本においてどの程度就労可能なのか，すなわち，①金額的にそれだけの収入を得る蓋然性，②期間的にそれだけの期間日本で収入を得る蓋然性，の2つの蓋然性の判断が重要となります。

それには，出入国管理及び難民認定法（以下「入管法」といいます）上の在留資格及びそれに対応する在留期間（入管法施行規則別表第二），在留資格の更新や資格変更に関する運用実態を検討して，さらに，被害者の入国前及び入国後の個

別具体的な事情を考慮して，就労可能な範囲，程度，期間，収入の安定性・継続性などを判断します。

　以下，在留資格ごとに検討します。

　(ア)　**永住者等**　　無期限の在留期間が認められている「永住者」「高度専門職2号（平成26年改正入管法〔平成27年4月1日施行〕で新設）」資格をはじめ，「日本人の配偶者」「永住者の配偶者等」「定住者」等，日本での在留活動に制限がない在留資格がある場合は，日本人と同様に考えれば足りることが多いでしょう☆2。

　(イ)　**いわゆる就労ビザ**　　就労可能な在留資格（いわゆる就労ビザ）である「経営・管理」「法律・会計業務」「医療」「研究」「教育」「技術・人文知識・国際業務」「企業内転勤」「興行」「技能」等（いずれも平成26年改正入管法〔平成27年4月1日施行〕によります）の場合は，基礎収入として日本において得ていた実収入を基礎とできます☆3。ただし，在留期間がありますから，就労可能年数については，ビザの更新可能性等の立証が必要になります。

　近時，社会のグローバル化に伴い出入国管理行政はめまぐるしく変更されていますので，立証には，在留資格内容と制度的な運用だけでなく，入国までの経緯，来日目的，入国後の日本での就労の態様と生活の状況，入国後何年くらい経過しているか，入国後のビザの更新歴，既に何回かビザの更新を繰り返していて当該ビザの最長在留期間が認められているかどうか等々の具体的諸事情を考慮して，個別的に，将来的に日本に滞在してその収入を得る蓋然性を判断することになろうかと思われます。事案によっては，上記の諸事情について積極的な立証が必要となる場合もあるでしょう。後述**4**設問(2)の解説を参照してください。

　(ウ)　**「技能実習」について**　　「技能実習」ビザは，国際貢献のため諸外国の若者をわが国に一定期間受け入れて，産業上の技術・技能・知識を修得させることを目的とする在留資格で，在留期間は最長3年間で更新は認められません。平成21年改正入管法（平成22年7月1日施行）前は，まず「研修」資格で1年間研修した後，引き続いて「特定活動（技能実習）」資格で2年間技術習得するという仕組みでしたが，就労が認められない「研修」ビザの当初1年間について労働法令の適用がなかったことなどもあり，実質的に低賃金労働者として

扱われるという事態が後を絶たず，法改正に繋がりました。「技能実習」ビザでの就労には労働法令の適用がありますが，法改正後も問題は解消しきれていないとの指摘もあります。後述**4**設問(1)の解説を参照してください。

(エ) **留学・就学**　「留学」や「就学☆4（平成21年改正入管法で留学ビザに統一）」等の場合は，資格外活動許可を得れば1週間に28時間の就労（アルバイト）が可能ですし，在学する教育機関の夏休み期間等について具体的に許可を得れば1日8時間まで就労が可能ですから，相当程度収入のある外国人がいます。また，留学後日本企業に就職することを前提とするには在留資格変更の蓋然性も必要となります。母国や日本以外の外国で就職するために留学している場合もあり，通学状況や成績，生活実態等を具体的に考慮することが必要となります☆5。

(オ) **観光・商用等のための「短期滞在」等**　就労可能な在留資格をもっていない場合就労は認められませんが，実際に不法残留して働いていた場合や，一定の制限のある就労しか認められていないのに，その範囲を超えて働いていた場合等は，上述の平成9年最判のとおり，日本での収入を基にしますが，就労可能年数が3年程度に限られることになります☆6。

3　外国人の慰謝料

(1)　平成9年最判

前掲平成9年最判の事案では，第1審☆7が慰謝料250万円を認めて，これを原審☆8がそのまま引用して維持しました。上告されましたが，前掲平成9年最判は「慰謝料額の算定は，原則として原審の裁量に属するところ」として上告理由を排斥するにとどまりました。

第1審の慰謝料の認定理由は「前記認定の本件事故により原告が被った傷害の内容及び程度，治療経過，本件後遺障害の内容及び程度，後記填補額，その他本件に現れた一切の事情を参酌検討すれば……」とされ，原審はそのままこれを引用しています。ちなみに上記理由中の「後記てん補額」というのは，この事案が労災事故であったことから，被害者には労災保険から休業補償給付及び傷害補償給付が支給されたところ，これらが財産的損害にしか充当されず慰

謝料には充当されないため[9]、逸失利益や休業損害は労災からの支給金でてん補済みになり、なお14万円弱が原告の手元に残った事情を指していると思われます。

しかし、当時の「民事交通事故訴訟・損害賠償額算定基準　上巻（基準編）」（日弁連交通事故相談センター東京支部編。いわゆる「赤い本」）の11級後遺症慰謝料基準は、金350万円ですから、やはり低めの認定であったといえるでしょう。

(2)　考え方

最判の指摘するとおり、慰謝料算定は裁判官の裁量判断に委ねられていますから、そもそも裁判例において緻密な理由づけがされている状況ではありませんが、大きく分けて、①慰謝料算定にあたっては収入の多寡は関係ないのだし、また、精神的苦痛の程度は日本人も外国人も同じであるとして、本国の物価水準等を考慮せず日本人と同様に考える考え方と、②支払われた慰謝料が現実に費消される国の物価水準や所得水準を考慮して日本人の基準を適宜修正すべきとする考え方があります。

(3)　入通院慰謝料

入通院慰謝料については、実務上、日本人と同様に考えられており、上記考え方①②のいずれによっても同様と思われます。

(4)　後遺症慰謝料・死亡慰謝料

これらの慰謝料については、裁判例は、日本人と同様の慰謝料額を認めるものと、日本人の基準を低めに修正するものの、どちらもあります。どちらの判決も、判決理由は簡潔なものが多いのですが、傾向としては、支払われた慰謝料が費消される国（死亡慰謝料であれば遺族が将来生活する国、後遺症慰謝料であれば本人の将来生活する国）を念頭に、その国の物価水準等貨幣価値や生活水準、賃金水準と日本のそれとを比較して、必要に応じて修正をしたり[10]しなかったり[11]しているといっていいでしょう。そして支払われた慰謝料が費消される国を予測認定する作業は、後遺症慰謝料であれば、逸失利益算定において被害者本人が将来日本で生活する期間に関する蓋然性の判断（上記2(2)(b)）と通じますし、死亡慰謝料であれば、誰が相続人でどこの国で生活するのか、といった要素が加味される、ということになります。

4 設問への回答

　設問はそれぞれモチーフにした下級審裁判例がありますので，それをご紹介します。考え方の一例にすぎず，正解というものではありません。詳細は紹介した文献や判例の原典にあたってください。

(1) 設問(1)

　この設問は，中国人技能実習生（23歳）が就業先の同僚から暴行を受けて死亡したので相続人である両親が就業先等を訴えた事案[12]をモチーフにしています。被害者は，外国人実習生の制度を利用して「研修」ビザで日本へ入国し「特定活動」への在留資格変更許可を受けて働いていました。

　上記千葉地判は，逸失利益につき，平成9年最判を引用したうえで，外国人実習生として日本にいる期間（1年）と，1年後に中国に帰国してから67歳までの間の逸失利益を分けて算定し，前者を実収入（年収180万円余），後者については，外国人実習生の制度趣旨に照らせば，帰国後，被害者は，日本で習得した水産加工業の技術を活かして水産加工業の仕事に就くことが予想されるけれども，中国の水産加工職の給与は低いから，被害者がこれを嫌って別の業種に就くことも考えられるし，一定程度日本語を習得していることが就職に有利になる等も考え合わせて，結局，来日前の収入を基準（年収112万円余）として算定しています。

　死亡慰謝料については，支払を受けることになる遺族の生活の基盤がある国，支払われた慰謝料が主に費消される国，当該国と日本の物価水準や生活水準等によって，貨幣価値が異なるのであるから，これらの要素も考慮して算定するとして，金1300万円を認めました。

(2) 設問(2)

　この設問は，中国人会社員（事故時25歳・固定時26歳）が交通事故で9級後遺障害を負った事案[13]をモチーフにしています。被害者は，中国の大学でコンピュータを学び，日本の会社の現地子会社に就職し，24歳のときに認められて本社採用となり，日本を生活の本拠としていたシステムエンジニアでした。在留資格は判文上は明らかではありませんが，就労ビザで入国し2回目の更新で

第2章◇自動車損害賠償責任保険（自賠責保険）
第3節◇自動車損害賠償の基礎としての損害額算定

3年ビザを持つに至っており，結婚もして，将来永住資格を取ろうとしていました。このような事情から被害者は67歳まで日本で就労すると認定し，基礎収入は，男性学歴別（大卒）の年齢別平均賃金である325万円余に対する実収入の割合である約79％を男性学歴別（大卒）全年齢の平均賃金に乗じた538万円余としました。

後遺症慰謝料については，日本人とまったく同額の690万円を認めています。

5 自動車損害賠償責任保険の保険金等及び自動車損害賠償責任共済の共済金等の支払基準（自賠責の支払基準）

最後に，自賠責の支払基準（自賠16条の3，自動車損害賠償責任保険の保険金等及び自動車損害賠償責任共済の共済金等の支払基準〔平成13年金融庁・国土交通省告示第1号〕）は，その適用において特に外国人を除外していませんので，所得水準や生活水準の低い国の被害者である場合には，自賠責保険だけで損害が回復される場合もあります。重過失減額制度（**Q3**参照）もありますし，実務では自賠責保険の請求を必ず考えてください。

〔芳仲　美惠子〕

■判　例■

☆1　浦和地判平9・7・2交民集30巻4号957頁・判タ959号213頁は，死亡した中国人の相続について中国の相続法に準拠して相続人及び相続分を決定しました。また，横浜地判平20・1・24自保ジャーナル1744号9頁は，死亡したイラン人の相続につき，イラン民法に基づいて相続分を認めています。

☆2　東京地判平20・11・27交民集41巻6号1502頁・判時2030号30頁は，永住者資格を有するネパール国籍の男性（事故時32歳・大卒）につき，永住者であることから，外資系金融機関試用期間中のバイスプレジデントとしての実収入（1650万円）を基礎に67歳までの死亡逸失利益を算定しました。

　　大阪地判平10・6・30交民集31巻3号979頁は，短期滞在ビザで入国後，定住者資格で在留する夫（筆者注：判旨には明確には書かれていませんが日系ブラジル人と思われます）と結婚して，その後「日本人の配偶者等」に在留資格を変更してゴルフ場のキャディーとして就労していたブラジル人（女・29歳）につき，ブラジルで家を購入し夫や家族とブラジルに住み商売を始めるため夫とともに日本に出稼ぎに来ていたと認定して，10年間は在留期間の更新を続けて日本で就労を続けた蓋然性が高いが，それ以降も日本で就労したであろうと認めるには十分でないとして，

10年間は事故前の日本での収入を基礎とし，その後28年間はその3分の1を基礎としました。

☆3　東京高判平14・1・30自保ジャーナル1433号2頁は，日本の大学助教授の職にあったアメリカ人（男・49歳）の死亡逸失利益につき，日本における実年収1236万円を基礎に67歳まで認めました。

☆4　東京地判平9・12・24交民集30巻36号1832頁は，就学ビザで入国し，新聞配達をしながら日本の大学進学を目指して日本語学校に通学していた中国人の死亡逸失利益について，大学卒業までの5年間は日本での実収入（新聞社の奨学金含む）を，大学卒業後3年間は日本の賃金構造基本統計調査（賃金センサス）の年齢別学歴計平均賃金を，それ以降は中国での収入（日本の3分の1相当額）をそれぞれ基礎として計算しました。

☆5　東京地判平10・3・25交民集31巻2号441頁は，日本の大学院博士課程に留学中の中国人男性の死亡逸失利益について，博士課程修了後の32歳から10年間は日本の賃金センサス男性学歴計全年齢平均賃金を基礎とし，その後67歳までは中国における収入（日本の3分の1）を基礎として算定しました。

☆6　不法就労中の外国人につき日本での実収入を基礎に3年間認めた例：ガーナ人（東京地判平5・8・31判時1479号146頁），中国人（東京高判平9・6・10交民集30巻3号663頁・判タ962号213頁），フィリピン人（名古屋地判平10・3・18交民集31巻2号339頁），スリランカ人（東京高判平13・1・25判タ1059号298頁）ほか多数。

☆7　東京地判平4・9・24民集51巻1号128頁・判タ806号181頁・判時1439号131頁。

☆8　東京高判平5・8・31民集51巻1号137頁・判タ844号208頁。

☆9　最判昭62・7・10民集41巻5号1202頁・判タ658号81頁・判時970号3頁。

☆10　東京高判平13・1・25判タ1059号298頁は，不法就労のスリランカ人の死亡慰謝料について500万円としました。

☆11　東京地判平21・12・25交民集42巻6号1703頁は，人文知識・国際業務で期間1年で在留していた中国人女性の死亡慰謝料を2800万円認めました。棄却事案ですが，大阪地判平17・11・30交民集38巻6号1623頁は不法滞在中に1級後遺障害を負った韓国人男性について請求どおり2700万円を認めました。

☆12　千葉地判平26・9・30判時2248号72頁。

☆13　名古屋地判平22・9・10交民集43巻5号1188頁。

■注　記■

＊1　結果発生地とは，法益侵害の結果が発生した地であって，事後的に個別の損害（治療費や休業損害等）が発生した地ではありません。いわゆる隔地的不法行為に関して行動地か結果発生地かという脈絡で使われる概念で，法の適用に関する通則法17条ただし書は行動地の例外（加害行為が行われた地）を定めていますが，交通事故の場合は両者同じと考えられます。

第２章◇自動車損害賠償責任保険（自賠責保険）
第３節◇自動車損害賠償の基礎としての損害額算定

●参考文献●

本文中に引用したもののほか，
(1) 日弁連交通事故相談センター東京支部編「民事交通事故訴訟・損害賠償額算定基準」。
(2) 日弁連交通事故相談センター専門委員会編「交通事故損害額算定基準」。
(3) 塩崎勤ほか編『専門訴訟講座①交通事故訴訟』（民事法研究会，2008年）。
(4) 佐久間邦夫＝八木一洋編『リーガルプログレッシブ交通損害関係訴訟〔補訂版〕』（青林書院，2013年）。
(5) 羽成守＝溝口克己編『交通事故の法律相談〔新版〕』（青林書院，2012年）。
など。

Q19 事故と自殺との間の相当因果関係

　先日，夫が自殺しました。明るく，働き者だった夫が自殺するに至ったのは，今から３年前の交通事故がすべての始まりです。その事故は，夫婦旅行の帰りに起きました。夫が安全運転で国道を走行中，前方不注視のためにセンターラインを越え侵入してきたAの運転する車両に衝突され，夫は，頭部打撲，左膝蓋骨骨折，頸部捻挫等の障害を負いました。その後順調な回復をみせたものの，後遺症（自賠責等級14級10号）の認定も受けました。

　もっとも，夫の受傷・後遺症の程度は，頭痛や項部痛，眼精疲労といった比較的軽度なものではありました。しかし，その事故が夫に与えた精神的影響は大きく，また，その後の補償交渉が思うように進まず，そのうえ，意思に反する就労の勧めまでもがなされたことで，災害神経症状態に陥ってしまいました。そのせいもあって退職をせざるを得ず，その後，気持ちを切り替え，再就職を試みたものの，それもうまくいかず，精神状態が悪化してうつ病となり，最悪の事態を招くことになってしまいました。

　この事故さえ起きなければ，このような事態には決してならなかったと思います。そこで，Aに対し，夫の死亡による損害も含めて損害賠償を請求したいのですが，認められるでしょうか。

A

　結論からいえば，本設問については，死亡による損害も含めて損害賠償請求が認められる可能性は高いです。しかしその一方で，直接の死因である自殺については，被害者の心因的要因が深く関わっていることも間違いありません。したがって，損害のすべてを加害者Aに負担させることは難しく，相応の減額が認められることになると思われます。

第２章◇自動車損害賠償責任保険（自賠責保険）
第３節◇自動車損害賠償の基礎としての損害額算定

> 　一般に，不法行為が成立するには，加害者の行為と損害の発生との間に因果関係が必要となります。しかし，本設問の被害者の死亡は，事故によるものではなく，あくまでも，被害者自身の意思に基づく行為が介在しています。そのため，かつては，交通事故と被害者の死亡との間には，因果関係は認められず，交通事故の加害者に，被害者の死亡も含めた損害賠償責任を追及することは困難と考えられていた時期もありました。しかし，本設問のベースとなった最判平５・９・９（交民集26巻５号1129頁・判夕832号276頁・判時1477号42頁）では，自殺と事故との間に相当因果関係を認め，加害者の責任を肯定したうえで，賠償額については，過失相殺の類推適用により，一部減額するとしました。その後の判例や学説も，これに沿う形で判断されています。

☑キーワード

被害者の自殺，相当因果関係，寄与度，素因減責，過失相殺の類推適用

解　説

1　問題の所在──本設問の争点

　設問のように，交通事故で受傷した被害者が，事故後の後遺症による苦痛や，生活環境の変化等で精神が追い詰められ，自殺したという場合，次の２点が問題となります。まず，加害者は，事故そのものの責任のみならず，被害者の自殺による死亡という結果に対してまで損害賠償の責任を負わなければならないのでしょうか。次に，死亡による責任を負うとするならば，その賠償額の全額が加害者負担となるのでしょうか。

　そこで，以下では，上記の問いにつき解説をしていきますが，加害者の損害賠償責任を追及していくうえの前提として，まず，因果関係とは何かについて，簡単に触れておきます。

2 相当因果関係

　交通事故などの不法行為に基づく損害賠償責任を加害者に請求するためには，加害行為とその損害の発生との間に，因果関係が存在しなければなりません。ただし，伝統的な考え方によると，一口に因果関係といっても，「不法行為の成立要件としての因果関係」と「損害賠償の範囲としての因果関係」の2つの側面があるとされています。すなわち，加害行為と損害との間に「あれなければこれなし」という原因と結果の関係（条件関係）があるのかどうかという事実の問題（事実的因果関係）の側面と，この事実的因果関係のうち，加害者にいかなる範囲まで賠償させるべきなのかという価値判断としての問題（法的因果関係）があります。そして，今日まで判例実務は，これら2つの側面を有する因果関係を，「相当因果関係」という概念を用いることで，包括的な判断を行ってきました。すなわち，民法416条を不法行為の場面にも類推適用することで，ある行為の結果，発生した損害のうち，賠償されるべき損害の賠償範囲を，原則として通常生ずべき損害（通常損害）に限定し，特別事情による損害（特別損害）については，加害者が予見したか又は予見し得るときに限り，例外的に賠償をすべきとしています☆1。このような相当因果関係の考え方（相当因果関係説）については，学説上でも批判はあります。例えば，因果関係を相当因果関係説のように，単純にあるかないかで捉えるべきではなく，不法行為が損害の発生に影響を及ぼした度合い（寄与度）に応じ，損害との因果関係を量的，割合的に認定していくべきとする割合的認定論等があります。特に，本設問のような交通事故後の被害者の自殺や，素因（減責）が存在する場面等においては，賠償範囲をめぐり，より柔軟かつ公平な結論を導くことができるとして割合的認定論を支持する立場も有力です。

　事実，実務の場面では，相当因果関係という概念は，必ずしも，賠償範囲を決定する明確な判断基準にはならないことも多く，特に，本設問のような事故後の事由（自殺）により損害が拡大するようなときは，賠償範囲としての因果関係のみならず，成立要件における因果関係の場面でも，難しい判断を迫られることがあります。それもあってか，事故と自殺との因果関係をめぐっては，

裁判所の判断にも変遷がみられます。そこで，以下では，この点にも目を向けつつ，事故と自殺との間の因果関係の存在の有無について詳しくみていきます。

3　交通事故被害者の事故後の自殺と因果関係

(1)　裁判例の変遷
(a)　相当因果関係説

　交通事故被害者の事故後の自殺をめぐる事案が，裁判例として現れるようになるのは，昭和40年代以降です。当初，争点となったのは，交通事故の加害者が，被害者の自殺による死亡という結果についてまで損害賠償の範囲内と捉えて賠償責任を負うか否かでした。これにつき，初期の下級審裁判例の多くは，交通事故被害者の自殺について加害者の責任を否定しています。その理由は，交通事故と被害者の自殺との間には，相当因果関係は存在しないと考えられていたからです。例えば，最初期の裁判例☆2は，事故と被害者の死亡との間に，事故がなければ被害者は自殺しなかったであろうとのいわゆる条件関係があることを認めました。しかしだからといって，交通事故による肉体的精神的苦痛から被害者が自殺することは事故から通常発生する結果とはいえず，また被害者が自殺に至るという特別事情の予見が可能であったことを認めるに足る証拠もないことから，本件事故と被害者の死亡との間には相当因果関係はないとして，加害者の責任を否定しました。そして，この事案のように，相当因果関係を否定する理由として予見可能性がないことを指摘する類似の裁判例が数多くみられました☆3。

　ただし，同時期においても，相当因果関係を認めて，加害者の責任を肯定した事案もわずかながら存在しました☆4。それらの事案では，被害者の死亡を自由意思による自殺とは構成せずに，事故で負った障害のせいで自殺抑止力が働かずに死に至ったと捉えて，一般的な自殺の事案とは異なるものと位置づけることで相当因果関係を認めました。

　そのようななか，被害者の自殺と事故との因果関係についての初めての最判昭50・10・3（集民116号243頁・交民集8巻5号1221頁）が現れました。本事案の被

害者Aは，事故によって脳挫傷，外傷性視神経障害，右大腿骨の重篤な障害を負い，入院治療を受けましたが，頭部外傷後神経障害，右視野狭窄という後遺症が残りました。Aは，退院後すぐに自殺未遂を図りましたが，その後は体力の回復もみられたため，医師からの勧めもあって一度は職場復帰を果たしました。しかし，その直後にあたる事故後約1年後に自殺をしたことから，被害者の母，兄弟が原告となって損害賠償を請求しました。これにつき，1審[5]は，本件事故と自殺との間に条件関係があることは認めました。しかし，結論としては，「自殺当時の亡Aの症状は，前記のような後遺障害を残しはしたものの，徐々に軽易な労働に従事し得る程度まで回復していたこと，亡A自身も職場復帰を決意し，自殺までの2日間会社に泊りこんでいたことから考えると，肉体的な面からすれば自殺せねばならない程の切迫した状況にあったとは認めがたいし，また，前記のような亡Aの性格変化が自殺とどのような関係にあるのか明らかでないが，仮にその性格変化が自殺という現象に影響をおよぼしていたとしても，そのような性格変化が本件事故による亡Aの受傷から通常生じうると認めることは極めて困難であるといわざるを得ない。」として，本件事故と自殺との間の相当因果関係を認めず，自殺についての加害者の責任を否定しました。そして，この1審を支持した原審[6]の判断を，最高裁も正当なものとしました。

しかし，このような自殺が被害者の意思によることを理由に事故と自殺との間の相当因果関係を単純にあるかなしかで判断し，すべてを否定することについては不合理ではないかとの認識から，加害者の責任を部分的に肯定するような下級審判例が目立ち始め，昭和60年代以降は，むしろ肯定判決の方が多くなってきます。ただし，その理論構成については見解が分かれ，次の2つに大別することができます。

(b) **寄与度による構成**

第1の理論構成は，寄与度によるものです。この理論構成を採用する裁判例については，さらに2つに大別されます。1つ目の理論構成は，被害者の自殺に事故が寄与したと認められる割合に応じて，事故と自殺との間に因果関係を認め，その割合の限度で加害者の損害賠償責任を肯定すべきとするもの[7]です。一方，2つ目の理論構成は，事故と自殺との間に事実的因果関係があるこ

とを前提としたうえで，寄与度による責任の限定を図るものであり，多くの裁判例が採用したものとなります[8]。

(c) 過失相殺類推適用説

第2の理論構成は，事故と自殺との事実的因果関係（その後，相当因果関係）を認め，賠償額算定の段階で，民法722条2項の過失相殺の法理を類推適用して，賠償額の割合的減額を図るというものです。いいかえれば，被害者の自殺という損害の発生，拡大について，被害者自身の心因的要因が寄与しているのであれば，その寄与部分は，一般に損害の公平分担の観点からも，民法722条2項を類推適用して減額できると考えます[9]。

この理論構成は，損害の拡大に，交通事故以外の被害者の素因（被害者の心因的，体質的要因など被害者に元から備わっている特有の事情）が寄与しているときは，加害者の賠償範囲を減額させるべきという，いわゆる素因減責の場面において，最高裁が採用してきたものです。リーディングケースとされる心因的要因にまつわる最判昭63・4・21（民集42巻4号243頁・交民集21巻2号239頁・判タ667号99頁）〔鞭打ち症事件〕では，「身体に対する加害行為と発生した損害との間に相当因果関係がある場合において，その損害が加害行為のみによって通常発生する程度，範囲を超えるものであつて，かつ，その損害の拡大について被害者の心因的要因が寄与しているときは，損害を公平に分担させるという損害賠償法の理念に照らし，裁判所は，損害賠償の額を定めるに当たり，民法722条2項の過失相殺の規定を類推適用して，その損害の拡大に寄与した被害者の右事情を斟酌することができる」としました。さらに，続く平成4年の最高裁判決[10]でも，体質的素因によって損害が拡大・発生したケースについて加害者の損害賠償額を減額するという判断を示し，判例の準則が確立されたといえます。そして，この準則が，果たして自殺の場面でも適用されるのかどうかが焦点となり，次に扱う，本設問のベースとなった，下記の最高裁判決につながっていくことになります。

(d) 最判平5・9・9（交民集26巻5号1129頁・判タ832号276頁・判時1477号42頁）

本件は，本設問のベースとなった裁判例です。それゆえ，事案の概要は，本設問と重なりますが，簡単に紹介すると，次のとおりです。

Q19◆事故と自殺との間の相当因果関係

　昭和59年7月28日に交通事故が発生し，その結果，被害者Aは，頭部打撲，左膝蓋骨骨折，頸部捻挫等の障害を受け，40日ほど入院しました。その後，通院治療を続けたことで，身体機能は順調に回復をみせ，昭和61年10月8日，症状固定と診断されましたが，頭痛，めまい，眼精疲労などの軽度の障害が残りました。その間の昭和61年3月頃，Aは災害神経症状態となり，同年9月30日付で勤務先を退職した後，うつ病状態となり，事故から約3年7か月経過後の昭和63年2月10日に自殺しました。そこで，Aの妻子であるXらは，Aの自殺と本件事故との間には相当因果関係があり，その寄与率は少なくとも5割であるとし，加害者であるYらに対し損害賠償を求めたのが本件です。これにつき，1審[11]は，「災害神経症的状態を経てうつ病状態に陥り，更には自殺を図って死亡したとしても，これらは，Yらのみならず，通常人においても予見することが可能な事態というべきであるから，Aの災害神経症的状態ないしうつ病状態と本件事故との間，更にはAの自殺による死亡と本件事故との間には，いずれも相当因果関係がある」としました。そのうえで民法722条2項類推適用により，Aの自殺やうつ状態に陥ったことに対する心因的要因も寄与しているとして，これを損害額から減額しました。原審[12]も1審を支持したため，Yが上告しました。

　これにつき，最高裁は，次のように述べて上告を棄却しました。すなわち，「本件事故によりAが被った傷害は，身体に重大な器質的障害を伴う後遺症を残すようなものでなかったとはいうものの，本件事故の態様がAに大きな精神的衝撃を与え，しかもその衝撃が長い年月にわたって残るようなものであったこと，その後の補償交渉が円滑に進行しなかったことなどが原因となって，Aが災害神経症状態に陥り，更にその状態から抜け出せないままうつ病になり，その改善をみないまま自殺に至ったこと，自らに責任のない事故で傷害を受けた場合には災害神経症状態を経てうつ病に発展しやすく，うつ病にり患した者の自殺率は全人口の自殺率と比較してはるかに高いなど原審の適法に確定した事実関係を総合すると，本件事故とAの自殺との間に相当因果関係があるとした上，自殺には同人の心因的要因も寄与しているとして相応の減額をして死亡による損害額を定めた原審の判断は，正当として是認することができ」るとしました。

第2章◇自動車損害賠償責任保険（自賠責保険）
第3節◇自動車損害賠償の基礎としての損害額算定

　本判決により，事故と自殺との間に相当因果関係が認められること，そのうえで，自殺には被害者の心因的要因も寄与しているとし，素因（減責）の場面で確立した準則（過失相殺の規定を類推適用）を自殺の場面にも採用するとする判例の立場が示されました。このような最高裁の姿勢が明らかとなったことで，本設問のような事案についての解決の方向性が示されたことになります。実際，この判決以降の裁判例は，この判決に倣っています☆13。

　ただし，1審及び原審は，相当因果関係を認めるにあたり，予見可能性に言及しましたが，最高裁は言及することなく，事実関係を総合して，事故と自殺との間に相当因果関係を認めています。そのため，最高裁が自殺による損害を特別損害と捉えて予見可能性ありと判断したのか，通常損害と捉えたのかが必ずしも明らかではありません。少なくとも，特別損害と捉えた場合には，「加害者は，一体どの時点において，具体的にどのような事情を予見することが求められるのか，あるいは予見しなければ責任を免れ得るのか等の点が非常に曖昧なものにならざるを得ず，理論構成としては極めて不十分なもの」との批判があてはまりそうです*1。要するに，最高裁は，加害者の賠償額がいかなる理由で減額されるのか，その理由づけについては，明確に説明をしていないこととなり，これを明らかにするのが今後の課題といわれています。また一方で，最高裁は，事実関係を総合して因果関係を認めていることからすると，いかなる事情があれば，因果関係が認められるのか整理する必要がありそうです。

(2)　学説の動向

　一方，学説については，昭和50年代頃から議論が始まっています。上記の裁判例と同様，初期の学説の多くは，原則は自殺による損害は保護せず，例外的に，「自殺しても無理からぬ事情，あるいは蓋然性がある場合」*2や，「被害者の受けた精神的又は肉体的な苦痛・衝撃並びに後遺症が極めて重大で，通常人のほとんどが自殺を首肯せざるを得ない場合」*3，「被害者にとって自殺以外に選択の道がなかったと考えられる場合」*4，「事故による受傷，後遺症が被害者に対し死以外を選択する余地を与えないほど，決定的原因を与えたような場合」*5にのみ認められると解していました。しかし，このような限定的な解釈についてはその後，疑問がもたれるようになり，より柔軟な解決を模索

する学説も現れるようになります。例えば，被害者の心因性（災害神経症とも呼ばれるノイローゼ等）に依拠する場合は，「事故による因果の系列と被害者の心因による新たな因果の系列が同一評価次元で併存するものと考えるので，因果関係の存在を割合的に考え，その寄与度による賠償を肯定して然るべき」[*6]や，被害者に社会生活を営むうえで必要な最小限の精神的な抵抗力が備わっていれば，自殺死に及んだ場合でも，加害者は責任を負うべき[*7]といったものがあります。そして，最近の学説では，加害者に自殺に対する責任があることを前提としつつ，被害者の死については，意思的関与があるという事情を考慮し，その分だけ賠償額を減額するというのが多数を占めるようになっています[*8]。

4 まとめ——実務上のポイント

　以上のように，本設問のベースとなった最判平5・9・9は，裁判例の変遷もふまえつつ，事故と自殺との間に相当因果関係を認め，加害者の責任を肯定したうえで，被害者の心因的要因が自殺にも寄与しているとし，民法722条2項の類推適用により，損害賠償額を減額するという法律構成をとることを明らかにしました。一方，学説においても，（理論構成についてはばらつきがみられるのですが）方向性としては同じといってよいでしょう。したがって，本設問のような事例においては，**A**でも述べたように，自殺を原因とする死亡による損害も含めて加害者に対して損害賠償を請求することができますが，賠償額については，加害者に全額請求することは難しく，減額が容認されることの方が多いと思われます（**Q20**も参照のこと）。

　なお，最判平5・9・9は，交通事故によって比較的軽微な障害を負った事案でしたが，最判平5・9・9よりも，重篤な障害を被害者が負った最判昭50・10・3では，相当因果関係が否定されています。その理由として挙げられているのが，最判昭50・10・3の被害者は，障害が重篤であっても職場復帰に至るほど，精神的には回復していたという事実及び，最判平5・9・9とは異なり，精神医学的な立証が被害者側に欠けていたことがあるといわれています。そこからみえてくるのは，加害者に責任追及するためには，事故と自殺との間の因果関係の立証をしっかりと行わなければならないということです。最

第2章◇自動車損害賠償責任保険（自賠責保険）
第3節◇自動車損害賠償の基礎としての損害額算定

判平5・9・9では，事故と自殺をつなぐために，うつ病という事実を媒介にして相当因果関係が認められています。その点をふまえつつ，具体的には，事故後，どのような経緯を経て自殺に至ったのかにつき，鑑定嘱託の結果等の精神医学的知見の証拠提出等も行いながら，事故態様，事故により被害者が負った障害の程度，被害者の事故前の精神的状況も含めた生活状況と事故後の変化，自殺時の被害者の心身の状況などの事実を丁寧につなぎあわせていくことで説明を間隙なく加えることが，重要な鍵を握っていると思われます。

〔矢田　尚子〕

― ■判　例■ ―

☆1　大連判大15・5・22民集5巻386頁〔富貴丸事件〕。
☆2　金沢地判昭43・7・31判時547号70頁。
☆3　大阪地判昭45・4・28判タ249号199頁，東京地判昭46・8・31交民集4巻4号1259頁，福岡地判昭49・10・4交民集7巻5号1363頁，仙台高判昭57・1・27交民集15巻1号51頁。なお，予見可能性について言及せず総合判断から相当因果関係を否定するものとして，名古屋地判昭47・5・10判タ283号305頁，神戸地判昭63・10・28判タ702号202頁・判時1322号128頁，横浜地判平5・3・29交民集26巻2号425頁等がある。
☆4　東京地判昭48・10・17判タ319号211頁・判時731号55頁，東京地八王子支判昭49・3・28交民集7巻2号425頁。
☆5　札幌地判昭48・8・25交民集6巻4号1359頁。
☆6　札幌高判昭50・2・13交民集8巻5号1237頁。
☆7　大阪地堺支判昭62・10・22判時1293号129頁。
☆8　大阪地判昭60・4・26交民集18巻2号599頁・判タ560号269頁・判時1171号105頁，仙台高判平2・6・11判タ750号217頁・判時1372号91頁，東京地判平4・2・27交民集25巻1号224頁・判タ788号245頁・判時1423号95頁，大阪地判平4・8・27交民集25巻4号984頁，金沢地判平5・7・6判タ831号168頁等多数。
☆9　前掲（☆8）東京地判平4・2・27，東京地判平4・3・10交民集25巻2号323頁・判時1423号101頁，東京地判平4・10・2交民集25巻5号1182頁・判タ799号22頁・判時1469号82頁等。
☆10　最判平4・6・25民集46巻4号400頁・交民集25巻3号547頁・判タ813号198頁。
☆11　前掲（☆8）東京地判平4・2・27。
☆12　東京高判平4・12・21交民集26巻5号1138頁・金判940号29頁。
☆13　東京地判平8・3・26交民集29巻2号470頁，大阪地判平10・3・12交民集31巻2号324頁，大阪地判平15・2・5交民集36巻1号202頁，名古屋高判平18・4・7判時1936号84頁等多数。

■注 記■

* 1 藤村和夫＝山野嘉朗『概説交通事故賠償法〔第3版〕』（日本評論社，2014年）354頁。
* 2 高崎尚志「交通訴訟における因果関係―被害者の後発的事情を中心として」交通法研究5号170頁。
* 3 本井巽「交通事故と自殺」交通法研究7号163頁。
* 4 飯塚和之「被害者の自殺」川井健ほか編『新版注解交通損害賠償法(2)』（青林書院，1996年）376頁。
* 5 福永政彦「事故と損害の因果関係」『総合特集(8)交通事故』〔ジュリ増刊〕153頁。
* 6 加藤了「被害者の自殺と賠償範囲」不法行為法研究会編『交通事故賠償の現状と課題』（ぎょうせい，1979年）103頁。
* 7 四宮和夫『不法行為』（青林書院，1987年）455頁。
* 8 小賀野晶一「割合的因果関係論」判タ847号59頁，福岡右武「被害者の事故後の自殺」吉田秀文＝塩崎勤編『裁判実務体系(8)民事交通・労働災害訴訟法』（青林書院，1985年）145頁，徳本慎一「判批」リマークス10号52頁等。

第2章◇自動車損害賠償責任保険（自賠責保険）
第3節◇自動車損害賠償の基礎としての損害額算定

Q20 損害額算定にあたっての被害者の体質的素因の考慮

車で追突事故を起こしてしまったのですが，少しぶつかっただけなのに，被害者の方には，もともと椎間板ヘルニアの持病があったようで，長期の入院をされました。

事故を起こした私が悪いのですが，被害者の方の持病が影響したような場合，その分まで，損害賠償をしなければいけないのでしょうか。

A

交通事故のような被害者に対する加害行為に，被害者の既往症などの体質的素因や心因的要因が寄与・競合することによって，損害の発生や拡大に影響しており，その損害全体について，加害者に責任を問うことが公平に反するような場合には，民法722条2項の過失相殺の規定を類推して，加害者の賠償責任を減じたり，損害賠償額を減額したりする素因減額が認められています。

☑ キーワード

素因減額，体質的素因，心因的要因，疾患と身体的特徴

―― 解　説 ――

1 被害者の既往症などの体質的素因や心因的要素の考慮（素因減額）

被害者の既往症などの体質的素因や心因的要素が損害の発生や拡大に寄与し

ている場合に，その被害者の素因を考慮・斟酌して，加害者の賠償責任を減じたり，損害賠償額を減額したりすることを素因減額といいます。

この素因減額について，学説は，これを認められるか否か，また認めるとしても，素因減額に積極的な立場と消極的な立場とに分かれて議論がなされていますが，そもそも素因減額を認める立場のなかでも，どのような根拠でこれを認めるかについて見解が分かれており，意見の一致をみません。

一方，判例は，最判昭63・4・21（民集42巻4号243頁・交民集21巻2号239頁）をリーディングケースに，民法722条の過失相殺の規定を類推して素因減額を認めることで確立しています。そのため，実務上は素因減額が認められることを前提とせざるを得ないことから，学説の議論も，素因減額を認めるか否かから，素因減額が認められることを前提に，どのような素因がどの程度考慮されるのかという実際の運用を見据えた方向に議論の中心が移っています。

2 素因減額をめぐる学説の議論

素因減額について，原則論からいえば，まず不法行為に，被害者の素因が寄与・競合することによって，発生・拡大した損害が，当該不法行為の通常損害ないし予見し得た事情に基づく特別損害といえるかという，その損害と不法行為の間の因果関係が問題となります。

ところが，このような議論は硬直的であるとして，野村好弘教授の割合的因果関係論[*1]，倉田卓次元裁判官の確率的心証論[*2]，中野貞一郎教授の過失相殺類推適用説[*3]などが主張されました。

一方，素因減額をすることに対して，学説上は，人それぞれに個性・個体差があることは当然であり，被害者のあるがままを救済することが原則であるとして，素因が減額に否定的ないし消極的な見解も根強く存在します[*4]。このような立場からは，素因減額には，偶然の事情で加害者の責任を減じたり，また被害者に帰責性がないのに賠償額を減額するという問題があると指摘されています。

この点，東京地判平元・9・7（交民集22巻5号1021頁・判タ729号191頁・判時1342号83頁）は，「『加害者は被害者のあるがままを受入れなければならない。』

のが不法行為法の基本原則であり，肉体的にも精神的にも個別性の強い存在である人間を基準化して，当該不法行為と損害との間の相当因果関係の存否等を判断することは，この原則に反するから許されない」旨を述べて，車の追突事故で頸部捻挫等の外傷を負った被害者が，精神的打撃を受けやすい類型の人物であることを理由とする素因減額を否定しています（いわゆる「あるがまま」判決）。

しかしながら，素因減額により被害者に帰責性のない事由で賠償額を減額することを不公平と考えるか，それとも素因減額をせずに加害者の行為による結果以上の責任を加害者に問うことを不公平と考えるかという見解の対立は，いずれか一方を無条件に排斥できるものではありません。その意味では，素因減額を完全に否定することはできないでしょう。

ただ，その一方で何らかのハンディキャップをもつ方が世の中には大勢いることを考えれば，損害発生を回避すべきは，やはり加害者の側であることを考えると素因減額に対して，謙抑的であることが好ましいように思われます。しかしながら，交通事故に関する限り，加害者側の帰責が厳格に行われている実情に鑑みると，素因減額を行うこと自体に謙抑的であることは，加害者に過大な責任を問うという不正義を助長するようにも思われます[*5]。

これらのような議論があるなか，最高裁は，次のような態度を示し，素因減額が認められることについての判例法理を確立しました[*6]。

3 素因減額をめぐる最高裁判決

(1) 最判昭63・4・21（民集42巻4号243頁・交民集21巻2号239頁）
（特異な性格，心因的要因）

この判決が，素因減額を肯定するリーディングケースとなるものですが，ここでは「身体に対する加害行為と発生した損害との間に相当因果関係がある場合において，その損害がその加害行為のみによって通常発生する程度，範囲を超えるものであって，かつ，その損害の拡大について被害者の心因的要因が寄与しているときは，損害を公平に分担させるという損害賠償法の理念に照らし，裁判所は，損害賠償の額を定めるに当たり，民法722条2項の過失相殺の

規定を類推適用して、その損害の拡大に寄与した被害者の右事情を斟酌することができる」と述べたうえ、追突事故で、目視では判別できないほどのわずかな凹みを生じる程度の追突でありながら、被害者の特異な性格と、初診医の常識外れの診断に対する過剰な反応その他の心理的な要因が外傷性神経症を引き起こし、さらに長期の療養生活がその症状を固定化させたとして損害額の6割を減じた原判決を支持しました。

この判決により、心因的要因が素因減額の対象となることが示されましたが、体質的素因については、何ら触れられていないため、その是非について議論を残しました。

(2) 最判平4・6・25（民集46巻4号400頁・交民集25巻3号547頁）（疾患・一酸化炭素中毒）

この判決は、タクシー運転手である被害者が、本件事故の1か月ほど前に、エンジンをかけたままのタクシーの車内で仮眠をとっていて、一酸化炭素中毒にかかっていた状態で本件事故に遭ったという事案について、「被害者に対する加害行為と被害者のり患していた疾患とがともに原因となって損害が発生した場合において、当該疾患の態様、程度などに照らし、加害者に損害の全部を賠償させるのが公平を失するときは、裁判所は、損害賠償の額を定めるに当たり、民法722条2項の過失相殺の規定を類推適用して、被害者の当該疾患をしんしゃくすることができる」とし、本件事故が、一酸化炭素中毒による脳内の損傷に悪影響を与えた結果、被害者が死亡するに至ったとして損害の5割を減じた原判決を支持しました。

この判決により、心因的要因のみならず、疾患という体質的素因も素因減額の対象となり得ることが示されましたが、損害の発生・拡大に影響する体質的素因は、疾患のみならず、加齢や身体的特徴など様々であるため、素因減額の対象となる身体的素因の範囲について、課題を残しました。

(3) 最判平8・10・29（民集50巻9号2474頁・交民集29巻5号1255頁・判タ931号164頁）（身体的特徴）〔首なが判決〕

この判決は、いわゆる「首なが判決」と呼ばれるもので、被害者が平均的体格に比して首が長く、多少の頸椎の不安定症があるという身体的特徴を理由に素因減額をした原判決に対し、「被害者が平均的な体格ないし通常の体質と異

第2章◇自動車損害賠償責任保険（自賠責保険）
第3節◇自動車損害賠償の基礎としての損害額算定

なる身体的特徴を有していたとしても，それが疾患に当たらない場合には，特段の事情の存しない限り，被害者の右身体的特徴を損害賠償の額を定めるに当たり斟酌することはできない」「人の体格ないし体質は，すべての人が均一同質なものということはできないものであり，極端な肥満など通常人の平均値から著しくかけ離れた身体的特徴を有する者が，転倒などにより重大な傷害を被りかねないことから日常生活において通常人に比べてより慎重な行動をとることが求められるような場合は格別，その程度に至らない身体的特徴は，個々人の個体差の範囲として当然にその存在が予定されている」と述べ，原判決を破棄し，事件を福岡高裁に差し戻しました。

　この判決と先の最判平4・6・25とから，体質的素因のうち疾患は素因減額の対象となるが，身体的特徴は，原則として，素因減額の対象とならないという指標が得られました。

　しかしながら，もともと疾患か否かの判断が明確ではないことに加え，身体的特徴であっても損害の公平な分担を図るうえで素因減額を考慮すべき場合もあることは，この首なが判決でも述べられているところです。疾患か身体的特徴かの議論は実益に乏しく，結局，当該体質的素因について素因減額をすべきか否かは，各事案で，当該素因がどの程度損害の発生・拡大に寄与したかと，その素因が寄与したことで発生・拡大した損害を加害者に帰責することが公平かを個別に議論することになります。

(4)　最判平8・10・29（交民集29巻5号1272頁・判夕947号93頁）

　この判決は，首なが判決と同日に示された判決で，後縦靱帯骨化症判決などと呼ばれています。

　ここでは，前掲最判昭63・4・21及び最判平4・6・25を引用しつつ，素因減額にあたり，「加害行為前に疾患に伴う症状が発現していたかどうか，疾患が難病であるかどうか，疾患に罹患するにつき被害者の責めに帰すべき事由があるかどうか，加害行為により被害者が被った衝撃の強弱，損害拡大の素因を有しながら社会生活を営んでいる者の多寡等の事情によって左右されるものではない」と述べ，素因減額を否定した原判決を破棄し，事件を大阪高裁に差し戻しました。

　素因減額の是非を判断するにあたっては，その背後にある損害の公平な分担

の理念に適うかどうかを考える必要があるわけですが、その考慮要素に関する最高裁の判断として参考になります*7。

(5) 最判平20・3・27（集民227号585頁・判タ1267号156頁・判時2003号155頁）

この判決は、業務上の荷重負荷と家族性高コレステロール血症がともに原因となって、急性心筋虚血で従業員が死亡した労災事件に関するものですが、素因減額の基礎となる事実が主張・立証されているにもかかわらず、これを考慮せずに損害額を算定したことは過失相殺に関する法令（民722条2項）の解釈を誤った違法があるとしています。

すなわち、民法722条2項の過失相殺については、被害者の過失が認められる場合には、当事者の主張がなくとも、裁判所は、職権でこれを斟酌することができる☆1のであり、これは同規定を類推する場合も別異に解する理由はないと判断して、素因減額についても、当事者の主張がなくても、素因減額をすべき事情が訴訟資料に表れていれば、裁判所はこれを斟酌して賠償額を定めることができるとしています。

この判決では、素因減額に関する主張責任について、民法722条2項の直接適用の場合と同様であることが確認されています。

(6) 小　括

以上から、少なくとも判例実務においては、素因減額を肯定することで定着しており、また減額すべき素因の存在が訴訟上表れていれば、裁判所はこれを斟酌し得るとしています。

このような判例・実務の状況からすれば、議論の中心が、素因減額において考慮すべき素因と、その考慮すべき程度に移ったのは当然でしょう。以下、これらの点について検討します。

4　斟酌すべき素因

素因減額において斟酌すべき素因は、心因的要因と体質的素因に大別されます。

第2章◇自動車損害賠償責任保険（自賠責保険）
第3節◇自動車損害賠償の基礎としての損害額算定

(1) 心因的要因

　心因的要因が損害の発生・拡大に寄与している場合，それが素因減額の対象となり得ることは，前掲最判昭63・4・21の示すとおりです。ただ，心因的要因にどのようなものが含まれるかは明確ではありません。実際には，軽微な事故にもかかわらず長期の療養をするなど，事故の態様に比して過大な損害が発生しているとみられる場合に，何らかの心因的要因を根拠として賠償額を調整する傾向が見受けられます。

　裁判例にみれる心因的要因も，自律神経失調症☆2やうつ病☆3，統合失調症・シンナー中毒☆4などの精神疾患から，神経質☆5など被害者の性格や人格傾向に関するもの，さらにはストレスに対する脆弱性など様々です。

　もっとも，これらの被害者の性格等の心因的要因もまた，上記後縦靱帯骨化症判決で述べられたような，個体差の範囲に収まるものについては，素因減額の対象とはなりません☆6＊8。

　現在，心因的要因による素因減額の考慮要素を整理して明確化する試みがなされていますが，心因的要因は，後述する体質的素因に比べ，客観的に把握しがたいため，基準の定立も困難ですが，①個体差の範囲内か否か，②損害の発生・拡大の程度，③心理的反応・心因的反応の原因（加害者側の関与の有無）などを考慮すべきとの見解があり，参考になります＊9。

(2) 体質的素因

　最判平4・6・25と〔首なが判決〕を参考にすると，素因減額において考慮される体質的素因は，①疾患と②一般人の平均値から著しくかけ離れた身体的特徴を有し，重大な障害を被りかねないことから日常生活において通常人に比べより慎重な行動が求められるような身体的特徴となります。

　しかし，当該疾患ないし考慮すべき身体的特徴が，損害の発生・拡大にどの程度寄与したかは事案により様々であり，当該疾患ないし考慮すべき身体的特徴から，一義的な意思定型的に減ずるべき損害の割合を導くことは困難です。そのため，被害者に発生した損害のうち，既往症や身体的特徴が損害の発生・拡大にどの程度影響を及ぼしたか，そして，その損失を加害者に負担させることが公平かどうかを個別に考えていかざるを得ません。裁判例の集積のなかで，当該疾患ないし考慮すべき身体的特徴が，どの程度考慮されるかの範囲

は，ある程度把握できるようになるでしょうが，どのような素因について，どの程度考慮するかは，事案ごとに個別に判断せざるを得ません。

そういったなかで，湯川浩昭裁判官は，素因減額において考慮すべき素因となるかの指針について，①素因に関する医学的客観的な所見及び素因の結果発生・拡大への寄与の医学的証明の有無，②特殊な疾患・病的な素因は原則として素因減額で斟酌できるが，特異とまでいえず，態様・程度が比較的軽微なものは，斟酌に慎重であるべきである，③素因発現が，事故に遭わなければ終生発現しなかった蓋然性が高いか，事故に遭わなくても発現する蓋然性が相当程度認められるか，④事故の態様・程度と損害との均衡，（⑤心因的素因が問題となる場合は，損害の発生・拡大の原因がいずれの当事者にあるのか）などを述べられており，参考になります[*10]。

5 素因減額の程度（素因減額の基準化の試み）

素因減額の程度については，考慮すべき素因の範囲だけでなく，その素因がどの程度の素因減額をもたらすのかについては，いまだ過失相殺のような定型化はなされておらず，実務上も，基準作りの試みの途上です。例えば，東京三弁護士会交通事故処理委員会が平成14年に指針を公表していますが[*11]，この指針もかなり振れ幅があり，過失相殺に比べ，素因減額が，定式化ないし定型化しにくい実情がうかがえます。

損害の公平な分担を考えれば，何らかの客観的指標が必要かと思われますが，類似の裁判例との対比のなかで，バランスを考慮するほかないのも実情です[*12]。

6 今後の課題

以上で概観したように，素因減額論は，判例・実務の結論が先行しているため，その減額すべき要素及び減額の程度に関する結論を支えるべき理論的裏づけは十分ではありません。この点に配慮して，客観的な指標作りも急務なのでしょうが，極めて困難です。その意味では，実務を支えるべく，一層の学説の

第2章◇自動車損害賠償責任保険（自賠責保険）
第3節◇自動車損害賠償の基礎としての損害額算定

議論の深化が求められるといえるでしょう。

〔堀切　忠和〕

===■判　例■===

- ☆1　最判昭41・6・21民集20巻5号1078頁・判タ194号83頁。
- ☆2　神戸地判平17・5・17交民集38巻3号781頁。
- ☆3　東京地判平22・1・27交民集43巻1号31頁。
- ☆4　大阪地判平11・7・19交民集32巻4号1130頁。
- ☆5　東京地判平12・3・14交民集33巻2号523頁。
- ☆6　最判平12・3・24民集54巻3号1155頁・判タ1028号80頁。

===■注　記■===

- ＊1　野村好弘「自動車事故における因果関係の認定」交民集第1巻索引・解説号223頁。
- ＊2　倉田卓次「交通事故訴訟における証明の程度」東京三弁護士会交通事故処理委員会創立30周年記念論文集『交通事故訴訟の理論と展望』（ぎょうせい，1993年）99頁以下。
- ＊3　中野貞一郎「相当因果関係の蓋然性と賠償額」新堂幸司編『続民事訴訟法判例百選』〔別冊ジュリ36号〕168頁。
- ＊4　藤井勲「交通事故と素因，持病」山田卓生＝宮原守男編『新・現代損害賠償法講座(5)交通事故』（日本評論社，1997年）89頁，北河隆之「素因減責論」野村好弘監修『割合的解決と公平の原則』（ぎょうせい，2002年）23頁。
- ＊5　この意味では，現在の実務が，素因減額をするにあたって，当該素因が影響したと思われる項目についてのみ素因減額を行うのではなく，一定の割合を定め，加害者が賠償すべき損害全体を減ずる扱いをしているのは，被害者に帰責性のない要因で加害者の損害賠償額を減ずることに謙抑的でありつつ，加害者に過大な責任を問わないための賠償額総額の調整の役目を端的に表すものと思われます。
- ＊6　「あるがまま」判決が，最判昭63・4・21以降に出されたことは注目に値しますが，これに続く裁判例に乏しく，判例法理としては，素因減額肯定が定着しています。
- ＊7　八島宏平「素因に関する平成8年10月29日の最高裁2判決をめぐって」判タ947号93頁。
- ＊8　東京三弁護士会交通事故処理委員会編『新しい交通賠償論の胎動』（ぎょうせい，2002年）60頁以下。
- ＊9　松居英二「心因的要因の寄与を理由とする素因減額」高野真人ほか編『交通事故賠償の再構築〔法律のひろば創刊60周年記念別冊〕』（ぎょうせい，2009年）153頁。なお，後掲（＊10）の湯川裁判官の判断基準も参考にしてください。

＊10　湯川浩昭「素因減額の判断要素と割合について」判タ880号41頁。
＊11　東京三弁護士会交通事故処理委員会編『寄与度と非典型過失相殺』（ぎょうせい，2002年）16頁・39頁。
＊12　素因減額の基準化の試み及び素因減額に関する膨大な裁判例を整理したものとして，小賀野晶一ほか編『交通事故における素因減額問題』（保険毎日新聞社，2014年）があります。

第2章◇自動車損害賠償責任保険（自賠責保険）
第3節◇自動車損害賠償の基礎としての損害額算定

Q21 共同不法行為をめぐる問題

(1) 甲車が青信号で交差点を通過しようとしていたところ，赤信号で横断していた被害者Vに衝突してしまい，Vが路上に転倒したところを，黄信号で交差点に進入してきた乙車が轢過しVは死亡しました。このような場合，賠償義務の範囲はどのようになりますか。

(2) 自転車に搭乗した児童Vが，信号のない交差点で，甲車と出合い頭に衝突し，救急搬送先の乙病院で診察を受けたものの，医師はVの母親Aに異常が出たらすぐ再来院するように指示してVを帰宅させました。帰宅後数時間経過して，Vに異常が出ましたが，Aは直ちにVを病院に連れて行かず，ようやく乙病院を受診したころには既に脳出血が進んでおり，重度の脳障害の後遺症が残存しました。このような場合，甲車と乙病院の賠償義務の範囲はどうなりますか。また，甲車側が賠償金を払った場合，乙病院に対して求償請求はどの限度できますか。

A

(1) このような事故は，甲車と乙車の運転行為者らの共同不法行為となり，甲車と乙車の過失の程度などにかかわらず，双方車両の責任者ともに，Vが損害賠償請求できる金額の全額につき賠償責任（不真正連帯債務）を負います。Vにも赤信号横断という無視できない過失がありますので，相当高率な過失相殺がなされると思われます。

(2) 交通事故による傷害の治療経過において医療過誤があり，本来治癒するかあるいはかなり軽度の障害残存ですんだという場合，受傷をさせた甲車と不適切な治療行為を行った乙病院とは，共同不法行為の関係とされます。甲車との事故についても，B病院での受診行動においても，VないしはVの母親Aの

> 過失がありますが，この場合の過失相殺率は，各加害者ごとに適切な割合を認定します（異なる割合となることが多い）。加害自動車側から医療機関に対する求償は，過失相殺率だけではなく，損害発生に対する責任の程度を勘案して分担割合を定めるべきですが，この判断は難しいといえます。

☑キーワード

共同不法行為，関連共同，競合的不法行為，不真正連帯債務，絶対的過失相殺，加算的過失相殺，相対的過失相殺，共同不法行為者間の求償，寄与度

解　説

1　共同不法行為規定と不法行為の競合

(1)　民法719条1項の構造

共同不法行為の場合の基本的な法律関係は民法719条1項に規定されていますが，同項前段では「数人が共同の不法行為によって他人に損害を加えたとき」に加害者が連帯賠償責任を負うものとされ（以下「前段の事案」といいます），同項後段では「共同行為者のうちいずれの者がその損害を加えたかを知ることができないとき」にやはり連帯賠償責任を負うものとされます（以下「後段の事案」といいます）。この2つのタイプをどのような場合とみるか，そもそも，どのようなときにどの限度で加害者らに連帯責任を負わせるかについては，長らく論争があり混迷状態といえますが，以下では，判例や実務における多数説的理解に基づきながら説明します。

(2)　民法719条1項前段の要件

一般的には，前段の事案は，加害者の行為間に関連性が強く，一体となった行動だと評価できるような場合で，そのような状態を「関連共同」性と呼んでいます。どのような状態を「関連共同」があるとするかについては，加害者間

の共謀や他の加害者の行動との共同の認識といった主観的な要素が必要であるとする「主観的関連共同説」と，各行為が客観的に共同していればよいとする「客観的関連共同説」があり，客観的関連共同説が通説・判例☆1とされています。しかし，この考え方に立つ場合，どのような状態があれば関連共同性があるとするかの判断は容易ではなく，見解が相違する可能性は大きいといえます。なお，学説では，前段の事案のように，不法行為間の関連性・一体性が強度なものにつき「強い関連共同性」と呼び，後段の事案のように各行為の関係がそこまで強度ではないものを「弱い関連共同性」と呼ぶことがあります。

(3) 民法719条1項後段の事案の範囲

本来は，同時期に行われた複数加害者の行為によって被害が発生したことは明らかなものの，誰の行為で被害を負ったかを確定できない，加害者不明の場合を想定した規定です。しかし，複数の加害行為と損害との間に因果関係があることは認められるものの，それぞれどの範囲で因果関係があるのか区分が困難な場合も適用されると理解されています。ただし，不法行為による損害が競合（ないしは混在）していれば，この規定の適用対象とされるわけではなく，時間的・場所的近接性等の要件が求められています。ただ，この点の絞りをゆるめて，複数の加害行為による被害が競合し，それぞれの行為と因果関係のある損害が不分明の場合であっても適用すべきだとする説も説かれています。この説によれば，先行する事故の治療中に後発事故に遭った場合なども，加害者側が発生した損害は自分の行為と無関係であると立証しない限り，被害者は加害者ら全員に対して連帯賠償責任を追及できることになります。

自賠責保険実務もこのような考え方をとって，時間が離れて発生した事故につき，どちらの事故による損害だと区分せずに，どの車両の保有者にも連帯責任ありとして，複数の車両の自賠責保険から支払をしていますが，理論的な結論を重視するというより，実務処理の効率性を考えてのものでしょう。

なお，後段の事案では，加害者の行為と結果（損害）との間に，因果関係がないことを立証できれば，その部分の賠償責任は免れるものとされます。この点は前段の事案とは取扱いが違ってきます（ただし，学説のなかには前段の事案として取り扱う場合でも，免責を認める説もあります）。

(4) 不法行為の競合（競合的不法行為）

　実務においては，先発事故の治療中に後発事故で受傷したというケースでは，後発事故後に生じかつ先発・後発事故が影響していると考えられる損害に範囲を限定したうえで，先行事故と後発事故の寄与度で案分して，分割的な損害賠償義務を認めるのが多数派といえるでしょう。すなわち，複数の不法行為の結果が重なり合っただけで，不法行為同士は関連性のないものと考えるわけです。後述の医療過誤との競合のような，不法行為態様の異なるものが併存する場合には，共同不法行為ではなく独立した不法行為の競合だとする考え方が根強いといえます。

(5) 自動車事故と共同不法行為規定の適用

　複数の自動車が関係する自動車事故の態様をおおざっぱに分類すると以下のような類型が想定できます。

　①二車両衝突搭乗者受傷型，②衝突後一車両暴走型（衝突後に片方の車両が歩行者等と衝突した場合），③衝突後二車両暴走型（②の場合と同じといえるが，両車両とも被害者と物理的接触をした場合），④他方車両の衝突誘因型（一方車両が他方車両との衝突を避けようとして運転を誤った場合），⑤被害者の行動の誘因型（一方車両が道路横断者の行動を妨げるなどにより，他車との接触の危険の大きい状態とさせたため他方車両と被害者との衝突が発生した場合），⑥先行車接触・後続車との衝突誘因型（⑤に近いものがあるが，双方とも被害者との物理的接触がある場合。なおこの場合，先行車と衝突した被害者がすぐ後から通過しようとした後続車の進路前方に進入する類型(a)と，衝突した被害者が路上で横臥する状態となったため後続車両との衝突の危険性が発生した場合(b)などが考えられます），⑦単純二重轢過型（路上横臥者を先行車が轢過したが，横臥位置がほとんど変わらない状態のまま後続車がさらに轢過した場合），⑧単純同時衝突型（ほぼ同時に2台の車両が被害者と衝突した場合），といったところでしょう。

　このうち，被害者と事故車両との衝突が1つの類型①〜⑤は，客観的関連共同ありといいやすいでしょうが，設問(1)のように前記⑥(a)に当たるパターン（衝突ないしは受傷させる打撃が複数の加害者から加えられる場合）については，関連共同性ありとできるかの判断は微妙です。裁判例や学説も，前記⑥の事故形態（ほぼ同時に2つの事故が関連して発生します）を関連共同性ありとして民法719条1項前段を適用すべきだとするものと，後段を適用すべきだとするものとに分か

191

れています。ただ，いずれの説によっても，各加害行為が発生させた損害が明確に区分できない限り，基本的には，全損害について加害者の連帯責任が認められますから，違いはないことになります。

2 共同不法行為と過失相殺

(1) 連帯責任のもつ意味

前述の前段の事案，後段の事案ともに，条文上は各加害者の債務は連帯とされているので結論に差がないように思われます。しかし，過失相殺事案ではことはそう単純ではありません。過失相殺は，賠償額を定めるにあたって損害額を減額する手法であり，連帯債務であるとしても，各不法行為者の債務ごとに，異なる減額率を認定して異なる支払金額を認定してもよいのではないかとも思われます。そこで，共同不法行為の場合の過失相殺については，各加害者に対する共通する被害者の過失割合を定め，各加害者につき同じ過失相殺率を認定する手法＝絶対的過失相殺ないしは加算的過失相殺と，加害者ごとに被害者と加害者の過失の程度を考慮して異なる過失相殺率（もちろん結果として同一の比率となることもあります）を認定する手法＝相対的過失相殺が説かれていました。前者では，加害者の賠償債務額は同一で全額につき連帯関係になりますが，後者では，賠償債務額が異なり，一部の金額についての連帯関係（一部連帯）にとどまることになります。

(2) 相対的過失相殺がなされる場合

設問(2)のような自動車事故の治療経過で医療過誤が発生した事案です。最高裁[☆2]は，自動車事故と医療過誤との関係で共同不法行為の成立を認め，連帯賠償義務を認めたものの，過失相殺の方法について「過失相殺は不法行為により生じた損害について加害者と被害者との間においてそれぞれの過失の割合を基準にして相対的な負担の公平を図る制度であるから，本件のような共同不法行為においても，過失相殺は各不法行為の加害者と被害者との間の過失の割合に応じてすべきものであり，他の不法行為者と被害者との間における過失の割合をしん酌して過失相殺をすることは許されない。」としました。

(3) 絶対的過失相殺がなされる場合

判例[3]の論理からすれば，共同不法行為の場合，相対的過失相殺をして異なる賠償債務額を認定するのが当然のような印象を受けます。しかし，最高裁[4]はその後，自動車3台が関係する事故につき，次のような判断をしました。

事故態様はカーブ付近で，駐車車両（Z）の脇を通過しようとしてセンターラインを越えて反対車線に進入した加害車両（Y）と反対方向から進行してきた被害車両（X）が正面衝突した事案です。

原審は，3当事者の過失の比率を，X＝1，Y＝4，Z＝1と認定したうえで，相対的過失相殺の考え方によって，XとY間では，X：Y＝1：4→Xの過失割合は1÷（1＋4）＝20％ということになり，XとZとの間では，X：Z＝1：1→Xの過失割合は1÷（1＋1）＝50％としたうえで，賠償金額を算出しました。

しかし最高裁は，以下のように述べて絶対的過失相殺の手法を採用すべきだとしました。

「複数の加害者の過失及び被害者の過失が競合する一つの交通事故において，その交通事故の原因となったすべての過失の割合（以下「絶対的過失割合」という。）を認定することができるときには，絶対的過失割合に基づく被害者の過失による過失相殺をした損害賠償額について，加害者らは連帯して共同不法行為に基づく賠償責任を負うものと解すべきである。これに反し，各加害者と被害者との関係ごとにその間の過失の割合に応じて相対的に過失相殺をすることは，被害者が共同不法行為者のいずれからも全額の損害賠償を受けられるとすることによって被害者保護を図ろうとする民法719条の趣旨に反することになる。」

(4) 設問の事案と絶対的過失相殺の当否

(3)で述べた最高裁判例[5]の事案は衝突事故は1つだけですので，ある意味，関係する3当事者の過失の大きさを割り付けすることは難しくはなさそうです。しかし設問(1)では2つの衝突があり，被害者の過失の程度を何割とみるのかは，判断は容易ではないようにも思われます。しかし，このような事故は，衝突が2つといっても，時間的・場所的近接性が明らかですから，一瞬にして

起こった1つの交通事故という見方はできます。Vと甲及び乙の過失の程度を割り付ける（判例☆6のいう「交通事故の原因となったすべての過失の割合」を認定する）ことにもそれほど抵抗感はないでしょう。問題は過失相殺率をどうするかで，被害者が赤信号横断という点からすれば，過失相殺率はかなり高い水準ではありますが，後続車は黄色信号進入という非難されるべき走行態様だったので，純粋な赤信号横断の場合よりは，過失相殺率は低水準になりそうです。

(5) 異時事故の場合の過失相殺

先行する事故における衝突で受傷・路上横臥し，それを後続車両が轢過したケースであっても，時間的間隔があく場合は，絶対的過失相殺が妥当だとはいいにくい面があります。例えば，信号のない交差点や単純な道路横断中に先行事故に遭い，先行加害車が逃走した後，ややあって後続車両が轢過した場合などです。一体化した交通事故といいきるにはやや抵抗感が残ります。今後の下級審裁判例の動向に注意すべきでしょう。

3　自動車事故と医療過誤の競合

(1) 共同不法行為の成否

交通事故による受傷に対して治療を行った医師や医療機関の不適切な医療行為により不必要な傷害が発生した場合，共同不法行為の成立を認めるのが下級審裁判例の傾向でしたが，反対する有力な学説が登場し，この考えに立って賠償義務の連帯性を否定する裁判例も登場しました。自動車事故と医療過誤では過失の態様もまったく異なり，時間的にもある程度の期間経過後に医療過誤が発生することがほとんどなので，事件としての関連性が強いとはいいにくいため，不法行為がたまたま競合しただけだとするわけです（競合的不法行為）。そのようななかで最高裁は，自動車事故と医療過誤が競合した場合につき，共同不法行為が成立するとしました☆7。

出合い頭事故で受傷した6歳の被害者が受診した病院で頭部レントゲン検査等の後，帰宅させられたのですが，その後状態が悪化し，急性硬膜外血腫で死亡した事案で，医師の経過観察等の措置につき不適切さありとされたものです。最高裁は，なぜ共同不法行為といえるかを明示してはいませんが，「Vは

放置すれば死亡するに至る傷害を負ったものの，事故後搬入された乙病院において，Vに対し通常期待されるべき適切な経過観察がされるなどして脳内出血が早期に発見され適切な治療が施されていれば，高度の蓋然性をもってVを救命できたということができるから，本件交通事故と本件医療事故とのいずれもが，Vの死亡という不可分の一個の結果を招来し，この結果について相当因果関係を有する関係にある。」(当事者名は設問(2)と対応させてあります) としているところからすると，不法行為の結果（Vの死亡）が完全に重なり合っていることが重視されたのだと思われます。

その意味では，設問(2)は，一方では，受傷した結果脳損傷による障害が残存したわけであり，他方では，治療により回復可能であったのに重度障害が残ってしまったわけですから，結果は重なっており，共同不法行為が成立するとされる可能性が高いでしょう。ただ，判例☆8の場合と異なり，医療機関が過失のない治療を行っていれば，障害はまったく残らなかったといいきれるかは微妙です。適切に治療してもある程度の脳機能障害が残存したかもしれず，そうなると結果が完全に重ならなくなります。すなわち，残存を避けられなかった比較的軽度の障害につき，両者の不法行為の結果は重なりません。このような場合について，最高裁は判断を示していないことに注意が必要です。

(2) 共同不法行為の成否に問題がある場合

上記のような見落としによる死亡や重度障害の残存ではなく，そもそも受傷程度は重い後遺障害を残すようなものではないのに，医療機関の過失で重度障害を残してしまったような場合は，交通事故と重度障害の残存に相当因果関係を認めるかが問題になります。ましてや，医療機関の過失の態様が，医療行為のなかで起きる判断ミスや手技の失敗といったものではなく，薬剤の投与量の指示間違い（投与量の単位を誤記して指示した場合など)・指示内容の読み違い，さらには，病院内で移動中に搬送車から患者が転落する，ないしは，車椅子で転倒するといった，別種の事故発生といえる場合は，交通事故のために入院・治療が必要となった結果であるといえるにしても，共同不法行為とできるのかは疑問です。共同不法行為とできないのであれば，単独の不法行為の競合とみて，結果の重なっている明確に分離できない部分につき，民法719条1項後段の適用ないしは類推適用を考えるか，医療機関の引き起こした事故による損害

部分は交通事故と因果関係がないとして取り扱うことになるでしょう。

4 共同不法行為者間の求償

(1) 絶対的過失相殺の場合の求償額算定

絶対的過失相殺が行われるべき事案における求償額の計算は容易です。設問(1)でいえば、被害者Vが受領できる賠償額【損害額×（1－Vの過失割合）】につき、甲と乙の過失割合で金額を案分して分担額を算出し、どちらかが自分の分担額を超えてVに支払をしたときは、超過額を他の加害者に求償できます。

(2) 相対的過失相殺事案における問題点

設問(2)のような医療過誤との競合事例では相対的過失相殺をすることになるでしょう。相対的過失相殺の場合に問題となるのは、まず、連帯の範囲（というよりも甲と乙が分担して負担すべき賠償金額の総額）を決める必要がある点です。ここで、Vの損害額1億円、V：甲の過失割合　30：70、V（実際はAの過失）：乙の過失割合　10：90として例を示します。V→甲の請求権は、1億円×（100－30）＝7000万円となり、V→乙の請求権は、1億円×（100－10）＝9000万円となります。この場合、少ない方の債務額、7000万円の部分で連帯するとの考え方が有力なようです。しかし、こう考えるべきとはいいきれないとして、損害額全額や過失相殺率とは異なるVの絶対的過失割合を認定したうえで算出される金額を、賠償受領額の上限だとする考え方もあり得ると指摘されています。したがって、まだまだ、未解明の分野です。

次に、甲及び乙が分担すべき金額につき、どのような割合で分担すべきなのかが問題です。いわば、損害に対する寄与度の認定が必要です。この場合、過失相殺の割合（加害者の負担する賠償債務額）の比率をもって分担額を単純に算出すべきではありません。上記の計算では、乙病院の方が賠償債務額が大きいので、これで分担額を算出すると、甲車側より分担金が相当大きくなります。しかしながら、そもそも人身被害を生じさせた自動車側の責任より、被害軽減のためやむなく治療努力をした医療機関側の負担割合が大きいとはいえないことが多いでしょう。したがって、医療機関側の過失の態様やその軽重、そして医療過誤により軽減できなかった損害額や増加してしまった損害額の大きさと、

自動車側の過失の大きさや事故の受傷の重篤度を比較して適切な割合を認定すべきでしょう。

〔高野　真人〕

■判　例■

☆1　最判昭43・4・23民集22巻4号964頁・判タ222号102頁・判時519号17頁。
☆2　最判平13・3・13民集55巻2号328頁・交民集34巻2号327頁・判タ1059号59頁。
☆3　前掲（☆2）最判平13・3・13。
☆4　最判平15・7・11民集57巻7号815頁・交民集36巻4号905頁・判タ1133号118頁。
☆5　前掲（☆4）最判平15・7・11。
☆6　前掲（☆4）最判平15・7・11。
☆7　前掲（☆2）最判平13・3・13。
☆8　前掲（☆2）最判平13・3・13。

第2章◇自動車損害賠償責任保険（自賠責保険）
第3節◇自動車損害賠償の基礎としての損害額算定

Q22 損益相殺による損害額の調整

　私の息子Aは，バイクに乗って信号機のある交差点を青信号にて直進進行していたところ，突然右折してきた四輪自動車にはねられ，死亡してしまいました。息子は事故当時40歳の独身であり，家内も亡くなっていたので，父である私のみが相続人となりました。私は，息子Aが死亡したことにより，これまでに労働者災害補償保険法（労災保険法）に基づく遺族補償年金として280万円，厚生年金保険法に基づく遺族厚生年金として270万円の合計550万円を受領しました。Yに対して損害賠償請求をしたところ，Y側は，それらの年金分を賠償金額から差し引くと主張してきました。
　(1) このような場合，差し引かれてしまうのでしょうか。
　(2) 仮に差し引かれる場合，今後支払われる予定の金員も支払の対象になるのでしょうか。
　(3) 差し引く場合，金員は損害賠償額全体から差し引かれるのでしょうか，それとも差し引くことができる損害項目は限られているのでしょうか。
　(4) 差し引くべき金額は，損害の元本に充当されるのでしょうか，それとも遅延損害金から充当されるのでしょうか。
　(5) 本件のように，事故状況についてAにも過失がある場合，過失相殺後に差し引くのでしょうか，それとも過失相殺前に差し引くのでしょうか。

A

　(1)被害者側が，交通事故と同一の原因により利益を受ける際，その利益が損害と同質性があり，その利益によって損害がてん補され

たと評価できる場合は損益相殺の対象になるものとされているため、交通事故を原因として支払われるようになった年金分は損害賠償額から差し引かれます。(2)ただし、その場合、差し引くことができるのは、口頭弁論終結時までに既に支払われた金額及び支払われることが確定している金額分のみですし、(3)差し引くことができる損害項目も逸失利益分に限られ、慰謝料等他の項目から差し引くことはできません。(4)差し引く順序に関しては、元本から差し引くのか遅延損害金から差し引くのかについて争いがありましたが、最判平22・9・13（民集64巻6号1626頁・判タ1337号92頁・判時2099号20頁）により、元金から充当すべきものとされました。本件の場合、Aの損害のうち、逸失利益元本に相当する分から、受領した年金合計550万円が差し引かれることになります。(5)事故状況につき過失相殺が認められる場合、過失相殺後に損益相殺をするのか、過失相殺前に損益相殺をするのかについては争いがあります。

☑キーワード

損益相殺，労災，健康保険，年金，過失相殺前控除説，過失相殺後控除説

解説

1　問題の所在

　交通事故を原因として加害者以外の第三者から金銭支払がなされた場合、その受け取る金銭の内容いかんによっては、加害者が支払うべき損害賠償額から控除されることがあります。これを損益相殺といい、「損害の公平な分担」という損害賠償法理の基本理念から導かれる処理として一般的に認められています。

　問題は、どのような性質の金銭が損益相殺の対象になるのか、控除されるとしてその時的限界はどこまでか、控除項目に制限はあるのか、遅延損害金から

第2章◇自動車損害賠償責任保険（自賠責保険）
第3節◇自動車損害賠償の基礎としての損害額算定

充当されるのか，事故状況について被害者側に過失がある場合，過失相殺を行ってから差し引くのか，差し引いてから過失相殺を行うのかという点にあります。

2 どのような性質の金銭が損益相殺の対象になるのか

(1) 一般論

　交通事故を原因として加害者以外の第三者から支払われる金銭には，公的な制度に基づくもの（労災保険法による給付金，各種社会保険給付等）や私的な保険（生命保険，搭乗者傷害保険等）があります。

　この点に関し，最判平5・3・24（民集47巻4号3039頁・判タ853号63頁・判時1499号51頁）は，不法行為によって被害者が死亡し，その損害賠償請求権を取得した相続人が不法行為と同一の原因によって利益を受ける場合には，損害と利益との間に同質性がある限り，公平の見地から，その利益の額を当該相続人が加害者に対して賠償を求め得る損害の額から控除することによって損益相殺的な調整を図ることが必要である，と判示しています。一般的には，損益相殺の対象になるかどうかは，損害と利益との間に同質性があり，その利益によって被害者側の損害がてん補されたと評価できるかどうか（相互補完性があるかどうか）で区別されているといえるでしょう。最高裁は，生命保険や搭乗者傷害保険は損益相殺の対象とはならないと判示しています☆1。

(2) 遺族補償年金及び遺族厚生年金

　では本件で問題となっている遺族補償年金や遺族厚生年金は損益相殺の対象になるのでしょうか。

　障害年金受給者が不法行為より死亡した事案に関し，最判平11・10・22（民集53巻7号1211頁・判タ1016号98頁・判時1692号50頁）は，国民年金法に基づく障害基礎年金も厚生年金保険法に基づく障害厚生年金も，保険料が拠出されたことに基づく給付であることを根拠に年金の逸失利益性を認めつつ，当該「障害年金の受給権者が不法行為により死亡した場合において，その相続人のうちに，障害年金の受給権者の死亡を原因として遺族年金の受給権を取得した者があるときは，遺族年金の支給を受けるべき者につき，支給を受けることが確定した

遺族年金の額の限度で，その者が加害者に対して賠償を求め得る損害額からこれを控除すべきものと解するのが相当である。」と損益相殺の対象になる旨判示しています。

この最判平11・10・22事案は，被害者自身が障害年金受給者であり，その障害年金の逸失利益性を認めつつ，障害年金受給者が死亡することにより遺族年金を取得することになった相続人について損益相殺を認めたものですが，設例事案は年金受給者が死亡した事案ではありません。上記最判平11・10・22の事例は，損害（逸失利益）も利益も「年金」という点でまったく「同質」であるとみることが可能ですが，設例の場合は，逸失利益が年金ではなく通常の労働の対価分である点に違いがあります。

この点に関し，最判平16・12・20（集民215号987頁・交民集37巻6号1489頁・判タ1173号154頁）は，上記最判平11・10・22を引用しつつ，「この理は，不法行為により死亡した者が障害基礎年金等の受給権者でなかった場合においても，相続人が被害者の死亡を原因として被害者の逸失利益に係る損害賠償請求権と遺族厚生年金の受給権との双方を取得したときには，同様に妥当するというべきである。そうすると，不法行為により死亡した被害者の相続人が，その死亡を原因として遺族年金の受給権を取得したときは，被害者が支給を受けるべき障害基礎年金等に係る逸失利益だけでなく，給与収入等を含めた逸失利益全般との関係で，支給を受けることが確定した遺族厚生年金を控除すべきものと解するのが相当である。」と判示して，逸失利益全体との関係で損益相殺の対象になることを認めました。遺族年金は，被害者の収入によって生計を営んでいた者に支給されるものであって，給与収入等を含めた被害者の逸失利益全般と同質性を有するとみることも可能であるからです。

本設問においても，上記最高裁の考えによれば，被害者の逸失利益全般との関係で損益相殺の対象となることになります。

3 損益相殺が可能な項目

では，逸失利益を超える支給があった場合，他の項目，例えば，慰謝料項目からも控除することはできるのでしょうか。損益相殺の対象となる項目に制限

があるかどうかが問題となります。

　この点に関し，上記最判平11・10・22は，「遺族年金をもって損益相殺的な調整を図ることのできる損害は，財産的損害のうちの逸失利益に限られるものであって，支給を受けることが確定した遺族年金の額がこれを上回る場合であっても，当該超過分を他の財産的損害や精神的損害との関係で控除することはできない」と判示しています[2]。損益相殺は，不法行為により発生した損害とその発生により受けることになった利益が「同質」であることを理由に認められるものですから，損害のなかでも，逸失利益とは性質の異なる積極損害項目（入院雑費や付添看護費等）や慰謝料のような損害項目から差し引くことはできないことになります。

4　損益相殺によって控除される範囲（時的制約）

　損益相殺の対象になる被害者側が受け取る給付は，いつの時点までが対象となり差し引かれることになるのでしょうか。例えば年金の逸失利益が認められた場合，当該逸失利益は被害者の平均余命までで算定しますが，遺族年金も同様に被害者の平均余命まで算定したうえで差し引くことになるのでしょうか。

　この点に関し，前記最判平5・3・24は，不法行為と同一の原因によって，被害者やその相続人が何らかの請求権（債権）を取得したとしても，債権である以上履行の不確実性があるうえ，年金支払請求権のように将来にわたり継続的に履行されることを内容とするもので，かつ制度の存続自体に不確実性を伴うような場合は，当該債権を取得したということだけでは「被害者に生じた損害が現実に補てんされたものということができない」として，「被害者又はその相続人が取得した債権につき，損益相殺的な調整を図ることが許されるのは，当該債権が現実に履行された場合又はこれと同視し得る程度にその存続及び履行が確実であるということができる場合に限られるものというべきである。」と判示しました。結局，口頭弁論終結時までに支払が確定している給付のみが控除され，いまだ給付を受けることが確定していないものは控除することはできないことになります。

5 損益相殺の充当順序

では，損益相殺をする場合，それは元本に充当されるのでしょうか。それとも，遅延損害金から充当すべきなのでしょうか。

(1) 自賠責保険金の場合

上記最判平16・12・20は，自賠責保険金の充当に関し，加害者の被害者に対する損害賠償債務は，本件事故の日に発生し，かつ，何らの催告を要することなく，遅滞に陥っており，事故時から自賠責保険金の支払日まで遅延損害金は発生しているのであるから，「自賠責保険金等が支払時における損害金の元本及び遅延損害金の全部を消滅させるに足りないときは，遅延損害金の支払債務にまず充当されるべきものである」（民491条1項参照）と判示し，自賠責保険金が支払われたときは，まずは遅延損害金から充当すべきとしています。

(2) 元本から充当すべき場合

しかし，損益相殺は，損害と利得との間に同質性が認められる場合に限り認められるものであり，労災保険法に基づく給付や年金について，遅延損害金から充当することには違和感があります。

その後最高裁は，その点を明確にしました。最判平22・9・13（民集64巻6号1626頁・判タ1337号92頁・判時2099号20頁）は，「被害者が，不法行為によって傷害を受け，その後に後遺障害が残った場合において，労災保険法に基づく各種保険給付や公的年金制度に基づく各種年金給付を受けたときは，これらの社会保険給付は，それぞれの制度の趣旨目的に従い，特定の損害について必要額をてん補するために支給されるものであるから，同給付については，てん補の対象となる特定の損害と同性質であり，かつ，相互補完性を有する損害の元本との間で，損益相殺的な調整を行うべきものと解するのが相当である。」と判示し，労災保険法に基づく各種保険給付，国民年金法に基づく障害年金及び厚生年金保険法に基づく障害厚生年金については，遅延損害金ではなく，元本に充当すべきことを明らかにしました。その理由として最高裁は，不法行為による損害賠償債務は不法行為時に発生し，直ちに遅滞に陥るものとされているものの，実際は，「不法行為の時から相当な時間が経過した後に現実化する損害に

つき，不確実，不確定な要素に関する蓋然性に基づく将来予測や擬制の下に，不法行為の時におけるその額を算定せざるを得ない」こと，その額の算定にあたっては「不法行為の時から損害が現実化する時までの間の中間利息が必ずしも厳密に控除されるわけではないこと」，「支給される労災保険法に基づく各種保険給付や公的年金制度に基づく各種年金給付は，それぞれの制度の趣旨目的に従い，特定の損害について必要額をてん補するために，てん補の対象となる損害が現実化する都度ないし現実化するのに対応して定期的に支給されることが予定されていること」などを考慮すると，「制度の予定するところと異なってその支給が著しく遅滞するなどの特段の事情のない限り，これらが支給され，又は支給されることが確定することにより，そのてん補の対象となる損害は不法行為の時にてん補されたものと法的に評価して損益相殺的な調整をすることが，公平の見地からみて相当」であるからとしています。

最判平22・10・15（集民235号65頁）でも，同様の理由から労災保険法に基づく休業給付について元本充当すべきと判示しています。

(3) 　**最高裁平27・3・4大法廷判決**

そして最大判平27・3・4（民集69巻2号178頁・判タ1414号140頁・判時2264号46頁）では，上記最判平22・10・15を引用したうえで，遺族補償年金は，労働者の死亡による遺族の被扶養利益の喪失をてん補することを目的とするものであって「その填補の対象とする損害は，被害者の死亡による逸失利益等の消極損害と同性質であり，かつ，相互補完性があるものと解される。他方，損害の元本に対する遅延損害金に係る債権は，飽くまでも債務者の履行遅滞を理由とする損害賠償債権であるから，遅延損害金を債務者に支払わせることとしている目的は，遺族補償年金の目的とは明らかに異なるものであって，遺族補償年金による填補の対象となる損害が，遅延損害金と同性質であるということも，相互補完性があるということもできない。」として，遺族補償年金は「逸失利益等の消極損害の元本との間で損益相殺的な調整を行うべき」と判示しました。そして「所論引用の当裁判所第二小法廷平成16年12月20日判決は，上記判断と抵触する限度において，これを変更すべきである。」としています。

この最大判平27・3・4は，労働者遺族から雇用主に対する不法行為又は債務不履行に基づく損害賠償請求訴訟であり，交通事故事案ではありませんが，

損益相殺の対象となる年金については，遅延損害金からではなく，逸失利益等の消極損害の元本に充当されることは確定したといってよいでしょう。

6 過失相殺と損益相殺

　事故状況について過失相殺が行われた場合，損益相殺は過失相殺前に行われるのか，過失相殺後に行われるのかについても問題があります。

(1) 労災の場合

　最判平元・4・11（民集43巻4号209頁・交民集22巻2号255頁・判タ697号186頁）は，労災保険給付に関する損益相殺について，「保険給付の原因となった事由と同一の事由による損害の賠償額を算定するには，右損害の額から過失割合による減額をし，その残額から右保険給付の価額を控除する方法によるのが相当である」と過失相殺後控除説を採用することを明らかにしています。労災保険法12条の4第1項・2項は，「受給権者に対する第三者の損害賠償義務と政府の保険給付義務とが相互補完の関係にあり，同一の事由による損害の二重填補を認めるものではない趣旨を明らかにして」おり，「損害賠償額を定めるにつき労働者の過失を斟酌すべき場合には，受給権者は第三者に対し右過失を斟酌して定められた額の損害賠償請求権を有するにすぎない」のであって，労災保険法12条の4第1項により「国に移転するとされる損害賠償請求権も過失を斟酌した後のそれを意味すると解するのが，文理上自然」であることを理由としています。

(2) 健康保険の場合

　健康保険については，最高裁判例はありませんが，上記労災の場合とは異なり，過失相殺前控除説が定説とされています[☆3]。その理由としては，労災保険の場合は他の賠償義務者を前提とするのに対し健康保険はそのような者の存在は前提としておらず社会保障的性格がより強いこと，求償実務において被害者の過失分を減額して求償されていること（昭54・4・2保発24号・庁発6号），健康保険は労災と異なり被害者ないし被害者の親族が保険料を負担しているところ，たまたま加害者が存在していたら健保等が賠償金の一時立替払いをしただけの効果しか得られなくなってしまい不合理であること等が挙げられていま

第2章◇自動車損害賠償責任保険（自賠責保険）
第3節◇自動車損害賠償の基礎としての損害額算定

す。

(3) 年金の場合

では，本件のように年金の場合はどうでしょうか。

前記最判平5・3・24は，特段の理由を示さないまま，過失相殺後に控除をした原審判断を是認しており，そのような見解に立つ判決例も多数あります☆4。

しかし，損益相殺対象になる年金は，賠償義務者の存在の有無にかかわらず支給されるものであって，賠償義務者を前提とする労災とは異なりますし，保険料も被害者が負担しているのであって，健康保険の場合に類似しているのではないでしょうか。障害基礎年金と高額療養給付の損益相殺が問題となった東京地判平20・5・12（交民集41巻3号576頁）は，「障害基礎年金及び高額療養費は，損害の賠償を目的とするものではなく，また，被保険者が保険料を拠出したことに基づく給付としての性格を有していることも考慮すると，過失相殺前に控除するのが相当である。」とし，過失相殺前控除説を採用しています。この点は，今後の問題といえましょう。

なお，いずれの見解に立つにせよ，上記のとおり損益相殺は逸失利益以外の項目からはできませんので，他の項目から差し引くことにならないよう注意が必要ですし，損益相殺をなし得るのは損益相殺の対象となる受給を受けた者だけであって，受給した者以外から控除することはできないとされていますので☆5その点にも注意が必要です。

〔末次　弘明〕

= ■判　例■ =

☆1　生命保険について最判昭39・9・25民集18巻7号1528頁・集民75号521頁・判タ168号94頁，搭乗者傷害保険について最判平7・1・30民集49巻1号211頁・交民集28巻1号1頁・判タ874号126頁。
☆2　同趣旨，最判昭58・4・19民集37巻3号321頁・交民集16巻6号1779頁・判タ497号89頁，最判昭62・7・10民集41巻5号1202頁・判タ658号81頁・判時970号3頁。
☆3　大阪地判平4・6・18交民集25巻3号707頁等。
☆4　千葉地判平24・12・6自保ジャーナル1889号110頁，東京地判平25・9・18交民集46巻5号1252頁・自保ジャーナル1910号116頁。

☆5　最判昭50・10・24民集29巻9号1379頁・交民集8巻5号1258頁・判タ329号127頁。

●参考文献●

⑴　最判解民平成5年度（上）454頁〔滝澤孝臣〕。
⑵　最判解民平成11年度（下）594頁〔河邉義典〕。
⑶　最判解民平成22年度（下）553頁〔綿引万里子＝岡田伸太〕。
⑷　高取真理子「公的年金による損益相殺―最高裁平成16年12月20日第二小法廷判決を契機として」判タ1183号65頁。
⑸　日弁連交通事故相談センター編『交通賠償論の新次元』（判例タイムズ社，2007年）206頁〔高野真人〕。

第2章◇自動車損害賠償責任保険（自賠責保険）
第3節◇自動車損害賠償の基礎としての損害額算定

Q23 第三者行為災害による代位請求

　私は，普通自動二輪を運転し，信号機により交通整理の行われている交差点を青信号に従って直進していたところ，Aさんの運転するAさん所有車両が急に右折してきたため事故となり，外傷性クモ膜下出血で入院しました。AさんはY保険会社と自動車損害賠償責任保険（自賠責保険）契約を締結していましたが，任意保険には加入していませんでした。私は，健康保険を使って治療費を支払い，退院後，Y保険会社に対し，自動車損害賠償保障法（自賠法）16条1項に基づき被害者請求を行いました。私の傷害部分の損害は，自己負担分の治療費，入院雑費，交通費，慰謝料等総額300万円であり，自賠責保険の傷害限度額120万円全額が支払われるものと思っていました。ところが，Y保険会社は，私の加入しているZ健康保険組合から200万円分の治療費に関する求償請求がなされたことを理由に，120万円全額は支払えない，案分した金額しか支払えないと回答してきました。案分されてしまうのでしょうか。

A
　被害者の自賠法16条1項に基づく被害者請求と，健康保険組合からの求償請求が競合した場合は，被害者請求が優先し，本件被害者は，120万円の満額まで受領することができます。

☑キーワード
　直接請求，代位，案分説，被害者優先説

解説

1 問題の所在

　交通事故の被害者は，加害車両運転手に対し民法709条による損害賠償請求権を有するほか，加害自動車の保有者に対し自賠法3条による損害賠償請求権，自賠法16条1項により加害自動車の保有者が加入する自賠責保険会社に対し被害者請求権（直接請求権）を有することになります。一方，自動車事故により傷害を負った被害者が，被害者が自ら加入する健康保険を使用し，健康保険組合が医療機関に治療費等を支払った場合，健康保険組合は，被害者が加害者に対して有する損害賠償の請求権を代位取得することになります（健保57条，高齢医療58条等）。この代位規定によれば，自賠法16条1項による被害者の自賠責保険会社に対する直接請求権に対しても，健康保険組合は代位することが可能ということになりますが，その場合被害者の直接請求権と健康保険組合による代位権との関係がどうなるのか，いずれかが優先するのか，それとも案分されるのかが問題になります。

2 前提問題

　健康保険法57条は「保険者は，給付事由が第三者の行為によって生じた場合において，保険給付を行ったときは，その給付の価額（……）の限度において，保険給付を受ける権利を有する者（……）が第三者に対して有する損害賠償の請求権を取得する。」と規定しており（高齢医療58条等も同様），代位できるのは，被害者の加害者に対する損害賠償請求権（民法709条や自賠法3条による損害賠償請求権）だけであって，自賠法16条1項による被害者の自賠責保険会社に対する直接請求権には代位できないのではないかという前提問題があります。自賠法16条1項に定める直接請求権は，法律が特別に認めた権利であり，加害者に対する損害賠償請求権とは別個独立のものとして併存すると考えられてい

たしかに自賠法16条1項の直接請求権は，加害自動車の保有者を保険契約者とする自賠責保険会社に対する保険金請求権を基礎とする，加害者本人ではなく保険会社に対する請求権であって，「第三者に対する損害賠償請求権」そのものとはいいがたいといえましょう。また，自賠法16条1項は「第3条の規定による保有者の損害賠償の責任が発生したときは，……保険会社に対し，保険金額の限度において，損害賠償額の支払いをなすべきことを請求することができる。」と定めているのであって，「損害賠償請求をすることができる」と定められているわけではありません。

　しかし，通説は，社会保険各法にいう「第三者」とは，社会保険の保険者と被保険者以外の者をいうものと解釈し，「第三者」には加害者のみならず自賠法に基づき責任を負う保険会社も含まれると考えています。それゆえ，自賠法16条1項による直接請求権の代位取得も認められることになります。

3　優劣問題についての学説

　では，被害者の直接請求権と社会保険給付に基づく社会保険者の代位請求とはどのような関係に立つのでしょうか。この点については(1)案分説と(2)被害者優先説との見解の対立があります。

(1)　案　分　説

　社会保険者が代位取得するのは，被害者の自賠責保険会社に対する直接請求権であり，両者は同じもの（同質）であるから，平等分割の原則（民427条）により，社会保険者と被害者はその請求額に応じた比率において賠償金の支払を受けることができるとする説であり，主に行政側がとっている見解です。

(2)　被害者優先説

　社会保険者の代位請求よりも，被害者の直接請求権が優先するという説です。「社会保険者の保険給付は，その保険契約上の債務の履行としての給付であり，求償権の代位取得は，被害者の二重利得の阻止あるいは加害者の免責阻止といった技術的ないし政策的要請から認められる」ものにすぎず，「債務の履行によって付随的に生じる求償債権が，被害者に生じた損害のてん補という

目的を持った直接請求権の行使を阻害してまで全く対等の地位に立つと解すべきものとは考えられない。」[*1]ことを主な理由としています。

4 検　　討

　案分説が主張するとおり，社会保険者が代位するのは，被害者の自賠責保険会社に対する直接請求権であり，両者は同質のものといえます。また，社会保険の代位ケースではありませんが，旧商法662条1項の請求権代位に関し，最高裁は「保険金額が保険価額（損害額）に達しない一部保険の場合において，被保険者が第三者に対して有する権利が損害額より少ないときは，一部保険の保険者は，填補した金額の全額について被保険者が第三者に対して有する権利を代位取得することはできず，一部保険の比例分担の原則に従い，填補した金額の損害額に対する割合に応じて，被保険者が第三者に対して有する権利を代位取得することができるにとどまるものと解するのが相当である。」[☆1]と判示しており，それと同じ理解の仕方をするのであれば，案分と解する余地もありそうです。

　しかし，案分説によると，被害者において，自賠責保険から受け取れる金額が減ることを是認することになってしまいます。特に本ケースのように，加害者が任意保険未加入の場合，加害者に資力がないことが多く，自賠責保険から支払われる金員が被害者の最後の拠り所であり，受領できる金員が減ることは実質的に被害を拡大させてしまいます。また，本件のような健康保険の場合，被害者は，自ら保険料を負担して給付を受けているのであって，負担の対価たるべき給付を受けると，自賠責保険からの支払の一部が受けられなくなってしまうという結論は不合理と考えられます。上記一部保険の最判は，社会保険のケースではありませんし，旧商法662条1項に関する判例にすぎず，同条項は，保険法25条1項及び2項に改正されています。保険法25条1項及び2項においては，案分説に立った上記最高裁の考え方は採用されておりません。したがって，現時点においては当該最高裁判決を根拠に案分説を採用することはできないものと考えられます。本件に関しては被害者優先説が妥当です。

第２章◆自動車損害賠償責任保険（自賠責保険）
第３節◆自動車損害賠償の基礎としての損害額算定

5 最判平20・2・19（民集62巻2号534頁・交民集41巻1号1頁・判タ1268号123頁）

　被害者の行使する自賠法16条１項に基づく請求権の額と市町村長が老人保健法（平成17年法律第778号による改正前のもの）41条１項により取得し行使する上記請求権の額の合計額が自賠責保険の保険金額を超える場合に，被害者は市町村長に優先して損害賠償額の支払を受けることができるかどうかが問題になった事案につき，最高裁は，「被害者が医療給付を受けてもなおてん補されない損害（以下「未てん補損害」という。）について直接請求権を行使する場合は，他方で，市町村長が老人保健法41条１項により取得した直接請求権を行使し，被害者の直接請求権の額と市町村長が取得した直接請求権の額の合計額が自賠責保険金額を超えるときであっても，被害者は，市町村長に優先して自賠責保険の保険会社から自賠責保険金額の限度で自賠法16条１項に基づき損害賠償額の支払を受けることができるものと解するのが相当である。」として，被害者の直接請求権が優先することを明らかにしました。

　最高裁は，その理由として，①「自賠法16条１項は，同法３条の規定による保有者の損害賠償の責任が発生したときに，被害者は少なくとも自賠責保険金額の限度では確実に損害のてん補を受けられることにしてその保護を図るものであるから（同法１条参照），被害者において，その未てん補損害の額が自賠責保険金額を超えるにもかかわらず，自賠責保険金額全額について支払を受けられないという結果が生ずることは，同法16条１項の趣旨に沿わないものというべきである。」，②「老人保健法41条１項は，第三者の行為によって生じた事由に対して医療給付が行われた場合には，市町村長はその医療に関して支払った価額等の限度において，医療給付を受けた者（以下「医療受給者」という。）が第三者に対して有する損害賠償請求権を取得する旨定めているが，医療給付は社会保障の性格を有する公的給付であり，損害のてん補を目的として行われるものではな」く，「同項が設けられたのは，医療給付によって医療受給者の損害の一部がてん補される結果となった場合に，医療受給者においててん補された損害の賠償を重ねて第三者に請求することを許すべきではないし，他方，損害賠償責任を負う第三者も，てん補された損害について賠償義務を免れる理

由はないことによるものと解され，医療に関して支払われた価額等を市町村長が取得した損害賠償請求権によって賄うことが，同項の主たる目的であるとは解されない」のであって，「市町村長が同項により取得した直接請求権を行使することによって，被害者の未てん補損害についての直接請求権の行使が妨げられる結果が生ずることは，同項の趣旨にも沿わないというべきである」と述べています。

健康保険給付は社会保障的な給付であって，損害のてん補を目的とするものではありませんし，代位が認められるのも「被害者の二重利得の阻止あるいは加害者の免責阻止」にすぎないのであって，被害者の賠償請求を制限してまで要請されるものとは解することができませんから，被害者の直接請求権を優先したものといえます。

6 労災保険の場合について

上記最判平20・2・19は，健康保険の代位に関するものであり，その考え方が労災保険の代位規定（労災12条の4第1項）についても及ぼされるのか，あるいは，労災の場合は別な考慮が必要なのかは今後の問題です。

健康保険の場合は，被害者が保険料を支払っており，その対価ともいうべき給付を受けたら損害賠償金の受領額が減ることになるのは不合理といえますが，労災の場合は被害者自身が保険料を負担しているわけではありません。また，健康保険は治療費という特定項目に限られますが，労災の場合は，療養給付のみならず，休業給付や障害給付等損害のてん補ともいうべき内容も含まれています。このような点を考慮し労災保険は健康保険とは異なると考えれば，案分説になる余地がありましょう。一方，上記最高裁の考え方は社会保険一般に妥当するとすれば労災保険の場合も被害者優先説になると考えられます。

〔末次　弘明〕

= ■判　例 =

☆1　最判昭62・5・29民集41巻4号723頁・集民151号103頁・判タ652号126頁。

第 2 章◇自動車損害賠償責任保険（自賠責保険）
第 3 節◇自動車損害賠償の基礎としての損害額算定

■注　記■

*1　川井健ほか『注解交通損害賠償法(1)〔新版〕』（青林書院，1997年）170頁〔伊藤文夫〕。

●参考文献●

(1)　最判解民平成20年度（上）111頁〔森冨義明〕。
(2)　尾島茂樹「自賠法16条1項に基づく直接請求権についての被害者と老人保健法により医療を行った市町村長との関係」ジュリ1376号95頁。
(3)　北河隆之ほか『逐条解説自動車損害賠償保障法』（弘文堂，2014年）134頁〔八島宏平〕。

Q24 損害賠償請求権と他法令給付との調整

　私は，通勤途上で交通事故に遭いました。何とか命はとりとめたのですが，そのために入院期間が数か月に及び，退院後も手足が不自由となり，従来の勤務先での仕事に復帰することができません。加害者に対して損害の賠償を求めたいので先日弁護士を依頼しました。ところが，弁護士の説明によると今まで私が労働者災害補償保険法（労災保険法）に基づいて受領していた各種の金銭給付について損害賠償の額から差し引かれることになるかもしれないということです。本当にそうなるのでしょうか。そうであるとするとそれはどのような理由によるものなのでしょうか。

A

　いわゆる社会保険ともいうべき労災保険法による各種給付金は被給付者の被った損害の回復などを目的とするものであり，この限りでは不法行為による損害賠償制度の目的とするところと同一であり，同性質であるということができ，この両制度はいわゆる相互補完的な機能を果たすものといえます。そこで労災保険法による給付を先に受けている者が後に損害賠償請求権を行使しようとする場合には先に受けている給付と損害賠償請求権とについての損益相殺的な調整を受けることとなり，その既受領金額との調整として損害賠償額からこれが差し引かれることとなります。

　被害者が既に受領している金額ではなくこれから将来に受領が予定されている金額についてどう扱われるかについては問題があります。既にその受領が確定的なものとして具体的に決定されているようなものについてはやはり損益相殺的調整という形で損害賠償額から差し引かれることとなりますが，それ以外のものについては差し引かれることはないといえましょう[1]。また，既に生じている損害賠償請求権についての遅延損害金は損益相殺的な調整という扱い

215

第2章◇自動車損害賠償責任保険（自賠責保険）
第3節◇自動車損害賠償の基礎としての損害額算定

> を受けることはありません[2]。

☑キーワード

損益相殺，損益相殺的調整，請求権代位，労働者災害補償保険法（労災保険法）

解　説

1　問題の所在

　交通事故の被害者が加害者に対してこれによって被った被害についての損害の賠償を請求することができることは当然のことです。その根拠となる法律は民法ないし自動車損害賠償保障法（自賠法）ということになりますが，この不法行為による損害賠償請求権という制度の目的とするところは事故によって生じた被害の回復ということになります。このような不法行為が成立し，これによる損害賠償を請求できるような場合に不法行為の成立要件と共通の要件あるいはこれと競合する要件の下で他の法令を根拠とする金銭給付を求める権利が生ずる場合があります。このような場合にあってこれらの金銭給付請求権の相互関係はどのようなものとなるのかが問題となってきます。その間に何らの調整をすることなく各別に金銭給付請求権が認められた場合には被害者において一つの事故を契機にしてこれらの金銭を二重取りすることにもなりかねないのではないかという疑問が出てくるからです。

2　設問を中心として

　ここでの問題もその一例といっていいと考えることができます。そこで設問にあるような事例について考えてみることにしましょう。このような場合にも一つの事故を原因として複数箇所からの補償を受けることになり不公平ではな

Q24◆損害賠償請求権と他法令給付との調整

いかという疑問が生じます。しかし，このような交通事故による損害賠償のほかに別の金銭債務が何らかの法を根拠として認められる場合，そのような別の金銭債務がいったいどのようなことを目的として認められているかが問題となります。先にも述べたように民法上の不法行為を原因として認められた損害賠償請求権はこれによる被害の回復ということに目的があります。そこで，これが認められると同時にここで問題となる労災保険法などの法律が不法行為損害賠償と同様の被害回復ということを目的として定められており，不法行為による損害賠償請求権と同じ性質を有するものと理解される場合には損害賠償のほかにこれを取得することを認めてしまうと二重に被害回復を受けることとなり不合理ということになります。反対にこれが異なった目的から認められる性格の異なったものであるということになれば二重取りということにはなりませんから両者からの支払を受けることは矛盾ではありません。

　このような問題が生じてきた場合に不法行為による損害賠償請求権と他法令による金銭給付請求権とをどのように調整するかということですが，他法令によるそれがまったく別の目的から損害賠償とは異なった観点で規定されている場合には問題はないのですが，そうでない場合には一種の二重取りを防止するためにいくつかの方法が用意されています。例えば各種損害保険などの場合には保険会社が保険金を支払った場合には請求権代位という手段によって被害者が加害者に対して有する損害賠償請求権を保険会社が取得することになり，その結果として損害賠償請求権が被害者から離れるということになります（保険25条）。また，逆に被保険者が有責第三者から損害賠償を受けたときは保険者はその価額の限度において保険給付を免れるとの規定がおかれている場合もあります（例えば，労災12条の4第2項，国健保64条2項など）。このような規定をもたないような場合であっても，いわゆる損益相殺という手段によって競合する請求権同士の調整が図られることもあります。この損益相殺というのは不法行為などによって被害者が被害を受けると同時にその反面として被害者に利益が生じたような場合にその利益を損害から差し引いて処理することになるような場合のことです。例えば，交通事故で被害者が死亡し，そのために事故に遭わなければ被害者がまだまだ生きられたはずであり，その生存するはずの期間に得られるはずであった収益などの損害の賠償を請求するにあたって，被害者が生

217

存していたならば当然にかかるはずの費用（例えば日々の生活費など）がかからなくなったということでその金額を差し引いて損害賠償額を確定するというような場合です。その意味ではこれはまさに損益相殺に該当するものだといっていいでしょう。設問のような事案を考えるにあたってもこのような考え方による処理がなされることになります。設問の場合についてとられるこのような手法は厳格な意味では損益相殺といえないかもしれないところから、このような手法を損益相殺的調整と称して他の法令を根拠とする金銭給付と損害賠償との調整がされる場合があります。ここでの設問の場合もこれに該当することになります。

このような労災保険法の規定による障害年金給付は損害賠償と同性質を有するものであり、かつ、相互補完性を有するものであると判断されるところから損害賠償と年金とを二重に受領するのは不合理であると理解され、いわゆる損益相殺的な調整（既受領及び受領することが確定した障害年金相当額についての損害賠償請求権は労働災害保険に移転してしまうことになる〔労災14条の2〕）という形での調整手法がとられることになります。つまり既に年金として得られている金額については損害賠償額から差し引かれることになるわけです☆3。

3　将来受けるべき金額

既に受領している金額について損害賠償請求金額から差し引かれるのはこれを前提とする限り当然のこといっていいのですが、問題となるのは将来受領することが予定されている金額についてはどのように扱われることになるかです。ここはかなり微妙なところがありますが、将来受け取ることができることが確定しているものについてはこれを賠償額から差し引くという取扱いが最高裁の判断によって認められています☆4。つまり、不法行為と同一の原因によって被害者が損害と同性質を有する利益を内容とする債権を取得した場合には、当該債権が現実に履行されたとき又はこれと同視し得る程度にその存続及び履行が確実であるときに限り、加害者の賠償すべき損害額から控除するということになります☆5。しかしながら最高裁の判例によってもまだ受領することが確実になっていないような年金などについてはこれを損害額から差し引くとい

う取扱いをすることはできないということになります。このような年金受給権が必ずしも確実に履行されるとは限らないし，将来においても年金受給権者の権利が失われる場合もあり得ることは否定できないということからくるのでしょう*1。

4 損害賠償請求権についての遅延損害金については

またもう一つの問題に遅延損害金の扱いがあります。つまり，不法行為から生じた損害賠償請求権について生じてきている遅延損害金についても損益相殺的な調整をすることになるのかという問題です。これについては最近の最高裁判例によれば損害賠償金について生じていた遅延損害金については損益相殺的な調整の対象とすべきではないとされているのが参考とされましょう☆6。これは不法行為による損害については事故の瞬間に発生し，履行期が到来するものであり☆7，これとの関係で損益相殺的な調整をすればいいのであり，その後生じてくる遅延損害金についてまで調整の対象とする必要はないと考えるからです。

ところで誤解を生じないために触れておきますが，労災保険法による補償は物損や慰謝料などについてまではカバーされるものではありませんから，これらのものが損益相殺的調整の対象とされることはありません。

5 その他の他法令との関係

ここでは，ひとまず不法行為上の債権（自動車事故に基づく損害賠償請求権）と労働災害上の保障請求権との関係ということからいわゆる社会保障と損害賠償の調整というべきことを説明しました。他にも不法行為による損害賠償請求権と同様の関係がある請求権を生じさせる他法令があります。その場合にあってはここでも問題とされたように他法令による給付が不法行為による損害賠償制度と同様の目的かつ同様の性格を有するものであり，制度的に相互補完的性格を有するものと認められる場合にはいわゆる損益相殺的な調整ということで既に給付された金額や給付が確定された金額については損害賠償額から差し引か

れることになります。その意味では，各種他法令による給付の性格を判断しながら損益相殺的調整というような処理がされるか否かを判断すべきこととなります。

6 いくつかの判例

不法行為損害賠償制度と競合する他法令を根拠とする各種請求権も少なくありません。このような請求権については各法令によって異なるところがあります。法令によってはそのような規定による保障を受けた場合にはその限度で損害賠償請求権を行使することができなくなるというような定めをおいているものがあります。このような場合にはこの規定が根拠となり損害賠償請求権との調整が図られることになります（例えば保険法25条など。最近ではこの規定による調整をも含めて損益相殺的調整と呼ぶようです）。規定がおかれていないものであってもその他法令による保障の性格が損害賠償請求権と同一の目的を有し相互補完的な関係にあるという判断がされるような場合にはやはり損益相殺的調整という取扱いがされています。生命保険請求権のようにその請求権の性格が月々の掛金の対価として受け取れるものについては損害賠償請求権と併存するものであり損益相殺的な調整を受けないとされるものもあります（生命保険金について最判昭39・9・25☆8参照。生命保険金請求権自体が損害賠償請求権と同一原因かつ同質のものとはいえず，その金額も契約の内容によって定まり，実際の損害をカバーするものとはいいがたいところがあります）。

〔山川　一陽〕

━━━ ■判　例■ ━━━

☆1　以下で説明する最判平5・3・24民集47巻4号3039頁・判タ853号63頁・判時1499号51頁，最判平21・12・17民集63巻10号2566頁・集民232号611頁・交民集42巻6号1409頁，最大判平27・3・4民集69巻2号178頁・判タ1414号140頁・判時2264号46頁など参照。

☆2　前掲（☆1）最大判平27・3・4。

☆3　前掲（☆1）最大判平27・3・4。

☆4　前掲（☆1）最大判平27・3・4，最判平21・12・17など。

Q24◆損害賠償請求権と他法令給付との調整

☆5 前掲(☆1)最大判平5・3・24。
☆6 前掲(☆1)最大判平27・3・4。
☆7 最判昭37・9・4民集16巻9号1834頁・集民62号345頁。
☆8 最判昭39・9・25民集18巻7号1528頁・集民75号521頁・判タ168号94頁。

■注　記■

*1　これにつき伊藤文夫「政府の自動車損害賠償保障事業」塩崎勤＝園部秀穂編『新・裁判実務大系(5)交通損害訴訟法』(青林書院，2003年) 353頁など。

第2章◇自動車損害賠償責任保険(自賠責保険)
第4節◇その他自賠責保険・政府保障事業をめぐる問題

第4節　その他自賠責保険・政府保障事業をめぐる問題

Q25　遅延損害金

　私の夫は，道路を横断中に右折してきたトラックにはねられ，約半年間意識不明の状態が続いた後，私と息子を残して亡くなりました。息子がある程度大きくなるまで経済的に困らなくてすむように，事故の相手方に対して訴訟を起こして，できるだけ高い賠償金を受け取れるようにしたいと考えています。事故から約1年経過したのですが，これから訴訟を起こした場合，遅延損害金はどのように計算されるのでしょうか。

A

　事故の加害者（トラックの運転手やトラックの所有者）を被告として損害賠償請求訴訟を提起する場合，加害者の民法709条や自動車損害賠償保障法（自賠法）3条に基づく損害賠償債務に対する遅延損害金は，事故日から起算されます。夫の死亡は事故の約半年後ですが，判例[1]は，「同一事故により生じた同一の身体傷害を理由とする損害賠償債務は一個と解すべきであって，一体として損害発生の時に遅滞に陥るものであり，個々の損害費目ごとに遅滞の時期が異なるものではない」としていますので，死亡による損害を含む損害全体について，事故日から起算されます。また，遅延損害金の利率は民事法定利率により，現行民法404条では年5％です。ただし，今後の民法改正により，法定利率は変更される可能性があります。

Q25◆遅延損害金

☑キーワード

遅延損害金，確定遅延損害金，法定利率

解　説

1　民法709条，自賠法3条の損害賠償債務の遅延損害金

　不法行為に基づく損害賠償債務は，期限の定めのない債務です。期限の定めのない債務について，民法412条3項は，債権者の催告を待って遅滞に陥る旨定めていますが，判例[2]は不法行為に基づく損害賠償債務は「損害の発生と同時に，なんらの催告を要することなく，遅滞に陥る」としています。すなわち，不法行為に基づく損害賠償債務は，事故（による損害発生）と同時に遅滞に陥り，遅延損害金は事故日から起算されます。また，その利率は民事法定利率により，現行民法では404条が年5％と定めています（ただし，今後の民法改正により，法定利率は変更される可能性があります）。

　設問の相談者は，訴訟の提起を検討していますが，訴訟を弁護士に委任した場合に生ずる弁護士費用は，委任以降に生ずるものであるとして，遅延損害金の起算日を訴状送達日の翌日とする下級審裁判例も従前みられたところ，判例[3]は弁護士費用に関する損害は「その余の費目の損害と同一の不法行為による身体傷害など同一利益の侵害に基づいて生じたものである場合には一個の損害賠償債務の一部を構成するもの」であるから「弁護士費用につき不法行為の加害者が負担すべき損害賠償債務も，当該不法行為の時に発生し，かつ，遅滞に陥るものと解するのが相当である」としました。その後，判例[4]によって，改めて事故日から起算されることが確認されました。

2　自賠法16条1項の損害賠償額支払債務の遅延損害金

　自賠法16条1項は，「第3条の規定による保有者の損害賠償の責任が発生し

第２章◇自動車損害賠償責任保険（自賠責保険）
第４節◇その他自賠責保険・政府保障事業をめぐる問題

たときは，被害者は，政令で定めるところにより，保険会社に対し，保険金額の限度において，損害賠償額の支払をなすべきことを請求することができる」と定め，被害者が加害者の加入する自賠責保険の保険会社に，直接損害賠償額の支払を請求（被害者請求）する権利を認めています。設問の相談者が，自賠法16条１項に基づき，トラックに付保された自賠責保険の保険会社を被告として訴訟を提起した場合，損害賠償額の支払請求権の遅延損害金（自賠責保険会社が負う損害賠償額支払債務に対する遅延損害金）は，いつから起算されるのでしょうか。

　この点が問題となった事案において，判例[5]は，「自動車損害賠償保障法16条１項が被害者の保有者及び運転者に対する損害賠償請求権とは別に保険会社に対する直接請求権を認めた法意に照らすと，同項に基づく保険会社の被害者に対する損害賠償額支払債務は，期限の定めのない債務として発生し，民法412条３項により保険会社が被害者からの履行の請求を受けた時にはじめて遅滞に陥るものと解するのが相当である」とし，保険会社が履行の請求を受けた時から遅滞に陥る旨判示しました。さらに，その後，判例[6]も，このことを確認しました。

　平成22年４月１日に施行された保険法では，保険給付の履行期に関する規定（保険21条）が設けられました。自賠法16条１項の請求権は保険金請求権ではなく，保険法21条の適用は受けないものの，保険法の施行とあわせて，自賠法16条１項の損害賠償額の支払の履行期に関する規定も新設されました（自賠16条の９）。

　自賠法16条の９第１項は，「保険会社は，第16条第１項の規定による損害賠償額の支払の請求があつた後，当該請求に係る自動車の運行による事故及び当該損害賠償額の確認をするために必要な期間が経過するまでは，遅滞の責任を負わない。」と定めています。したがって，平成22年４月１日以降発生した事故については，上記の判例の考え方は直ちに当てはまらず，保険会社が遅滞の責任を負い，遅延損害金の支払義務を負うのは，自賠法16条の９第１項が定める「必要な期間」が経過した日からと考えられます。

　なお，自賠法16条１項は損害賠償額の支払請求権であることから，遅延損害金の利率は民法404条に基づき年５％です[7]。

224

3 自賠法15条の保険金支払債務の遅延損害金

自賠法上の請求権として，自賠法3条の損害賠償請求権（事故の被害者から加害者〔運行供用者〕に対する請求権），自賠法16条1項の損害賠償額の支払請求権（事故の被害者から自賠責保険の保険会社に対する請求権），自賠法17条1項の仮渡金請求権（事故の被害者から自賠責保険の保険会社に対する請求権）のほかに，自賠法15条の請求権があります。これは，被害者に賠償金を支払った加害者（自賠責保険の被保険者〔自動車の使用について正当な権限を有する運行供用者〕）から自賠責保険の保険会社に対する保険金支払請求権です。

自賠法15条の保険金請求に関し，平成22年4月1日以降の事故については保険給付の履行期について定めた保険法21条1項が適用されます。現行の自賠責保険約款では，保険法21条1項に基づき，具体的な保険金支払債務の履行期を定めており，原則として，被保険者が必要な手続を完了した日から，その日を含め30日以内に保険金を支払うとしています（医療機関への照会が必要な案件等については30日より長い履行期が定められています）。したがって，履行期を経過した日以降は，遅延損害金（商事法定利率により年6％）を付して保険金が支払われます。

4 政府保障事業のてん補金支払債務の遅延損害金

自賠法72条1項は，「政府は，自動車の運行によって生命又は身体を害された者がある場合において，その自動車の保有者が明らかでないため被害者が第3条の規定による損害賠償の請求をすることができないときは，被害者の請求により，政令で定める金額の限度において，その受けた損害をてん補する。責任保険の被保険者及び責任共済の被共済者以外の者が，第3条の規定によって損害賠償の責に任ずる場合（その責任が第10条に規定する自動車の運行によって生ずる場合を除く。）も，被害者の請求により，政令で定める金額の限度において，その受けた損害をてん補する。」と定めています。すなわち，加害者不明のひき逃げ事故や，自賠責保険が付保されていない無保険車事故の被害者

は，この規定に基づき，政府保障事業にてん補金を請求することができます。では，ひき逃げ事故や無保険車事故の被害者が，国を被告として訴訟を提起した場合に，国が被害者に対して負うてん補額の支払義務はいつから遅滞に陥るのでしょうか。

この問題について，判例[8]は，てん補金請求権は，最終的かつ最小限の救済としての請求権であり，遅延損害金の発生を認めるのは相当でないとした国側の主張を退け，「法72条1項の後段の規定による損害のてん補額の支払義務は，期限の定めのない債務として発生し，民法412条3項の規定により政府が被害者から履行の請求を受けた時から遅滞に陥るものと解するのが相当である」としました。

なお，自賠法72条1項に基づく損害のてん補の履行期については，自賠法16条の9と同様，保険法施行にあわせて規定（自賠73条の2）が新設され，自賠法73条の2は「政府は，第72条第1項の規定による損害のてん補の請求があった後，当該請求に係る自動車の運行による事故及びてん補すべき損害の金額の確認をするために必要な期間が経過するまでは，遅滞の責任を負わない」と定めています。

したがって，平成22年4月1日以降発生した事故については，上記の判例の考え方は直ちに当てはまらず，政府が遅滞の責任を負い，遅延損害金の支払義務を負うのは，自賠法16条の9第1項が定める「必要な期間」が経過した日からと考えられます。なお，遅延損害金の利率は民法404条に基づき年5％です[9]。

5　確定遅延損害金の請求

事故の被害者が，加害者（設問では，トラックの運転手とトラックを所有する会社）を被告として損害賠償請求訴訟を提起する場合，訴訟提起前に，自賠法16条1項に基づき，自賠責保険の保険会社に損害賠償額の支払請求を行い，支払を受けることが一般的です。では，相談者が，自賠責保険の保険会社に自賠法16条1項の損害賠償額の支払請求（被害者請求）を行い，事故から1年後に死亡による損害の保険金額3000万円の支払を受け，その後に加害者を被告として訴訟を

提起した場合，自賠責保険から支払われた3000万円について発生した遅延損害金（確定遅延損害金）を請求（この例では事故日から支払日まで1年なので3000万円×0.05×1＝150万円です）することができるでしょうか。

この点，判例☆10は，「不法行為に基づく損害賠償債務は，損害の発生と同時に，何らの催告を要することなく，遅滞に陥るものであって（……），後に自動車損害賠償保障法に基づく保険金の支払によって元本債務に相当する損害がてん補されたとしても，右てん補に係る損害金の支払債務に対する損害発生日である事故の日から右支払日までの遅延損害金は既に発生しているのであるから，右遅延損害金の請求が制限される理由はない。したがって，本件においては，自動車損害賠償保障法に基づき支払われた保険金に相当する損害額に対する本件事故の発生日から右保険金の支払日までの遅延損害金請求は認容されるべき」とし，確定遅延損害金の請求を認めました。

6 自賠責保険金の確定遅延損害金への充当

判例☆11が確定遅延損害金の請求を認める判断を示した後，被害者が原告となり加害者を被告として提起した損害賠償請求訴訟において，原告が訴訟前に行った被害者請求により支払われた自賠責保険金（自賠法16条1項の条文によれば被害者に支払われるのは「損害賠償額」ですが，ここでは便宜上「自賠責保険金」とします）を，民法491条に基づきまず確定遅延損害金に充当すると主張する事案が増加しました。例えば，損害の総額が1億円で，事故の1年後に自賠責保険金3000万円が支払われたというケースでは，この3000万円を，まず損害総額に対する確定遅延損害金500万円（1億円×0.05×1＝500万円）に充当すると，元本に充当されるのは3000万円－500万円＝2500万円となり，加害者は，1億円－2500万円＝7500万円について，自賠責保険金支払日の翌日から支払済みまで年5％の遅延損害金を支払うことになります（事故日から最終支払日までが2年とすると，被害者が受領する総額は1億875万円です）。既払の自賠責保険金をすべて元本に充当（1億円－3000万円＝7000万円）したうえで，3000万円に対する確定遅延損害金を請求した場合の加害者の支払額は，7000万円に対する事故日から支払済みまで年5％の遅延損害金と150万円です（同様に事故日から最終支払日までが2年

227

とすると，被害者が受領する総額は1億850万円です）ので，自賠責保険金を確定遅延損害金から充当した方が，被害者に有利になります。

自賠責保険金の確定遅延損害金への充当については，判例☆12も，「本件自賠責保険金等によっててん補される損害についても，本件事故時から本件自賠責保険金等の支払日までの間の遅延損害金が既に発生していたのであるから，本件自賠責保険金等が支払時における損害金の元本及び遅延損害金の全部を消滅させるに足りないときは，遅延損害金の支払債務にまず充当されるべきものであることは明らかである（民法491条1項参照）。」としてこれを認めています。

〔植草　桂子〕

■判　例■

☆1　最判平7・7・14交民集28巻4号963頁。
☆2　最判昭37・9・4民集16巻9号1834頁。
☆3　最判昭58・9・6民集37巻7号901頁・判タ509号123頁・判時1092号34頁。
☆4　前掲（☆1）最判平7・7・14。
☆5　最判昭61・10・9判タ639号118頁・判時1236号65頁。
☆6　最判平6・3・25交民集27巻2号283頁。
☆7　最判昭57・1・19民集36巻1号1頁・判タ463号123頁・判時1031号120頁。
☆8　最判平17・6・2民集59巻5号901頁・判タ1183号234頁・判時1900号119頁。
☆9　前掲（☆8）最判平17・6・2。
☆10　最判平11・10・26交民集32巻5号1331頁。
☆11　前掲（☆10）最判平11・10・26。
☆12　最判平16・12・20集民215号987頁・交民集37巻6号1489頁・判タ1173号154頁。

第 3 章

任意自動車保険

第1節　任意自動車保険制度の概要

Q 26　任意自動車保険制度の概要

任意自動車保険制度の過去と現状を教えてください。

A

　日本の自動車保険が誕生したのは1914年です。当時は自動車保有者数も保有台数も少なく，したがって交通事故も少なかったため，自動車保険のニーズも限られ，車両保険のニーズが高かったといわれています。自動車保険が大衆化するきっかけは，日本経済が戦後の復興から発展へと転機を迎えた1960年代のモータリゼーションです。自動車が消費者にとって身近な，しかも不可欠なものになったことで，保有台数が飛躍的に伸びて，その結果交通事故も激増するようになりました。このように自動車保険は加害者の賠償責任をてん補する賠償保険として著しい発展を遂げ，大衆化が進んで自動車損害賠償責任保険（自賠責保険）を含めると全損害保険マーケットの約60％を占めるに至っています。しかし人身傷害補償保険も含めていろいろな問題があります。

☑キーワード
　自家用自動車保険，自家用自動車総合保険，人身傷害補償保険

第3章◇任意自動車保険
第1節◇任意自動車保険制度の概要

解説

1 任意自動車保険の担保種目

　任意自動車保険は，対人賠償責任保険を中心とし，対物賠償責任保険，搭乗者傷害保険，自損事故保険，無保険車傷害保険，車両保険，人身傷害補償保険などがセットとして商品化されています。これらは各種損害保険の組合せであり，具体的には，対人賠償事故や対物賠償事故を担保範囲とする責任保険，搭乗者傷害事故や自損傷害事故そして無保険車傷害事故を担保範囲とする傷害保険，自己の所有する車の車両事故を担保範囲とする物保険，自動車事故に起因して発生する様々な費用を担保範囲とする費用保険によって構成されています。これらは損害額が自賠責保険の限度額を超えた場合に支払をすると同時に，自賠責保険の補償しない損害に対しても保険による保護を提供しています。任意自動車保険は自動車に起因する様々なリスクを担保範囲とする保険であって，各種の保険条項から構成される自動車保険の総称です。

　かつては対人賠償責任保険と対物保険，自損事故保険に車両保険などを組み合わせる方法が一般的でしたが，現在では人身傷害保険の急速な普及によって，対人賠償保険，対物賠償保険，車両保険に人身傷害補償保険を付加するのが主力となっています。そのため，任意自動車保険をめぐる新たな問題点として，保険給付関係において，交通事故の被害者が自分が加入している人身傷害補償保険からの給付と事故の相手方が加入している対人賠償責任保険からの給付との調整があります。

2 任意自動車保険の歴史

　日本の自動車保険の始まりは，1914（大正3）年に東京海上保険株式会社（現在の東京海上日動火災保険株式会社）が事業免許を得て，営業を開始したことによるものです[1]。

(1) 営業開始から第二次世界大戦まで

当時の日本の自動車保有台数はわずか1066台という状況であり，自動車保険に対する社会的需要は必ずしも高くなく，自動車保険営業を開始した主な目的も，アメリカにおける自動車保険営業にありました。その後，第一次世界大戦後の好景気もあって，わが国の自動車保有台数は徐々に増加しましたが，大正年間には，1921（大正10）年にもう1社（三菱海上保険株式会社）が自動車保険営業を開始したにとどまっています。

昭和に入ると自動車保有台数は徐々に増加し，自動車保険も次第に注目を集めるようになってきました。1928（昭和3）年には4社，1929（昭和4）年には3社が新たに自動車保険営業を開始しました。当時の自動車保険約款は，各社が外国の約款（主としてイギリスのComprehensive Policy）を基に，日本の実情に応じた修正を加えて作成したものを用いていました。

(2) 昭和20年代の自動車保険

1945（昭和20）年の日本の自動車保有台数は，わずか14万4000台余り，それも老朽化した車がほとんどという状況でした。それから10年を経た1954（昭和29）年末には，約134万台の保有車両数を数えるに至りました。1955（昭和30）年に自動車損害賠償保障法（自賠法）が制定され，この時期の大きな出来事は，1947（昭和22）年2月に行われた普通保険約款及び保険料率の統一です。

(a) 普通保険約款の統一

戦前の自動車保険約款は，各社が独自のものを使用していましたが，1947（昭和22）年2月に当時自動車保険事業を行っていた9社のうち6社が，1928（昭和3）年5月に大阪海上火災保険株式会社（現在の三井住友海上火災保険株式会社）が認可を得た約款を全社の統一約款としました。この約款は，8章，28条から構成され，文語調，カタカナ表記の戦前の約款をそのまま用いたものでした。この約款は，その後1965（昭和40）年10月に全面的に改定されるまで，約20年にわたって使用されました。しかし，昭和30年代に入り，本格的なモータリゼーションに伴う自動車保有台数の増加，自動車保険営業量の増大，事故件数の増加と事故形態の多様化が進むにつれ，実情に合わない点が目立つようになりました。

第3章◇任意自動車保険
第1節◇任意自動車保険制度の概要

(b) 保険料率の統一

　戦前の自動車保険料率は各社別料率となっていましたが，終戦後はインフレによる修理費の高騰，車両不足による車両の酷使，盗難事故の急増等により，損害率は悪化の一途をたどりました。この危機的事態に対処するため，各社は1947（昭和22）年2月10日，料率の協定を当局に届け出て，了承を得ました。これが自動車保険における料率協定のはじまりです。その後，昭和23年7月に損害保険料率算出団体に関する法律（算出団体法）が公布されたことに伴い，同年11月1日付けで自動車保険料率はいわゆる算定会料率に移行し，算出団体法に基づいて設立された損害保険料率算定会によって算定された料率を各社が使用することになりました。昭和20年代の自動車保険の収支状況は極めて悪く，1950（昭和25）年，1951（昭和26）年の2回にわたり，大幅な料率引上げを余儀なくされるような状況でした。

(3) 昭和30年代の自動車保険

　1955（昭和30）年7月29日の自賠法の制定が大きな出来事です。自賠法の特徴は，①自動車による人身事故の被害者を保護するため，自動車を運行の用に供する者に対して，無過失責任に近い重い責任を課したこと，②人身事故被害者に対し，基本補償を提供する機能を有する自賠責保険を創設し，自動車を運行の用に供する者には自賠責保険の付保を義務づけたこと，③ひき逃げや自賠責無保険車による事故の被害者を救済するため，政府の自動車損害賠償保障事業を創設したことです。

　昭和30年代の10年間に，わが国の自動車保有台数は約5倍の700万台に増加し　30年代末には首都高速道路・名神高速道路が部分開通するなど，日本も本格的なモータリゼーションを迎えました。自動車保険の収入保険料は，自賠責保険料も合算すると，1964（昭和39）年度末には約940億円に達して，全種目の収入保険料の約40％を占める最大の保険種目に成長しました。しかし，自動車の増加に伴って交通事故も激増したため，自動車保険収支はあい変わらず不安定であり，30年代の10年間に任意自動車保険は5回，自賠責保険は4回（うち2回は保険金額の引上げを伴うもの）も料率の引上げを余儀なくされました。昭和30年代の任意自動車保険収入保険料を担保種目別に見ると，引き続き車両保険が高いウエイトを占めています。しかし，賠償保険分野に属する自賠責保険料

も合わせると，これまでの車両保険主体の保険から，徐々に賠償保険主体の保険に転換しはじめたのがこの時期です。そして昭和40年代になると，任意自動車保険だけをみても賠償保険が主流を占めるに至るのです。

(4) 昭和40年代の自動車保険

昭和40年代の10年に，自動車保有台数は約800万台から約2800万台へと約2000万台も増加し，名神高速道路に続き東名高速道路も全線開通するなど，日本が本格的な自動車交通社会に突入した時代です。その一方で，特に40年代前半には交通事故の激増が大きな社会問題となり，「交通戦争」という表現も使われたりするような状況でした。

このようななかで，自動車保険に対する社会的需要もとみに増大し，自賠責保険・任意自動車保険の合計収入保険料はこの10年間で約8倍にもなったのです。また，自動車保険の商品面においても，このような社会情勢に的確に対応できるよう，2度にわたり約款の全面改定を実施するとともに，1974（昭和49）年には対人事故の示談交渉サービスを盛り込んだ画期的新商品である家庭用自動車保険（Family Automobile Policy：FAP）を発売しました。

(a) 自動車保険普通保険約款の改定

1965（昭和40）年10月に約款の全面改定が実施されました。新約款は，全体を車両条項，賠償条項及び一般条項の3条項に整理し，口語体の平明な表現を用いたものです。この全面改定によって任意自動車保険の担保内容は格段に充実しましたが，その後の交通事故件数の激増に伴い，契約者保護と被害者救済を進めるため自動車保険の機能を一層充実する必要があることから，1972（昭和47）年10月に再度の約款改定が行われました。この改定は，賠償責任条項を中心に免責事由を縮小して担保内容を充実させるとともに，約款の表現や構成をできるだけわかりやすく改めることを主眼としたものです。主な改正は，故意免責の範囲の縮小（車両条項，賠償責任条項），重過失による損害の担保（車両条項），無免許・酒酔い運転による損害の担保（賠償責任条項）があります。

(b) 交通事故の激増と自動車保険

1970（昭和45）年には1年間の死傷者数が99万8000人とほぼ100万人に達する事態となりました。その後は官民挙げた交通事故防止の努力により自動車事故はようやく沈静化していきましたが，このようななかで，強制保険である自賠

第3章◇任意自動車保険
第1節◇任意自動車保険制度の概要

責保険はいうまでもなく，任意自動車保険（なかでも対人賠償保険）も自動車を運転するうえで不可欠のものであるということが社会的に定着しはじめ，昭和40年代に入ると任意自動車保険の普及率も対人賠償保険を中心に飛躍的に高まってきました。

自動車保険の収入保険料は，自賠責保険料も合算すると，1965（昭和40）年度は128億円であったものが，1974（昭和49）年度には8919億円と，この間に約8倍となりました。

(c) 自動車保険の収支状況

交通事故の激増により，昭和40年代の前半においては，自賠責保険・任意自動車保険とも収支状況は著しく悪化し，損害保険会社の経営を危くしかねない状況になりました。40年代後半には交通事故の沈静化と保険料率の是正が奏効し，インフレの進行に伴う保険金単価増はあったものの，収支状況は概ね安定的に推移しました。

任意自動車保険においても，昭和40年代前半には3回にわたる大幅な料率引上げを余儀なくされましたが，後半に入ると損害率が好転したことから，1973（昭和48）年9月には，搭乗者傷害保険及びペーパードライバー保険の料率引下げを実施し，1974（昭和49）年1月には，自賠責保険の保険金の引上げに伴い，対人賠償保険の料率引下げをしました。昭和40年代は，自動車保険の新商品開発が進められ，分割払自動車保険・月掛自動車保険が1967（昭和42）年8月に発売され，1967（昭和42）年9月，分割払自動車保険の特約として，給与天引による保険料の分割支払を認める団体扱保険料分割払特約が発売されました。また1968（昭和43）年6月にペーパードライバー保険，車両新価保険特約が1973（昭和48）年9月に発売されました（本特約はその後1976〔昭和51〕年1月に発売された車両価額協定保険特約に吸収され廃止されました）。

1974（昭和49）年3月，損保業界が総力を挙げて検討を重ねてきた大型新商品である家庭用自動車保険（FAP）が発売されました。この保険は家庭用の自家用普通乗用車，自家用小型乗用車及び自家用軽四輪乗用車を対象に，対人事故については保険会社が示談交渉サービスを行うという，画期的な内容をもつものです。その他にも，①対人賠償保険，対物賠償保険，家族搭乗者傷害保険の3つの保険（担保種目）が基本契約としてセットされている，②従来，対人

賠償保険の保険金額は被害者1名当たり保険金額（支払限度額）と1事故当たりの保険金額（支払限度額）の双方を定めることとなっていたが，本保険では1事故当たりの支払限度額は無制限とされている，③対人事故の場合には，被害者側から保険会社に対する損害賠償額の直接請求権（損害賠償請求権者の直接請求権）を認めている，というこれまでの自動車保険にない特色を有していました。

(5) 昭和50年代以降の自動車保険

1973（昭和48）年のオイルショックを契機に，昭和50年代以降は自動車保有台数も自動車保険収入保険料ももはや40年代のような勢いでは伸びなくなりましたが，日本経済を支える自動車の役割，自動車中心の社会における自動車保険の役割は，ますます増大することこそあれ，後退することはあり得ず，自動車保険に対するニーズは50年代に入ってさらに高まりをみせました。これに的確に対応するため，保険商品面では40年代以上の急ピッチで改善が加えられ，商品内容は急速に充実しました。

(a) 任意自動車保険の商品内容の充実

昭和50年代に実施した商品改定は，そのまま今日の自動車保険に結びついているものがほとんどです。

1975（昭和50）年には，普通保険約款車両条項改定（2月）では，免責とされていた天災危険のうち，台風・洪水・高潮危険を有責としました。車両危険限定担保特約(A)・(B)発売（2月）では，車両保険の普及率拡大を図るため損保危険を限定して保険料を安く抑えた特約を発売しました。業務用自動車保険発売（3月）では，家庭用自動車保険の対象とならない，業務用の自家用普通乗用車などを対象として，家庭用自動車保険とほぼ同様の内容をもつ業務用自動車保険（Commercial Automobile Policy：CAP）を発売しました。

1976年（昭和51）年には，家庭用自動車保険，業務用自動車保険を統合して，新たに自損事故保険及び無保険車傷害保険をセットにした自家用自動車保険（Package Automobile Policy：PAP）が発売（1月）されました。これに伴い，家庭用自動車保険，業務用自動車保険が廃止され，また一般の自動車保険（Basic Automobile Policy：BAP）及びペーパードライバー保険普通保険約款改定は，PAPの内容に合わせ，対人賠償保険に被害者直接請求権を導入し，対人賠償保険の1事故保険金額（支払限度額）を無制限とし，さらに自損事故条項を新設

第3章◇任意自動車保険
第1節◇任意自動車保険制度の概要

し，対人賠償保険に自損事故保険を自動付帯させるなどの改定を実施しました。

1982（昭和57）年10月には，自家用自動車5車種（普通乗用車，小型乗用車，軽四輪乗用車，小型貨物車，軽四輪貨物車）を対象に，従来の自家用自動車保険（PAP）をさらに発展させた大型総合商品である自家用自動車総合保険（Special Automobile Policy：SAP）が発売されました。

SAPは，PAPに比べて，①対物賠償事故についても，保険会社が示談交渉サービスを行う，②対人賠償保険，自損事故保険，無保険車傷害保険，対物賠償保険，搭乗者傷害保険に加え，車両保険もセットされた総合保険である，③無保険車傷害保険の担保内容が拡充され，賠償記名被保険者と一定範囲の親族については被保険自動車に搭乗中だけでなく，他車搭乗中あるいは歩行中なども含めてカバーされる，④対物賠償保険にもいわゆる被害者の直接請求権（損害賠償請求権者の直接請求権）が導入されている，⑤車両保険に「車両保険の免責金額に関する特約」が設けられ，一定のケースについては免責金額なしの契約もできるようになった，という特徴があります。

(b) **自動車保険の拡大と収支状況**

昭和50年代以降も，自動車保険の収入保険料は自動車保有台数の伸び率を上回る勢いで増加し，1988（昭和63）年度末には自賠責保険1兆1387億円，任意自動車保険2兆909億円，計3兆2296億円に達しています。任意自動車保険の商品別構成比ではSAP 35.7％，PAP 52.3％，BAP 11.9％，ペーパードライバー0.1％となっています。

昭和50年代以降の自動車保険収支状況は，大きく3期に分けられます。第1期は昭和50年代初頭，オイルショック直後の物価高騰期であり，この時期には自動車部品価格及び修理工賃の高騰等により車両保険・対物賠償保険の損害率が悪化したため，1975（昭和50）年，1976（昭和51）年，1978（昭和53）年の3回にわたり，保険料の引上げを実施しました。なお，この時期でも搭乗者傷害保険の損害率は下がったため，1976（昭和51）年，1978（昭和53）年の2回，保険料を引き下げました。

第2期は昭和50年代中頃の，相対的収支安定期です。この時期には車両保険・対物賠償保険についても上記の保険料改定の効果，1978（昭和53）年に導

入した車両保険免責金額逓増方式の効果等によって損害率が改善されたため，1981（昭和56）年には，保険料引下げを実施し，第3期は昭和50年代末から今日に至る時期であり，交通事故件数が再び増加傾向をたどり，収支状況も年々悪化してきたことから，1983（昭和58）年には対人賠償保険，搭乗者傷害保険の保険料引上げを実施しました。また，1985（昭和60）年には，年齢条件別料率格差の見直しという要素も加味し，全担保種目の保険料改定を実施し，1986（昭和61）年にはノンフリート等級別料率制度の一部改定，1988（昭和63）年には自家用普通乗用車・自家用小型乗用車の車両保険料率を，従来の用途・車種別料率から料率クラス別料率とする改定が実施されました。

(6) 平成の自動車保険

何といっても，1998（平成10）年7月の料率自由化に伴い，保険会社各社が独自の自動車保険を開発して商品化していることが特徴です。

最近の自動車保険の保険金支払状況を概観すると，次のような問題点があります[*2]。

まず，自動車保険の支払保険金の内訳をみてみると，2012（平成24）年の任意自動車保険金の総額は，およそ1兆9200億円で，10年前と比べて微増していますが大きな差異はありません。車両保険では，10年前の33％が直近では40％に上昇し，対物賠償保険の比率が減少したとはいえ，物損全体では75％を占め，自動車保険の支払保険金の4分の3は人身損害ではなく物損害であることが特徴的です。最近の自動車保険が抱える大きな課題です。

次に，担保項目ごとのトレンドをみてみると，対人賠償保険では，2007（平成19）年度に支払保険金総額が増加に転じた後に減少傾向が続いていますが，1件当たりの支払保険金については，10年前に100万円程度であったものが，直近では80万円程度に減少しています。このことは，対人賠償保険では，支払保険金総額は頭打ちとなり，これからは減少傾向が定着することを予想させますが，支払件数は微増傾向にあるため，比較的少額の保険金支払がやや増える傾向が続くのではないかと推測されます。なお，2007年度に保険金が増加したのは，保険金の不払問題から生じた保険金支払の適正化に向けた取組みによるものです。対物賠償保険では，支払件数は各年度のバラツキはあるものの減少傾向にあり，支払保険金総額は減少傾向であったものが2010（平成22）年度か

第3章◇任意自動車保険
第1節◇任意自動車保険制度の概要

ら上昇に転じています。1件当たりの支払保険金については，支払保険金総額の推移とは関係なく少しずつ増加する傾向にあるのが特徴的です。平均は直近で25万円ほどになります。車両保険をみるとこの10年間で支払件数は，ほぼ増加の一途をたどり，支払保険金総額も2005（平成17）年度を除けば増加傾向が続いています。直近の1件当たり平均は23万円で，推移としては上昇傾向にあります。このことから車両保険では保険事故自体が増えており，したがって保険金支払も増え，自動車保険全体に占める支払保険金の構成比を押し上げています。

一方，物的損害を補償することでは同じ対物賠償保険は，直近4年ほどの支払保険金の増加傾向とこの10年のほぼ一貫した支払件数の減少によって，1件当たりの支払保険金は顕著な上昇を続けているところが大きな特徴です。これらは自動車の修理単価の上昇を意味しています。例えば，セダン型が減少してハッチバック型やワンボックス型が増えたことなどの自動車の形状の変化や，電子化・電気化が進み，部品自体が高額化し，さらに交換が前提の修理が一般化しているなどの自動車の構造の変化がその要因として考えられています。

(a) **人身傷害補償保険**

人身傷害補償保険は，被保険者に100％の過失があった場合であっても，約款に規定された基準に従って保険給付が行われますが，その基準は自賠責保険のそれよりは高く設定されているものの，裁判所が通常採用する基準よりは低く設定されています。この保険の登場によって，これまでの任意保険が提供していた自損事故保険の限度額1500万円に比べて，十分な補償を得ることが可能となりました。この保険は，人身傷害事故が第三者によって惹起された場合であっても，被害者が契約を締結している人身傷害保険から，加害者の賠償責任とは関係なく保険給付が行われます。被害者の損害額が，保険給付の額を上回っている場合には，被害者はその超過部分を加害者に対して請求することが認められています。

この人身傷害補償保険は，定額払である通常の傷害保険とは異なって，損害てん補型の傷害保険として構成されており，保険会社による代位規定や重複てん補を避けるための規定が設けられています。支払われる保険給付の額は，保険会社の算定する損害額及び保険契約者又は被保険者が支出した費用から，す

でに給付が決定したか支払がなされた損害てん補の性質を有する金額を控除することとされています。

(b) **人身傷害補償保険と請求権代位**

保険者の請求権代位の範囲については，保険者がどの範囲において，被保険者の加害者に対する損害賠償請求権に代位できるかが問題となります。これは，①被害者（被保険者）が加害者から先に損害賠償債務の履行を受けた場合に，被保険者は保険者からいくらの保険給付を受けることが可能か，②被害者（被保険者）が保険会社から先に人身傷害補償保険の保険給付を受けた場合，加害者に対していくらの損害賠償請求ができるかとの問題と深く関連します。下級審裁判の判断は一致していません。

〔甘利　公人〕

━━■注　記■━━

＊1　東京海上火災保険株式会社編『損害保険実務講座(6)自動車保険』（有斐閣，1990年）16頁以下，以上の記述はそれによるものです。

＊2　堀田一吉＝山野嘉朗編著『高齢者の交通事故と補償問題』（慶應義塾大学出版会，2015年）107頁〔竹井直樹〕参照。

第2節 基本条項

Q27 保険料領収前免責

　私は，A保険会社の自動車保険に加入するにあたり，長年つきあいのあるB保険代理店の担当者から「保険料はB代理店が立替払いしておくので後から分割払いしてくれればよいですよ。」と言われてA保険会社との保険契約を締結し，保険期間が開始していたところ，B代理店のA保険会社に対する保険料の立替払いが遅れているうちに交通事故を起こしてしまいました。
　A保険会社に事故の報告をしたら，保険料を領収する前に生じた事故による損害や傷害に対して保険金は支払わないと言われましたが，何とかならないのでしょうか。

A

　領収前免責条項とは，保険期間が始まった後でも，保険料を領収する前に生じた事故による損害や傷害に対して保険会社は保険金を支払わないという約款上の規定です。
　特約によってこの条項の適用を排除して保険料領収前でも保険会社が責任をもつことを約すること（責任持ち特約）は，契約者に対する特別利益の提供にあたるとして原則として禁止されていますが，当事者間の私法上の効力としては有効と解されています。
　ただ，通常，保険会社が代理店にそのような特約付きの契約を締

結する権限を与えることはないため、B代理店が無権限で責任持ち特約付きの保険契約を締結しても、表見代理が成立する場合などを除き、原則としてその効果はA保険会社には帰属しません。

なお、事故発生前に保険料が支払われたか否かについての立証責任は保険会社が負うと解するのが多数説ですが、判例には保険契約者側が負うとするものもあり判断は分かれています。

☑キーワード

保険料領収前免責、領収前免責条項、責任持ち特約、アフロス（アフター・ロス）契約、保険休止状態

解説

1 保険料領収前免責の趣旨

一般に、自動車保険における普通保険約款の基本条項には、保険期間が始まった後でも、保険料を領収する前に生じた事故による損害や傷害に対して、保険会社は保険金を支払わない旨が規定されており、領収前免責条項と呼ばれています。

保険契約は、保険契約者になろうとする者の申込みと保険会社の承諾という意思表示の合致によって有効に成立する諾成契約ですが、保険料が支払われていない場合でも保険会社に保険金支払義務があるとすると保険事故が発生しなければ保険料を支払わない契約者が現れるおそれがあります。そこで、保険契約者による保険料の払込みを受けるまでは保険金を支払わないこととして保険料の支払を確実にさせ、自動車保険の健全な運営を確保するために領収前免責条項が設けられています。

2 領収前免責条項の法的性質

　領収前免責条項の法的性質について，最高裁は，最判昭37・6・12（民集16巻7号1322頁・集民61号171頁・判時308号6頁）において，保険料の支払を受けるまで保険会社の保険責任が開始しないことを定めたものと解しています（責任開始条項説）。そして，保険会社は保険料の不払いを理由に民法541条に従って保険契約を解除することができるけれども，その場合は，民法の原則に従って遡及効が生じることから（民545条1項），保険契約者の保険金支払義務も遡及的に消滅することになり，保険会社は保険期間の開始日から解除日までの既経過期間に相当する保険料を請求することはできないと判示しています。

　この考え方を支持する学説が多数説ではありますが，この場合，保険料が払い込まれるまで責任が開始しないため約定の保険期間との関係をどう考えるのか不明瞭であるという問題があります。

　そこで，学説においては，保険期間は保険料の支払の有無にかかわらず約定の期日に開始するものと解し，保険料の不払いは保険会社の免責事由となることを定めたものと捉える考え方も有力です。これらの有力説では，保険契約の成立及び保険期間の開始によって，保険契約者は保険料を支払って保険会社に対して事故が発生した場合に保険金支払責任を問うことができるのであるから，その限りで，保険料が未払いでも保険会社の責任が開始したと解することができると考えます。そうすると，前掲最判昭37・6・12における解除は，保険会社の責任開始後の解除に該当すると構成されることから，解除の効力は遡及しないと解することが可能であり，保険会社は，既経過期間に相当する保険料を請求することができると解されます。

　また，平成20年に制定された保険法では，「損害保険契約の解除は，将来に向かってのみその効力を生ずる。」（保険31条1項）とされていますが，当該規定における解除の効力については，保険会社の責任開始前か否かでの区別が規定されておらず，また，解除事由による区別も規定されていないことから，前掲最判昭37・6・12の解釈が現在も妥当するか否かについては議論のあるところです。

そこで，保険法31条1項は，解除事由の区別なく一般的に保険契約における解除の将来効を定めたものであると解すれば，同条は保険法上の解除事由による解除のみならず，民法の規定に基づく解除の場合にも適用されることになります。その場合，前掲最判昭37・6・12は，同条に抵触する限りで変更されるべきことになります。

他方，保険法31条1項は，保険法上の解除事由による解除について規定したものであり，保険料不払いを理由とする民法に基づく解除の場合には適用されないと解すれば，当該解除の効果は，民法の債務不履行の問題として理解することになり，同条の規定によって前掲最判昭37・6・12は影響を受けないと解することができます。

3 責任持ち特約について

領収前免責条項があるにもかかわらずその適用を排除して保険料の支払を猶予し，保険料不払いの間も保険金を支払う旨の特約を責任持ち特約といいます。

このような特約を締結することは，保険業法で禁止されている特別利益の提供にあたるものとして，原則として許されないと考えられています。

保険業法300条1項5号は，保険会社等，その役員，保険募集人又は保険仲立人もしくはその役員もしくは使用人は，保険契約の締結又は募集に関して，保険契約者又は被保険者に対して，保険料の割引，割戻しその他特別の利益の提供を約し，又は提供する行為をしてはならない旨を規定しているところ，「その他特別の利益の提供」に，責任持ち特約を締結することも該当すると解されているためです。

4 保険代理店による保険料の立替払いの合意

保険代理店と保険契約者との間で設問のような合意をした場合について，福岡高判昭38・1・11（判時355号67頁）は，火災保険に関するものではありますが，保険代理店が保険契約者にかわって保険会社に保険料を支払うという立替

払いの特約であると同時に，責任持ち特約であることを前提に判断を下しました。この場合，責任持ち特約が，保険業法の禁じる特別利益の提供に該当するとしても，その私法上の効力をどう解すべきでしょうか。

この点，責任持ち特約は行政法規違反の特約ということになりますが，当事者間の私法上の効力としては，保険契約者に有利なものであることから有効であると解されています。

しかしながら，通常，保険会社が代理店にそのような特約付きの契約を締結する権限を与えることはないと考えられることから，保険代理店が無権限で責任持ち特約付きの保険契約を締結しても，その効果は原則として保険会社には帰属しません。

したがって，保険会社が何らかの理由により特別に責任持ち特約を締結する権限を保険代理店に与えていたか，あるいは，保険契約者において，保険代理店が特約を締結する権限を有すると信じ，かつそう信じるべき正当な理由があると認められて，民法110条などにより表見代理が成立するような場合を除き，保険代理店の無権代理行為によって保険会社が責任を負うことはありません。

前掲福岡高判昭38・1・11では，表見代理の成否が検討されましたが，保険契約者が火災発生直後に保険代理店を訪ね，火災発生の事実を隠したまま保険料を支払い，日付を遡らせた領収書・保険証券の発行を求めていることなどの事実を認定したうえで，保険契約者において，保険代理店が責任持ち特約を締結する権限を有すると信じ，かつそう信じるべき正当な理由があるとは認められないとして表見代理の成立を否定し，保険金の支払請求を認めませんでした。

ちなみに，保険会社は一般に保険代理店に対して保険料の立替払いを禁じており，金融庁も保険会社向けの総合的な監督指針のなかで，保険代理店に対して保険料の支払を受けずに保険料領収証を交付しないよう指導することを求めています（保険会社向けの総合的な監督指針Ⅱ-4-2-1(2)②オ(ア)）。

5 キャッシュレスの進展に伴う例外等について

近年、保険料の支払方法として口座振替やクレジットカード払いが広汎に利用されるようになりましたが、この場合、金融機関の手続上の不具合等で口座振替ができなかったり、保険契約者がクレジットカードによる保険料支払手続を終えてから保険会社がカード会社より保険料相当額を現実に領収するまでに時間的間隔が生じたりすることがあり得ます。そこで、キャッシュレスによる保険料支払の進展に伴って、保険料の支払方法に関する特約（保険料口座振替特約やクレジットカードによる保険料支払に関する特約など）のなかで、一定の場合には保険料領収前に生じた事故についても免責とせず、領収前免責条項を適用しない旨を定めたり、あるいは一定の場合には、現実にはまだ保険会社が保険料相当額を領収していなくても、保険料を領収したものとみなす規定をおいたりして、領収前免責条項の適用除外や例外等を定めています。

これらの特約は、キャッシュレスによる保険料支払という保険契約者側の利便性向上を図るものであり有効とされています。

6 保険料分割払いの特約について

また、自動車保険においては、保険料は一括払いが原則的取扱いですが、分割払特約を付すことによって保険料を分割払いすることも可能とされています。この場合は、初回の分割保険料が支払われるまでは保険期間が開始しても保険会社は事故による保険金を支払わない旨が規定され、第2回目以降の分割保険料が支払われないまま払込期日から一定期間以上が経過した場合には払込期日後に生じた事故について保険会社は責任を負わない旨が規定されていることが一般的です。そのため、保険料分割払いの契約の場合でも、初回の分割保険料については、一括払契約の場合における保険料領収前免責と同様に考えることができます。

第3章◇任意自動車保険
第2節◇基本条項

7 事故前に保険料が領収されていることの立証責任

　事故がいつ発生したか，又は保険料がいつ支払われたか等の事実が不明確な事案において，保険会社が領収前免責条項によって保険金の支払を拒絶した場合には，事故が発生するよりも前に保険料が支払われていたか否かについて，保険契約者と保険会社のどちらに立証責任があるのかが非常に重要になります。

　この点について，法律要件分類説の立場によれば，権利根拠事由か権利障害事由かで考えることになり，領収前免責条項の法的性質をどう理解するかにより判断が分かれることになります。すなわち，保険料の支払が保険会社の責任開始の要件であると解する場合には，保険契約者側（保険金請求者）が，保険料を支払ったこと及びその日時等（事故発生前に支払ったこと）につき立証責任を負うことになりますが，保険料の不払いが保険会社の免責事由であると解する場合には，保険会社側が，事故発生前の保険料不払いにつき立証責任を負うことになります。

　東京地判昭48・2・23（交民集6巻1号299頁・判タ295号307頁・判時713号96頁）は，前者の見解に基づいて保険金請求者に立証責任を課しており，他方，広島地県支判昭49・6・7（判時770号97頁），東京地判昭53・6・29（交民集11巻3号897頁・判タ375号120頁・判時908号104頁）は，後者の見解に基づいて保険会社に立証責任を課しているものと思われます。

　これに対し，立証責任の問題は，立証の難易度等も考慮し，いずれに立証責任を負担させるのが妥当であるかによって判断されるべきであり，必ずしも領収前免責条項の法的性質の理解から論理的に帰結されるものではないとする立場もあります。

　そして，学説上の多数説及び下級審判例の多くは，保険会社が，保険料が不払いである間に事故が発生したことの立証責任を負っていると解していると思われます。その具体的な根拠としては，①約款の文言の規定ぶりが免責条項の体裁であること，②この条項の文言を素直に読めば，保険期間中の事故に対しては保険会社が責任を負うという原則に対する例外として理解されること，③

248

領収前免責条項の趣旨は保険料の支払確保にあるのだから，その解釈運用は限定的にすべきであること，④保険会社は保険料領収日の証明手段をあらかじめ確保する制度的工夫が可能であるから，保険料が支払われていない事実を立証することがそれほど困難とは思われないこと等が挙げられています。

ただ，高裁判例では，保険契約者に立証責任があることを前提としているとみられるものがあり[☆1]，この点についてはいまだ最高裁の判断が示されていないため，実務上，立証責任の所在は必ずしも明確ではありません。

8　アフロス契約（アフター・ロス契約）について

いわゆるアフロス契約とは，自動車保険や火災保険などにおいて，保険契約締結前に事故が既に発生していたにもかかわらず，あるいは保険契約自体は締結されていたものの保険料の支払前に事故が発生したため領収前免責条項により本来保険会社は責任を負わないにもかかわらず，保険契約者と保険代理店とが通謀し，領収証などの書類の日付を偽造するなどの方法により契約期間の開始日や保険料領収日などを事故発生前に不正に遡らせ，保険金の支払が受けられるよう偽装された保険契約のことをいいます（contract after loss＝アフター・ロス契約）。

アフロス契約であるかどうかは，本来は事実認定の問題ではありますが，事実関係が判然としない場合，最終的には立証責任の問題に帰着します。前述の立証責任をどのように考えるかについては，アフロス契約の疑いがある保険契約の場合に，保険契約者に厳しく対処して保険契約者側に立証責任を課すのか，有効な保険契約の存在についての一定の外形がある以上，保険会社に立証責任を課し被害者救済等の見地にも配慮するのか，判例の判断が分かれているのは，そのような考慮も関連しているように見受けられます。

なお，事故前日の日付で契約が締結されたとする自動車保険について，第1審ではアフロス契約であると認定され保険金支払義務の存在が否定されたのに対し，控訴審においてはアフロス契約であることが否定された事案として，札幌高判昭57・12・23（交民集15巻6号1485頁・判タ486号166頁）があります（その後，保険会社による上告は棄却されました）。

9 分割払保険料の不払いについて

　分割払特約付の契約において，第2回以降の分割保険料の不払いについては，通常，約款において，支払を怠ったまま払込期日後一定期間を経過したときには，払込期日の翌日以後に生じた事故について保険会社は保険金を支払わない旨が定められるとともに，払込期日後一定期間を経過したことを理由として保険会社は保険契約を解除することができ，この場合の解除は当初の払込期日から将来に向かって生じることなどが定められています。この一定期間については，例えば，払込期日後1か月を経過した後もその払込みを怠った場合であるとか，払込期日の属する月の翌月末日までにその払込みがなされない場合であるとかといった規定がされることが多いでしょう。

　これらの規定が定める一定期間内に分割保険料の支払が行われない場合，保険契約自体は有効に継続しているものの保険会社が保険金支払義務を負わない状態（いわゆる「保険休止状態」といいます）が生じますが，最高裁は，最判平9・10・17（民集51巻9号3905頁・交民集30巻5号1288頁・判タ958号108頁）において，いったん保険休止が生じた後においても，履行期が到来した未払分割保険料の元本の全額に相当する金額が当該保険契約が終了する前に保険会社に対して支払われたときは，保険会社は，その支払後に発生した事故については保険金支払義務を負うことになると解すべきであると判示しました。

　そして，保険休止状態が解消し，保険会社が再び保険金支払義務を負っていることを主張する者（保険金請求者）は，保険休止状態の解消時期すなわち不払分割保険料の元本の全額を支払った時期と，それ以後に事故が発生したことについて，立証責任を負うと解すべきであることが示されました。

　なお，前掲最判平9・10・17によれば，保険休止状態を解消する要件は未払分割保険料の元本全額の支払であり，遅延損害金の支払までは要しないとされています。

〔花﨑　浜子〕

■判 例■

☆1　札幌高判昭57・12・23交民集15巻6号1485頁・判タ486号166頁。

第3章◇任意自動車保険
第2節◇基本条項

Q28 告知義務

　私は，自動車を運転中，信号待ちで停車していた際に，後続車に追突されてしまいました。加害車両は任意自動車保険に入っていません。幸いけがはありませんでしたが，私の自動車は高級車で，かなりの修理費用がかかります。加害者は資力もないようなので，私は自分が加入している任意自動車保険の車両保険を使って自動車を修理したいと思っています。ところで，私は，以前から甲保険会社の任意自動車保険に加入して契約を更新してきました。毎年契約更新時期になると保険代理店から保険契約申込書が送付されてきます。私は，ずっと運転免許証の色はゴールドだったのですが，今回は契約更新前にスピード違反があり，運転免許証の色はゴールドではなくブルーでした。しかし，私は，ブルーと申告すると保険料が値上がりすると思い，以前と同様にゴールドであると申告していました。このようなことがあっても，車両保険金は支払ってもらえるのでしょうか。

A

　自動車保険契約締結に際し，保険契約者又は被保険者が，保険者から運転免許証の色につき質問されたのに対し，保険料を安くするために，真実はブルーであるにもかかわらずゴールドと回答したことは，危険に関する重要な事項につき故意に不実の告知をしたこととなり，告知義務違反となります。告知義務違反の効果として，保険者は保険契約を解除することができます。契約解除の効力は将来効で，保険者は解除時以前の保険料の返還を要しません。また，保険者は，解除された時までに発生した保険事故についても保険金の支払義務を負わないのが原則ですが，告知事項と保険事故との間に因果関係がない場合には，因果関係不存在特則によって，保険者は保険金支払義務を負います。運転免許証の色がブルーであることと後続車に追突されたこととの間には因果関係はないと考えられます

ので，保険者は車両保険金の支払義務を負うことになります。

☑キーワード

告知義務，告知事項，質問応答義務，告知義務違反解除，因果関係不存在特則，運転免許証の色，他保険契約

解　説

1　告知義務の意義

　告知義務とは，保険契約者又は被保険者（以下，併せて「保険契約者等」といいます）が，保険契約締結に際し，保険者（通常は保険会社です）に対し，保険契約によりてん補される損害の発生の可能性（これを「危険」といいます）に関する重要な事項のうち，保険者が告知を求めたもの（これを「告知事項」といいます）について，事実の告知をしなければならないという義務です（保険4条）。保険法（平成22年4月1日施行）は，告知義務制度を，損害保険契約，生命保険契約及び傷害疾病定額保険契約について，各章ごとに規定していますが，以下，自動車保険が属する損害保険契約について説明します。

　保険制度の本質である保険金の支払と保険料の支払の均衡（これを「給付・反対給付均等原則」といいます）を維持するためには，保険者は保険契約締結に際して，危険を測定したうえで契約を引き受けるか否か，及び契約を引き受ける場合の契約条件をどう設定するかを決定することになります。しかし，危険を測定するための情報は保険契約者等に偏在しているため，保険契約者等に告知義務が課され，告知義務違反があった場合には保険者が契約を解除できる制度としているのです。

2 告知義務の当事者

(1) 告知義務者

平成20年改正前商法は，告知義務者につき保険契約者のみとしていましたが（改正前商644条），通常，危険を判断するための情報を知っているのは被保険者であることから，保険法は，保険契約者又は被保険者を告知義務者としました（保険4条）。

告知は代理人又は履行補助者によって行うこともできます。この場合，故意又は重過失の主観的要件の存否は代理人等を基準に判断します（民101条1項）。

(2) 告知の相手方

告知の相手方には，保険者はもちろん損害保険代理店も含まれます。損害保険代理店は，保険者から契約締結権とともに告知受領の代理権も与えられているからです。

3 質問応答義務

平成20年改正前商法においては，告知義務とは，保険契約者が，保険契約締結の際，保険者に対し，重要な事実を告げなければならず，かつ重要な事項につき真実を告げなければならない義務であり，保険契約者は，重要な事実については，保険者から質問されなくても自発的に申し出なければならないと考えられていました（改正前商644条，自発的申告義務）。

損害保険の実務においては，保険契約申込書の記載事項がそれぞれ告知事項であると考えられていましたが，これらの記載事項以外であっても自己に不利益な事項を申告していないと告知義務違反が問われる可能性がありました。

これに対して，保険法は，告知義務の対象を，「保険者になる者が告知を求めたもの」と規定して（保険4条），質問応答義務としました。何が重要な事実であるのかを保険専門家でもない保険契約者に判断させ，そのリスクを負わせるのは妥当ではないからです。

したがって，保険契約者等は，保険者から質問されていない事項について

は，たとえ危険に関する重要な事項であり，自己に不利な内容であっても答える義務はありません。また，保険者には，質問事項をわかりやすく保険契約申込書に記載することが要請されます。

4 告知事項

保険契約者等が告知義務を負うのは，あくまでも告知事項，すなわち危険に関する重要な事項のうち保険者が告知を求めた事実についてです。
「重要な事項」とは，保険者がその事実を知っていたならば契約を締結しなかったか，契約条件を変更しなければ契約を締結しなかったと保険取引の通念上客観的に認められるような，被保険者の危険を予測するうえで重要な事実をいいます。
具体的には，自動車保険契約においては，被保険自動車の用途車種，記名被保険者の生年月日，事故歴等が典型的な告知事項となります。
保険者が保険契約申込書で危険とは無関係な事項を質問している場合には，告知義務における告知事項とはなりません。

5 告知方法

告知方法は書面でも口頭でもよいのですが，実務では保険契約申込書の告知欄に保険契約者等が記入する方法等で告知しています。
告知の時期である「保険契約の締結に際し」とは，保険契約者等が保険契約申込書に記載したとき等の契約を申し込んだ時になります。ただし，保険契約者等が，告知された内容に誤り等があることに気づいた場合には，保険者が承諾して契約が成立する時までに訂正や補充ができます。

6 契約の解除

保険契約者等が告知事項について，故意又は重大な過失により事実を告知せず，又は不実の告知をしたときは，保険者は原則として契約を解除できます

(保険28条1項)。

(1) 保険契約者等の故意又は重大な過失

保険契約者等に故意が認められるのは、①ある事実が存在すること、②その事実が告知すべき重要な事実であること、③それにもかかわらず告知をしないこと、のすべてを知っている場合です。重大な過失が認められるのは、①については認識し、②又は③を知らなかったことについて重大な過失があった場合です。①を認識していなかったことに重大な過失があった場合については見解が分かれていますが、保険契約者等の知らない事実についてまで告知義務を認めることは保険契約者等に過大な負担をかけることになり妥当ではないと思われます。

「重過失」をどのようなものと考えるのかについては、保険法の立法過程が関係します。

立法過程においては、保険契約者等を保護する観点から、ヨーロッパ諸国で採用されているプロ・ラタ主義(保険契約者等に認められる故意や重過失の義務違反の程度に応じて、保険者は責任を段階的に免れるという考え方)とオール・オア・ナッシング主義(保険契約者等の主観が故意又は重過失のいずれであるかを問わず、保険者は責任を全部免れるとする考え方)のいずれの考え方を採用すべきかが検討されましたが、結果的に、保険法はオール・オア・ナッシング主義を採用しました。オール・オア・ナッシング主義を採用したことに対応して、保険者が責任を免れる範囲が不当に広がらないように、重過失の解釈については、故意に匹敵するような場合に限定すると考えられています。

故意・重過失の主張立証責任は保険者にあります。

(2) 解除権が発生しない場合(解除権阻却事由)

以下の事由がある場合には、解除権は発生しないことになります。

(a) 保険者が保険契約締結時に告知義務違反によって正しく告知されなかった事実を知っていたか、過失により知らなかった場合(保険28条2項1号)

この場合に解除権が発生しないのは、保険者が告知義務違反の事実を知っていたときは、危険に基づき保険契約を引き受けないとするか、契約条件をどのようにするかについて判断する機会があったことになりますし、また、過失があるときにまで、契約の解除権を与えて保険者を保護する必要はないからで

す。

　損害保険代理店は，契約代理権を有するため，損害保険代理店の知・過失による不知が，保険者の知・過失による不知として判断されます（民101条1項）。
　主張立証責任は保険契約者等にあります。
　(b)　**保険者のために保険契約の締結の媒介ができる者（保険媒介者）が，保険契約者等が事実を告知することを妨害した場合＝告知妨害（保険28条2項2号），保険契約者等に事実の告知をせず，又は不実の告知をすることを勧めた場合＝不告知教唆**（保険28条2項3号）

　保険媒介者は，通常，生命保険募集人（保険業2条19項）のうち契約締結代理権（告知受領権）を有しない，いわゆる生命保険会社の営業職員又は媒介の委託を受けた紹介代理店が考えられます。
　この場合に解除権が発生しないのは，保険媒介者に対する指揮・監督は保険者が行うべきであることから，保険媒介者が告知妨害又は不告知教唆を行ったときの不利益は保険者が負うべきと考えるからです。
　ただし，保険媒介者のこれらの行為がなかったとしても，保険契約者等において告知義務違反がなされたと認められる場合には，保険者は解除権を行使できます（保険28条3項）。

(3)　解除権の消滅
　解除権は，保険者が解除の原因があることを知った時から1か月間行使しないとき，又は，保険契約締結の時から5年間経過したときには消滅します（保険28条4項）。

(4)　解除の効果
　告知義務違反による保険契約の解除は，将来に向かってのみその効力を生じ（解除の将来効，保険31条1項），保険者は解除時以前の保険料の返還を要しません。保険契約が解除されるまでは，保険者が危険を負担していたことになりますから，解除によって保険者が保険料を返還しなければならないのは妥当でないからです。
　解除の将来効からすると解除時までに発生した保険事故による損害について，本来，保険者はてん補責任を負わなければならないはずです。しかし，そうすると告知義務違反をした保険契約者等に対する制裁的効果がなくなること

から，保険者は，解除がされた時までに発生した保険事故については，保険金の支払義務を負わないとされています（保険31条2項1号）。保険者が保険金を支払った後に解除した場合は，不当利得として返還を求めることができます（民703条）。

ただし，保険者が受領していた解除時以降の未経過分についての保険料は保険契約者に返還されます（保険32条）。

(5) 因果関係不存在特則

保険契約者等に告知義務違反があった場合でも，不告知又は不実告知の事実に基づかずに発生した保険事故による損害については，保険者はてん補責任を免れることはできません（保険31条2項1号ただし書）。これは，結果的にみて保険者が告知義務違反により何ら不利益を受けなかったと考えられるからです。

因果関係不存在特則に対しては，申込時に正直に告知したため契約の締結を拒否された申込者との間でバランスがとれないといった批判がありますが，前述のオール・オア・ナッシング主義が採用されたこととのバランスも考慮されて，保険法においても規定されています。

因果関係不存在特則の適用の判断基準については，因果関係不存在特則の要件を厳格に解釈してその適用範囲をなるべく制限した方がよいとの意見もありますが，他方，告知事項と保険事故との因果関係を穏やかに解することについては疑問も提起されています。

主張立証責任は保険契約者等にあります。

7 片面的強行規定

告知義務に関する保険法の規定（保険4条・28条1〜3項・31条1項・2項1号）に反する内容の約款や合意は，保険契約者等に有利なものは有効ですが，保険契約者等に不利なものは無効で，効力は生じません（このような規定を「片面的強行規定」といいます。保険7条・33条）。

平成20年改正前商法で告知義務に関する規定は任意規定と考えられていました。保険法はこれを改めて片面的強行規定を採用したわけです。このことで影響が大きいのは，因果関係不存在特則を排除できなくなったことです。平成20

年改正前商法の下では，保険者の各約款は，告知義務違反により契約を解除した場合には，告知事項と保険事故との因果関係の存否に関係なく保険金を支払わないとしているものが多くありました。それが，保険法により，危険に関する重要な事項ではあるものの，告知事項と保険事故との間に因果関係が認められない可能性のある事項については，契約を解除しても保険金を支払わなければならないのかが問題となることになりました。

8 運転免許証の色

それでは，設問の事例について検討してみます。

(1) 告知義務違反による契約解除

まず，運転免許証はゴールド，ブルー，グリーンの３色に区分されています。初めて免許を取得した場合に交付される運転免許証の色はグリーンで，最初の更新を行うと，ブルーになります。ゴールド免許は，５年間，無事故・無違反の優良運転者に交付されるものです。

自動車保険は，保険料率が細分化されており，ゴールド免許の所持者は類型的にみて事故発生率が低いことから，運転免許証の色を危険に関する重要な事項として告知事項とし，保険契約者等がゴールド免許である旨を告知した場合には保険料が割り引かれています。

したがって，運転免許証の色につき告知義務違反があった場合，保険者は契約を解除することができます。

(2) 保険金支払拒絶の可否

しかし，この場合に保険者が保険金の支払を拒絶できるのかという問題があります。上述の因果関係不存在特則との関係で，告知事項と保険事故との因果関係を厳格に考えるならば，免許証の色という事実に基づいて保険事故が発生することはほとんど想定できないことになり，保険者が免責されることは考えにくいということになりそうです。

他方，保険者が契約を解除しても保険金を支払う結果となるのであれば，正しい免許証の色を告知しなければならないという動機づけがなくなり，不実告知が増える可能性があります。そういうことから，保険者が免許証の色を告知

事項でなくしてしまうと，保険契約者等としては，ゴールド免許の場合には安い保険料で済むというメリットを受けられなくなるおそれがありますが，免許証の色を告知事項とすることによってより分析的な危険の測定が行われ，その結果として危険に応じた適切な保険料の課金が実現されていることからすると，免許証の色を告知事項でなくすることが相当とは思われません。

(3) 告知義務違反についての判例

保険法施行後，現在まで告知義務に関する判例はほとんど出ていませんが，運転免許証の有無について問題となった判例として，仙台高判平24・11・22（判タ1390号319頁・判時2179号141頁）があります。

運転免許取消処分のため無免許でかつ酒気を帯びていた加害者Yが運転する車に追突されて被害者Xが死亡した事故について，Yが保険契約を締結していたA保険会社が，Yが無免許であることを告知しなかった告知義務違反を理由にYとの保険契約を解除し，Xの両親に対する保険金の支払を拒絶したことから，Xの両親が原告となって，Xが加入していたB保険会社に対し，無保険車傷害保険金の請求をした事案です。B保険会社は，A保険会社が告知義務違反を理由に原告らの請求を拒絶できないと主張し，A保険会社は原告らに補助参加して，自社の主張を展開しました。Yの告知義務違反は，具体的にいうと，保険契約更新の際，無免許であるにもかかわらず免許証の色をブルーと答えたというものです。

原審[1]は告知義務違反を認めましたが，A保険会社は契約の更新時に運転免許証の色を電話で確認したのみで，運転免許証の写しを送付させたり，記載事項を申告させたりしていないことから，A保険会社に過失があり，契約を解除できないと判示しました。

これに対し，控訴審判決は，告知義務違反を認め，保険者は，告知内容の信ぴょう性に疑問を抱かせるような特段の事情がない限り，告知内容の真偽を確認する調査をしないからといって過失があるとはいえないから，A保険会社は保険契約を解除でき，さらに，告知事項と事故との間に因果関係がないとは認めることはできないとして，A保険会社の免責を認めました。また，同時に，告知事項であっても詐欺の規定の適用は排除されないとの前提に立ち，YのA保険会社に対する詐欺を認め，A保険会社による契約の取消しも認めました。

控訴審判決が告知事項と事故発生との間の因果関係を認めた理由は判文上，必ずしも明確ではありません。この点の評価については見解が分かれるところと思われます。

(4) 設問についての検討

本設問は，免許証の色がブルーであるにもかかわらず，保険料を低額に抑えようとしてゴールドと申告したというものですから，保険契約者の故意による告知義務違反があり，保険者は契約を解除できることになります。しかし，保険事故は信号待ちで停車中に後続車に追突されたというものですから，告知事項と保険事故との間には因果関係がないことは明らかです。したがって，保険者は契約を解除できますが，因果関係不存在特則が適用され，保険者は免責されず，車両保険金の支払義務を負うことになります。

もっとも，仮に，事故がスピード違反により電柱に衝突した事故であったような場合には，免許証の色がブルーであることから導かれる被保険者の運転に対する姿勢及び運転技術と事故との間に因果関係がないとはいいきれないと判断される可能性も否定できず，今後の判例の集積を待つことになります。

9 他保険契約

従来，保険者は，約款において，他保険（被保険者，保険の目的物及び保険事故が同一の保険契約）の存在及びその内容を告知事項とし，不告知や不実の告知の場合には契約解除が可能であると規定してきました。これは，損害保険契約では重複保険が生ずる可能性があり，その場合，保険金の支払について他の保険者と調整する必要があることと，重複保険の場合には次に述べるようにモラル・リスクが高いことからです。

他保険契約自体は，客観的に保険事故発生の危険性に影響を及ぼす事項ではありません。しかし，「危険に関する重要な事項」の「危険」には道徳的危険も含めて考えれば，短期間に集中的に多数の他保険契約が存在する場合には，モラル・リスクを示す事項があるとして保険者は保険を引き受けないと思われます。すなわち，「危険に関する重要な事項」に当たると考えられます。したがって，この程度に至るような他保険契約を告知しなかったり，不実の内容を

告知した場合には，告知義務違反になり，保険者は契約を解除することができると考えられます。

しかし，他保険契約と保険事故発生との間には因果関係がありませんから，解除時までに保険事故が発生している場合には，因果関係不存在特則により，保険者は保険金を支払わなければなりません（保険31条2項1号ただし書）。

もっとも，他保険契約が著しく重複し，保険者との信頼関係を損ない，保険契約の存続を困難とする重大な事由に該当する場合には，保険者は重大事由解除により（保険30条3号），既に発生した保険金支払義務を負わない場合があると考えられます。

〔垣内　恵子〕

── ■判　例■ ──

☆1　仙台地判平23・12・22判タ1390号323頁・判時2179号144頁。

Q 29　通知義務

　私は，A損害保険会社との間で，保有する自動車につき自動車保険契約を締結しました。契約締結の際には日常・レジャー使用目的で，通勤には使用しないと申告しましたが，転んで足首を捻挫してしまったため3か月前から被保険自動車で通勤していたところ，昨日交通事故を起こして負傷してしまいました。A損害保険会社から搭乗者傷害保険金を支払ってもらえるでしょうか。

A

　保険会社は，契約締結時の危険（損害発生の可能性）に関する告知事項をもとに保険料を算出したり引受けの可否の判断をしたりしていますから，保険期間中に危険の変更を生じる一定の事由が発生した場合について，約款で保険契約者又は被保険者に通知義務が課せられているのが通常です。危険増加の通知によって，保険会社は追加保険料の請求をしたり保険契約を解除したりするなど必要な対応をとることができるのです。
　自動車を毎日の通勤に使用するのか，休日のレジャー用に使用するのかは，交通事故の発生率に影響を及ぼす事由ですから，使用目的の変更は通知義務の対象となります。保険契約者又は被保険者が，通知事項について故意又は重大な過失により遅滞なく通知をしなかった場合は，保険会社は契約を解除することができます。
　本設問で，通勤に使用していることを3か月間通知していなかったとすると使用目的の変更を遅滞なく通知していないことになり，この点に故意又は重過失が認められると，場合によっては保険会社から保険契約を解除されて保険金を支払ってもらえない可能性があります。

☑ キーワード

通知義務,危険増加による解除,保険料の増額

解説

1　危険増加の通知義務

(1)　危険増加の通知義務と解除

(a)　危険増加とは

　損害保険契約によりてん補される損害発生の可能性を「危険」といい（保険4条），告知事項についての危険が高くなり，損害保険契約で定められている保険料が，当該危険を計算の基礎として算出される保険料に不足する状態になることを「危険増加」といいます。

　危険増加には，保険料を増加後の危険に対応した額に変更することで当該保険契約を継続することができる引受範囲内の危険増加と，保険料の増額では対応できない引受範囲外の危険増加がありますが，保険法29条は，引受範囲内の危険増加について，原則として保険料を増額することで当該保険契約を継続させるものとし，一定の要件を具備する場合には保険者が当該保険契約を解除できることを規定しています。

　保険法29条1項が規定する解除の要件は，①危険増加に係る告知事項の内容に変更が生じた場合に，保険契約者又は被保険者が遅滞なくその旨の通知をすべき義務があることを保険約款で規定すること，②保険契約者又は被保険者が故意又は重大な過失によってその通知義務を怠ったこと，です。

　この規定をうけて，自動車保険の約款では，保険契約者又は被保険者に，危険増加についての通知義務を課しているのが通常です。危険が増加したにもかかわらず保険契約者又は被保険者が故意又は重大な過失によって遅滞なくその旨を通知しなかった場合には，保険者は保険契約を解除することができます。

　なお，保険法29条1項は片面的強行規定なので，約款でこの規定と異なる定

めをした場合に，保険法の規定よりも保険契約者等に不利な内容であるときはその約款は無効とされます。

　(b)　告知事項

　通知義務の対象となる事項は，危険増加に係る重要な告知事項です。「重要な告知事項」とは，保険者がその事実を知ったならば保険契約の締結を拒否したか，あるいは同一の保険料では引き受けなかった事実をいいます。

　自動車保険の約款では，被保険自動車の種類・用途，車両所有者，使用目的の変更などにつき，保険契約者又は被保険者に通知義務を課しています。保険者としては，保険料に影響する危険の変更が生じた場合に，速やかにその事実を知り，追加保険料の請求，契約の解除等適切な対応をとる必要があるからです。

　(c)　解除の効果

　損害保険契約の解除は，将来に向かってのみ効力を生ずるのが原則ですから（保険31条1項），解除の時までは保険契約は有効に存続しており，その時までに発生していた保険事故について保険者は保険金支払義務を負いますし，また保険契約者も解除時までの保険料支払義務を負います。

　ただし，危険増加の通知義務違反による解除の場合，保険者は，危険が増加した時点から解除の時までに発生した保険事故について遡及的に免責されます（保険31条2項2号）。

　もっとも，危険増加をもたらした事由と因果関係のない保険事故による損害については，保険者は保険金支払義務を免れません（保険31条2項2号ただし書）。この場合，保険者は通知義務違反による不利益を受けておらず免責する理由がないからです。

　設問で，使用目的を日常用から通勤用に変更したことを通知していなかったとしても，事故が通勤途中ではなく休日に友人と遊びに行く途中で発生したものである場合，保険会社は通知義務違反を理由に保険契約を解除することはできますが，休日遊びに行く途中の事故は，通勤目的の使用という危険増加と因果関係がないとして，保険会社の保険金支払義務は免除されないものと考えられます。

(2) 保険料の増額
(a) 保険料増額の規律

　保険契約者又は被保険者から危険増加の通知が行われた場合，又は軽過失により通知がなされなかった場合には，保険者は，危険増加を理由に保険契約を解除することはできず，契約の継続を前提に追加保険料を請求することになりますが，保険法には保険料増額に関する具体的な規定がありません。したがって，危険増加による保険料の増額の問題は，約款によって規律されることになります。

(b) 保険契約者の承諾の要否

　保険者が追加の保険料を請求するにあたり保険契約者の承諾を必要とするのか，それとも追加保険料請求権は形成権であって保険者の一方的な意思表示によって成立するのかという点は，見解が分かれるところです。

　保険契約者の承諾を要するとすると，保険者は，一定の期限を定めて保険料の増額を承諾するか否かを催告し，承諾があればその時点で保険料増額の契約変更が成立することになると思われます。不同意ないし回答がない場合には，保険者に解除権を与える必要があるでしょう。保険法の見直しに関する中間試案では，不承諾・不回答の場合は解除されたとみなされることとされています。

(c) 追加保険料債務の確定時期

　保険料増額に契約者の承諾を要するとする立場で保険契約者の承諾が得られた場合，又は保険料増額請求権を形成権とみる立場で保険者が追加保険料請求権を行使した場合には，危険増加の発生時点からの追加保険料支払債務が確定します。

　追加保険料支払債務が確定したにもかかわらず，保険契約者が追加保険料を支払わない場合，保険者は，民法541条に従い，相当期間を定めて履行の催告をしたうえで保険契約を解除し得ると考えられます。

(d) 保険契約解除の効果

　保険料増額に契約者の承諾を要するとする立場で，保険契約者の不承諾・不回答を理由に保険者が解除した場合や，契約者が追加保険料を支払わないために保険者が保険契約を解除した場合，解除の効果は遡及（民545条）するでしょ

うか。

　保険法31条1項が保険法に基づく解除に関する規定だと解すれば，民法541条に基づく解除には適用がなく，解除の効果は545条により遡及することになります。

　そうすると，危険増加の時点から解除の時までに発生した保険事故について，保険者は保険金の支払義務を負わないことになります。

　これに対し，保険法31条1項は保険法に基づく解除に限られないと解すれば，民法541条による解除の場合も将来効となり，危険増加時から解除時までに発生した保険事故について，保険者は支払義務を免れないことになりますが，ここで保険法31条2項2号を準用できるとすれば，保険契約は解除時まで存続するものの，危険増加から解除時までに発生した保険事故につき免責されると考えることも可能と思われます。

　自動車保険約款には，この場合の解除の効果を将来効とし，危険増加後に発生した保険事故について保険者の免責を規定するものがあります。

2　引受範囲外の危険増加

　保険契約締結時に保険者が保険契約者に示した引受けの範囲外で危険が増加し，保険料を増額しても保険契約を継続できない場合の扱いについて，保険法には規定がなく，約款の規律に委ねられます。

　保険者と保険契約者が契約締結時に想定した引受範囲を超える危険が増加した場合には，保険契約者も保険契約の利益を受けることを期待していなかったといえますので，保険者に過度の責任を負担させて保険契約を維持する必要性・相当性はなく，約款で，引受範囲外の危険増加について保険者の解除権を認めることができると考えられます。

　その場合，保険法31条が準用ないし類推適用されるかが問題となりますが，解除の効果は将来効としつつ，引受範囲内の危険増加よりもさらに重大な引受範囲外の危険増加について遡及免責を認めることは保険契約者にとって不利とはいえず，準用ないし類推適用を認めることは可能と思われます。

　約款で，引受範囲外の危険増加が発生した場合に保険契約は失効すると規定

することはできるでしょうか。これを肯定することは，因果関係不存在特約の適用を排除することと同一の結果になるので，遡及免責には因果関係不存在特約の適用が必要であるという考え方からは許されないという結論になるでしょう。

3　損害発生の通知義務

(1)　損害発生の通知義務

　保険契約者又は被保険者は，保険事故による損害が生じたことを知ったときは，遅滞なく保険者に対してその旨の通知をしなければなりません（保険14条）。これは，保険者に対して，事故原因の調査の機会を与え，損害の範囲や内容を確定し，さらに損害が拡大することを防止するための措置を講ずることができるようにする趣旨です。

(2)　業務違反の効果

　損害発生の通知義務に違反した場合の効果について，保険法には規定がありません。

　自動車保険の約款で，事故発生から60日以内に事故通知をしない場合には保険会社損害をてん補しないと定めていた事案について，最高裁は，「右各規定が，保険契約者又は被保険者に対して事故通知義務を課している直接の目的は，保険者が，早期に保険事故を知ることによって損害の発生を最小限度にとどめるために必要な指示を保険契約者又は被保険者等に与える等の善後措置を速やかに講じることができるようにするとともに，早期に事故状況・原因の調査，損害の費目・額の調査等を行うことにより損害のてん補責任の有無及び適正なてん補額を決定することができるようにすることにあり，また，右事故通知義務は保険契約上の債務と解すべきであるから，保険契約者又は被保険者が保険金を詐取し又は保険者の事故発生の事情の調査，損害てん補責任の有無の調査若しくはてん補額の確定を妨げる目的等保険契約における信義誠実の原則上許されない目的のもとに事故通知をしなかった場合においては，保険者は損害のてん補責任を免れうるものというべきであるが，そうでない場合においては，保険者が前記の期間内に事故の通知を受けなかったことにより損害のてん

補責任を免れるのは，事故通知を受けなかったことにより損害を被ったときにおいて，これにより取得する損害賠償請求権の限度においてであるというべきであり，前記14条もかかる趣旨を定めた規定にとどまる」と判示しています[1]。

4 他保険契約の通知義務

保険契約締結後，保険契約者が他の保険者との間で同種の保険契約を締結する場合にその旨を保険者に通知する義務があるか否かについて，保険法には規定がありません。

この問題は，保険契約の重複が30条3項の重大事由解除の包括条項に該当するかどうかという観点から検討されることになりますが，生命保険や障害疾病定額保険契約と異なり，損害保険契約は実損てん補契約であることから，保険の重複のみをもって重大事由解除を認めることは困難です。

重複契約締結に至った事情，保険金請求時の諸事情等，具体的な事情を総合的に斟酌して，保険者との信頼関係を破壊したと認められるか否かを判断することになります。

5 目的物譲渡の通知義務

平成20年改正前商法650条は，保険の目的物が譲渡されると保険契約上の権利も譲渡されたものと推定し（1項），著しい危険の変更又は増加の場合に限って保険契約は失効する（2項）と規定していましたが，保険法には該当する規定は設けられませんでした。

自動車保険の約款では，従前から，保険契約者の便宜のため，被保険自動車の入替えの場合に保険契約が継続し，事故歴などによる保険料割引の資格を維持することが認められています。

約款の入替条項では，車両を入れ替えた場合，保険契約者は保険者に通知し，その承認を得なければならないものとされています。被保険自動車の変更によって危険が増加する可能性があるからです。

保険者の承認が得られるまでに発生した保険事故については，保険金は支払

われませんし，通知義務を怠った場合には保険者は免責されます。

　通知及び承認がなければ，入替え前の車両を被保険自動車とする保険契約が継続していることになるので，入替車両の事故に対して保険金が支払われないのは当然であり，この点は，危険増加の通知義務違反の場合とは事情が異なります。

〔新藤　えりな〕

■判　例■

☆1　最判昭62・2・20民集41巻1号159頁・集民150号229頁・交民集20巻1号39頁。

Q30 被保険自動車の譲渡

　Aは自己が所有する自動車甲（以下「甲車」という）をBに譲渡しましたが，譲渡後にBが運転する甲車がCの所有するC運転の自動車乙（以下「乙車」という）と衝突し乙車を大破させただけでなくCに重傷を負わせました。Aの甲車についての自動車保険関係は甲車とともにBに承継され，BはAの自動車保険関係で乙車に発生した物損とCに発生した人身損害をてん補することができるでしょうか。

A

　被保険自動車を譲渡しても，原則として，自動車保険関係はそれに伴って譲渡人から譲受人に承継されません。したがって，被保険自動車譲渡後の自動車事故による損害又は傷害に対しては，譲渡人が締結した自動車保険契約から保険金が支払われません。ただ，任意自動車保険については，被保険自動車の譲渡前に，譲渡に関して承諾請求書を保険会社が受領し承諾していればもちろんのこと，承諾前であっても，保険会社が承諾請求書を受領していれば，保険金が支払われることになります。

☑キーワード
保険の目的物の譲渡，ノンフリート等級，承認請求書

第3章◇任意自動車保険
第2節◇基本条項

解　説

1　自賠責保険と任意自動車保険・任意自動車保険の担保種目

　自動車は運行の用に供されるものですから，当該自動車を被保険自動車（以下「被保険車」という）としてそれに自動車保険が付保されます。わが国の自動車保険制度は，自動車責任保険を中心に作られており，自動車損害賠償責任保険（自賠責保険）と，対人賠償保険及び対物賠償保険を中心として人身傷害保険及び車両保険等の他の担保種目も付帯する任意自動車保険があります。

2　保険の目的物と保険関係の規律

　保険の目的物の譲渡と保険関係に関する規律については，旧（平成20年改正前）商法では，650条1項の規定において，「被保険者カ保険ノ目的ヲ譲渡シタルトキハ同時ニ保険契約ニ因リテ生シタル権利ヲ譲渡シタルモノト推定ス」と定められ，しかし，保険の目的物を譲渡すれば，契約の前提である危険が変更する場合もあるので，その場合は，旧商法650条2項の規定において，保険の目的物の譲渡により「著シク危険ヲ変更又ハ増加シタルトキハ保険契約ハ其効力ヲ失フ」と定めて，保険関係者間の利害を調整していました。保険法においては，旧商法とは異なり，保険の目的物の譲渡に関するこれらの規律は定められていません。自賠法上も，同様にこれらの規律については何ら定められていません。
　被保険車の譲渡に係る法律関係は，自賠責保険普通保険約款及び任意自動車保険普通保険約款に定められています。

3　被保険自動車の「譲渡」とは

　保険の目的物（保険6条1項7号）である被保険車が譲渡されその所有権が譲

Q30◆被保険自動車の譲渡

受人に移転すると，譲渡人である保険契約者との関係では，被保険車についての被保険利益が喪失するので，当該自動車保険契約は失効することになりそうです。このような効果をもたらす可能性がある被保険車の「譲渡」とは，一般に，被保険車の所有権の移転であると考えられます☆1。被保険車から生じるリスクの移転という観点からみれば，譲受人が被保険車の引渡しを受けこれを現実に支配すれば「譲渡」に当たり，被保険車の危険が移転したといえるので，所有権の移転時期は問わないし，所有権移転登録手続や売買代金の支払等，譲渡契約上の義務の履行の完了の有無も関係ないと解されています☆2。また，「譲渡」には，所有権留保条項付売買契約に基づく買主又は貸借契約に基づく借主を保険契約者又は記名被保険者とする保険契約が締結されている場合の被保険車の返還も含まれます。したがって，被保険車の「譲受人」には，所有権留保条項付売買契約に基づく売主及び貸借契約に基づく貸主も含まれます。

4　自賠責保険と譲渡手続

　自賠責保険の場合は被保険車が保険の目的物ではなく損害賠償責任の発生原因である（自賠11条）から，被保険車の譲渡後の保険関係がどのように規律されるのかについては，次のように自賠法上定められています。すなわち，自賠責保険の被保険者は当該自動車（自賠2条1項）の保有者又は運転者である（自賠11条1項）から，当該自動車に自賠責保険が付保されている限り，自賠責保険関係が保険契約者から譲受人等に承継されていなくても，被害者は自賠責保険により救済されることになります。しかし，自賠責保険普通保険約款11条で，「保険契約者の権利および義務の承継」について規定が定められています。すなわち，被保険自動車が譲渡された場合，「譲受人またはその指定する者〔筆者注—以下，本設問中では「譲受人等」といいます〕が保険契約者の権利および義務を承継することを保険契約者と約し」，保険会社が「保険契約者および譲受人またはその指定する者からその旨の通知を受けたときは，保険契約者の権利および義務を承継することが約された時からこれについて当会社の承認があったものとみな」すこととされています。つまり，被保険車が譲渡された場

273

合には，自賠責保険関係は被保険車の譲渡とともに譲受人等に当然に移転することはなく，譲受人等と保険契約者との間で自賠責保険関係が譲受人等に承継されることを約束し，保険会社が譲受人等からその旨の通知を受けたときは，自賠責保険関係が承継されることが約束された時に遡って保険会社の承認があったものとみなされることになります。

　実際には，自賠責保険関係を譲渡する意思を確認する書類，譲渡人・譲受人双方の印が押印されている異動承認請求書及び自賠責保険証明書等が自賠責保険契約の契約者名義変更には必要とされています。

5　任意自動車保険と譲渡手続

　任意自動車保険の場合，ノンフリート等級制度が適用され，1等級から20等級の区分及び無事故・事故有区分により，保険料が割り引かれたり割り増しされたりします。任意自動車保険契約を更新する場合に，更新前の保険期間中の保険事故の有無及び件数等により，任意自動車保険契約に適用される等級及び無事故・事故有の区分が決定されます。保険契約者は，任意自動車保険契約の更新後に適用されるノンフリート等級が有利であれば，保険料割引が継続されるというメリットを享受したいと考えますから，この保険契約者の合理的意思を尊重することが，交通事故発生の抑止になります。半面，自動車事故を惹起させた者は，保険料の割増のデメリットを甘受したくないので，被保険車を譲渡して，保険料の割増のデメリットを回避しようとしますから，これを防止する必要があります。そのため，各保険会社は，自らが作成した任意自動車保険普通保険約款において，被保険車を譲渡しても任意自動車保険関係は譲渡人にとどまることを原則として定めています。したがって，被保険車の譲渡後に被保険車に関して，約款所定の保険事故が発生しそれよる損害又は傷害が惹起しても，それに対しては保険金が支払われるわけではありません。

　例外的に，約款において，譲渡人が，任意自動車保険関係を譲受人に譲渡することを保険会社に書面等により通知して承認請求を行った場合に，保険会社がこれを承認したときは，任意自動車保険関係は，譲受人に移転すると定めているのが通例です。この趣旨は，譲受人に被保険車が譲渡されたとき，譲渡人

と契約を締結し引き受けたリスクが増加する場合がありますから，保険会社に対し，増加したリスクの引受けを拒否するか，引き受けるとしても割増保険料を徴収するか，場合によっては保険契約を解除する等の機会を確保するため，譲渡人が，保険会社に，譲渡の書面による通知・承認請求を求めるというところにあります。つまり，保険会社が譲受人への被保険車の譲渡を承認してはじめて，任意自動車保険関係は譲受人に移転することになるわけです。保険会社が任意自動車保険契約を解除した場合は保険料が返還されます。

　なお，譲渡人から譲受人へ被保険車が譲渡されても，ノンフリート等級制度に占める譲渡人の等級・地位は当該譲渡人に附着するものですから，譲渡人のノンフリート等級は譲受人に移転しないことに注意が必要です。ただし，次の①から③の場合は，ノンフリート等級が譲渡人から譲受人に承継されます（**Q31**参照）。すなわち，①記名被保険者が配偶者間・同居の親族間で変更される場合，②個人事業主が法人を新設したり又は法人を解散し個人事業主となったりするときに，記名被保険者が個人事業主・法人間で変更される場合であって，変更前後で被保険車が同一又は同一と取り扱うことができる用途・車種であり，事業内容が同一である場合，③上記①②の場合以外で，適用等級が1から5等級であって，被保険車の譲渡以外の理由による記名被保険者の変更があった場合です。

6　任意自動車保険と譲渡後に発生した交通事故が担保される場合

　被保険車が譲渡された後に被保険車に起因して約款所定の保険事故が発生し損害又は傷害が惹起された場合であっても，保険会社が被保険車の譲受人に対する譲渡についての承認請求書を「受領」してから後に当該保険事故が発生したのであれば，保険会社の承認前であっても，その損害又は傷害に対して，保険金は支払われます。保険会社は承認請求書を受領しているのですから，少なくとも譲渡通知を受け取っていますので，譲受人側の被保険者等の保護の観点から，承認請求書受領後の保険事故による損害又は傷害について保険金を支払うことにしたものと考えられます。誰が承認請求書を「受領」すべきかについても問題になりますが，保険会社のほか，保険代理店も任意自動車保険関係に

関する代理権を，代理店契約の締結の相手方である保険会社から授権されていると考えられるので，保険代理店が「受領」しても差し支えありません。

7　消費者契約法との関係

被保険車の譲渡と任意自動車保険関係の規律について定める任意自動車保険約款が，消費者契約法10条の規定と抵触しないかが問題となります。

〔肥塚　肇雄〕

― ■判　例■ ―

☆1　最判平5・3・30民集47巻4号3384頁・集民168号下503頁・判タ816号168頁参照。
☆2　最判平9・9・4集民185号1頁・交民集30巻5号1273頁・判タ958号112頁・判時1624号79頁。

Q31 被保険自動車の入替え

　Aは自己が所有する自動車甲（以下「甲車両」という）を廃車して，新しい自動車乙（以下「乙車両」という）を購入したところ，Aは自動車保険関係に関する手続を何もしないまま，Aが運転する乙車両がAの不注意でBの運転するB所有の自動車丙（以下「丙車両」という）と衝突し丙車両を大破させBに重傷を負わせました。この場合，保険会社は，甲車両に付保していたAの自動車保険契約を乙車両に適用して，物損及び人身損害に対し保険金を支払うことはできますか。

A

　被保険車を旧車両から新しく取得した新車両に入れ替えた場合，自動車損害賠償責任保険（自賠責保険）については，旧車両を廃止し自賠責保険契約を解約して新車両について自賠責保険契約を新たに締結する必要があります。任意自動車保険については，保険会社に車両を入れ替えたことを書面により通知し承認請求をして承諾を得る必要があります。承諾が得られなくても，新車両取得日の翌日から起算して30日以内に，保険会社が保険契約者から承認請求の書面を受領した場合は，承認請求前の事故に対して保険適用があり，保険金は支払われます。30日を徒過した場合は，承認請求の書面が保険会社に届くまでの間に発生した事故について保険適用はなく保険金は支払われません。

☑キーワード
　入替え，自動補償特約条項，廃車

277

第3章◇任意自動車保険
第2節◇基本条項

解説

1　被保険自動車の入替え

　任意自動車保険契約の保険期間中に，被保険自動車（以下「被保険車」といいます）として定めている自動車甲（以下「甲車両」といいます）を譲渡・返還し又は廃車にして，新しい自動車乙（以下「乙車両」といいます）を入手しこれを被保険車として定めることを被保険自動車の入替え又は単に車両入替えといいます。このように，車両を入れ替えた後に，入替え後の乙車両に起因して約款所定の保険事故が惹起されて損害又は傷害が発生した場合，何らの手続を経なくても，任意自動車保険契約が適用されて発生した損害又は傷害に対し保険金が支払われるわけではありません。

　本来なら，従来から使用していた甲車両を譲渡・返還し又は廃車にして，新しい乙車両を購入した場合，従前の任意自動車保険契約を解約して甲車両についての被保険車の指定を取りやめ，新たに任意自動車保険契約を締結して乙車両を被保険車に指定することになります。実際に，自賠責保険契約については，このような煩雑な手続が求められています。しかし，任意自動車保険については，保険契約者は，ノンフリート等級が保険料の割引のメリットを享受できるように，その等級を新しい車両にも適用し継続したいと思うのが通例です。そこで，各保険会社の作成した任意自動車保険約款では，車両入替えがなされた場合にも，従前の車両（例えば甲車両）に付保されていた任意自動車保険をそのまま入れ替えられた新しい車両（例えば乙車両）にも継続させることとしています。

2　自賠責保険と車両入替手続

　自賠責保険においても，被保険車を廃車し新車を購入した場合，車両入替えができます。例えば，甲車両を廃車しそれに付保されていた自賠責保険契約が

解約され，次の①から③の要件を充足すれば，新しく取得した乙車両について，新たな自賠責保険契約が締結され適用されることになります。その場合，従前の自賠責保険関係を前提に，被保険車を入れ替えし，入替え前の自動車（甲車両）と入替え後の自動車（乙車両）とのリスクが同一であると評価される必要があります。したがって，①入替え前後の自動車の保険料表における車種区分が同一であること，②入替え前後の自動車の保険料が同一保険料表内にあること，③入替え前の被保険車が解約の要件を満たしていることが求められます。

入替手続に必要な書類等は，入替え前の被保険車を廃車にしたこと等の確認書類及び入替え後の自動車の登録番号等です。

3　任意自動車保険と入替手続

任意自動車保険約款上，車両入替え後に，従前の甲車両に適用されていた任意自動車保険が新しい乙車両に継続適用されるためには，後述の①②及び③の各要件を満たし，保険契約者が書面をもって車両入替えの旨を保険会社に通知し，新規取得自動車又は所有自動車と被保険車の入替えの承認請求を行って，保険会社がこれを承諾する必要があります。

車両入替えの場合は，任意自動車保険関係は，被保険車の譲渡と異なり，被保険車の入替えに伴って第三者に移転するわけではありません。車両入替えのポイントは，任意自動車関係の当事者に変更はなく，指定されていた被保険車が旧車両から新車両に変更されるという点です。車両入替えの効果は，従前の任意自動車保険契約の新車両への適用を認めることですから，保険会社の立場に立てば，保険契約者と契約を締結し引き受けた旧車両のリスクが車両入替えによって新車両のリスクに変更となり，保険会社が負担するリスクが増加する場合がありますから，保険会社はリスクを測定し引受けを拒否するか，引き受けるとしても割増保険料を徴収するか，場合によっては保険契約を解除する等の機会の確保が求められます。したがって，保険契約者は保険会社に対して，被保険車の譲渡の場合と同様に，譲渡の書面による通知・承認請求手続が必要になると考えられます。保険会社が任意自動車保険契約を解除した場合は保険

料が返還されます。

　「被保険車の入替え」の要件は，一般に，①被保険車の「所有者」，「記名被保険者」，「記名被保険者の配偶者」，「記名被保険者又はその配偶者の同居の親族」が自動車を新規取得した場合，②入替え後の自動車が，新たに取得又は「１年以上を期間とする貸借契約」により借り入れた自動車であるか又は被保険車が廃車，譲渡又は返還された場合であって，その時において，被保険車の「所有者」，「記名被保険者」，「記名被保険者の配偶者」，「記名被保険者又はその配偶者の同居の親族」のいずれかの者が既に所有している自動車であること，及び，③入替え前後の自動車が同一の用途・車種又は同一とみなして取り扱うことができる用途・車種であることです。①の要件及び②の要件にいう「記名被保険者」とは，賠償責任条項の適用がない場合は被保険車の所有者とされます。また，①の要件及び②の要件にいう「所有者」には，被保険車が所有権留保条項付売買契約により売買された場合は，その買主，被保険車が貸借契約により貸借されている場合は，その借主，これらの買主及び借主以外の場合は，被保険自動車を所有する者が含まれます。②の要件の「１年以上を期間とする貸借契約」に基づき自動車を借り入れた者については，実質的に自動車の運行を支配しているので，所有者と同等に評価しています。自動車を入替えする保険契約者が譲渡の書面による通知・承認請求手続を行い，上記の①②③の３つの要件が満たされて，保険会社から承諾されれば，入替え前の任意自動車保険契約に適用されていたノンフリート等級が入替え後の任意自動車保険契約に適用されることになります。

　自動車を新規に取得しても，被保険車の譲渡の場合と同様に，保険会社は，承認請求書を「受領」するまでは，新規取得自動車又は所有自動車に起因して生じた保険事故による損害又は傷害については，保険金を支払いません。「受領」は保険会社だけでなく，保険代理店がしても差し支えありません。

4　入替え後の自動車に対する自動補償特約条項

　任意自動車保険約款には，被保険車の「所有者」，「記名被保険者」，「記名被保険者の配偶者」，「記名被保険者又はその配偶者の同居の親族」が自動車を新

規取得したとき，被保険車を廃車，譲渡又は返還し，入替え後の自動車の取得日の翌日から起算して30日以内に保険契約者が入替えの書面による承認請求を行い保険会社がその書面を受領し，保険会社が承諾するまでの間は，入替え後の自動車を被保険車とみなして，普通保険約款を適用するという特約条項（自動補償特約条項）が定められています。この特約条項が適用されるためには，入替え後の自動車の取得日の翌日から起算して30日以内に，保険契約者が被保険車の入替えの書面による承認請求を行い，保険会社がその請求書を受領したことが必要です。この特約条項が適用されれば，入替え後の自動車は取得日に遡及して自動補償されます。

　本来であれば，保険会社の入替え後の自動車を被保険車とする承諾がなければ，入替え後の自動車に起因して所定の保険事故が発生してもそれによる損害又は傷害については，保険会社は保険金を支払う必要はありません。ただ，新取得自動車の取得日の翌日から起算して30日以内に保険会社が承認請求の書面を受領すれば，承認請求前に生じた交通事故による損害又は傷害についても保険金が支払われます。ところが，この特約条項の趣旨は，被保険車の入替えに伴う手続の煩雑さを考慮して，入替え前後を間断なく保険適用ができるようにすることにあり，併せて，手続に必要な合理的な期間と考えられる入替え後30日を経過するまでに保険契約者が入替手続を行うことを期待したものと考えられますので，上記の30日を徒過してしまうと，承認請求の書面が保険会社に届くまでの間に発生した事故については保険適用がありません。また，この自動補償特約条項による保険契約の適用は例外的に位置づけられ保険契約者に対する恩恵的な側面がありますので，入替え前の被保険車は1台である以上，入替え前の自動車は廃車，譲渡又は返還がなされている必要があります。

〔肥塚　肇雄〕

Q32 事故発生時の保険契約者・被保険者の義務と義務違反の効果

私は，所有する自動車に車両保険付きの自動車保険を付保しています。最近，近隣で不審火が相次いでいたのですが，自宅の駐車スペースに駐車中の私の自動車にも放火されました。

(1) 消防車が到着するまでの間，私は家人と一緒に自宅に備え付けていた家庭用消火器2本を使って消火に努めましたが，結果的に自動車は全焼しました。保険会社からは保険金額全額の保険金を支払う旨の連絡を受けていますが，消火剤を使い切った消火器2本分の消火剤充填費用は保険給付の対象とはならないのでしょうか。

(2) 保険会社に「損害品明細・価額申告書」を提出したのですが，記憶が不確かで早く書類を提出しなければと慌てていたこともあり，一部の付属品について，購入時期や購入価額が事実と異なったり曖昧な記憶に基づいて記載してしまいました。このような場合には一切の保険金が受け取れなくなると聞いたことがあります。早速，保険会社に修正を申し入れるつもりなのですが，保険金を受け取れなくなるのでしょうか。

A

(1) 消火剤充填費用は保険給付の対象となります。

消火活動を行ったにもかかわらず全焼に至った場合であっても，「損害の発生又は拡大の防止のために必要又は有益であった費用」は損害の一部とみなされます。車両保険の損害防止費用は保険金額の外枠で支払うこととされていますので，消火剤充填費用は保険給付の対象となります。ただし，保険会社ごとに給付条件や給付限度額には違いがありますので，必ずご自身の保険約款をご確認ください。

> (2) 保険会社に対して速やかに提出済書類の修正を申し入れその理由を報告する必要があります。
>
> 　被保険者が，保険会社から提出を求められた書類に正当な理由がなく事実と異なる記載をした場合，保険会社は全部免責とすることはできませんが，これによって保険会社が被った損害の額を差し引いて保険金を支払うとしています。仮に，あなたが提出した書類が「正当な理由のない虚偽記載・不実申告」とされた場合には，保険会社がその調査のために要した費用等を控除して保険金が支払われる場合があります。

☑キーワード

損害防止義務，損害防止費用，損害発生通知義務，虚偽記載・不実申告，重大事由解除，説明・調査協力義務

解　説

1　保険法の規律

　保険法は，保険事故が発生した場合の保険契約者・被保険者の義務として，第1に，保険事故の発生による損害の発生及び損害の拡大の防止に努めるべき義務（保険13条），第2に，保険事故によって損害が生じたことを保険会社に遅滞なく通知すべき義務（保険14条）の2つの義務を定めています。

　これらの保険法の規律はいずれも任意規定であり，各義務の違反の効果も法定されていません。一方，保険約款には保険会社・保険商品ごとに様々なヴァリエーションがあり，保険法の規律とともに保険約款の解釈は，具体的な約款条項の規定を参照して検討することが必要です。

2 損害の発生やその拡大の防止に努めるべき義務（保険13条）

　保険法13条は，保険事故が発生したことを知った保険契約者及び被保険者は，保険事故の発生による損害の発生及び損害の拡大の防止に努めるべきこと（以下「損害防止義務」といいます）を定めています。

(1) 損害防止義務を負う者

　保険契約者・被保険者に損害防止義務が課されるのは，保険事故が発生しても，保険事故による損害の発生を防止し又は損害の拡大を阻止することが可能な場合があり，このような場合には保険の目的を直接又は間接に支配している保険契約者・被保険者に損害防止を担わせることが最も合理的でありかつ現実的と考えられるからです。

　平成20年改正前商法660条１項では，被保険者のみに損害防止義務を課していましたが，倉庫業者や運送業者がその顧客から受託した貨物を目的とする火災保険契約を締結する場合のように，保険契約者も損害の防止を図り得る立場にあることが多いことから，保険法では被保険者に加えて保険契約者も損害防止義務を負うとしています。

(2) 損害防止義務を負う時期

　損害防止義務は保険契約者・被保険者が保険事故の発生を知ったときに生じる義務です。保険事故が発生しないように措置を講ずべきであるにもかかわらず，これを怠って保険事故が発生した場合の問題は故意又は重過失による事故招致免責の問題として取り扱われ，損害防止義務とは区別されます。

　建築家賠償責任保険に関して，被保険者が建築物の構造上の欠陥を補強するために行った工事費用に関し，予備的請求として保険会社に損害防止費用の支払を求めたのに対して，東京高判平21・１・21（LEX/DB25451165）は，同保険の保険事故（建築物の「滅失又はき損」）がいまだ発生しておらず，保険事故の発生を前提とする損害防止費用の請求は認められないと判示しています。

　なお，保険事故が発生した場合であっても，保険会社が免責される事故によって生じ得る損害については損害防止義務も生じません。

(3) 損害防止義務の内容

　損害防止義務を果たしたというためには，具体的にどの程度の損害防止に努める必要があるのかが問題となります。この点，保険契約の存否によって損害防止義務の程度は異なるものではなく，「保険契約がない場合に自己の利益のためにするであろう程度の努力をすれば足り……，損害防止の努力が結果的に奏功しなかったということで義務違反となるわけではない。」とされ[*1]，「保険契約者等に不可能を強いるものではなく，客観的にみて可能な範囲で損害の防止に努めれば足りる。」と説明されています[*2]。

　船舶の沈没に際して乗組員の損害防止義務違反の有無が争点の一つとなった東京地判平3・3・22（判時1404号119頁）は，「保険契約者の損害防止・軽減義務は，自己及び関係者の生命を危険に晒してまで，保険の目的物を守ることを要求するものであるとは考えられず」，「沈没の時期が正確に判断できないために乗組員の生命の安全の確保の可否を容易に判断できないような場合であれば，保険契約者……には，乗組員の生命を危険に晒してまで損害を防止する義務があると解することはできない。」と判示しています。

(4) 損害防止義務違反の効果

　平成20年改正前商法も保険法も損害防止義務違反の効果を定めていません。このため，損害防止義務違反の効果については解釈に委ねられます。

　通説は，損害防止義務違反を故意・重過失に基づく損害の発生・拡大の防止の懈怠と捉え，保険会社は，被保険者が被った損害額から損害防止義務を履行すれば防止・軽減できたと認められる額を控除した額を保険給付することで足りると解しています。

(5) 損害防止費用

　保険契約者・被保険者が損害の発生とその拡大の防止に努めることは，保険契約者・被保険者と保険会社の双方に資するにとどまらず社会全体としても有益と考えられますが，損害防止義務の履行に要した費用を誰の負担とするのかという問題が生じます。

　そこで，保険法23条1項2号は保険事故発生後の損害防止のために必要又は有益な費用を保険会社の負担とすることを明らかにしています。保険契約が一部保険であった場合には，保険会社が負担する損害防止費用も一部保険に関す

る規律を準用することとしています（保険23条2項）。

3　損害発生の事実を通知する義務（保険14条）

　保険法14条は，保険事故によって損害が生じたことを知った保険契約者又は被保険者は，保険会社に対して遅滞なくこの旨を通知すべきこと（以下「損害発生通知義務」といいます）を定めています。

(1)　損害発生通知義務の趣旨

　保険会社が適正な保険給付をなすためには，発生した事故の発生原因や事故の状況等を十分に調査し，保険事故該当性や免責該当の有無等を迅速かつ適切に判断する必要があります。さらに，損害額や支払うべき保険金額を速やかに算定することが求められ，これらを同時並行して進める必要があります。一方で，保険事故は，通常，保険契約者や被保険者が支配する生活環境領域で発生するため，保険会社は事故発生の事実を通知されることによってはじめてそれを知ります。そこで，保険法は，保険事故によって損害が生じたことを知った保険契約者又は被保険者に対して，遅滞なく保険会社に通知すべき義務を課しています。

(2)　損害発生通知義務の履行

　保険事故によって損害が生じたことを知ったとき，保険契約者又は被保険者のいずれかが，保険会社又は保険会社から損害発生通知の受領権限を付与された者に対して遅滞なく通知を発信すれば足り，書面による通知に限らず口頭による通知でもよいとされています。また，「遅滞なく」とは，相当の注意を用いてできる限り早くという意味であって，直ちに・即刻という意味ではないと解されていますが，その違いは必ずしも明らかとはいえません[*3]。

　たまたま保険会社が保険事故の事実を知った場合には，保険会社は保険契約者・被保険者の損害発生通知義務違反を主張することはできません。

(3)　損害発生通知義務違反の効果

　保険法施行前商法も保険法も損害発生通知義務違反の効果を定めていないため，解釈に委ねられます。この点，後述する最判昭62・2・20は損害発生通知義務を保険契約上の債務と解しており，通説は，損害発生通知義務が履行され

ていれば保険会社に生じなかったであろう費用等の額について，保険会社は義務違反者に対して損害賠償請求権を取得し，保険会社はこの額を支払うべき保険給付額から控除できると解しています。

4　自動車保険約款

　保険事故が発生した場合の保険契約者・被保険者の義務について，自動車保険標準約款では以下の内容を定めています。
(1)　保険契約者・被保険者・保険金を受け取るべき者の義務（自動車保険標準約款基本条項20条）

---

① 損害の発生および拡大の防止に努め，または運転者その他の者に対しても損害の発生および拡大の防止に努めさせること。
② 事故発生の日時，場所および事故の概要を直ちに保険会社に通知すること。
③ 次の事項を遅滞なく，書面で保険会社に通知すること。
　ア．事故の状況，被害者の住所および氏名または名称
　イ．事故発生の日時，場所または事故の状況について証人となる者がある場合は，その者の住所および氏名または名称
　ウ．損害賠償の請求を受けた場合は，その内容
④ 被保険自動車が盗難にあった場合には，遅滞なく警察官に届け出ること。
⑤ 被保険自動車を修理する場合には，あらかじめ保険会社の承認を得ること。ただし，必要な応急の仮手当を行う場合を除きます。
⑥ 他人に損害賠償の請求をすることができる場合には，その権利の保全または行使に必要な手続をすること。
⑦ 損害賠償の請求を受けた場合には，あらかじめ保険会社の承認を得ないで，その全部または一部を承認しないこと。ただし，被害者に対する応急手当または護送その他緊急措置を行う場合を除きます。
⑧ 損害賠償の請求についての訴訟を提起し，または提起された場合は，遅滞なく保険会社に通知すること。
⑨ 他の保険契約等の有無および内容について遅滞なく保険会社に通知すること。
⑩ ①から⑨までのほか，保険会社が特に必要とする書類または証拠となるものを求めた場合には，遅滞なく，これを提出し，また保険会社が行う損害または傷害の調査に協力すること。

第3章◇任意自動車保険
第2節◇基本条項

(2) 義務違反の効果（自動車保険標準約款基本条項21条）

保険契約者・被保険者・保険金を受け取るべき者が，正当な理由がなく上記各義務に違反した場合，自動車保険標準約款では「次の金額を差し引いて保険金を支払います。」と定めています。

① 上記(1)①に違反した場合は，発生または拡大を防止することができたと認められる損害の額
② 上記(1)②から⑤までまたは⑧から⑩までの規定に違反した場合は，それによって保険会社が被った損害の額
③ 上記(1)⑥に違反した場合は，他人に損害賠償の請求をすることによって取得することができたと認められる額
④ 上記(1)⑦に違反した場合は，損害賠償責任がないと認められる額

(3) 損害防止義務

自動車保険標準約款では，上記(1)①のとおり保険契約者・被保険者・保険金を受け取るべき者に対して損害防止義務を課しており，当該義務に違反した場合には，損害防止義務を履行していれば発生又は拡大を防止することができたと認められる額を保険金から控除して支払うこととしています（上記(2)①）。

損害防止義務を履行するために要した費用について，「基本条項第20条（事故発生時の義務）①に規定する損害の発生又は拡大の防止のために必要又は有益であった費用」は，これを損害の一部とみなして保険金を支払うこととしています（自動車保険標準約款賠償責任条項12条1号。同無保険車傷害条項9条1号，同車両条項9条1号においても同旨が定められています）。もっとも，保険金額と損害防止費用との関係は担保条項によって若干の相違があり，賠償責任条項や無保険車傷害条項における損害防止費用は保険金額の内枠とされているのに対し（賠償責任条項13条1項・14条1項，無保険車傷害条項10条），車両保険における損害防止費用は保険金額の外枠で支払うこととされています（車両条項10条2項）。

(4) 損害発生通知義務

自動車保険標準約款では，上記(1)②③のとおり保険契約者・被保険者・保険金を受け取るべき者に対して損害発生通知義務を課しており，当該義務に違反した場合には，それによって保険会社が被った損害額を差し引いて保険金を支

払うこととしています（上記(2)②）。

保険法施行前の自動車保険約款賠償責任条項では，対人賠償事故に関して，損害発生通知を受けることなく「事故の発生の日から，60日を経過したときは，当会社は，その事故にかかわる損害をてん補しません。」と定めるのが一般であり，損害発生通知義務違反に対して，一律に全部免責の適用を可能する当該条項の当否が議論されてきました。

最判昭62・2・20（民集41巻1号159頁・集民150号229頁・交民集20巻1号39頁）は，「保険契約者又は被保険者が保険金を詐取し又は保険者の事故発生の事情の調査，損害てん補責任の有無の調査若しくはてん補額の確定を妨げる目的等保険契約における信義誠実の原則上許されない目的のもとに事故通知をしなかった場合においては保険者は損害のてん補責任を免れうるものというべきであるが，そうでない場合においては,保険者が前記の期間内に事故通知を受けなかったことにより損害のてん補責任を免れるのは，事故通知を受けなかったことにより損害を被ったときにおいて，これにより取得する損害賠償請求権の限度においてである」と判示し，当該免責条項の一律的な適用を制限する判断を示しました。

一方，水没事故に関わる車両保険金請求事案において，損害発生通知が約5か月経過後になされた場合について，事故当時の約款に従って通知義務違反に基づく全部免責を認容した裁判例[☆1]があるほか，被保険者が損害賠償請求訴訟を受けた場合の保険会社への通知義務（現行自動車保険標準約款では上記(1)⑧に相当します）に違反した場合について，事故当時の約款に従って通知義務違反に基づく全部免責を認容した裁判例[☆2]があります。

なお，現在の自動車保険標準約款では損害発生通知義務とその違反の効果を上記(2)②のように定めていますので，今後は当該義務違反に基づく全部免責の効果を争う紛争は生じないと考えられます。

(5) 虚偽記載・不実申告

保険契約者・被保険者・保険金を受け取るべき者が，正当な理由がなく上記(1)③，④もしくは⑩の書類に事実と異なる記載をし，又はその書類もしくは証拠を偽造しもしくは変造した場合には，保険会社は，それによって保険会社が被った損害の額を差し引いて保険金を支払うこととしています（自動車保険標準

約款基本条項21条2項)。

　保険法施行前の自動車保険約款では，いわゆる虚偽記載・不実申告に対しては一律に全部免責することとしていたため，上述した損害発生通知義務の違反に対する全部免責条項の当否と同様の問題がありました。

　全部免責を認容した裁判例として，被保険自動車の損傷個所は保険事故以外の機会に生じたことが明らかとの事実認定を前提に，被保険者の申告は故意による不実申告であり，「不実の内容は事故申告の一部にとどまるとはいえ，全体として保険者による保険事故の実態把握を困難にし，損害算定に誤認を生じさせる可能性が高い事項である……，本件事故による全損害について保険者の免責を認めるのが相当である。」とした裁判例☆3や，車両保険請求事案において，血痕やシートベルトの長さなどから事故時の運転者は被保険者が保険会社に申告した者とは別の者であると認定し，虚偽申告に基づく全部免責を認容した裁判例☆4などがあります。

　従来，保険法施行前の自動車保険約款に基づいて保険会社が損害発生通知義務の違反や虚偽記載・不実申告に基づいて全部免責を主張したのは，故意の事故招致が推認される場合で，故意免責の主張に併せてこれらの各義務違反に基づく全部免責を主張したり，損害額に関する相当悪質な過大見積が認められる場合がほとんどでした。例えば，火災保険金請求事案において，被保険者が申告した焼失動産明細の合計額が実際の4倍を超えていたケースで，仙台高判平19・8・29（判タ1268号287頁）は不実申告に基づく全部免責を認容しています。

　なお，現在の自動車保険標準約款では，いわゆる虚偽記載・不実申告に対して上記のように定めていますので，今後は全部免責の効果を争う紛争は生じないと考えられます。

(6)　保険会社に生ずる損害

　自動車保険標準約款は，損害発生通知義務の違反や虚偽記載・不実申告が行われた場合について，それらの各行為によって保険会社に生じた損害を控除して保険金を支払うこととしており，これは上述の最高裁判例や保険法施行前の通説を約款に取り込んだものと評価できます。

　ところで，各義務違反によって「保険会社に生じた損害」は支払うべき保険給付から控除できるとしても，「保険会社に生じた損害」とは具体的に何か，

Q32◆事故発生時の保険契約者・被保険者の義務と義務違反の効果

立証事実は何か，は紛争事案に即して異なるため，一律に確定することは困難です。

各義務の違反の有無やその内容を調査するために要した費用，例えば，社外調査機関の調査料，弁護士法23条の2に基づく照会のために要した弁護士報酬，当該事案対応を委任した弁護士の報酬などが考えられます＊4。

(7) 重大事由解除との関係

保険事故が発生した後に，これを奇貨として被保険者が過大請求などの詐欺的な保険給付請求を企図した場合，保険会社はこれらが重大事由に該当することに基づき保険契約を解除することができます（保険30条2号）。

一方，保険会社がかかる詐欺的請求に対して全部免責を主張し得るのは，「重大事由」が生じた時以降に生じた保険事故による損害にとどまり（保険31条2項3号），これが片面的強行規定とされていることから（保険33条1項），重大事由解除の原因となった保険事故による損害自体を全部免責とすることはできません。

この点，信頼関係を崩壊させた著しく悪質な保険契約者との保険契約から保険会社を解放させる重大事由解除の法理と，保険給付過程における悪質な不正請求に対する制裁のための法理は相互に背反的ではなく併存し得るという有力な見解があります＊5。

(8) 説明義務・保険会社の調査への協力義務

上記(1)⑩は，各種の資料の提出など，保険会社が行う調査への包括的な協力義務を定めています。保険契約者等が正当な理由なく保険会社が行う必要な調査を妨げ，又はこれに応じなかった場合には，これにより保険給付が遅延した期間について，保険会社は遅滞の責任を負いません（保険21条3項）。一方，保険契約者等による調査妨害によって保険者が直ちに免責される旨の約款の定めは，片面的強行規定である保険法21条3項に反し無効と解されます＊6。

〔井口　浩信〕

━━■判　例■━━

☆1　千葉地一宮支判平10・2・6判タ970号247頁。

☆2　宇都宮地判平23・10・7判タ1369号236頁・判時2131号138頁。

291

第3章◇任意自動車保険
第2節◇基本条項

☆3　大阪地判平19・12・20交民集40巻6号1694頁。
☆4　大阪高判平19・7・22自動車保険ジャーナル1709号8頁。

=====■注　記■=====

＊1　山下友信『保険法』（有斐閣，2005年）413頁。
＊2　萩本修編著『一問一答保険法』（商事法務，2009年）118頁。
＊3　山下友信＝米山高生編『保険法解説』（有斐閣，2010年）423頁〔後藤元〕。
＊4　想定し得る具体的な費用の例や，保険会社に生じた費用等の請求を認容した裁判例等について，奥山智史「改定約款における事故発生時の義務違反と損害調査実務」損害保険研究73巻1号59頁を参照。
＊5　山下友信「保険金詐欺請求の法的効果」岩原紳作＝山下友信＝神田秀樹『会社・金融・法（下巻）』（商事法務，2013年）711頁。
＊6　萩本編著・前掲（＊2）112頁。

Q 33 重複保険の場合の保険金請求

　私は，休日を利用して旅行に出かけるため，友人のAさんから自動車を借りることにしました。Aさんには「この車には運転者年齢限定や運転者限定のない任意自動車保険をかけているから大丈夫だよ。」と言われたのですが，Aさんに迷惑をかけることになってはいけないので，私はドライバー保険を締結しました。
　旅行中，交差点で出合い頭の事故に遭い，この事故によって相手のXさんは受傷し，Xさんの車も損傷しました。そこで，私は，私が締結したドライバー保険とAさんが締結していた任意自動車保険のうち，ドライバー保険のみに保険請求ができるのでしょうか。それとも両方に請求できるのでしょうか。

A

　あなたが締結したドライバー保険（賠償責任条項）とAさんが締結していた任意自動車保険（賠償責任条項）とは，いずれも，運転者であるあなたを被保険者とする損害賠償責任のてん補を目的とする損害保険であり，重複保険の関係にあります。
　このような場合には，どちらの保険が優先適用されるのかは保険約款に明記されているのが通常ですので，まずはご自身の保険約款の記載を確認してください。
　なお，ドライバー保険（賠償責任条項）と任意自動車保険（賠償責任条項）とが重複保険の関係にある場合には，ドライバー保険が優先適用されるという保険約款が多いようです。
　保険約款に調整・優先規定がない場合には，保険法の重複保険の規律に従うことになりますので，あなたは両方の保険会社に対してそれぞれの保険約款に基づく保険給付額全額の支払を求めることができます。ただし，この場合でもあなたが二重に保険給付を受けられるわけではなく，保険給付の後，保険会社の間で求償関係が生ずることになります。

第３章◇任意自動車保険
第２節◇基本条項

☑キーワード

重複保険，超過保険，独立責任額，独立責任額按分方式，独立責任額全額方式，保険金額按分方式，保険会社間の求償

解 説

1 重複保険に関する規律 (保険20条)

(1) 重複保険の意義と規律の必要性

保険会社の保険給付責任の全部又は一部を共通にする損害保険契約がほかにも存在する場合で，かつ，損害発生時においてそれらの保険金額の合計額がてん補すべき損害額を超える場合を重複保険といいます。

保険金額の合計額がてん補すべき損害額を超える状態にある場合には，被保険者に利得が生じないよう措置を講ずる必要があることから，保険法は重複保険に関する規律を定めています。一方で，損害保険契約が複数存在する場合であっても，それらの保険金額の合計額がてん補すべき損害額を超えない場合には，被保険者に利得が生じる余地がないことから，重複保険の規律の対象にはなりません。

重複保険の規律は被保険者の利得防止を目的とした規定であって損害保険に特有の規定であり，物保険にとどまらず賠償責任保険や費用保険も対象となりますが，生命保険や傷害疾病定額保険には適用がありません。また，重複保険の関係は，保険会社が複数存在することを要件とはせず，同一保険会社においても生じ得るというのが近時の通説とされています[1]。

なお，重複保険に関する保険法の規律は任意規定と解されていることから，保険約款の具体的な規定を参照して検討することが必要です。

(2) 平成20年改正前商法の規律

平成20年改正前商法の重複保険に関する規律は，保険金額が保険価額を超える部分を絶対無効とする超過保険の規定（改正前商631条）を前提としていまし

た。

そして，重複する各損害保険契約の締結時期に応じて同時重複保険と異時重複保険とに大別し，同時重複保険の場合には，各保険会社の保険給付額は自社の保険金額の各社合計保険金額に対する割合に応じて按分して算出することとし（改正前商632条1項。これを「保険金額按分方式」ということがあります），異時重複保険の場合には，先行して締結した保険契約から保険給付を行い，その給付額では損害の全部のてん補に足りない場合に，後行する保険契約からその不足額を保険給付することとしていました（改正前商633条）。

こうした契約締結時期の先後による取扱いの相違は，各契約の契約締結・更新時期や保険事故発生時によって結果に変更が生じること，また，保険金額を基準とした按分方法は各保険契約の内容の相違（全部保険か一部保険か，免責金額の設定の有無など）を反映せず合理的とはいえないことから，保険法施行前の大半の保険約款では，重複保険の関係にある各保険会社の保険給付額は，重複保険がないことを前提に算定した自社の保険給付すべき全額（この額を「独立責任額」といいます）の各社合計独立責任額に対する割合に応じて按分して算出することとしていました（これを「独立責任額按分方式」といいます）。

(3) 保険法の規律

保険法は超過保険を有効としたことから（保険9条），重複保険の規律も平成20年改正前商法とはその位置づけを異にしています。

(a) **保険会社の給付責任額**

保険法20条1項は，重複保険がある場合でも契約締結時の先後を問わずこれらを勘案することなく，また調整することもなく，各保険会社は自社の独立責任額の支払義務を負うとして（これを「独立責任額全額方式」といいます），各保険契約間の優劣や先後関係も定めていません。

かかる規律は，保険価額が上昇したり保険会社が破綻した場合に備えて重複保険を締結することも考えられること，そして，重複保険の場合，被保険者としては結果的にいずれかの保険会社から損害額全額のてん補を受けられればよいことから，被保険者保護のためにはいずれの保険会社に対してもその独立責任額を請求できるとすることが妥当とされたものです。

(b) 保険会社間の求償関係

　ある保険会社が先行して保険給付を行い被保険者に生じた損害のすべてがてん補された場合には，たまたま被保険者が当該保険会社を選択して保険給付請求を行った結果，他の保険会社が本来の保険給付を免れる結果にもなりかねません。

　そこで，保険法20条2項は，各保険会社の独立責任額の合計額がてん補損害額（各保険契約に基づいて算定したてん補損害額が異なる場合には，そのうちで最も高い額）を超える場合，保険会社が自社の独立責任額の各社合計独立責任額に対する割合をてん補損害額に乗じた額を超えて保険給付をなし，この結果，他の保険会社の共同の免責を得たとき，当該保険会社は，自己負担部分を超える部分について，他の保険会社に対して各社の負担部分を求償できることとしています。

(4) 小　　括

　以上のとおり，保険法20条1項は，保険会社と被保険者との関係においては保険給付に際して重複保険の存在を勘案しないこととし，一方で，同条2項では重複保険の関係にある各保険会社間の求償関係を定め，平成20年改正前商法の重複保険の規律とはその位置づけを異にしています。

　もっとも，保険法の重複保険に関する規律は任意規定であることから，保険約款において平成20年改正前商法に適用されていた従前の規律（例えば，独立責任額按分方式に基づく保険給付額の算定など）を継続することも可能であり，この結果，重複保険の関係にある各保険会社間で重複保険に関する保険約款上の規律が異なる場合（例えば，A社とB社は独立責任額全額方式であるものの，C社は独立責任額按分方式である場合など）も想定されます。

2　自動車保険約款

(1) 約款の規律

　重複保険に関する取扱いについて，自動車保険標準約款基本条項22条は以下のとおり定めています。

(1) 他の保険契約等がある場合であっても、当会社は、この保険契約により支払うべき保険金の額を支払います。
　＊「他の保険契約等」とは、この保険契約の全部または一部に対して支払責任が同じである他の保険契約または共済契約をいいます。
(2) (1)の規定にかかわらず、他の保険契約等により優先して保険金もしくは共済金が支払われる場合または既に保険金もしくは共済金が支払われている場合には、当会社は、それらの額の合計額を、次に掲げる額から差し引いた額に対してのみ保険金を支払います。
　① 賠償責任条項に関しては、損害の額
　② 車両条項に関しては、損害の額（注1）
　③ 自損事故条項および無保険車傷害条項に関しては、それぞれの保険契約または共済契約において、他の保険契約または共済契約がないものとして算出した支払うべき保険金または共済金のうち最も高い額。この場合において、自損事故条項に関しては、同条項第1条（用語の定義）保険金の定義に規定する介護費用保険金と医療保険金とこれら以外の保険金（注2）とに区分して算出するものとします。
　　（注1）それぞれの保険契約または共済契約において、損害の額が異なる場合はそのうち最も高い額をいいます。
　　（注2）死亡保険金および後遺障害保険金をいいます。
(3) (2)①および②の損害の額は、それぞれの保険契約または共済契約に免責金額の適用がある場合には、そのうち最も低い免責金額を差し引いた額とします。

　自動車保険標準約款では、上記(1)で独立責任額全額方式を採用することを明らかにし、上記(2)では、他の保険契約等から優先して給付されるべき場合又は既に保険給付がなされている場合の調整を定めています。

(2) 独立責任額全額方式のメリット

　保険法施行前の大半の保険約款が採用していた独立責任額按分方式の場合には、被保険者が損害の全額のてん補を受けるためには、重複保険の関係にあるすべての保険会社に保険給付請求する必要がありました。これに比べ、保険法の規律、すなわち独立責任額全額方式による場合には、被保険者は複数保険会社のうちの1つの保険会社に保険給付請求することによって損害の全部のてん補を受けることが可能な場合が生じるほか、万一、重複する保険会社のうちの

1社が破綻した場合であっても，被保険者は破綻していない保険会社に保険給付請求することによって損害の全部のてん補を受けることが可能な場合が生ずるなどのメリットがあります。

一方で，被保険者が選択した保険会社から保険給付を受け損害の全部のてん補を受けた場合には，被保険者はその他の保険会社に保険給付請求するインセンティブが低下するため，その他の保険会社に保険給付請求したならば給付を受けられた個社固有の費用保険金等の給付請求が漏れる可能性が生じます。くわえて，重複保険の関係にある複数の保険会社に保険給付請求するにあたり，その請求の順序によって結果的に保険給付の各社合計額が異なる可能性も指摘されており，こうした事態を防止するため，各保険会社は，被保険者から事故報告を受け付けた時点や，具体的な保険給付請求書類・各種立証資料を受け付けた時点などに被保険者に対して十分な説明を行うべき必要性が指摘されています[2]。

(3) 保険会社間の求償関係

保険法の重複保険に関する規律は任意規定であること，くわえて保険法20条2項の規律は重複保険の関係にある保険会社間の求償に関する規律であり，保険会社と被保険者との間の問題ではないことから，求償に関する規律は保険約款において定められるべき事項ではありません。

そこで，保険約款において独立責任額全額方式を採用する保険会社が，独立責任額全額の保険給付を行った後，独立責任額按分方式を採用する他の保険会社に対して，保険法20条2項に基づいて求償し得るかという問題があります。

この点，保険会社が被保険者に対して負う保険給付責任の額の算出方法（独立責任額全額方式か按分方式か）と保険会社間の求償の基準となる額とは異なり，後者においては独立責任額が基準になることから，求償は可能とされています[3]。

(4) 被保険者等の保険会社に対する保険事故発生時の他保険通知義務

ところで，被保険者から保険給付請求を受けた保険会社は，そもそも重複保険の存否を不知である場合がほとんどであり，保険給付後に他の保険会社への求償の機会を確保するためには，あらかじめ被保険者から重複保険の有無の申告を得る必要があります。

そこで，**Q32**で見たとおり，自動車保険標準約款基本条項20条9号は，保険契約者・被保険者・保険金を受け取るべき者の保険事故発生時の義務の一つとして，「他の保険契約等の有無および内容について遅滞なく保険会社に通知すること」を定めています。正当な理由がないにもかかわらず保険契約者・被保険者・保険金を受け取るべき者がこの義務に違反した場合，自動車保険標準約款21条1項2号は，かかる義務違反によって保険会社が被った損害の額を保険金から差し引くこととしています。

これは，保険事故発生時に保険契約者・被保険者・保険金を受け取るべき者が負う上記義務が保険契約上の債務であってこれらの義務違反は債務不履行と捉えられることから，かかる義務の不履行によって保険会社が他の保険会社に求償請求する機会を逸し，この結果，求償を得られなかった額について，他保険の通知義務を怠った者は損害賠償義務を負うと解されることに基づいています。

3　自動車保険における重複保険の例

自動車保険分野における重複保険の例として，次のようなケースを挙げることができます。これらは，それぞれ重複保険の関係にある保険契約の保険会社が同一の場合もあれば，保険会社が異なる場合もあります。

(1)　他人の車を借用し運転中に対人・対物賠償事故を惹起した場合

運転者が締結している自動車保険の他車運転危険補償特約やドライバー保険と，あらかじめ当該借用自動車に付保されている自動車保険賠償責任条項との関係が問題となります。いずれの保険契約も運転者を被保険者とする損害賠償責任のてん補を目的とする損害保険であり，重複保険の関係にあるということができます。

この点，自動車保険標準約款他車運転危険補償特約3条2項やドライバー保険基本条項19条では，借用自動車にあらかじめ自動車保険賠償責任条項が付保されていた場合について，借用自動車がレンタカー等である場合を除いて，他車運転危険補償特約やドライバー保険が優先適用されることを明記しています。

(2) 無保険車との事故による被害者を被保険者とする人身傷害保険と無保険車傷害条項

いずれの保険も被保険者たる被害者に生じた損害のてん補を目的とする損害保険であり，重複保険の関係にあります。保険会社の無保険車傷害条項によっては，無保険車傷害条項に基づく保険給付額の算定にあたり，人身傷害保険から保険給付がなされる場合にはその額を控除することを定めるものもあります。

(3) 留意点

上記のいずれのケースにおいても，保険約款に重複保険の関係にある複数の保険契約に関する調整・優先規定があればそれに従うことになり（保険約款に調整・優先規定がある場合には，当該規定が及ぶ限りにおいて，各保険契約は重複保険の関係にはないことになります），当該規定がなければ重複保険の規律に従うことになります。

もっとも，重複保険に関する保険約款の調整・優先規定や保険会社間の求償実務についての現行の整理は十分とはいえないことから，これらは今後の重要な課題であると指摘されています*4。

4 裁判例——人身傷害保険と無保険車傷害条項の重複保険

平成20年改正前商法の事案ですが，人身傷害保険と無保険車傷害条項の重複保険の関係が争点の一つとされた裁判例があります。

甲車に同乗中のXが，中央線を突破して走行してきた対向車Y（無保険自動車）との正面衝突事故によって後遺障害1級の障害を被ったとして，Xは，甲車を被保険自動車とする甲損保の無保険車傷害条項に基づき，また，Xが所有する乙車両（甲とは別の車両）を被保険自動車とする乙損保の無保険車傷害条項・人身傷害補償条項に基づいて，それぞれ保険給付請求しました。なお，本件の乙損保の無保険車傷害条項には，人身傷害補償条項による保険給付や他の保険契約の無保険車傷害条項による保険給付が本件乙損保の無保険車傷害条項に基づく保険給付よりも優先する旨の調整・優先規定がありました。

岡山地判平24・1・31（自保ジャーナル1885号11頁）は，Xは甲損保から無保険車傷害条項に基づく保険給付を受けることができるから，乙損保への無保険車

傷害条項の保険給付請求は認められないものの，乙損保に対する人身傷害補償条項の保険給付請求は認められると判示しました。

これに対して，乙損保は，Xには甲損保の無保険車傷害条項が優先適用されこれによって損害の全額がてん補されるのであるから，乙損保の人身傷害補償条項が適用される余地はないとし，また，甲損保は甲損保の無保険車傷害条項と乙損保の人身傷害補償条項とは約款上優先順位が定められていないとし，平成20年改正前商法が規律する重複保険と同様に考え，保険金額按分方式による処理をすべきとして，それぞれ控訴しました。

そこで，広島高岡山支判平24・9・28（自保ジャーナル1885号1頁）は，人身傷害補償条項と無保険車傷害条項とは，両者のうち被保険者に有利ないずれか一方が優先して適用されるよう制度設計されており，甲損保の無保険車傷害条項に基づいて被保険者の損害の全額がてん補された場合には，甲損保はXのYに対する損害賠償請求権を代位取得し，Xはその限度でYに対する損害賠償請求権を失うのであるから，Xは重ねて人身傷害補償条項に基づく保険給付請求はできないとして，乙損保の主張を認容し，一方，人身傷害補償条項が適用されることを前提に，重複保険として保険金額按分方式による処理を求めた甲損保の控訴を退けました。

本件は，甲損保の無保険車傷害条項と乙損保の無保険車傷害条項・人身傷害補償条項とが重複保険の関係にある場合の優劣関係が争点の一つとなり，それぞれの約款の定めに加えて，両条項の制度趣旨をふまえた判断が示された事例として意義があります。

〔井口　浩信〕

■注　記■

＊1　山下友信＝永沢徹編著『論点体系保険法1』（第一法規，2014年）195頁〔坂東司朗〕。
＊2　東京海上日動火災保険編著『損害保険の法務と実務』（金融財政事情研究会，2010年）360頁，松浦秀明「保険法第20条『重複保険』の保険金支払実務への影響」損害保険研究73巻1号75頁。
＊3　萩本修編著『一問一答保険法』（商事法務，2009年）132頁。
＊4　山下＝永沢編著・前掲（＊1）196頁〔坂東〕。

Q34 保険金支払期限

　私は，所有する自動車が盗難に遭ったので，自動車保険を付保していた保険会社に必要書類を送付して保険金を請求しました。その保険会社の約款によれば，必要書類の提出から30日以内に保険金を支払うとされ，また，特別な照会又は調査が不可欠な場合にはその期間を延長するとしていましたが，その場合でも最長は180日と規定されていました。

　その後，必要書類提出から180日近くになって，保険会社から本件についての調査はなお継続しているので調査に協力してほしいとの要請がありました。私としてはともかく早く保険金を支払ってほしいので，その後の調査にはできる限り協力しました。

　結局，保険会社からは1年以上経って保険金が支払われましたが，こんなに待たされた私としては釈然としません。約款上の期限の180日を超えた部分については，遅延損害金を支払ってもらうことができないでしょうか。

A

　保険会社の約款では，保険金の支払時期を明確に定めています。自動車保険の場合，通常，必要書類を提出した日からその日を含めて30日以内，特別な照会又は調査が不可欠な場合にはその内容に応じて60日から180日以内と規定しています。これは，法律的には保険金支払債務の履行期を規定したものであり，この期間を経過してしまった場合には保険会社はその後の日数に応じた遅延損害金（遅延利息）を支払う必要があります。

　一方，このような約款上の期限を保険会社と保険金請求権者との間の個別の合意によって延長することも可能であると考えられており，その場合には延長後の期限を超えた部分のみに対して遅延損害金が発生します。

設問のケースでは，保険会社の調査協力依頼に対して同意したようですが，これが期限延長についての合意とみなされるかが問題となります。同様のケースで期限延長の合意とみなされた最高裁判例があり，それを参考にして検討する必要があります。

☑キーワード

保険金支払債務の履行期，遅延損害金，履行期の延長

解説

1 保険法施行前の状況

(1) 債務の履行期

債務者が債務の履行（弁済）をしなければならない時期のことを履行期（又は弁済期）といいます。履行期に債務者が履行をしない場合には，履行遅滞となり，債権者はその強制履行を裁判所に請求することができ（民414条1項），さらに，損害の賠償を請求できます（民414条4項）。金銭の支払を目的とする債務の場合，この損害賠償とは法定利率（民404条，商514条）による遅延損害金（遅延利息）の支払ということになります（民419条）。

履行期は債務の種類により異なります。すなわち，債務の履行について確定期限のある場合はその期限が到来した時（民412条1項），債務の履行について不確定期限のある場合は債務者がその期限の到来を知った時（同条2項），債務の履行について期限を定めなかった場合は債権者から履行の請求を受けた時（同条3項）が，それぞれ履行期となります。

(2) 保険金支払債務の履行期と約款規定

保険会社の保険金支払債務は，上記のうち，債務の履行について期限を定めなかった場合に当たると考えられます。したがって，債権者である保険金請求権者による履行の請求を受けた時に履行期が到来することになります。もっと

も，保険金の支払請求を受けたとしても，保険会社としては直ちにその金額を支払うわけにはいきません。保険金支払のためには，例えば損害保険であれば，保険事故の発生，損害額，免責事由の有無などを確認しなければならず，このための期間が必要となります。そこで従来，損害保険会社では以下のような条項を保険約款に規定していました。

> 自動車保険標準約款第6章第21条
> 　当会社は，被保険者が前条第2項の手続をした日からその日を含めて30日以内に保険金を支払います。ただし，当会社がこの期間内に必要な調査を終えることができない場合は，これを終えた後，遅滞なく保険金を支払います。

　この約款規定によれば，保険金支払債務は，被保険者（保険金請求権者）が必要書類を保険会社に提出してから原則として30日で履行期となりますが，その間に必要な調査が終わらないときにはその調査が終了した時点が履行期となることになります。そして，その履行期になっても保険金が支払われない場合には，その履行期から最終的に保険金が支払われた日までの期間について法定利率により計算された遅延損害金が支払われることになります。

(3)　判例の判断

　しかし，この約款規定のただし書の部分については，最高裁の判例によってその効力が否定されました[1]。本件は，火災保険金請求についての事案ですが，その中で最高裁は以下のように判示しました。

　「〔本件約款条項の〕ただし書は，保険会社が右猶予期間内に必要な調査を終えることができないときは，これを終えた後，遅滞なく保険金を支払う旨を定めている。しかし，右ただし書の文言は極めて抽象的であって，何をもって必要な調査というのかが条項上明らかでないのみならず，保険会社において必要な調査を終えるべき期間も明示的に限定されていない。加えて，保険会社において所定の猶予期間内に必要な調査を終えることができなかった場合に，一方的に保険契約者等の側のみに保険金支払時期が延伸されることによる不利益を負担させ，他方保険会社の側は支払期限猶予の利益を得るとするならば，それは前判示の損害保険契約の趣旨，目的と相いれないところである。したがって，保険契約者等が調査を妨害したなど特段の事情がある場合を除き，保険金支払

時期の延伸について保険会社が全く責めを負わないという結果を直ちに是認すべき合理的理由を見いだすことはできない。以上を勘案すれば，同条ただし書は，これ自体では保険契約者等の法律上の権利義務の内容を定めた特約と解することはできず，保険会社において，所定の猶予期間内に調査を終えることができなかった場合にあっても，速やかにこれを終えて保険金を支払うべき旨の事務処理上の準則を明らかにしたものと解するほかはない。」

　この判例によれば，30日以内に調査が終了しない場合でもその時点で保険金支払債務の履行期が到来してしまい，保険会社としてはその後の期間については遅延損害金を支払わなければならないことになります。もっとも，保険法の学説ではこの判例に批判的なものが多数あります。

2　保険法施行後の状況

(1)　保険法の規定

　平成20年改正前商法では履行期に関する規定はおかれていませんでしたが，平成22年に施行された保険法では新たに以下のような履行期についての条項を規定しました。

(a)　約款で期限を定めた場合

> 保険法第21条第1項
> 　保険給付を行う期限を定めた場合であっても，当該期限が，保険事故，てん補損害額，保険者が免責される事由その他の保険給付を行うために確認をすることが損害保険契約上必要とされる事項の確認をするための相当の期間を経過する日後の日であるときは，当該期間を経過する日をもって保険給付を行う期限とする。

　この規定によれば，保険約款によって保険金支払債務の履行期を定めることを前提として，そこで規定された履行期（例えば30日）が調査についての「相当の期間」を超える場合は，「相当の期間」まで短縮されることになります。一方で，この規定では，「相当の期間」を超えない範囲で，保険約款で従来よりもさらに長期の履行期を規定することも可能であるとも理解できます。

ところで，この「相当の期間」の判断については，個別案件ごとに諸事情を考慮して行うのではなく，当該保険契約の内容に照らして確認のためにどの程度の期間が「一般的に」かかるかという観点から判断すると解されています。これは，①期限の定めがある場合には，契約の内容に応じて通常必要とされる期間を想定して期限を定めていると考えられるところから，当該期間の有効性についても通常必要な期間を超えるかどうかで判断することが適当であること，②契約自由の原則からすれば，当事者があらかじめ合意した期限を法律によって変更するのは必要最小限にとどめるべきであるから，個別具体的な事情に応じてその期限が変更されるとするのは相当ではないこと，などによるとされています。

そうであるとすると，規定された履行期（例えば30日）が「相当の期間」と一致すると判断される場合でも，個別事案によっては事実上その期限よりも前に調査が終了してしまったということもあり得ますが，その場合には履行期はどうなるのでしょうか。これについては，保険金請求者の保護という立場に立てば，実際に調査が終了したのだからその時点で履行期が到来するという考え方も可能ですが，30日が「相当の期間」と判断された以上，30日を経過した時が履行期であると考えるべきでしょう。

(b) 約款で期限を定めなかった場合

以上に対して，保険法は約款で期限を定めなかった場合についても以下のような規定を設けました。

> 保険法第21条第2項
> 保険給付を行う期限を定めなかったときは，保険者は，保険給付の請求があった後，当該請求に係る保険事故及びてん補損害額の確認をするために必要な期間を経過するまでは，遅滞の責任を負わない。

約款で保険金支払の期限を設けなかった場合には，理論的には，原則にもどって，保険金請求者によって履行の請求を受けた時に履行期が到来することになります（民412条3項）。しかし，現実には，保険会社としては保険金を支払うことができるのかどうかを調査することになり，その期間内は保険金を支払うことができません。そこで，保険法では保険会社に対して若干の猶予を与え

ることとしたものです。そして，その猶予期間は調査事項を確認するために「必要な期間」と規定されました。ここでいう「必要な期間」とは，上記の「相当の期間」とは異なり，当該請求に係る個別の事実関係に照らして判断されるとされています。

　もっとも，保険会社は法令によって保険約款の中に履行の時期についての規定を設けなければならないとされていますので（保険業則9条4号），少なくとも保険業法によって営業免許を得ている保険会社の約款では履行期が規定されることになり，保険法21条2項が適用されることは現実にはほとんどないと考えられます。

(2) 新しい保険約款

　前掲（☆1）最判平9・3・25や保険法の規定をふまえて，保険会社では新たな保険約款の規定を作成しました。以下では，個別保険会社（T社）の約款条項を示しますが，その他の保険会社の約款もほぼ同様の内容です。

総合自動車保険普通保険約款第4章第4節第2条（保険金の支払）
(1) 当会社は，請求完了日からその日を含めて30日以内に，当会社が保険金を支払うために必要な下表の事項の確認を終え，保険金を支払います。
　① 保険金の支払事由発生の有無の確認に必要な事項として，事故の原因，事故発生の状況，損害または傷害発生の有無および被保険者に該当する事実
　② 保険金が支払われない事由の有無の確認に必要な事項として，保険金が支払われない事由としてこの保険契約において定める事由に該当する事実の有無
　③ 保険金を算出するための確認に必要な事項として，損害の額または傷害もしくは疾病の程度，事故と損害または傷害との関係，治療の経過および内容
　④ 保険契約の効力の有無の確認に必要な事項として，この保険契約において規定する解除，無効，失効または取消しの事由に該当する事実の有無
　⑤ ①から④までのほか，他の保険契約等の有無および内容，損害について被保険者または保険金請求権者が有する損害賠償請求権その他の債権および既に取得したものの有無および内容等，当会社が支払うべき保険金の額を確定するために確認が必要な事項
(2) (1)の確認をするため，下表の左欄の特別な照会または調査が不可欠な場合には，(1)の規定にかかわらず，当会社は，請求完了日からその日を含めて下

第3章◇任意自動車保険
第2節◇基本条項

> 表の右欄の日数を経過する日までに，保険金を支払います。この場合において，当会社は，確認が必要な事項およびその確認を終えるべき時期を被保険者または保険金請求権者に対して通知するものとします。
> ① 災害救助法が適用された災害の被災地域における(1)の表の①から⑤までの事項の確認のための調査　60日
> ② (1)の表の①から④までの事項を確認するための，医療機関，検査機関その他の専門機関による診断，鑑定等の結果の照会　90日
> ③ (1)の表の③の事項のうち，後遺障害の内容およびその程度を確認するための，医療機関による診断，後遺障害の認定に係る専門機関による審査等の結果の照会　120日
> ④ (1)の表の①から④までの事項を確認するための，警察，検察，消防その他の公の機関による捜査結果または調査結果の照会　180日
> ⑤ (1)の表の①から⑤までの事項の確認を日本国内において行うための代替的な手段がない場合の日本国外における調査　180日

　この新約款では，「請求完了日から30日以内に保険金を支払うことを原則とするがそれまでに調査が終了しない場合は保険金の支払は30日以後になる」という基本的な考え方は旧約款と同じです。しかし，以下の点で，旧約款とは異なっています。

　まず，30日以内に支払うという原則が適用される場面でも，それまでに行う調査事項の内容を詳細に規定した点です。これは，保険法21条1項で，30日まで至らない時点でも，調査事項の確認のための相当の期間を経過した場合はその時点で履行期が到来すると規定されているところから，その調査事項を明確化しておくことが相当の期間を判断するために必要となったためです。

　次に，保険金支払時期が30日を超えてしまうという例外的な場合について，その調査の内容を類型化し，そのそれぞれの類型に対して最長期間（例えば，公の機関による捜査結果又は調査結果の照会が必要な場合は180日）を明記しました。これは，前掲（☆1）最判平9・3・25において，旧約款における例外的な場合の履行期の規定が否定された理由として，必要な調査の内容が明らかでないことや延長期間が明示されていないことが指摘されていることに対応したものです。

3 履行期の延長の合意

(1) 履行期の延長の合意とは

上記のように，履行期については保険約款規定と保険法の規定によって明確に定められていますが，場合によっては当事者間（保険会社と保険金請求者）で定められた履行期を延長するという合意がなされることもあるかもしれません。例えば，定められた期限内にどうしても調査が終了しなかったという場合に，保険会社としてはもう少し調査を継続したいと思い，また，保険金請求者としても，不完全な調査によって保険金が支払われないという結論になり訴訟という手続をとらなければならなくなるよりも，保険会社に完全な調査をしてもらうことにより保険金を支払うという結論を出してもらった方がよいと判断したというようなケースです。このような場合，両当事者間で，例えば書面によって明確に履行期延長の合意をすれば問題はないでしょう。しかし一方，履行期延長の合意が本当にあったのかどうかがはっきりしないこともあり得ます。

(2) 最高裁判例

この点については，最近の最高裁の判例☆2 があります。本件では，自動車の所有者である被保険者が，平成14年8月11日に当該自動車が盗難に遭ったとして保険会社に車両保険金の請求手続をしました。当時の約款では請求手続から30日以内に保険金を支払うという規定になっていましたが，保険会社はこの期間内に調査を終えることができませんでした。そこで，平成14年11月5日付で，保険会社の代理人である弁護士から被保険者に対して「受任通知書兼調査協力のお願い」と題する書面を送付しました。この書面では，被保険者から報告を受けた内容についてさらに確認すべき点につき，あらためて被保険者に尋ねたいので協力をお願いすること，これらの調査は迅速に進め，その結果が出れば保険金の支払に応じるか否かの最終判断を速やかに連絡することが記載されていました。その後，平成14年12月11日付で，この弁護士は被保険者に対し保険金の支払には応じられないとの結論に達した旨の「免責通知書」を送付しました。

この事案に対して，最高裁は以下のように判示しました。

第3章◇任意自動車保険
第2節◇基本条項

　「本件保険金請求権については，保険金支払条項に基づく履行期が到来した後である平成14年11月15日付けで，保険会社の代理人である弁護士から被保険者に対し，本件保険金請求についてはなお調査中であり，その調査に被保険者の協力を求める旨記載した本件協力依頼書が送付され，その後1か月余り経過した同年12月11日付けで，同弁護士から被保険者に対し，被保険者の調査への協力には感謝するが，調査の結果，本件保険金請求には応じられないとの結論に達した旨記載した本件免責通知書が送付されたというのであるから，本件協力依頼書の送付から本件免責通知書の送付までの間は，保険会社が保険金を支払うことは考えられないし，被保険者も，調査に協力してその結果を待っていたものと解されるので，訴訟を提起するなどして本件保険金請求権を行使することは考えられない。そうすると，保険会社の代理人による本件協力依頼書の送付行為は，被保険者に対し，調査への協力を求めるとともに，調査結果が出るまでは保険金の支払ができないことについて了承を求めるもの，すなわち，保険金支払条項に基づく履行期を調査結果が出るまで延期することを求めるものであり，被保険者は，調査に協力することにより，これに応じたものと解するのが相当である。したがって，本件保険金請求権の履行期は，合意によって，本件免責通知書が被保険者に到達した同月12日まで延期されたものというべきである。」
　この判例では，履行期の延長の合意は可能であることを前提として，保険会社からの協力依頼書の送付とそれに対応して被保険者が保険会社の調査に協力したことをもって履行期の延長の合意があったと認定しています。そしてこの場合の履行期は，保険会社が保険金を支払うか支払わないかを判断した書類が送付されるまで延長されたとしました。
　なお，この判例については，保険会社の一方的な協力依頼書の送付に対して被保険者がその調査に協力したという事実だけで当事者間の合意があったとみるのは無理があるという批判もあります。

(3) 設問事例の判断
　設問の事例では，約款上の履行期は必要書類の提出から180日経過した時とされているので，原則として180日を経過した以降は履行遅滞となり，保険会社は遅延損害金を払わなければならないように思えます。しかし，もし，保険

会社との間で，履行期を延長するという合意があったとすると，その延長期限までは遅延損害金が発生しないことになります。したがって，問題はそのような履行期延長の合意があったのかどうかということになります。

この点，保険会社からの調査に協力してほしいという依頼に対して相談者が同意しているという事実からは，前掲（☆2）最判平20・2・28の考え方からすれば，履行期の延長に合意したと判断される可能性があります。もっとも，相談者の立場からすると，一刻も早く保険金を支払ってほしいことから保険会社の調査には協力するものの，履行期すなわち遅延損害金が発生する時期を延長するということについては同意したつもりはないと言いたいところでしょう。もちろん，このような主張も可能であり，それが認められれば履行期延長の合意はなかったとされると思われますが，問題はそのような事実をどのように証明するかということになりそうです。特に無条件で調査協力依頼に同意したということだとすると，前掲（☆2）最判平20・2・28の存在からして，履行期延長の合意を否定することは難しいかもしれません。

〔佐野　誠〕

■判　例■

☆1　最判平9・3・25民集51巻3号1565頁・集民182号577頁。
☆2　最判平20・2・28集民227号371頁・判タ1265号151頁・判時2000号130頁。

第3章◇任意自動車保険
第2節◇基本条項

Q35 保険金請求権の時効

　私は，半年の間，長期海外出張をしていました。帰国すると，自宅駐車場に停めてあった自家用車がなくなっていました。警察に盗難届を出して捜査してもらったところ，しばらくして私の車を盗んだ犯人が捕まりましたが，その車は犯人が既に外国に売りとばしており，回収することができませんでした。
　そこで，自動車保険の保険会社に対して車両保険の保険金の請求をしましたが，なかなか保険金が支払われないのでしかたなく保険会社を相手に訴訟を起こしました。その訴訟の中で，保険会社は，盗難が発生してから訴訟を提起するまでに3年以上経過しているので，時効により保険金は支払われないと主張してきました。
　しかし，帰国後，盗難に遭ったことを知った時から訴訟を提起するまでは3年以内であり，また，盗難発生時から計算しても，保険会社に保険金を請求したのは3年以内です。それでも時効によって保険金は支払われないのでしょうか。

A

　保険金の支払を請求する権利は，時効により3年で消滅します。そしてその時効期間は，法律によって「権利を行使することができる時」から進行するとされています。この「権利を行使することができる時」の意味ですが，自動車の車両保険については保険約款で「損害が発生した時」と規定してあるのが一般的です。したがって本件では，この保険約款を前提とする限り，盗難が発生した時から3年で時効が完成して，それ以後は保険金を請求できなくなります。
　また，時効期間の進行を止めることを時効の中断といいますが，保険会社に保険金を請求しただけでは時効中断の効力は生ぜず，保

> 険金請求後6か月以内に保険会社に対して訴訟を提起する必要があります。本件では3年の消滅時効期間内に保険金請求を行ったようですが，その後6か月以内に訴訟を提起していないようですので，消滅時効期間が満了して保険金の支払がなされなかったものと思われます。

☑キーワード

消滅時効，時効期間の起算点，時効の中断

解　説

1　保険金請求権の消滅時効とは

(1) 時効の種類

　時効とは，時間の経過によって法律関係が変わるという制度です。このような時効には，取得時効と消滅時効があります。このうち取得時効とは，一定の期間の経過によって権利を取得することができるとするものです。例えば，他人の家を無断で自分の家のように20年間使用した場合には，その家の所有権を取得することになります（民162条）。これに対して消滅時効とは，一定の期間，権利を行使しないとその権利が消滅するというものです。例えば，友人に10万円貸したとしても，10年間たつと，もう返してくれとは言えなくなります（民167条1項）。

(2) 時効の存在理由

　このような時効という制度は，考え方によっては不当な結果をもたらすものといえるかもしれません。例えば，10年間借金を返さないでいればその借金がなくなるということになると，正直に借金を返した者よりも，借金を踏み倒した者が得をすることになります。

　それでは，なぜこのような時効という制度が導入されているのでしょうか。

時効の存在理由として，一般的には次のようなことがいわれています。

まず，時間が経過すると事実関係を証明することが難しくなるということが挙げられます。例えば，友人から10万円を借りてその後きちんと満額を返したにもかかわらず，20年後に「まだ返してもらっていない」として10万円を請求されたとします。この場合，10万円を返した時にもらった領収書をずっと保管していることはまずないでしょうから，10万円を返したということを証明することは難しいでしょう。

次に，できるだけ迅速に法律関係を確定して紛争の発生を防ぐことが望ましいということも，時効制度の存在理由の一つとされています。特に，保険の場合には多くの保険契約者から保険料を集めてそれを事故に遭った者に保険金として支払う必要があり，その意味で団体性をもつ制度であるということが指摘されています。このような制度では，相当な期間の後に過去の保険金を請求されるとすると，保険事業の円滑な運営に支障をきたすことになるといわれています。

(3) 保険金請求権の消滅時効

保険金請求権のように，あることをするように他人に請求できる権利を債権といいますが，債権の消滅時効期間は一般的に10年とされています（民167条1項）。もっともこれには例外があり，商取引などの商行為によって生じた債権の消滅時効期間は5年とされています（商522条）。

保険も商行為ですが（商502条9号），保険契約から発生する債権については保険法で特別の定めがなされています。すなわち，顧客が保険会社に保険金を請求する権利などの消滅時効期間は3年，逆に，保険会社が顧客に保険料を請求する権利の消滅時効期間は1年と規定されています（保険95条）。この条項は，保険約款などで変更することができないいわゆる「強行規定」とされているので，各保険会社の保険約款においても同様の規定がおかれています。

保険法で規定されているのは消滅時効の期間についてだけなので，それ以外のことが，例えば，時効期間の起算点や時効の中断などは一般法である民法の規定やその解釈に従うことになります。

2　時効期間の起算点

(1)　学説の状況

　前述のように保険金請求権の消滅時効期間の起算点については保険法には規定がなく，民法の規定及びその解釈に従うことになります。民法では「消滅時効は，権利を行使することができる時から進行する」（民166条1項）と規定されています。そこで，「権利を行使することができる時」とは具体的にはどの時点なのかが問題となります。この点については，以下の2つの考え方があります。

　一つ目は，「権利を行使することができる時」とは権利を行使することに対する法律上の障害がなくなった時であるという考え方です（法的可能性説）。この説によれば，例えば，条件付債権の場合にはその条件が成就しない限り法律上はその債権を行使することができないので法律上の障害があるのですが，条件が成就した時にはその法律上の障害がなくなることになり，その時点から時効期間が進行するとされます。これに対して，債権者がその当時外国にいるとか，大地震などの天災によって事実上債権を行使できないというような場合には，法律上の障害があるとはいえないので時効期間はそのような事情とは無関係に進行します。

　二つ目は，「権利を行使することができる時」とは権利を行使することが現実に期待できた時であるという考え方です（現実的期待可能性説）。この説によれば，権利を行使することに対する法律上の障害だけでなく，事実上の障害についても考慮したうえで，現実に権利行使が期待できるようになったと判断される時に時効期間が開始されることになります。もっとも，ここでいう事実上の障害とは何かについては必ずしも明確ではなく，例えば，天災などの一般的な障害事由に限るのか，それとも債権者が外国にいたという個人的な障害事由も含むのかについては論者によって考え方が異なるようです。

　上記の2つの説のうち，現在では前者の法的可能性説が通説であるとされています。これによれば，設問のように外国にいたため事故の発生を知ることが遅れてしまったという事情は，時効期間の進行については考慮されないことに

なります。

(2) 判例の動向

最高裁は，基本的に法律上の障害がなくなった時から時効期間が始まるという考え方をとっているようですが，これを厳格に適用すると債権者にとって酷になることもあることから，個別事案については以下のようにそれなりに対応している例もみられます。

例えば，弁済供託における供託物の取戻請求権の消滅時効の起算点が争われた事案の最高裁判例[☆1]があります。この判例においては，この場合の消滅時効の起算点は，供託の基礎となった債務について紛争の解決などによってその不存在が確定するなど，供託者が免責の効果を受ける必要が消滅した時であるとしましたが，その判決文の中で消滅時効の起算点について「単にその権利の行使につき法律上の障害がないというだけでなく，さらに権利の性質上，その権利行使が現実に期待のできるものであることも必要」であると判示しています。

また，生命保険金の請求に関する近時の最高裁判例[☆2]があります。この事案は，生命保険契約の被保険者が平成4年5月17日に自動車を運転して自宅を出たまま行方不明となった後，生死不明のままでしたが，3年以上経過した平成8年1月7日に芦ノ湖スカイラインの雑木林で自動車と被保険者の遺体が発見され，被保険者の死亡時は平成4年5月頃と推定されたものです。被保険者の遺族である保険金受取人が死亡保険金を請求したのに対して，生命保険会社は消滅時効が完成していると抗弁しました。確かに，生命保険金請求権の消滅時効期間は保険事故である被保険者の死亡時から進行すると解すれば，本件では既に時効期間の3年を経過しています。この事案について最高裁は「当時の客観的状況等に照らし，その時からの権利行使が現実に期待できないような特段の事情の存する場合についてまでも，上記支払事由発生の時をもって本件消滅時効の起算点とする趣旨ではないと解するのが相当である。そして，本件約款は，このような特段の事情の存する場合には，その権利行使が現実に期待することができるようになった時以降において消滅時効が進行する趣旨と解すべき」であるとしたうえで，本件でも被保険者の遺体が発見されるまでの間は，当時の客観的な状況等に照らし，その権利行使が現実に期待できないような特

段の事情が存したものというべきであり，その間は，消滅時効は進行しないとしました。

上記2つの最高裁判例，特に最近の前掲（☆2）最判平15・12・11をみると，最高裁は通説の法的可能性説ではなく現実的期待可能性説をとっているようにも考えられます。しかし学説においては，前掲（☆2）最判平15・12・11では権利行使が現実に期待できないとして起算点が遅くなるのは「特段の事情のある場合」とし，また本事案は極めて特異なものであったことも考慮すると，法的障害がなくなった時が起算点であるとする法的可能性説の原則の例外をさほど簡単に認めるものではないとの指摘がなされています。現に，下級審の判例の動向をみると，生命保険契約の死亡保険金受取人に指定された者がその指定されていた事実を知らずにいたため保険金請求が遅れた場合に，消滅時効の起算点はその事実を知った時ではなく被保険者が死亡した時であるとする判例がほとんどです。

このような判例の動向からしても，設問のケースにおける外国にいたことが消滅時効の起算点を判定する際に考慮されることは，かなり難しいものと思われます。

(3) 保険金支払義務の履行期と保険金請求権の消滅時効の起算点との関係

一般的な債権についての消滅時効の起算点に関する議論は上述のとおりですが，保険金請求権の消滅時効の起算点についてはいま一つ論点があります。それは，保険会社の保険金支払義務の履行期と保険金請求権の消滅時効の起算点との関係です。

損害保険の保険約款においては，保険事故発生後，保険金請求権者が保険金請求後30日以内等に保険金を支払うことを原則とする旨の条項がおかれているのが通例です（詳細は**Q34**を参照）。このような保険約款の定めがある場合，保険金請求権が発生し，保険金請求権者が権利行使をすることができるとしても，保険金の支払を受けられることになるのは請求後30日等という猶予期間経過後になるので，これが民法166条1項にいう「権利を行使することができる時」とどのような関係にあるかについて問題となります。この点については，以下のように2つの見解が対立しています。

(a) 猶予期間経過時説

　これは，30日等の猶予期間までは保険金請求権者が履行を請求したとしても保険会社にこれを強制することはできないのだから，猶予期間が経過してはじめて権利行使をすることができることとなり，ここから消滅時効期間が起算されるとする説であり，この説をとったと思われる古い判例[☆3]もあります。

　もっとも，この説によると，保険金請求権者が請求をしないで時間が経過した場合には，そもそも猶予期間が開始しないので，消滅時効期間も開始しないのではないかという問題があります。

　この点については，①保険金請求がなされないときには保険事故発生時が消滅時効期間の起算点となるとする説，②保険金請求がなされないときには請求可能な時から猶予期間の経過時が起算点となるとする説，③請求がある場合とない場合で起算点を共通とすべきであるという理由から請求の有無にかかわらず保険事故発生時から猶予期間経過時が起算点となるとする説，などがあります。

(b) 保険事故発生時説

　これは，保険約款の定める30日等の猶予期間は保険会社の履行遅滞として遅延損害金の支払が開始する時期であり，保険金請求権者としては保険事故が発生すれば保険金を請求することができるのであるから，保険事故発生時が権利行使をすることができる時となるとする説です。

　この2つの説を比較すると，猶予期間経過時説では，(a)の③説を除き，保険金請求権者が請求をした場合とそうでない場合とで起算点が違ってくるという問題があり，その点では保険事故発生時説の方が理論的難点は少ないとも考えられます。しかし，最近の損害保険の保険約款では，保険会社の調査事由によっては猶予期間が180日という大変長期に規定されていることを考慮すると，保険事故発生時から保険金の支払を受けることができる時までの期間が長期間に及ぶことがあり得ます。この場合，実質的にその猶予期間の満了までは保険金請求権者が保険会社に対して訴訟を提起することができないので，保険事故発生時説によると，訴訟を提起することができるようになってから消滅時効期間の満了まで極めて短期間しか残されていないという問題が生じます。このため，保険事故発生時説をとるときには，猶予期間が長期に及ぶ場合には保

険会社による消滅時効の援用が信義則によって制約を受けるなどの解釈も必要となるのではないかと指摘されています。

近時，上記のうち猶予期間経過時説と親和的な立場をとっているとみられる最高裁判例☆4が出ました。本件の事実関係は次のとおりです。車両保険の被保険者が，平成14年8月11日に，被保険自動車がその前日に盗難に遭った旨の保険金請求を保険会社に対して行ったところ，保険会社の調査が保険約款の定める30日の期間内に終了せず，保険会社から委任を受けた弁護士により平成14年11月5日付で「受任通知書兼調査協力のお願い」と題する協力依頼書が被保険者に送付され調査への依頼がなされました。その後，保険会社は，平成14年12月11日付で保険金の支払には応じられないとの結論に達した旨の「免責通知書」を被保険者に送付し，これが12月12日に到達しました。被保険者が平成16年11月26日に保険金請求の訴えを提起したことから，消滅時効の起算点が争点となりました。判決は，上記依頼書の送付と被保険者が協力に応じたことにより保険会社における支払の可否の決定までの間履行期を延長する合意が成立し，その後免責通知書の到達により履行期が到来し，その翌日である平成14年12月13日が消滅時効の起算点となるとしました。この判決の前提としては，消滅時効の起算点を保険金支払条項に基づく履行期，すなわち猶予期間経過時の翌日と考えていることが明らかです。したがって，この最高裁判例は猶予期間経過時説をとっていると理解できます。もっとも，本件の保険約款では，消滅時効の起算点が猶予期間経過時となっていました。したがって，保険約款で消滅時効の起算点が保険事故発生時となっていた場合に判例がどのような判断を下すのかは明らかではありません。

(4) 保険約款の規定

現在，自動車保険の約款は保険会社によって必ずしも同一文言ではありませんが，消滅時効の部分はほぼ同じような規定となっているようです。以下では，損害保険料率算出機構が作成している自動車保険標準約款の規定を示します。

第6章第27条
　保険金請求権は，第23条(1)に定める時の翌日から起算して3年を経過した場

第3章◇任意自動車保険
第2節◇基本条項

合は，時効によって消滅します。

> （参考）第6章第23条(1)
>   当会社に対する保険金請求権は，次の時から，それぞれ発生し，これを行使することができるものとします。
>   ⑤ 車両条項に係る保険金の請求に関しては，損害発生の時

　このように，現行の保険約款においては消滅時効の起算点について明確に保険事故発生時説をとっています。一方，保険法施行前の約款では猶予期間経過時説によって規定しており，上記のように前掲（☆4）最判平20・2・28はこの旧約款を前提として猶予期間経過時説をとりました。そこで，保険事故発生時説をとっている現行約款について，判例がどのような判断をするのかが問題となります。

　消滅時効の起算点については民法166条1項の解釈の問題であり，それは保険約款（当事者間の合意）の規定によって明確化することが可能であると考えれば，新保険約款の規定によって保険事故発生時説とすることも認められるかもしれません。しかし，新保険約款は旧保険約款よりも消滅時効起算点を早くしており，その分，保険金請求権者にとって不利になっています。最近の判例☆5は，いずれも保険金請求権者を救済するような方向の判断を示しているところからすると，訴訟となった場合には，裁判所によって新保険約款の規定が否定されて猶予期間経過時説がとられる可能性もあるのではないかと思われます。

　設問の事例では猶予期間の状況が不明ですが，場合によっては，猶予期間経過時説によって消滅時効がまだ完成していないと主張することができるかもしれません。

3　時効の中断

　時効の中断とは，債権者が一定の形で権利を行使した時に，それまでに進行していた時効の期間をゼロに戻すという制度です（時効の進行がいったん停止するという制度ではありません）。民法は時効の中断事由として，①請求，②差押え，仮差押え又は仮処分，③承認の3つを挙げています（民147条）。このうち①の

請求とは，単に債務者に対して履行を督促することではなく，裁判所に対して訴訟を起こして債務の履行を請求することをいいます。もっとも，裁判所とは関係なく債務者に対して弁済しろと請求することもまったく無意味ではありません。これは「催告」と呼ばれており，その後6か月以内に訴訟を提起すれば催告を行った時点に遡って時効中断の効力が発生します（民153条）。

設問の事例では，3年の消滅時効期間内に保険金請求を行ったようですが，その後6か月以内に訴訟を提起していないようですので，消滅時効期間が満了して保険金の支払がなされなかったものと思われます。

〔佐野　誠〕

■判　例■

☆1　最判昭45・7・15民集24巻7号771頁・集民100号81頁・判タ251号166頁。
☆2　最判平15・12・11民集57巻11号2196頁・集民212号173頁・判タ1143号253頁。
☆3　大判大14・2・19新聞2376号19頁。
☆4　最判平20・2・28集民227号371頁・判タ1265号151頁・判時2000号130頁。
☆5　前掲（☆2）最判平15・12・11，前掲（☆4）最判平20・2・28。

第 3 章◇任意自動車保険
第 3 節◇対人賠償条項

第 3 節　対人賠償条項

Q36　対人と自賠責保険の関係

　任意自動車保険における対人賠償責任保険（以下「対人賠償責任保険」といいます）と，自動車損害賠償責任保険（自賠責保険）とはどのような関係にあるのでしょうか。自賠責保険では保険金が支払われないものの，対人賠償責任保険では支払が行われるといったようなケースはあるのでしょうか。

A

　対人賠償責任保険は，自賠責保険の上積み保険として位置づけられます。自賠責保険を超える損害額の部分に対しては，通常の過失相殺が行われるとともに，対象となる保険事故の範囲（担保範囲）についても違いがみられます。
　このほか，親族間事故の取扱い，因果関係の認否困難事例への対応，保険料率の区分，免責の範囲，被害者の直接請求権の取扱いなどについて，自賠責保険との相違があります。

☑ キーワード

　上積み保険，所有・使用・管理，過失相殺，親族間事故に対する免責，素因減額，免責事由，被害者の直接請求権，一括払制度

Q36◆対人と自賠責保険の関係

解説

1 上積み保険

任意自動車保険約款の対人賠償責任条項のなかに規定されている対人賠償責任保険は，被保険者（加害者）の責任負担によって被保険者が被る損害の額が自賠責保険（共済）によって支払われる額を超過する場合に，その超過額をてん補するものです。自賠責保険と対人賠償責任保険は，いわゆる二階建ての構造となっており，対人賠償責任保険は自賠責保険の「上積み保険」と呼ばれています。

約款における一般的な規定[*1]を概観してみると，対人賠償責任保険における保険会社の支払責任は，「対人事故」によって被保険者が法律上の損害賠償責任を負担することによって損害を被った場合に発生します。ここでいう法律上の損害賠償責任は，自動車損害賠償保障法（自賠法）3条の運行供用者責任，民法709条の不法行為責任，民法715条の使用者責任，民法719条の共同不法行為責任などが含まれます。被保険者がこうした損害賠償責任を負担することによって被る損害が，被保険自動車に付保されている自賠責保険等によって支払われる金額を超過する場合に限って，その超過額に対してのみ保険金が支払われます。なお，被保険自動車に自賠責保険等が付保されていない場合には，自賠責保険等が付保されていたならば支払われたであろう額の超過額に対してのみ，保険金が支払われます。ここでいう自賠責保険等が付保されていない場合としては，被保険自動車が自賠責保険等の適用を除外されている自動車（自賠責適用除外車）である場合と，いわゆる自賠責無保険車である場合とが挙げられます。

2 担保範囲

自賠責保険の対象となる事故は，自動車の運行に起因したものでなければな

第3章◇任意自動車保険
第3節◇対人賠償条項

りません（自賠3条。詳細については**Q5**参照）。これに対し，対人賠償責任保険では，約款上，「対人事故」を「被保険自動車の所有，使用または管理に起因して他人の生命または身体を害すること」と定めています。ここでいう「所有，使用または管理」とは，自動車が格納・陳列されている状態なども含めた，自動車がおかれているすべての状態を包含する概念であると解されています。したがって，「所有，使用または管理」は自賠法にいう「運行」よりも明らかに広く，前記**1**のとおり民法709条，715条，719条など，広く被保険者の損害賠償責任全般を担保することになります。

例えば，ガレージの内部で被保険者の不注意によって自動車火災が発生し，搭乗者が負傷したような場合には，自賠法3条の「運行」によって発生した事故とはいえませんが，民法709条責任が認められる以上は，対人賠償責任保険によってそのてん補が行われることになります。また，エンジンキーを差しっ放しにしたまま駐車していた車が盗まれ，人身事故が起こった場合，自動車所有者の運行供用者責任は否定されたものの，自動車の管理上の過失を理由に不法行為責任が認められた裁判例[※1]が散見されますが，このような場合には，自賠責保険金の支払は行われないものの，不法行為責任が認められている以上，対人賠償責任保険金は支払われることになります。

3 過失相殺の適用

自賠責保険においては，被害者に過失相殺率70％以上の重過失が認められる場合にだけ定率的に減額が適用されます（重過失減額制度。詳細については**Q3**参照）。これに対して，対人賠償責任保険は，前記**1**のとおり，被保険者が人身事故について法律上の損害賠償責任を負担することによって被る損害が自賠責保険（共済）を超過する場合に，その超過部分をてん補することを目的として，保険契約者が任意に契約する保険であることから，自賠責保険のように，過失相殺を制限適用するという取扱いは行われず，対人賠償責任保険の賠償額算定にあたっては，民法722条の規定に従って，通常どおり過失相殺が行われます。

例えば，被害者が交通事故によって200万円の人身損害を被り，加害者が甲保険会社と自賠責保険契約を，乙保険会社と対人賠償責任保険契約を締結して

324

いた場合において，被害者に20％の過失が認められるとすると，過失相殺後の被害者の損害額は200万円×0.8＝160万円となります。この場合，自賠責保険では減額が適用されないため，保険金額120万円が支払われるとともに，対人賠償責任保険では，過失相殺後の損害額との間の差額が支払われるため，160万円－120万円＝40万円が支払われることになります。

一方，被害者に50％の過失が認められるとすると，過失相殺後の被害者の損害額は200万円×0.5＝100万円となります。この場合，自賠責保険では減額が適用されないため，保険金額120万円が支払われますが，対人賠償責任保険では，過失相殺後の損害額との間の差額（100万円－120万円）がマイナスとなるため，支払額は0円となります。

4　親族間事故の取扱い

自賠責保険では，運行供用者に対し損害賠償請求ができる者は，単に事故の被害者というだけでは足らず，自賠法3条の「他人」に該当することが必要となりますが（詳細についてはQ6参照），いわゆる親族間で発生した自動車事故（親族間事故）であっても，被害者が「他人」である限り，保険保護の対象となります。

これに対して，被保険者が運転中に自分の父母・配偶者又は子を死傷させた場合のように，被保険者と被害者とが親子，夫婦という密接な関係にあるときには，対人賠償責任保険では，その被保険者が賠償責任を負担することによって被る損害に対しては，保険金が支払われません。対人賠償責任保険は，被保険者が賠償責任を負担することによって生じた損害に対して保険金を支払うものですが，親子関係や夫婦関係という，いわゆる経済的共同体内部では，一般的に損害賠償請求は行われないという社会通念に基づき，約款ではこれを免責事由として定めています。

5　因果関係認否困難事例の処理

自賠責保険では，事故と損害との間の因果関係の認否が困難なケースについ

て，死亡・後遺障害による損害額の50％を認定する取扱いが行われていますが（詳細についてはQ3参照），対人賠償責任保険の実務では，そのような取扱いは行われません。

　対人賠償責任保険においては，交通事故被害者に既往症や持病，年齢や事故等による器質的変化などが事故前に認められた場合，被害者の損害額を算定するにあたってこれを斟酌するべきかどうか（いわゆる素因減額の可否）が問題になることが多いといえます（詳細についてはQ20参照）。

6　保険料率区分

　自賠責保険では，保険事故実績が各契約者の保険料率に影響を及ぼすようなことはありません。これに対して，対人賠償責任保険をはじめとする一般の任意自動車保険契約においては，いわゆるノンフリート等級別料率制度という，保険料の割増・割引制度が採用されています。これによって，事故を起こしやすい人に対しては高い保険料率が，事故を起こしにくい人に対しては低い保険料率がそれぞれ適用されることになります。

7　免責の取扱い

　自賠責保険では，被害者保護という目的を達成するため，保険会社の免責事由が保険契約者・被保険者の悪意による事故招致（自賠14条），重複契約（自賠82条の3）の場合のみに限定されています。これに対して，対人賠償責任保険では，前記4の親族間事故の免責，保険契約者・被保険者の故意による事故招致のほか，戦争・暴動災害による損害，自然災害（地震，噴火，津波，台風，洪水，高潮）による損害，原子力による損害，競技・曲技・試験による損害などについて，広範な免責事由を設けています。

8　被害者の直接請求権

　自賠責保険では，保険契約上，契約外の第三者にすぎない被害者に対し，保

有者に運行供用者責任が発生することを前提として，被害者が保険会社に対し保険金額の範囲内で損害賠償額の支払を求めること（直接請求権）を認めています。自賠法をその根拠として，特別に認められている請求権であるといえます（自賠16条）。

一方，対人賠償責任保険においても，対人事故の被害者が保険会社に対して損害賠償額を直接請求することができます。保険契約者と保険会社の当事者間の契約である約款において，契約外の第三者である被害者の直接請求権が認められています。

被害者の直接請求権は，①対人事故により被保険者が法律上の損害賠償責任を負担し，②保険会社が被保険者に対しててん補責任を負うときに発生します。保険会社は，被害者から損害賠償額の支払の請求を受けた場合には，次のいずれかの条件に該当したときに損害賠償額の支払義務を負うことになります。

(1) 損害賠償責任の額の確定

損害賠償責任の額の確定方法としては，判決の確定，裁判上の和解，調停又は書面による合意の成立いずれの場合でもよいとされていますが，被保険者が被害者に対して損害賠償すべき金額が具体的に確定されていることを支払条件として定めています。

(2) 損害賠償請求権不行使の書面による承諾

被害者が保険会社から損害賠償額の支払を受けた後は，その余の損害賠償請求権を行使しない旨を，被保険者宛の書面（免責証書）で承諾することを支払条件として定めています。

(3) 損害賠償額の保険金額超過

損害賠償額が保険金額を超えることが明らかになることを支払条件として定めています。

(4) 被保険者の破産

すべての被保険者もしくはその相続人の破産，生死不明又は相続人の不存在を支払条件として定めています。

なお，自賠責保険の直接請求権は，保険者の免責事由の主張が前記**7**のとおり制限されるなど，被害者に手厚いものとなっていますが，対人賠償責任保険

における直接請求権は，あくまでも契約上付与されたものにすぎず，保険者は，被害者に対して免責や保険契約者・被保険者による各種義務違反の効果などを主張することができます。

9 一括払制度

　自賠責保険と対人賠償責任保険は，別個の保険契約によるものであり，また前記**1**のとおり，対人賠償責任保険が自賠責保険の「上積み保険」である以上，例えば加害者が自賠責保険契約をA保険会社と締結し，対人賠償責任保険契約をB保険会社と締結している場合には，被害者は，まずA保険会社から自賠責保険金の支払を受け，賠償額に達しない不足分をB保険会社から受け取ることになります。また，損害査定についても，自賠責保険の場合には，自賠責保険会社から依頼を受けた損害保険料率算出機構の調査事務所が損害調査を行うのに対し，対人賠償責任保険の場合は各保険会社が独自に行うことになるため，それだけ手間がかかり，被害者の迅速な救済が困難になるおそれがあるといえます。

　このため，実務においては，任意・自賠の「一括払制度」が行われています。加害車両に自賠責保険と対人賠償責任保険が付保されている場合，任意保険会社が，本来ならば自賠責保険会社が支払うべき自賠責保険金部分も含めた保険金を一括して支払い，後日，自賠責保険金相当額を自賠責保険会社に求償するという仕組みです。この制度が採用されることによって，被害者ないし被保険者が2回にわたって請求するという煩雑な手続が解消されることになります。

　ただし，対人賠償責任保険では，対人事故の人身損害が自賠責保険によって支払われる金額を超過することが支払要件となっていることから，①対人賠償責任保険で免責となる場合，②被害者の過失割合が大きい軽微な事故など，損害賠償額が明らかに自賠責保険によって支払われる金額を超過しないと判断される場合には，原則として任意保険会社は一括払を行わないことになります。

〔丸山　一朗〕

▪判　例▪

☆1　宇都宮地判昭46・1・29交民集4巻1号146頁。

▪注　記▪

＊1　「自動車保険の解説」編集委員会編『自動車保険の解説2012』（保険毎日新聞社，2012年）28頁参照。

第3章◇任意自動車保険
第3節◇対人賠償条項

Q37 被保険者の範囲

　私は，私が所有する車に，対人賠償責任保険を付保していますが，ときどき，私の車で，私たち夫婦と友人で運転を交替しながらドライブに出かけています。友人が運転しているときに，友人の運転ミスで事故が生じた場合，友人が負う責任についても，私の保険でカバーされるのでしょうか。年齢条件など特別な条件は付けていません。

A

　対人賠償責任保険の被保険者の範囲が問題となります。必ず約款で確認する必要はありますが，一般的には，対人賠償責任保険の被保険者については，①保険証券記載の被保険者（記名被保険者），②記名被保険者の配偶者，記名被保険者又はその配偶者の同居の親族，記名被保険者又はその配偶者の別居の未婚の子，③記名被保険者の承諾を得た者（ただし，モータービジネス業者といった例外があります），④記名被保険者の使用者（ただし，被保険者が被保険自動車を使用者の業務に使用しているときといった限られた場面です）によって，被保険自動車を使用又は管理中に起こした人身事故について，カバーされることになります。
　よって，友人も，記名被保険者の承諾を得た許諾被保険者として，その損害はカバーされます。
　なお，あなた自身も記名被保険者として法律上の責任を負うと考えられますが，誰の，誰に対する法律上の損害賠償責任であるかによっては，免責となりてん補されないこともあります。

☑キーワード
　被保険者，被保険自動車，記名被保険者，許諾被保険者，個別適用

解 説

1 対人賠償責任保険の被保険者

(1) 対人賠償責任保険

対人賠償責任保険とは，保険証券記載の自動車（以下「被保険自動車」といいます）の所有，使用又は管理に起因して他人の生命又は身体を害すること（以下「対人事故」といいます）により，被保険者が法律上の損害賠償責任を負担することによって被る損害をてん補する保険です（**Q36**参照）。

責任保険，すなわち，損害保険契約のうち，被保険者が損害賠償の責任を負うことによって生ずることのある損害をてん補する（保険17条2項参照）保険の一種です。

対人事故における被害者を救済する役割を果たしますが，法形式的には，損害賠償責任を負う加害者の損害をてん補する加害者のための保険です。

(2) 対人賠償責任保険の被保険者

損害保険契約における被保険者とは，損害保険契約によりてん補される損害を受ける者（保険2条4号イ）ですから，責任保険契約における被保険者とは，損害賠償責任を負うことによって生ずることのある損害を受ける者です。

対人賠償責任保険契約における被保険者とは，被保険自動車の所有，使用，管理に起因した対人事故により法律上の損害賠償責任を負担することによって生じる損害を受ける者，つまり，被保険自動車で対人事故を起こして法律上の損害賠償責任を負った加害者です。

2 対人賠償条項（1項）

対人賠償責任保険について規定した約款（対人賠償条項）において，被保険者は，概ね次のように規定されていることが一般的です。

第3章◇任意自動車保険
第3節◇対人賠償条項

■対人・対物共通の被保険者のモデル約款

> 1項　この賠償責任条項において，被保険者とは次の者をいいます。
> (1)　保険証券記載の被保険者（以下「記名被保険者」といいます。）
> (2)　被保険自動車を使用または管理中の次の者
>   (イ)　記名被保険者の配偶者
>   (ロ)　記名被保険者またはその配偶者の同居の親族
>   (ハ)　記名被保険者またはその配偶者の別居の未婚の子
> (3)　記名被保険者の承諾を得て被保険自動車を使用または管理中の者。ただし，自動車修理業，駐車場業，給油業，洗車業，自動車販売業，陸送業等自動車を取り扱うことを業としている者（これらの者の使用人，およびこれらの者が法人であるときはその理事，取締役または法人の業務を執行するその他の機関を含みます。）が業務として受託した被保険自動車を使用または管理している間を除きます。
> (4)　記名被保険者の使用者（請負契約，委任契約またはこれらに類似の契約に基づき記名被保険者の使用者に準ずる地位にある者を含みます。以下本号において同様とします。）。ただし，記名被保険者が被保険自動車をその使用者の業務に使用しているときにかぎります。

3　被保険者の内容

それぞれの被保険者は，次のとおり解されています。

(1)　記名被保険者（1号）

保険証券に被保険者として記載している人です。

ただし，3号により記名被保険者の承諾を得た人も被保険者とされることからすると，被保険自動車についてまったく無関係の人でも保険証券に記載すれば記名被保険者となるというわけではなく，被保険自動車の使用，管理について法律上の権限を有する人であることが必要であると解されています。よって，被保険自動車の所有者，賃借人，所有権留保売買契約における買主，リースユーザーなどが記名被保険者となるのが通常です。

記名被保険者については，被保険自動車を使用，管理中であることは要求されていません。すなわち，被保険自動車を使用，管理していないときであっても，被保険者性は失われません。これは，記名被保険者の場合，被保険自動車

を使用，管理していないときであっても，第三者による泥棒運転や無断運転によって事故が生じた場合でも，使用，管理についての過失が認められ，法律上の損害賠償責任を認められることがあるので，そのような場合に負った損害もてん補されるということです。

　記名被保険者は，自動車保険契約による保険保護を受ける被保険者の中心となる者です。被保険自動車を自由に使用，管理する権限がありますし，多くの場合は，保険料も負担していることが多いと思われます。記名被保険者を中心として，被保険者の範囲は解釈されることになっています。

(2)　記名被保険者の一定の親族（2号）

　記名被保険者の親族は，被保険自動車を使用，管理することも多いので，被保険者として規定されているものです。もちろん，被保険者とされるのは，記名被保険者とは異なり，被保険自動車を使用，管理しているときに限定されます。

　通常，親族が被保険自動車を使用する場合，記名被保険者が承諾することが多いとは思いますが，親族については，記名被保険者の承諾がなくても被保険者となるのです。

(a)　記名被保険者の配偶者

　(イ)の配偶者には，内縁も含まれると解されています（**Q40**参照）。

(b)　記名被保険者又はその配偶者の同居の親族

　(ロ)の「同居」とは，文字どおり，同一の住居に居住していることです。同一住居に居住の実態さえあれば，同一の家計になくても同居が否定されるわけではありません。

　通学のため親元を離れている学生が帰省している間も「同居」と認めてよいとの見解もあるとおり，柔軟に解釈されています。

　「親族」とは，民法725条に，「6親等内の血族，配偶者，3親等内の姻族」と規定されており，ここでも民法が前提となるので，6親等内の血族及び3親等内の姻族ということになります。

(c)　記名被保険者又はその配偶者の別居の未婚の子

　(ハ)の未婚の子は，別居していても，被保険者となります。

　「未婚」とは，本件事故の際に婚姻していないということです。ただし，約

款によっては，婚姻歴がある者を除くと規定されている場合もあるので，確認が必要です。

「子」は，実子，養子，さらには内縁の子も含まれます。

(3) 許諾被保険者（3号）

記名被保険者の承諾を得て，被保険自動車を使用，管理中の者は，「許諾被保険者」といわれています。

ここでの承諾は，被保険自動車の使用，管理についてであって，対人賠償責任保険等の保険関係についての承諾まで必要というものではありません。また，明示の承諾でなくとも，黙示の承諾，黙認していたという態様も含まれます。

しかし，承諾は，記名被保険者から直接行われたものでなければなりません。記名被保険者から承諾を受けた者が，さらに被保険自動車を第三者に転貸した場合，当該転借人は，記名被保険者から承諾を受けたわけではないので，許諾被保険者とはなりません。最判昭58・2・18（集民138号141頁・交民集16巻1号1頁・判タ494号72頁）は，記名被保険者に相当する自損事故保険における「正当な権利を有する者」について，転借人は含まれないこととして原審の判断を正当としています。

ただし，承諾の有無については，実質的な判断が必要です。転借人であるということのみをもって，常に，許諾被保険者でないと直結するわけではありません。承諾をした者が，第三者に転貸していることを知っていながら，これを黙認していたような場合は，転借人の使用，管理について黙示の承諾を行っていたと解釈できる場面も少なくありません。

東京高判昭49・10・15（交民集7巻5号1277頁・判時767号91頁）は，記名被保険者が，被保険自動車を実質的に所有していたような者に，一切の管理を包括的に一任していたような場合は，実質的所有者の承諾をもって，記名被保険者の承諾があったものと解されるとしています。

(4) 許諾被保険者の例外

自動車修理業，駐車場業，給油業，洗車業，自動車販売業，陸送業等が例示されていますが，これらのような自動車を取り扱うことを業としているモータービジネス業者については，業務として受託した被保険自動車を使用，管理

することについて，記名被保険者が承諾していても，許諾被保険者とはなりません。

　モータービジネス業者は，自らの業務として自動車を使用，管理しているだけですから，記名被保険者と一定の関係にある者として被保険自動車の使用，管理の可能性が高く，保険保護を与えられるべき他の被保険者と異なります。記名被保険者も自らの保険で業者のリスクをカバーするつもりはないことが一般的です。また，モータービジネス業者としても，自らの業務に伴うリスクとして備えておくべき問題であって，顧客の保険による保護を期待すべきものでもないので，許諾被保険者には含まれません。

　なお，ここでの業務は，自動車を取り扱うこと自体を反復継続して行うことですから，たまたま，まったく異なる本来の業務に関連して自動車を使用，管理することになった場合については，自動車を取り扱うことを業としている者には該当しないと解されています。その意味において，ホテルやレストランで，本業に付随して顧客の自動車を預かったような場合は，業務性が否定されています。

　また，自動車を取り扱うこと，すなわち，自動車修理，駐車，給油，洗車，自動車販売，陸送自体は有償でしょうが，当該自動車の使用，管理については有償での受託に限らず，無償で受託した場合でも問題ありません。

(5)　記名被保険者の使用者（4号）

　記名被保険者が被保険自動車を使用者の業務に使用しているときに限っては，被保険自動車の使用者も被保険者となります。

　これは，記名被保険者が業務中に起こした事故については，使用者が，自動車損害賠償保障法3条の運行供用者責任，民法715条の使用者責任を負うので，使用者も被保険者として，記名被保険者の保険による保護を与え，求償しないことにしたものです。

4　個別適用（2項）

　被保険者の規定に続き，2項として，次のような個別適用条項が設けられているのが一般的です（以下は，対人・対物共通として規定された1項に続く規定の例で

第3章◇任意自動車保険
第3節◇対人賠償条項

す)。

> 2項　この賠償責任条項の規定は，それぞれの被保険者ごとに個別に適用します。ただし，これによって，第●条（支払保険金の計算―対人賠償）第1項および第▲条（支払保険金の計算―対物賠償）第1項に定める当会社の支払うべき保険金の限度額ならびに第●条2項第2号に定める臨時費用の限度額が増額されるものではありません。

　被保険者は1人とは限りません。1件の事故についても，複数の者が法律上の損害賠償責任を負い，複数の者が被保険者になることもあります。そのような場合，賠償責任条項の規定は，被保険者ごとにそれぞれ個別に適用され，他の被保険者に適用される規定が他の被保険者に影響を及ぼすものではないことが，2項本文により，確認されています。
　例えば，免責規定の適用です。

5　個別適用の具体例

　被保険自動車に，記名被保険者A，その配偶者Bが同乗，Aの友人Cが運転していた際に，Cの運転ミスにより事故を起こして，A，B，Cが負傷した事故について考えてみます。
　ここで，対人事故においては，次のような免責規定があることが前提となります。

■対人賠償責任保険の免責事由のモデル約款

> 　当会社は，対人事故により次の者の生命または身体が害された場合には，それによって被保険者が被る損害を填補しません。
> (1) 記名被保険者
> (2) 被保険自動車を運転中の者またはその父母，配偶者もしくは子
> (3) 被保険者の父母，配偶者または子
> (4) 被保険者の業務（家事を除きます。以下本条および第●条において同様とします。）に従事中の使用人
> (5) 被保険者の使用者の業務に従事中の他の使用人，ただし，被保険者が被保険自動車をその使用者の業務に従事しているときに限ります。

Q37◆被保険者の範囲

　まず，被保険自動車の保有者として，Aが，B，Cに対して運行供用者責任（自賠3条）を負うと考えられます。しかし，Bは被保険者の配偶者ですから，上記免責規定3号により免責となります。また，Cは被保険自動車を運転中の者ですから上記免責規定2号により免責となります。

　次に，被保険自動車を運転していたCが，A，Bに対し，運行供用者として運行供用者責任を負うとともに，民法709条の不法行為責任を負うと考えられます。しかし，Aは記名被保険者ですから上記免責規定1号により免責となります。Bは，記名被保険者の配偶者として，Aとの関係では免責ですが，Cにとっては，何ら免責事由に該当する関係はないので，免責とはなりません。

　結局，CのBに対する法律上の損害賠償責任についてのみ，当該保険でてん補されることになります。

　このように，記名被保険者，法律上の責任を負う被保険者，それぞれについて，条項をあてはめることを個別適用といいます。

〔古笛　恵子〕

第3章◇任意自動車保険
第3節◇対人賠償条項

Q38 免責事由

　私は，妻とともに，従業員も雇用して，個人事業を営んでいますが，自家用車を業務にも利用しています。事故に備えて対人賠償責任保険を付保しています。
　週に何度かは，私が運転し，妻や従業員を同乗して，仕事現場に向かっていますが，私の運転ミスで単独事故を起こした場合，私が，妻や従業員に対して負うべき損害賠償責任についても私の保険でカバーされるのでしょうか。

A

　対人賠償責任保険の免責事由が問題となります。必ず約款で確認する必要はありますが，対人賠償責任保険の免責事由として，被害者と被保険者の間に一定の関係があることが規定されており，一般的には，被保険者の配偶者，被保険者の業務に従事中の使用人に対する損害賠償責任については対人賠償責任保険は免責事由とされています。よって，妻や自らが使用する従業員に対する損害賠償責任を負う場合であっても，それによる損害は対人賠償責任保険ではカバーされないことになります。

☑キーワード
　免責事由，被保険者の親族，業務災害

解 説

1　免責事由

　免責事由とは，保険給付がなされる要件が満たされている場合であっても，保険者が責任を免れる事由のことです。
　(1)　故意免責
　保険法17条2項は，責任保険契約（損害保険契約のうち，被保険者が損害賠償の責任を負うことによって生ずることのある損害をてん補するもの）については，保険契約者又は被保険者の故意によって生じた損害について免責と規定しています。同条1項前段では，損害保険一般について，故意又は重大な過失によって生じた損害について免責とすることが規定されていますが，責任保険に限っては，重過失による場合を除いたものです。
　これは，故意免責といわれています。
　(2)　異常危険免責
　保険法17条1項後段は，戦争その他の変乱によって生じた損害も免責としています。
　これは，異常危険免責とか変乱免責といわれています。
　(3)　対人・対物賠償責任保険の免責事由
　自動車保険においても，対人賠償責任保険，対物賠償責任保険に共通する免責事由として，
　①保険契約者，被保険者の故意免責
　②異常危険免責
が規定されています。
　その他には，被保険者が，損害賠償に関し，第三者との間に特約を締結し，特約により加重された賠償責任を負担することによる損害は免責とする，
　③加重責任免責
が規定されています。

■対人・対物共通の免責事由のモデル約款

> 第●条（てん補しない損害―その1　対人・対物賠償共通）
> ① 当会社は、次の事由によって生じた損害をてん補しません。
> (1) 保険契約者，記名被保険者又はこれらの者の法定代理人（保険契約者又は記名被保険者が法人であるときは，その理事，取締役又は法人の業務を執行するその他の機関）の故意
> (2) 記名被保険者以外の被保険者の故意。ただし，それによってその被保険者が賠償責任を負担することによって被る損害に限ります。
> (3) 戦争，外国の武力行使，革命，政権奪取，内乱，武装反乱その他これらに類似の事変又は暴動（群衆又は多数の者の集団の行動によって，全国又は一部の地区において著しく平穏が害され，治安維持上重大な事態と認められる状態をいいます。）
> (4) 地震，噴火，台風，こう水，高潮又は津波
> (5) 核燃料物質（使用済み燃料を含みます。）もしくは核燃料物質によって汚染されたもの（原子核分裂生成物を含みます。）の放射性，爆発性その他有害な特性の作用又はこれらの特性に起因する事故
> (6) 前号に規定した以外の放射線照射又は放射能汚染
> (7) 第3号から第6号までの事由に随伴して生じた事故又はこれらに伴う秩序の混乱に基づいて生じた事故
> ② 当会社は，被保険者が損害賠償に関し第三者との間に特約を締結しているときは，その特約によって加重された賠償責任を負担することによって被る損害をてん補しません。

2　対人賠償責任保険における免責事由

　以上のような免責事由に加え，対人賠償責任保険に固有の免責事由として，次のような免責規定が設けられているのが一般的です。

■対人賠償責任保険に固有の免責事由のモデル約款

> 　当会社は，対人事故により次の者の生命または身体が害された場合には，それによって被保険者が被る損害をてん補しません。
> (1) 記名被保険者
> (2) 被保険自動車を運転中の者またはその父母，配偶者もしくは子
> (3) 被保険者の父母，配偶者または子

(4) 被保険者の業務（家事を除きます。以下本条および第●条において同様とします。）に従事中の使用人
(5) 被保険者の使用者の業務に従事中の他の使用人。ただし，被保険者が被保険自動車をその使用者の業務に従事しているときに限ります。

　これは，被保険者と被害者が特殊な関係にあることから，対人賠償責任保険で損害をてん補すべきではないと解されることによります。

3　免責の理由

(1)　記名被保険者

　記名被保険者が被害者となる場合，被保険者とは親族関係があるか，被保険自動車の使用を許諾するだけの関係など，一定の密接な関係があるのが通常です。

　家族共同体の内部では損害賠償が行われないのが通常ですし，行われたとしても，保険で担保されるとすると，モラルリスクの問題も生じることから，対人賠償責任保険では免責とされるものです。

　記名被保険者に対する損害賠償責任が免責対象とされるのは，対物賠償責任保険でも同様です。

　もとより，対人賠償責任保険では免責ですが，自動車保険の構成としては，損害賠償責任を前提としない自動車傷害保険によって，その損害は担保されることが予定されています。

(2)　運転中の者とその親族

　被保険自動車を運転中の者は，対人賠償責任保険における被保険者となる場合が多いので，被保険者とならない場合であっても，被保険自動車を運転中の者又はその父母，配偶者，子に対する損害については，加害者側の問題として，あるいは，親族間の賠償問題として，家庭内で処理するのが妥当とされたものです。

(3)　被保険者の親族

　被保険者の父母，配偶者，子などの親族が被害者である場合も，記名被保険

者が被保険者となる場合と同様です。

　通常は，加害者と被害者に親族関係がある場合は損害賠償は行われないことが多いですし，保険でそのような損害をてん補するとなると，モラルリスクの問題が生じるので免責となっています。

(4)　業務災害

　被保険者の業務に従事中の事故による損害は，自動車保険ではなく，労災保険によりてん補されるものですから，対人賠償責任保険においては免責とされるのです。重複てん補を避けるための分野調整，制度間調整などといわれています。

　よって，「業務に従事中の事故」であるかどうかは，労災保険の分野と同様の解釈がなされます。

　なお，ここでいう労災保険には，労働者災害補償保険のみならず，労働者災害保険（労災上乗せ保険）も含まれます。

　業務災害をめぐる解釈については，名古屋地判平26・10・30（自保ジャーナル1953号151頁）が，業務災害免責の趣旨について，「①自動車が業務に使用される場合には，その運行による使用人の被災危険が一般に高いために，その危険を自動車保険の担保から除外した，②企業内事故の補償は労災責任ないし労災保険の分野にゆだねた，③不当な保険金請求を防止することにしたことにあるとされており，②の趣旨にかんがみれば，本件免責条項にいう「業務」の解釈については，労働基準法の災害補償条項及び労災保険法上の業務の意義と同趣旨に解すべきことになる」と判示しており，名古屋高判平27・4・23（自保ジャーナル1953号148頁）もこれを支持しています。

(5)　同僚災害免責

　被保険者の使用者の業務に従事中の他の使用人が被害者となる場合とは，加害者も被害者も，使用者の業務に従事中の使用人ということですから，同僚災害といわれる場面です。このような場合も，自動車保険ではなく，労災保険によって損害がてん補されるべきですから，業務災害と同様に免責とされたものです。

4 設問について

　法的には，相談者が，妻や従業員に対する損害賠償責任を負うことになります。しかし，対人賠償責任保険においては，妻は，被保険自動車を運転していた記名被保険者の配偶者ですから，**2**の免責規定の2号，3号により免責となります。従業員は，記名被保険者の業務に従事中の使用人として4号により免責となります。

　もとより，上積み保険である対人賠償責任保険が免責となるからといって，自動車損害賠償責任保険についても免責となるわけではありません。この点については，**Q6**をご確認ください。

　また，被保険自動車に自動車傷害保険が付保されていた場合，対人賠償責任保険による加害者の損害はカバーされないとしても，受傷した被害者が被保険者となって，傷害保険を請求できることがあるので，注意が必要です。この点は，**Q44**をご参照ください。

〔古笛　恵子〕

第3章◆任意自動車保険
第3節◆対人賠償条項

Q39 故意免責条項の「故意」の意義

　Aは，Bと同棲していた某女をめぐってBと対立していたところ，Bから逃れるため同女を普通乗用自動車に乗せて発進しようとしましたが，Bは運転席側のロックされたドアのノブをつかんで開けようとしたり，ドアを蹴るなどしながら同車の発進を阻止しようとしました。このため，Aは同車を徐々に発進走行させましたが，Bがなおもノブをつかみ，ウインドガラスを叩きながら「降りてこい」などと言って横歩きで並進してきたので，Bを振り切って逃げるため，Bを路上に転倒させ負傷させる可能性があることを認識しながらあえてこれを認容し，同車を時速15kmから20km程度に急加速したところ，Bは路上に転倒して頭蓋冠線状骨折等の傷害を負い，3日後に死亡しました（Aは傷害致死罪の有罪判決を受け，同判決は確定しています）。

　Aは，本件加害車両につき，自己を記名被保険者として，Y損害保険会社との間で自家用自動車保険契約を締結していたところ，同保険契約に適用される賠償責任保険の約款には，保険会社は，保険契約者，記名被保険者又はこれらの者の法定代理人の「『故意』によって生じた損害」をてん補しない旨の条項（以下「本件免責条項」といいます）があります。

　Bの相続人であるXらは，Aに対して本件交通事故による損害賠償を求める訴えを提起したところ，一部勝訴の確定判決を得ました。

　そこで，Xらは，賠償額が確定した場合には，被害者はYに対して直接請求ができるとする約款条項に基づき，Yに対して同額の損害賠償額の支払を請求しました。これに対し，Yは，本件事故は記名被保険者であるAの故意によるものであるとして，支払を拒絶することができるでしょうか。

Q39◆故意免責条項の「故意」の意義

A 　傷害の故意に基づく行為により結果的に被害者を死亡させたことによる責任を被保険者が負担した場合，自動車保険の賠償責任条項の「故意」免責条項が適用されるかどうかが争われた事案において，最高裁[☆1]は，免責条項によって保険者が例外的に保険金の支払を免れる範囲は，不法行為責任の範囲の問題ではなく，保険契約当事者の合理的意思解釈の問題であるとしたうえで，本件免責条項にいう「故意によって生じた損害」の解釈にあたっては，故意免責の範囲についての一般保険契約当事者の通常の意思と，免責条項が設けられた趣旨から，当事者の合理的意思を定めるべきものとしました。そして，傷害と死亡とでは，被害の重大性において質的な違いがあり，損害賠償責任の範囲も大きな差異があるから，保険契約者や被保険者等としては，傷害についての故意しかなかったのに，予期しなかった死亡という結果を生じた場合についてまで，自ら招致した保険事故として免責の効果が及ぶことはないと考えるのが通常であろうし，また，そのように解しても，一般に損害保険契約において，故意によって保険事故を招致した場合に被保険者に保険金請求権を認めるのは保険契約当事者間の信義則や公序良俗に反することから故意免責条項を設けた趣旨を没却することにはならないとして，保険者の故意免責の主張を認めませんでした。

☑キーワード

未必の故意，自動車保険普通保険約款，故意免責条項，平成20年改正前商法641条，保険法17条

解　説

1　問題の所在

平成20年改正前商法641条は，保険契約者・被保険者の悪意・重過失によっ

て生じた損害について、保険者は損害をてん補する責任を負わないと定め、損害保険における保険事故招致免責を定めています（保険法では、責任保険において、保険者は、保険契約者・被保険者の故意によって生じた損害をてん補する責任を負わないと定めています〔保険17条1項前段・2項〕）。悪意による保険事故招致が免責とされる趣旨は、保険契約の射倖契約的性質に鑑み、これを認めるのは信義則に反し、また、公益にも反するためとされています。そして、ここに悪意とは保険事故を発生させることについての故意をいい、保険金取得の意思までは必要としないものと一般に解されています。

　自動車保険、火災保険、傷害保険等の各種約款で平成20年改正前商法の規定と同様の規定がおかれていますが、自動車保険普通保険約款では、重過失は除かれ、「故意により生じた損害」について免責とする旨の規定となっています。そこで、自動車保険普通保険約款に規定されている「故意」の意義、すなわち、①「故意」は未必の故意を含むのか、②「故意」は、加害行為（原因行為）に対する故意で足りるのかについて、上記最判平5・3・30の第1審[2]と原審[3]で争われました。

2　第1審（東京地判昭60・10・25）

　第1審は、**1**①の問題について、「故意」には未必の故意を含まないとの消極説に立ち、Xらの請求を認容しました。その主な理由は次のとおりです。

(1)　任意保険制度は、自動車損害賠償責任保険（自賠責保険）と相まって、単に被保険者の損害のてん補という保険本来の目的を果たすのみならず、被害者の救済を図る社会的機能を果たしている。

(2)　免責条項の解釈にあたっては、任意保険制度がもつ被害者救済という社会的機能に徴し、文言をみだりに拡張解釈すべきではなく、厳格な文言解釈をするのが相当である。

(3)　未必の故意によって生じた損害をてん補させたとしても本件免責条項が設けられた趣旨に反しない。

(4)　民法上の故意を刑法上の故意と同義に解すべき理由はなく、未必の故意と認識ある過失との間にそれほどの径庭はない。

(5) このように解しても，自動車損害賠償保障法14条にいう悪意には未必の故意は含まれないという解釈・運用がされているので，自賠責保険と任意保険の免責条項の解釈，適用上，整合を欠くことにはならないし，「疑わしきは，保険契約者の利益に」という約款解釈の原則にも適合し，さらには，交通事故の増加に伴い被害者救済が強く要請されるようになり，その結果，対人賠償における任意保険の免責事由について，重過失を除外したり，酒酔い運転中に生じた事故についても有責とするなど，徐々に縮小してきた保険約款改定の趣旨にも沿う。

3 原審（東京高判昭63・2・24）

上記第1審判決に対し，Yが控訴しました。すなわち，昭和40年10月の約款改定で，賠償条項の免責事由を「悪意又は重大な過失」から「故意」に改めた際，未必の故意も「故意」に含める解釈を前提としていたこと，また，「故意」とは，被保険者又は保険契約者が法律上の損害賠償責任を負担するような事故発生を招来するような危険な行為（原因）についての故意を指し，それと相当因果関係の範囲内の損害につき保険者が免責されると主張しました。

こうして，原審では，**1**①の問題に加え，新たに，故意は原因行為に対する故意で足りるかという②の問題（故意の対象）が取り上げられることになりました。

原審は，①，②の問題に関し，昭和40年10月の約款改定時における保険会社の解釈がいずれも積極的に解していた事実を前提に，このような保険会社の解釈が恣意的でなく，顧客一般の合理的期待を裏切るものでなければ，それが相手方との間に妥当し，当事者双方の合意内容となるものと解すべきであるとの理論を示したうえで，次の理由により，Y保険会社の解釈は恣意的でなく顧客一般の合理的期待を裏切るものでもないとして，①，②とも積極的に解し，第1審判決を取り消して，Xの請求を棄却しました。

(1) 「故意によって生じた損害」という不法行為上の文言上，①，②とも積極に解するのが，素直で普通の解釈である。
(2) 昭和40年10月の約款改正は，免責事由から「重大な過失」を削除するこ

とにねらいがあったものであり，残った「故意」の内容について一般の解釈に従って判断することは，何ら改正の趣旨に抵触するものではない。
(3)　故意により事故を引き起こしながら保険給付を受けるのを是認するのは社会的に妥当でなく，また，傷害致死の場合に死の結果につき加害者が責任を負うのは，その結果につき改めて過失が問われることによるものではなく，当初の傷害行為について故意があったことによるものであるから，②も積極的に解される。
(4)　任意加入である本件契約締結当時，故意免責条項の「故意」の解釈について，未必の故意は免責されないという自賠責保険の解釈運用と同一であるとの期待が顧客層に一般化していたとはいえない。
(5)　自賠責保険において未必の故意は免責されないという解釈運用が可能とされるのは，被害者保護の政策目的を達成する「手段」として強制加入の責任保険が用いられていることに由来するものであって，任意保険は，これと本質を異にし，責任保険それ自体を「目的」とする私保険であり，その免責条項の解釈を自賠責保険に整合させなければならない理由はない。
(6)　未必の故意というのは違法な結果が生じても構わないと認容してあえて行動するのであり，かかる行動が許されることは法律的にも社会的にもおよそあり得ず，したがって，これによって人身被害を引き起こした者が，自己の損害賠償責任につき，自賠責保険の上積み分までも保険で賄ってもらえると期待するのは虫がよすぎる。

4　最高裁判決の評価と射程範囲

(1)　上告審（最判平5・3・30）の概要

上記原審判決に対してYが上告しましたが，最高裁は原判決を破棄し，控訴を棄却し，Xらの請求を認容する判断を示しました。ただし，その理由はA（要旨）のとおり，1①の問題について直接触れることなく，免責条項にいう「故意によって生じた損害」の解釈にあたっては，免責という例外的な場合を定めたことを考慮に入れつつ，保険契約当事者の意思解釈の問題として，その解釈が免責条項を設けた趣旨を没却することになるかという見地から，当事者の合

理的意思を定めるべきものであるとしたうえで，傷害と死亡とでは，被害の重大性に質的な違いがあり，損害賠償の範囲に大きな差異があるから，傷害の故意しかなかったのに予期しなかった死の結果を生じた場合についてまで免責されることはないと考えるのが一般保険契約当事者の通常の意思といえ，また，そのように解しても，保険当事者間の信義則や公序良俗に反することから故意による事故招致を免責とした約款の趣旨を没却することにならないとしました。

(2) 最高裁判決の評価と本設問へのあてはめ

　故意免責条項の適用解釈について，原審が約款を作成した保険者や保険業界の「故意」の意義に関する認識を前提に，その解釈が恣意的でなく，顧客一般の合理的期待を裏切るものでなければ，それが当事者双方の合意内容となるとしたのに対し，最高裁が，免責は例外的な場面であり，「故意によって生じた損害」の適用範囲について，一般的な保険契約当事者（消費者側）の通常の意思という切り口から故意免責条項の適用範囲を狭く解釈したことは，今後の約款解釈のあり方について注目されるべき点です。また，故意免責条項の適用にあたり，最高裁が，平成20年改正前商法641条の趣旨（保険当事者の信義則や公序良俗に反するかどうか）に配慮している点は，同じ自動車保険普通保険約款の故意免責条項の適用にあたり，予期しなかった結果についても免責する場合があることを示唆するものといえます。

　そして，本設問は，AがBを振り切って逃げるために，Bが路上に転倒しけがをするかもしれないと認識しながら，自動車を時速15〜20km程度に加速したところ，予期しなかったBの死亡という結果が発生した事案であり，Aの立場からすれば，逃げるためとはいえ，Bにけがを負わせる可能性があることを認識・認容し，自動車を発進させている以上，Bに傷害結果が生じた場合に免責となるのはやむを得ません。しかし，Bの死亡結果についてはまったく予期していなかったものであり，そのような予期しかなった結果についてまで免責されると考えて行動をしたと解するのには無理があり，また，保険者Yの立場からしても，AにBに対する傷害の故意があったというだけで，被保険者Aがまったく予期していなかったBの死亡損害について全面的に免責されるとするのは，保険者の期待として行き過ぎともいえますので，Bの死亡損害について

Yは免責されないとの結論は評価できるものといえます。多くの学説も最高裁の結論は支持しているようです。

なお，本件と類似の事例で被害者の被害結果が傷害にとどまった場合に，未必の故意に言及することなく，故意免責を認めた判例があります[☆4]。

(3) 判決の射程範囲（今後の検討課題）

本件は傷害の故意で，予期しなかった死亡の結果が生じた場合に，自動車保険普通保険約款における賠償責任条項の「故意」免責条項が適用されるかに関する判断であって，次の点について，今後，さらに別途検討していく必要はありそうです。

(1) 本件判決は，被害者保護の要請が働かない責任保険以外の保険（例えば，傷害保険のような人保険など）についても妥当するでしょうか。例えば，普通傷害保険において，被保険者の父親とその長男が口論となり，長男が父親に対し暴行し（殺意まではない），父親に脳挫傷の傷害を与え，もって6日後に死亡させた事案（刑事では傷害致死罪の有罪判決が確定）につき，保険者は保険金請求者の「故意」として長男に対する死亡保険金の支払を免責されるでしょうか。

(2) 本件と同様に責任保険で傷害の故意しかなかったものの，それが，例えば，いじめや虐待目的のような悪質な行為であり，結果的に，被害者を死亡させた場合も，保険者の免責を考える余地はないでしょうか。

(3) 傷害の故意で，結果として後遺障害が残った場合はどうでしょうか。責任保険の場合と人保険（例えば傷害保険など）では結論が異なるでしょうか。また，後遺障害の軽重によって結論が異なるでしょうか。例えば，普通傷害保険の故意免責条項の適用にあたり，被保険者である学生が，友人と度胸試しで，けがをするかもしれないが，大けがをすることはないと考え，校舎の2階から校庭に飛び降りて遊んでいたところ，着地に失敗して頭を強打し，5級の後遺障害が遺残した場合に，保険者は後遺障害保険金の支払を免れるでしょうか。

(4) 本件判決は，本件免責条項を約款条項として当事者の合理的の解釈の問題として処理していますが，故意免責条項は法定免責事由でもあり，平成20年改正前商法641条についてもそのまま妥当する解釈であるのでしょ

(4) 学説の紹介

最後に，故意の対象に関する学説を紹介しておきます。今後の課題について検討する際に参考になるものと思われます。

(1) 原因行為について故意があれば，結果発生につき故意がなくても保険者免責とする見解
(2) 保険者が免責されるには原因行為についての故意では足りず，損害発生という結果についての故意を要するとする見解
(3) 極めて高度の蓋然性が認められる場合には，損害発生に対する故意がなくとも原因行為に対する故意があれば保険者の免責を認め，他方，極めて高度の蓋然性が認められない限りは，原因行為に対する故意があっても，損害発生に対する故意がなければ免責は否定されるべきであるとする見解
(4) 不明確条項に関する約款作成者不利益の原則を適用して，信義則・反公序良俗の観点から強い不法性が認められる原因行為によって認識のない結果が生じた場合には免責を認める見解
(5) 事故に至る経過を全体的に評価して反社会性（反倫理性）が著しい場合には，仮に原因行為についてだけ故意があったとしても，保険事故免責条項に当たるとする見解

〔松田　雄紀〕

■判　例■

☆1　最判平5・3・30民集47巻4号3262頁・集民168号下423頁・交民集26巻2号283頁。
☆2　東京地判昭60・10・25民集47巻4号3277頁・交民集18巻5号1329頁・判タ569号33頁。
☆3　東京高判昭63・2・24民集47巻4号3291頁・交民集21巻1号20頁・判タ658号247頁。
☆4　最判平4・12・18集民166号953頁・判タ808号165頁・判時1446号147頁。

第3章◇任意自動車保険
第3節◇対人賠償条項

Q40 配偶者の範囲

　娘のAは，同棲していたBの運転する自動車の助手席に同乗中，Bが運転を誤りセンターラインをオーバーして対向車両と衝突するという事故で，死亡してしまいました。自動車はBの所有で，自動車損害賠償責任保険（自賠責保険）と任意保険が付保されていました。妻と私がBの任意保険会社に損害賠償の支払を求めたところ，AとBは内縁関係にあったから，対人賠償保険の支払はできず，金額は少し低くなるが，人身傷害保険の支払はできると言われました。娘AとBは，同棲を始めてから2年くらいで，共に仕事をもっており，いずれ結婚しようという話はあったようですが，具体的な時期等は決まっていたわけではありませんでした。任意保険会社の言うとおりなのでしょうか。

A

　対人賠償保険においては，被保険自動車を運転中の者の配偶者が，対人事故により生命又は身体を害された場合には，保険会社は免責され，保険金が支払われないものとされています。そして，「配偶者」には内縁の配偶者を含むとされています。したがって，AがBの内縁の配偶者に当たる場合には，Aは「被保険自動車を運転中の者」の配偶者とされ，対人賠償保険は免責となります。ここで，内縁の配偶者とは，事実上婚姻関係と同様の事情にあるような者，すなわち，一般的には①婚姻の意思をもって，②夫婦として共同生活を送っているという実態があることが必要と解されています。これに当たるかどうかの判断は，個別具体的な事情によりますが，Aについては内縁の配偶者には当たらないとされる可能性もあるでしょう。なお，自賠責保険については，配偶者であっても他人性が認められますので，被害者請求をすれば支払を受けられます。

☑キーワード
免責事由，配偶者，内縁

解説

1 対人賠償保険における「配偶者」

(1) 被保険者としての配偶者

対人賠償保険においては，記名被保険者（保険証券に被保険者として記載された者）のほかに，以下のような者も被保険者とされています。つまり，記名被保険者以外に，以下のような者が，被保険者自動車の所有・使用・管理に起因して他人の生命又は身体を害すること（対人事故）により，法律上の損害賠償責任を負担した場合にも，保険金が支払われます。

> ① 被保険自動車を使用又は管理中の次のいずれかに該当する者
>   (イ) 記名被保険者の配偶者
>   (ロ) 記名被保険者又はその配偶者の同居の親族
>   (ハ) 記名被保険者又はその配偶者の別居の未婚の子
> ② 記名被保険者の承諾を得て被保険自動車を使用又は管理中の者（ただし，自動車取扱業者が業務として受託した被保険自動車を使用又は管理している間を除く）
> ③ 記名被保険者の使用者。ただし，記名被保険者が被保険自動車をその使用者の業務に使用している場合に限る。

このように，被保険者の範囲を広げ対人賠償保険が支払われる範囲を広げているのは，一般に，自動車を使用する者は記名被保険者に限られず，その家族や知人等が使用することも多いことから，これらの者が被保険自動車を使用管理している場合の事故についても保険でカバーすることが，被害者救済という自動車保険に求められている機能に合致するためです。

(2) 免責事由における配偶者

他方で，対人賠償保険においては，記名被保険者自身，あるいは被保険者等と一定の関係にある者が被保険自動車により生命又は身体を害された場合には，保険金を支払わないものとしています。

具体的には次のような者です。

> (a) 記名被保険者
> (b) 被保険自動車を運転中の者又はその父母，配偶者もしくは子
> (c) 被保険者の父母，配偶者又は子
> (d) 被保険者の業務に従事中の使用人
> (e) 被保険者の使用者の業務に従事中の他の使用人（ただし，被保険者がその使用者の業務に被保険自動車を使用している場合に限る）

(1)で述べたように，対人賠償保険においては，被害者保護，保険の機能という観点から，被保険者の範囲を拡大しています。

他方で，賠償請求が可能であっても通常は賠償請求権が行使されないような当事者間の事故であったり，被害者の被害救済は他の制度に委ねるべき場合にまで，対人賠償で保護する必要はないため，対人賠償保険は，上記のような免責事由を定めました。

このうち，(d)と(e)は，本来労災事故として労働者災害補償保険（労災保険）等により救済されるべきものであるから，対人賠償保険は免責とされています。

以下では(a)〜(c)について，解説していきます。

(3) 免責される理由と絶対的免責・相対的免責

(a) 記名被保険者

記名被保険者自身が，被保険自動車による事故で被害を受けた場合，記名被保険者は，他に加害者（運転していた者等）がいる場合にはその者に対し，民法709条等に基づき損害賠償を請求できます（他方で自動車損害賠償保障法〔自賠法〕3条に基づく請求については，ほとんどの場合，記名被保険者が被保険自動車の「保有者」とされると思われますので，他人性が否定され，賠償請求は認められないでしょう）。

しかしながら，対人賠償保険は，本来的には，被保険自動車による事故で記

名被保険者が損害賠償責任（自賠法3条による保有者責任等）を負担した場合にこれをてん補するための保険です。

したがって，記名被保険者が被保険自動車による事故で被害者となり，他の被保険者に対して賠償請求できる場合であっても，記名被保険者以外の被保険者の賠償責任のてん補はいわば付帯的なものですから，対人賠償保険の支払を行うことは適当ではありません。そのため，記名被保険者が被害者となった事故については，自損事故に準ずるものとみて，対人賠償保険は免責されます。これは，絶対的免責事由といわれています。

他方で，任意自動車保険は，対人賠償保険だけではなく，人身傷害保険，自損事故保険，搭乗者傷害保険等の傷害保険もその内容としており，記名被保険者が被害者となった場合にはそれらの傷害保険等の支払がなされる場合があります。

(b) 被保険自動車を運転中の者又はその父母，配偶者もしくは子

運転者は，一般的には加害者側として賠償責任を負う立場にあります。また，被保険自動車を運転中の者が被保険自動車による事故で負傷等した場合，基本的には運転者は自賠法3条による他人とは認められず，その損害を被保険自動車の保有者等に賠償請求することはできません。そのため，このような場合にも対人賠償保険は支払われないものとされています。

さらに，被保険自動車を運転中の者の父母，配偶者，子が被害者となった場合については，運転者自身あるいは被保険自動車の保有者に対し損害賠償請求が可能ですが，一般的にはこのような場合，被害者に生じた損害は家庭内で処理され損害賠償請求はなされないのが通常と思われます。にもかかわらず，対人賠償保険がある場合にのみ賠償請求が促進されることは妥当とはいえませんので，このような場合も対人賠償保険は免責とされています。

以上の場合も，絶対的免責事由といわれています。すなわち，誰を被保険者としても（誰に対して賠償請求をしても），免責となるということです。

(c) 被保険者の父母，配偶者又は子

被害者が，賠償義務を負う被保険者の父母，配偶者又は子である場合には，(b)で述べたように，通常は被害者から当該賠償義務者に対し，損害賠償請求はなされないものと思われます。

したがって、このような場合も対人賠償保険は免責とされています。

ここで注意すべきは、この場合の免責は、相対的免責事由であることです。

すなわち、自動車の保有者と運転者が異なる場合のように賠償義務者が2名いる場合で、被害者がそのうち一方の父母、配偶者又は子である場合、家族関係にある賠償義務者が当該父母、配偶者又は子に対して負う賠償義務に関しては、対人賠償保険は免責となりますが、そのような関係にないもう一方の賠償義務者の義務に関しては、対人賠償保険は免責とならないということです。

具体的には、被保険自動車の所有者の妻が、第三者（例えば夫の友人）の運転する被保険自動車に同乗中の事故で負傷等した場合、妻の保有者（夫）に対する損害賠償請求については対人賠償保険は免責となりますが、運転者（夫の友人）に対する損害賠償請求については免責されず、対人賠償保険が支払われるということです（逆に、被害者が運転者の配偶者である場合には、(b)の場合にあたり、運転者の賠償責任についても、所有者の賠償責任についても、対人賠償保険は免責とされます）。

2　配偶者と内縁の配偶者

以上のとおり、被保険者の範囲と免責事由、両方で「配偶者」という文言が出てきますが、この「配偶者」には、内縁の配偶者も含まれます（多くの対人賠償保険の約款では、これが注記等で明示されています）。

この点については最高裁の判例があります。保険契約を締結していた被保険者が、先行車両を避けようとして被保険自動車を中央分離帯に衝突させ、これにより自動車の助手席に同乗していたAを死亡させたという事故で、最高裁判例[1]は、次のように述べて、「配偶者」には内縁の配偶者を含むものと判断しました。

「被保険者が被保険自動車の使用等に起因してその配偶者の生命又は身体を害する交通事故を発生させて損害賠償責任を負担した場合においても、保険会社は、被保険者がその配偶者に対して右の責任を負担したことに基づく保険金の支払義務を免れる旨」の「免責条項が設けられた趣旨は、被保険者である夫婦の一方の過失に基づく交通事故により他の配偶者が損害を被った場合にも原

則として被保険者の損害賠償責任は発生するが、一般に家庭生活を営んでいる夫婦間においては損害賠償請求権が行使されないのが通例であると考えられることなどに照らし、被保険者がその配偶者に対して右の損害賠償責任を負担したことに基づく保険金の支払については、保険会社が一律にその支払義務を免れるものとする取扱いをすることにあり、右の趣旨は、法律上の配偶者のみならず、内縁の配偶者にも等しく妥当する」。

さらに、被保険者の範囲を定めた条項についても、一般に「配偶者も被保険自動車を使用する頻度が高いと考えられるため、同人を当然に被保険者に含めることとして、」「保険によりてん補される被保険者の範囲を拡張しようとするところにあ」り、「この点では、法律上の配偶者と内縁の配偶者とを区別して別異に取り扱う必要性は認められない」としました。

3 内縁の配偶者とは

次に、内縁の配偶者といえるのはどのような場合か、について検討します。

まず、判例☆2は、内縁破棄を理由として損害賠償請求がなされた事案において、「いわゆる内縁は、婚姻の届出を欠くがゆえに、法律上の婚姻ということはできないが、男女が相協力して夫婦としての生活を営む結合であるという点においては、婚姻関係と異るものではなく、これを婚姻に準ずる関係というを妨げない」とし、内縁を法的に保護されるべき生活関係であるとしました。

学説上も、内縁関係を準婚関係として、可能な限り婚姻関係と同じような保護を及ぼすべきとする考えが通説となっています。

このような法的保護に値する内縁関係が成立したといえるためには、一般に、①婚姻の意思、②夫婦共同生活の実態が必要といわれています。

①婚姻の意思については、「社会通念上の夫婦になる意思」が必要であり、金銭供与を前提とした愛人関係のような場合には、否定的な判断になるものと思われます。他方で、婚姻の意思の有無については、その外形から判断せざるを得ないところもあり、例えば、挙式や披露宴を行ったり、友人・知人や近所に夫婦として紹介、扶養配偶者として勤務先に届け出るなどの行為があれば、婚姻意思ありと判断される可能性が高いでしょう。

②夫婦共同生活の実態については，一般的には，同居期間が重要な判断要素となります。ただし，披露宴を挙げたうえで共同生活を開始したような場合には，同居期間が短くとも内縁関係ありとされる場合もあるものと思われます。

4 婚姻障害がある場合

　他方で，法律婚に至らず共同生活を送っている理由が，婚姻障害にあった場合，例えば他に法律上の配偶者がいる重婚（民732条）的内縁関係であったり，あるいは近親婚の制限（民734条）に抵触する場合には，内縁として保護に値しないものとされることが多いようです。
　ただし，最近の裁判例や学説では，婚姻障害があった場合にも，一律に法的保護に値しないとするのではなく，事情に応じて法的保護を与える場面を認める方向にあります。
　例えば，重婚的内縁であっても，法律上の配偶者との間の婚姻関係が実体を失って修復の余地がないまでに形骸化し，事実上の離婚状態にあったような場合です。
　また，厚生年金保険の被保険者であった叔父と内縁関係にあった姪が厚生年金保険法に基づき遺族厚生年金の支給を受けることのできる配偶者に当たるとした判例☆3もあります。この判例は，42年間夫婦としての生活を送り2名の子をもうけ，配偶者として税金の控除や出産費用の公的な支給も受けていたような事案です。
　対人賠償保険に関しても，約款解釈としては，婚姻障害があるために婚姻に至っていないような場合には，基本的には内縁の配偶者として認めない傾向にはあるようですが，前記免責条項が設けられた趣旨，すなわち，一般に家庭生活を営んでいる夫婦間においては損害賠償請求権が行使されないのが通例であるということからすると，婚姻障害がある場合であっても「配偶者」として認められる場合もあるように思われます。

5　設問について

　設問の場合，AとBとの関係は，同棲を始めてから2年くらいで，共に仕事をもっており，いずれ結婚しようという話はあったようですが，具体的な時期等は決まっていたわけではない，というものです。

　互いに夫婦として紹介していたか否か等，具体的事情をさらに確認する必要はありますが，いずれ結婚しようと話をしていた程度で，婚姻の意思があったといえるかは疑問のところもあります。対人賠償の免責は認められない可能性もあると思われます。

　なお，設問では，人身傷害保険の支払はできるとされていますが，人身傷害保険については，被保険者の範囲や支払対象となる事故が，保険商品ごと，あるいは同じ商品でも販売時の約款内容によって大きく異なります。記名被保険者やその家族については，交通事故による受傷であれば常に支払対象とする保険もありましたが，最近では，支払対象を，被保険自動車搭乗中の事故や，被保険自動車の運行に起因する事故による受傷に限定する傾向も見られます。

　設問の場合は，被保険自動車に搭乗中の事故を支払対象とする人身傷害保険が付保されていたものと思われます。

〔岸　郁子〕

━━■判　例■━━━━━━━━━━━━━━━━━━━━━━━━━━━

☆1　最判平7・11・10民集49巻9号2918頁・集民177号169頁・交民集28巻6号1525頁。
☆2　最判昭33・4・11民集12巻5号789頁・集民31号155頁・判時147号4頁。
☆3　最判平19・3・8民集61巻2号518頁・集民223号403頁・判タ1238号177頁。

第3章◇任意自動車保険
第4節◇対物賠償条項

第4節　対物賠償条項

Q41　物的損害と慰謝料

　深夜，自宅に自動車が突っ込む事故に遭い，1階部分の居住空間にかなりの損壊が生じたうえ，1階に併設していた駐車場に駐車していた自動車が損壊してしまいました。幸いにもけが人は出ませんでしたが，愛犬のラブラドール・レトリバーが大けがをしてしまいました。自宅の損壊は居住空間にまで及んでいますし，深夜の事故で，事故以来，安心して眠れないなど感じた不安も大きいですので，加害者に修理改修費はもちろん慰謝料を支払ってもらいたいと思いますが，請求することは可能でしょうか。また，損壊した自動車は，特別限定の外国車で，これまで相当の費用を掛けて保守整備を行ってきており思い入れのあるものです。そのような自動車ですので，修理費のほかにも慰謝料も支払ってほしいと思っていますが，請求できますか。愛犬は，足を切断してしまい，自力での排尿等ができなくなる重傷でした。これまで生後間もなくから家族同様に過ごしてきた愛犬です。医療費などのほか，慰謝料は請求できますか。

A

　物損事故による慰謝料請求に関わる問題です。財産上の損害についても，論理的には慰謝料請求が認められる余地はありますが，通常，財産上の損害はその損害が賠償されることによって精神的な苦痛も回復されると考えられることから，実務上，特別の事情がある

などの要件を満たさなければ，慰謝料請求は認められません。そこで，設問の自宅損壊にかかる慰謝料請求ですが，損壊が居住空間にまで及び，しかも深夜に起きていることから，財産上の損害の賠償では回復することのできない特別の事情があるとして，慰謝料請求も認められる可能性が高いと考えられます。次に，車両損害の慰謝料請求については，強い思い入れがあるものであっても特段の事情があると認められる可能性は乏しく，したがって，慰謝料が認められるのは難しいと思われます。愛犬のけがについては，けがの治療費の請求に加え，家族同様に可愛がっていたということから特別の事情があると認められる可能性もあります。その場合，飼主による愛犬のけがに対する慰謝料請求も認められると考えられます。

☑キーワード

物的損害（物損），財産上の損害，慰謝料

解説

1　はじめに

　民法710条は，「他人の身体，自由若しくは名誉を侵害した場合又は他人の財産権を侵害した場合のいずれであるかを問わず，前条〔709条〕の規定により損害賠償の責任を負う者は，財産以外の損害に対しても，その賠償をしなければならない。」と規定し，人身損害のみならず，財産権を侵害した場合であっても慰謝料を請求し得ることとされています[※1]。しかしながら，通常，財産上の損害は，その損害が賠償されることによって同時に精神的な苦痛も慰謝されると考えられることから，実務上は，財産的な損害の賠償のほかに別途慰謝料請求までが認められることは少ない傾向にあります。これは，財産上の損害の回復は，その財産上の損害を賠償すれば補われると考えられるからです。もっとも，財産上の損害についても，その損害の賠償だけでは被害者の被った損害

が回復されるとは評価できず，その被害者の被った精神的損害に対しての賠償，つまり慰謝料請求が認められる場合もあると思われます。それでは，どのような場合に財産権の損害について，それ自体の賠償のほか，慰謝料請求まで認められるのでしょうか。

2 裁判例

はじめに，裁判例はどのように考えているのか，概観してみたいと思います。

この点，交通事故の事案ではありませんが，最判昭42・4・27（集民87号305頁）は，契約上の金員の支払を求める訴訟で敗訴したことによって上告人が被る損害について，「一般には財産上の損害だけであり，そのほかになお慰藉を要する精神上の損害もあわせて生じたといい得るためには，被害者（上告人）が侵害された利益に対し，<u>財産価値以外に考慮に値する主観的精神的価値をも認めていたような特別の事情が存在しなければならない</u>ところ，本件では右の如き特別の事情の存在を認めるに足る資料もないと判断して，上告人の本訴請求を排斥しているのであって，原審の右判断は正当であり，右判断の過程に所論の違法はない。」（下線筆者）とし，財産上の損害であっても，特別の事情が存在する場合には，慰謝料が認められる余地がある旨判示しています。

また，原審が財産的損害のほかに，慰謝料を容認した事案について，その判断を正当として，原審の判断を容認している判例☆[1]もあります*[2]。

したがって，判例は，財産上の損害に対しても，一定の場合，慰謝料請求を認めていると考えられます。

下級審の裁判例も，おおむね同様の判断を示すものが多く，財産上の損害（物損）の場合，基本的には，その物損の賠償のほかに慰謝料請求までは認めてはいませんが，その財産上の損害が回復されてもなお慰謝され得ない精神的苦痛を受けたと認めるような特別の事情が存在するような場合には，慰謝料請求が認められていることが多いようです☆[2]。物損に対する慰謝料についての判断を示した裁判例は多くありますが，それらの紹介，分析は，参考文献に掲げたものなどで詳しくなされていますので，そちらを参照していただければと思

3 学説の見解

　裁判例を概観してみると，物損の場合，特別の事情が認められる場合に慰謝料請求を認めるような傾向にあるとみられますが，学説においてはどのように考えられているのでしょうか。

　これまでの通説的な見解としては，不法行為によって生じる損害を通常生ずべき損害と特別事情に基づく損害とに区分して観念することを前提として，財産権侵害の場合，一般には，財産的損害が賠償されれば，精神的損害も回復されたとみて，財産権侵害による精神的損害はすべて特別事情に基づく損害として構成し，財産的損害が賠償されても，その外にはみ出した精神的損害がある場合を特別損害と把握し，その場合に慰謝料を認めるものがあります[*3]。この見解によれば，財産権侵害に対する慰謝料を特別損害と把握することになりますから，その特別事情について，加害者の予見可能性を必要とすることになるかと思われます。

　これに対し，財産権侵害に対する慰謝料が認められる場合を分析的に捉え，①被害者にとって特別の主観的・精神的価値が存するものであり，財産的な賠償によっては償われないほどの甚大な精神的損害を被害者が被るであろうと考えられる場合と，②加害方法が著しく反道徳的であったり，被害者に著しい精神的打撃を与えることを目的として加害した場合や被害者に著しい精神的な苦痛を感ぜしめる状況の下で加害行為が行われた場合に慰謝料が認められるとし，①の場合には，加害者の予見可能性を要件とする見解があります[*4]。

　また，精神的損害が生ずる場合が常に特別事情による損害とする前者（これまでの通説的な見解）の見解に疑問を呈し，同様に，分析的に捉える後者の見解に対しても，被害物件の状態から通常被害者の主観的・精神的な価値が備わっていると評価して差し支えない場合があり，そのような場合は，通常損害として被害者の主観的・精神的な価値についての加害者の予見可能性は不要であるとする見解もあります[*5]。なお，この見解は，不法行為による損害を通常損害と特別事情による損害とに分ける構成自体にも疑問を呈しています。

さらに，被害物件の性質，態様から被害物件の侵害が同時に被害者の生活権，社会的信用等の人格的利益を毀損しているような場合であれば慰謝料請求を認め，このように考えればこれを特別損害であるとか予見可能性が必要であるとか議論する場面は乏しいと指摘する見解もあります*6。

4　検　　討

　このように，裁判例においても，学説においても，財産上の損害に対する慰謝料請求までは認めず，その背景となる考え方は様々ですが，特別の事情があると認められる場合などに制限的に認められると解しているようです。慰謝料の本質について判例・通説が立脚する賠償説（塡補説）の立場からは，財産的な損害の場合，通常であれば，その財産損害が賠償されれば，被害者が被った精神的な苦痛も回復し，その損害はてん補されると考えられるからであると説明できそうです。そこで，財産的損害が賠償されてもその不法行為によって生じた精神的損害がてん補できないような特別な事情が存在する場合には，その精神的損害をてん補するため慰謝料請求も認められることになるかと思われます。

　そして，下級審の裁判例で，物損に関する慰謝料が認められたケースを検討してみると，①その財産的損害が社会通念に照らして被害者の精神的平穏を著しく害するような場合，②侵害された物件が被害者にとって特別な主観的・精神的価値を有していたとみるのが社会通念上相当であるような場合，③加害行為が害意を伴い著しく反道徳的であり，金銭賠償だけでは被害者の精神的苦痛が慰謝されないような場合などの事由を特別な事情の要素として考慮することが多いように考えられます。もちろん，これらの要素が厳密に区別されているわけではなく，このような事情を併せて特別な事情が存在しているか否かとして判断されているように見受けられます。

　このような特別の事情について，加害者の予見又は予見可能性を要するとする裁判例もありますが☆3，予見又は予見可能性について触れていない裁判例も多くあります。

　特別の事情として，①を要素として考慮したと分類できる裁判例としては，

大阪地判昭48・3・30（判タ306号242頁），東京地八王子支判昭50・12・15（交民集8巻6号1761頁），大阪地判平元・4・14（交民集22巻2号476頁）などを挙げることができると思います。この①の要素を考慮したケースでは，居住用や営業用などの建物の場合で認容された事例が多いように見受けられます。被害物件の損失そのものから精神的苦痛が生じるわけではありませんが，被害物件への侵害が被害者の生活利益や社会的信用等を侵害したと評価でき，そのため被害者の精神的平穏を著しく害したと評価され，それは財産上の損害に対する賠償では賄いきれないことから慰謝料が容認される傾向にあると考えることができます。

また，②を要素として考慮したと分類できる裁判例としては，大阪地判平12・10・12（自動車保険ジャーナル1406号4頁），東京地判平15・7・28（交民集36巻4号969頁），東京高判平16・2・26（交民集37巻1号1頁），神戸地判平25・9・5（交民集46巻5号1159頁）などを挙げることができると思われます。②のケースでは，愛玩動物などのケースで認容された事例が多いように見受けられます。このような場合は，被害物件の損失そのものが，その財産上の損害の賠償では補えない精神的な苦痛を被害者に生じさせると評価するのが社会通念上相当であると考えられるからと思われます。車両損害の場合は，いかに愛着のある車両であったとしても財産的損害の賠償のほかに被害者に精神的な苦痛，損害が生じたと評価するのは社会通念上難しいことが多いと思われますので，慰謝料請求までは認められないことになると考えられます。

③を要素として考慮したと分類できる裁判例としては，京都地判平15・2・28（自動車保険ジャーナル1499号2頁），東京地八王子支判昭47・6・20（交民集5巻3号817頁），神戸地判平13・1・23（自動車保険ジャーナル1435号）などを挙げることができると思われます。③のケースでは，飲酒運転や当て逃げの場合に認容された事例が多いように見受けられます。

このように見てみますと，物損についての財産上の損害に対して慰謝料請求までが認められる多くのケースでは，被害物件の主観的・精神的価値が賠償に値するほどの高度の利益があると認められる必要性，そのような主観的・精神的価値を有することが社会通念上相当と認められることが必要であり，あるいは，その被害物件に対する侵害が公序良俗に反するなどその侵害が特に悪質で

あるなどの事情が必要であると思われます。そのような事情が認められる場合には、特別の事情が存在すると認められ、慰謝料請求が認容されることになると解することができます。したがって、物損の場合に慰謝料請求をするときには、そのような特別の事情を主張・立証する必要性があると考えられます。

なお、慰謝料の金額の決定については、裁判所が諸般の事情を考慮して自由裁量によって認定することが認められていることから、財産的損害が発生していることは認められるものの、その立証が困難であるような場合に慰謝料として補完しようとするケースもあるようです（慰謝料の補完的機能）☆4。

物的損害に対する慰謝料が認容された場合の金額は、被害物件やその態様にもよりますが、裁判例の多くは、建物の場合にはおおよそ10万円から数十万円程度、ペットなどの愛玩動物の場合は、数万円から10万円前後の金額が認容されている場合が多いようです。

5 設問について

これまでの検討をもとに設問について考えてみます。まず、自宅建物の損壊に対する慰謝料請求ですが、その損壊が居住空間にも及んでいること、また、その事故が深夜であったことからすると、社会通念に照らして、被害者の精神的平穏を著しく害するような場合であったと考えることができると思われます。したがって、建物損壊の修理改修費の賠償のほかにも慰謝料請求が認められる余地は十分あると考えられます。また、愛犬のけがについてですが、その治療費等のほか、生後間もなくから家族同様に過ごしてきた愛犬であるということから、その足の切断、自力での排尿困難などの後遺症を伴うけがは、被害者にとって特別な主観的・精神的価値を有していたとみるのが社会通念上相当であると認められると考えられます。したがって、慰謝料請求も認められる可能性が高いと思われます。これに対して、自動車の損壊についての慰謝料請求は、特別限定車で大切に乗ってきた車両であるとしても、社会通念上、その財産的な損害を賠償してもなおその被った精神的損害が、主観的・精神的価値の賠償に値するほどの利益があると認められる可能性は乏しく、また、そのような主観的・精神的価値を有することが社会通念上相当と認められるとも考えら

Q41◆物的損害と慰謝料

れませんので，慰謝料請求が認容されるのは難しいものと考えられます。なお，実務上，車両損害について，慰謝料請求まで認められた裁判例は少ないのが実情です。

〔神田　温子〕

======■判　例■======

☆1　最判昭35・3・10民集14巻3号389頁・集民40号285頁・判時217号19頁。
☆2　一例として，大阪地判平12・10・12自動車保険ジャーナル1406号4頁，東京地判平元・3・24交民集22巻2号420頁，大阪地判平元・4・14交民集22巻2号476頁，東京地判平15・7・28交民集36巻4号969頁，名古屋高判平20・9・30交民集41巻5号1186頁，横浜地判平26・2・17交民集47巻1号268頁，東京地判平15・8・4交民集36巻4号1028頁，大阪地判平5・12・17交民集26巻6号1541頁。
☆3　大阪地判平10・11・5自動車保険ジャーナル1318号。なお，交通事故の事案ではありませんが，東京地判昭37・1・23判タ129号62頁も同様の立場に立っていると考えられます。
☆4　東京地判昭45・6・17判タ253号306頁，東京地判平15・7・28交民集36巻4号969頁など。

======■注　記■======

＊1　ドイツ民法においては，身体，健康，自由，貞操の侵害の場合にのみ慰謝料請求権が認められています。
＊2　「不法行為によって，財産以外に別途に賠償に値する精神上の損害を受けた事実がある以上，加害者は被害者に対し慰藉料支払の義務を負うべきものであることは民法710条によって明らかである。原審はその認定した事実関係にもとづき，被上告人は上告人の不法行為により財産損害の賠償と別途に賠償に値する精神上の損害を受けたものとして，慰藉料の請求を認容したのであり，その判断は正当として是認すべく，本件事故が偶然の天災によるものであるとの所論および上告人には損害発生の予見がなかったとの原審の認定に反するから採るを得ない。」と判示しています。
＊3　加藤一郎『不法行為〔増補版〕法律学全集22-Ⅱ』（有斐閣，1974年）230頁。
＊4　中川善之助ほか編『注釈民法(19)債権(10)』（有斐閣，1965年）194頁〔植林弘〕。
＊5　遠山廣直「物損に対する慰謝料請求」山口和男編『現代民事裁判の課題(7)損害賠償』（新日本法規，1989年）559頁。
＊6　篠田省二編『裁判実務大系(15)不法行為訴訟法(1)』（青林書院，1991年）363頁〔塚本伊平〕。

第3章◇任意自動車保険
第4節◇対物賠償条項

=== ●参考文献● ===

(1) 浅岡千香子「物損に関連する慰謝料」日弁連交通事故相談センター東京支部編『民事交通事故訴訟・損害賠償算定基準　下巻〔2008年版〕』(赤い本) 41頁以下。
(2) 齋藤修「慰謝料に関する諸問題」山田卓生ほか編『新・現代損害賠償法講座(6)損害と保険』(日本評論社, 1998年) 196頁以下。
(3) 佐久間邦夫＝八木一洋編『リーガルプログレッシブシリーズ(5)交通損害関係訴訟〔補訂版〕』(青林書院, 2013年) 240頁。
(4) 千葉弁護士会編『慰謝料算定の実務〔第2版〕』(ぎょうせい, 2013年) 434頁以下。
(5) 園部厚『交通事故物的損害の認定の実際―理論と裁判例』(青林書院, 2015年) 171頁以下。
(6) 遠山廣直「物損に対する慰謝料請求」山口和男編『現代民事裁判の課題(7)損害賠償』(新日本法規, 1989年) 559頁以下。
(7) 篠田省二編『裁判実務大系(15)不法行為訴訟法(1)』(青林書院, 1991年) 363頁以下〔塚本伊平〕。
(8) 潮見佳男『不法行為法〔第2版〕』(信山社, 2011年) 260頁。

第5節　傷害条項等

Q42　外来性要件と疾病起因事故

　夫が自動車を運転中に心臓発作を起こし，運転を誤って道路脇の池に車ごと転落し死亡しました。私は，夫が被保険者となっている自動車保険に付されている人身傷害補償特約による保険金の請求をしようと思いますが，保険会社の担当者の話では，病気が原因で死亡した場合は保険金が支払われない可能性があるとのことです。請求者である私の方で，夫の死亡原因が病気ではないことまで証明しなければならないのでしょうか。

A

　人身傷害補償特約に関しては，保険金請求者側は，運行事故と被保険者がその身体に被った傷害（及び死亡）との間に相当因果関係があることを主張・立証すればよく，約款で被保険者側の故意（又は重過失）や疾病による事故などが免責事由として規定されている場合には，その主張立証責任は保険者側が負うことになります。

☑キーワード

　人身傷害補償特約，外来性の主張立証責任，疾病免責

第3章◇任意自動車保険
第5節◇傷害条項等

解説

1　外来の事故の意味内容と主張立証責任

　自動車保険（以下「自動車共済」を含みます）契約の人身傷害補償特約に基づく人身傷害補償保険は，被保険者が，自動車の運行事故に該当する急激かつ偶然な外来の事故により被る傷害について，特約で規定する基準により保険金が支払われる実損てん補型の傷害保険であると解されています。一般的な特約では，自動車の運行に起因する事故や自動車の運行中の飛来中もしくは落下中の他物との衝突，火災，爆発又は自動車の落下等のいずれかに該当する「急激かつ偶然な外来の事故」によって被保険者又はその父母，配偶者もしくは子が被る損害に対して保険金を支払う旨定める例が多いようです。

　この保険金支払事由のうち，「外来の事故」とは，文字どおり「身体の外部からの作用による事故」であると解されていますが，その具体的な意味内容をめぐり，学説や判例の見解が対立していました。この見解の対立は，被保険者に脳疾患や心臓疾患の疾病があり，自動車を運転中に突然疾病による発作が起こるなど，身体の内的要因が影響して交通事故が発生し傷害を負った場合に結論を異にすることとなります。多数説とされる見解は，「外来の事故」を，身体の疾患等内部的な原因により生じる傷害を除外するための要件であると考え，疾病に起因する事故は外来性の要件を満たさないものであるとし，傷害保険普通約款等に規定されている「疾病による場合には保険金を支払わない」旨の条項（疾病免責条項）は，当然のことを確認したものであると解しています。このような外来性の解釈に従えば，保険金請求者は，「傷害が外部からの作用により生じたこと」のほか，「その作用が身体の疾患等内部的な原因によって生じたものではないこと」をも主張・立証しなければならず（請求原因説），前者の立証ができても後者の立証が不十分であれば，外来性の立証がないと判断されることとなります。

　これに対し，事故の外来性の判断にあたっては，外部からの被保険者の身体

への作用があったか否かが重視されるべきであり，その事故を招来した原因が何であったかは，もっぱら疾病免責の可否を判断する場合のみ考慮されるとの見地から，疾病免責を主張する保険者側が，外来の事故が疾病に起因することを主張・立証するべきであるとする説（抗弁説）も少数ながら有力に主張されていました。

2 災害補償共済金請求事件における最高裁判決（抗弁説）

　このようななかで，この「外来の事故」の意味内容と主張立証責任に関する最高裁判例が相次いで出されました。まず，最判平19・7・6（民集61巻5号1955頁・集民225号79頁・判タ1251号148頁）（以下「7月6日判決」といいます）をみてみましょう。この事案は，嚥下障害等を伴うパーキンソン病の既往症をもつ82歳の男性が，昼食時に自宅で餅を食べている際に餅をのどに詰まらせてしまい，直ちに病院に搬送されて手当を受けたものの低酸素脳症による植物状態となりました。そこで，この男性を被共済者と定めて共済契約を締結している会社が，中小企業災害補償共済に対して障害補償費と入院補償費を請求したというものです。この中小企業災害補償共済（以下「共済」といいます）の規約では，前述した傷害保険の約款と同様，共済金支払事由である災害とは，「急激かつ偶然の外来の事故で身体に障害を受けたものをいう」と定めており，その事故の外来性が争点となりました。この事案において最高裁は，外来の事故とは，その文言上被共済者の身体の外部からの作用による事故をいうと解したうえで，本件規約はこの規定とは別に，補償の免責規定として被共済者の疾病によって生じた障害については補償費を支払わない旨の規定をおいていることを指摘し，「このような本件規約の文言や構造に照らせば，請求者は，外部からの作用による事故と被共済者の傷害との間に相当因果関係があることを主張，立証すれば足り，被共済者の傷害が被共済者の疾病を原因として生じたものではないことまで主張，立証すべき責任を負うものではないというべきである。」と判示し，本件事故（餅をのどに詰まらせたこと）が被共済者の身体の外部からの作用による事故であり，本件事故と傷害（窒息による低酸素脳症）との間に相当因果関係があることは明らかであるとして，共済側の補償費支払責任を認めまし

た。この判決は,「外来の事故」について,前記抗弁説の立場に立ち,単にこれを身体の外部からの作用による事故とのみ解し,外来性の判断基準として疾病起因性を考慮しないという見解を明らかにしたものといえます。

　ただし,上記7月6日判決は,本体共済規約には疾病免責条項があることなどを指摘して,その文言や構造に照らせば抗弁説を採用することが相当である旨の判示をしています。すなわち,疾病免責条項がある本件共済約款や傷害保険普通約款に関しては,請求原因説を採用すると疾病免責条項は無意味な規定になってしまうので,このような約款解釈としては抗弁説を採用したものといえます。そのため,7月6日判決の論理は,疾病免責条項のない自動車総合保険契約の人身傷害補償特約や生命保険契約の災害割増特約などに関して,直ちにその射程が及ぶものではないと解されています[1]。

3　人身傷害保険金請求事件における最高裁判決

　しかしながら,その後言い渡された最判平19・10・19（集民226号155頁・交民集40巻5号1155頁・判タ1255号179頁）（以下「10月19日判決」といいます）は,自動車保険の人身傷害補償約款に関しても,結論において7月6日判決と同じ判断をしています。事案は,狭心症の持病をもち,事故の約6年前に冠動脈バイパス手術を受け,狭心症発作予防薬等を定期的に服用していた男性が,普通乗用車を運転していたところ,緩やかな下り坂を直進し,ブレーキを踏むなどの措置をとらないでそのまま前方のため池に転落し,溺死した事故で,男性が被保険者となっていた自動車総合保険契約の人身傷害補償特約（以下「本件特約」といいます）に基づき,男性の遺族らが保険金の支払を請求して提訴したというものです。本件特約では,自動車の運行に起因する事故で,急激かつ偶然な外来の事故により被保険者が身体に傷害を被ることによって被保険者又はその父母,配偶者もしくは子が被る損害やその事故の直接の結果として死亡した場合の損害につき,この特約に従い保険金を支払う旨の規定があります。この事故は,男性の持病である狭心症の発作によるものであることが強く疑われる事例ではありますが,本件特約には疾病免責条項に該当する特約の記載はありませんでした。

この事件で，原審の高松高裁は従前の請求原因説に立ち，保険金請求者は「外来の事故」の主張・立証として，保険金請求に係る事故が被保険者の疾病等の内部的原因によるものではないことを主張・立証する責任を負うところ，本件事故の原因は男性の狭心症の発作である疑いが強いから，外来の事故の主張・立証がなされたとはいえないとして，遺族らの請求を棄却しました。これに対し，上告審判決である上記10月19日判決は，次のように判示して原判決を破棄差戻しとしました。すなわち，「本件特約にいう『外来の事故』とは，その文言上，被保険者の身体の外部からの作用による事故をいうと解されるので……，被保険者の疾病によって生じた運行事故もこれに該当するというべきである。本件特約は，傷害保険普通約款には存在する疾病免責条項を置いておらず，また，本件特約によれば，運行事故が被保険者の過失によって生じた場合であっても，その過失が故意に準ずる極めて重大な過失でない限り，保険金が支払われることとされていることからすれば，運行事故が被保険者の疾病によって生じた場合であっても保険金を支払うこととしているものと解される。このような本件特約の文言や構造等に照らせば，保険金請求者は，運行事故と被保険者がその身体に被った傷害……との間に相当因果関係があることを主張，立証すれば足りるというべきである。」と判断しています。そのうえで，本件事故は車両を運転中にため池に転落したというものであり，この事故により男性が溺死したというものであるから，仮に男性が疾病のために運転ができなくなったためであったとしても，損保会社が保険金支払義務を負うことは明らかであるとしました。

10月19日判決の対象となった本件特約には，7月6日判決の対象となった共済規約のような疾病免責条項はありません。そのため，疾病の発作で運行事故が発生しその結果被保険者が障害を受けたことが明らかな場合であっても，本件特約の保険者は疾病免責の抗弁を主張できず保険金支払義務を免れないという結論になります。この結論は，疾病により生じた身体の傷害は保険金支払の対象としないという傷害保険の基本的スタンスと相容れないのではないかとの疑問が生じます。しかしながらこの点については，10月19日判決は，人身傷害補償特約の性質に着目した理由づけをしているとの解説がなされています。すなわち，本件特約のような人身傷害補償保険はいわゆるファーストパーティ型

ノーフォールト保険，すなわち，運転者が自身が被害者となる事故に備えるための保険で（自身が加害者となる事故に備える責任賠償保険とは異なるものです），事故の相手方に過失があることが保険金支払の要件になっておらず単独事故でも保険金が支払われるという特徴をもつ保険であり，そのため過失割合を確定するための示談等を経ずに迅速に保険金が支払われるという特徴があるとの前提に立ちます。そして10月19日判決が，「運行事故が被保険者の過失によって生じた場合であっても，その過失が故意に準ずる極めて重大な過失でない限り，保険金が支払われることとされていること」を理由の一つとして掲げているのは，このような人身傷害補償特約の特徴を考慮し，被保険者が運行事故によって傷害を受けた場合には，モラルリスク事案を除き，その発生原因の調査確定を経ることなく保険金が支払われる趣旨であると理解したものであろうと解説されています。また，本判決は，自動車保険の特約条項に関する判決であり，もっぱら車両運転者の突然の疾病が原因となっていることが疑われる交通事故だけを射程におくものであるから，傷害保険普通約款でしばしば争われる入浴中の溺死の事案に関しては適用されず，本判決のような解釈をしても，保険金支払義務の範囲が広がりすぎて保険料率の大幅な見直しを要するような事態が生じることはにわかに考えにくいとも解説されています[*2]。

4 保険金請求者が主張・立証すべき事実と保険会社の対応

10月19日判決により，人身傷害補償特約では，保険金請求者側は，運行事故と被保険者がその身体に被った傷害との間に相当因果関係があることを主張・立証すれば足り，約款で被保険者側の故意（又は重過失）や疾病による事故などが免責事由として規定されていれば，その主張立証責任は保険者側が負うことなり，それら免責事由の立証ができなければ保険金支払義務を免れないことになります。このように，人身傷害補償特約は，保険金請求者側にとっては比較的保険金請求を行いやすい保険の種類となっているといえるでしょう。ただし，保険金請求者側には，運行事故と傷害との相当因果関係の主張立証責任が課されていることに留意が必要です。すなわち，被保険者が車両の運転中に急性心筋梗塞，脳卒中，動脈瘤破裂等の疾病に起因する発作を発症して車両運転

不能となり，運行事故発生以前に死亡していたり（例えば，ため池に転落した事故でも死因が溺水はなく，急性心筋梗塞や動脈瘤破裂であるような場合），仮に当該運行事故がなくとも当然の因果の流れとして死に至る程度の疾病発作であったとすれば，運行事故と傷害又は死亡との相当因果関係は否定され，保険会社は責任を負わない（無責）と認定される場合があり得ます。保険金請求者側としては，保険会社が，このような主張・立証を行ってくることを念頭におき，保険金請求をする必要があります。

〔小松　初男〕

――■注　記■――

＊1　中村心・最判解民平成19年度（下）550頁。
＊2　中村・前掲（＊1）554頁。

第3章◇任意自動車保険
第5節◇傷害条項等

Q43 酒気帯び運転免責の意義

(1) 飲酒運転で起こした自動車事故に自動車保険は支払われますか。
(2) どのような飲酒運転事故が免責となるのでしょうか。いわゆる「もらい事故」で，酒気帯び運転と事故の発生とに因果関係がなくても免責とされますか。
(3) 免責となる場合は，飲酒運転自動車に同乗していた人も自動車保険金を受け取れないのでしょうか。

A

(1) 飲酒運転による事故の場合，他の免責事由に該当しなければ自賠責保険，任意保険の対人賠償責任保険，同じく対物賠償責任保険は支払われます。しかし，人身傷害保険，搭乗者傷害保険，無保険車傷害保険，自損事故保険及び車両保険は支払われません。
(2) 飲酒運転に関する免責規定は保険会社によって文言が異なりますが，現在では各社とも「酒気帯び」での事故を対象とすることでは共通しています。かつては「酒酔い」での事故を免責としていましたが，飲酒運転に対する強い非難と刑事・行政責任の厳罰化を支持する国民意識の変化に伴い，「酒気帯び」運転による事故まで免責の範囲が広げられたのです。この免責は，酒気を帯びた状態で運転している場合に生じた傷害を免責とする（状態免責）を定めたものとされ，酒気帯びと事故発生（傷害発生）との因果関係は不要とするのが一般的な理解です。したがって，例えば一方的なもらい事故（追突された事故）の場合も免責とされます。
(3) 酒気帯び免責の規定は，「運転者本人に生じた傷害」を免責とするものですから，飲酒運転をした運転者以外の同乗者の傷害に対しては保険金が支払われます。

☑キーワード
飲酒運転，酒気帯び免責，酒酔い免責，状態免責，個別適用

解 説

1 飲酒運転の厳罰化と国民意識の変化

　飲酒運転の撲滅は古くから交通行政の重要課題として取り組まれてきましたが，飲酒運転による悲惨な重大事故は繰り返されてきました。警察庁の統計によれば，飲酒運転の厳罰化等の効果で平成14年以降は飲酒運転による事故が大幅に減少しましたが，平成20年以降下げ止まりの傾向にあり，平成27年は3864件（うち死亡事故201件）が発生しているとのことです。

　近年，刑法への危険運転致死傷罪の新設（平成13年）にはじまる数度にわたる道路交通法（道交法）の改正，行政処分の強化による飲酒運転の厳罰化が進められており，平成26年5月20日に施行された「自動車の運転により人を死傷させる行為等の処罰に関する法律」（平成25年11月27日法律第86号）でも，酒気帯び状態から運転中に酩酊状態となり事故が発生した場合の責任を加重する準酩酊運転致死傷罪（同法3条1項）や事故発生後に飲酒することで飲酒運転発覚を免れる行為を対象とする発覚免脱罪（同法4条）が新設されています。このような厳罰化の流れは，国民から肯定的に受け止められていると思われます。

2 飲酒運転と自動車保険

　飲酒運転による事故にどこまで自動車保険の保護を与えるかは，保険の目的やモラルハザードなどを考慮して決められており，賠償責任保険とそれ以外の自動車保険とで扱いが違っています。

　賠償責任保険のうち自動車損害賠償責任保険（自賠責保険）は，被害者救済のための強制保険であることから，運行供用者の悪意による事故（自賠14条）と

重複保険（自賠82条の2）以外の免責を認めておらず，悪意免責が適用される場合であっても自賠責保険会社は被害者からの直接請求に応じたうえで政府保障事業に求償することとされています（自賠16条4項）。任意自動車保険の対人賠償責任保険と対物賠償責任保険は，自賠責保険の不足分を補う上乗せ保険としての性格もありますが，それが被害者救済という重要な役割を果たしていることから飲酒運転による事故は免責とされていません。

　これに対して，自動車保険の契約者（記名被保険者）が自分自身あるいは自動車に乗車中の人が死傷等した場合に備える人身傷害保険，搭乗者傷害保険，自損事故保険，車両保険は，いずれも飲酒運転[☆1]による事故が免責とされます。ただし，飲酒免責は飲酒運転をしたその本人に発生した損害のみを免責とし（個別適用），それ以外の同乗者については免責とされません。

　飲酒運転に対する強い社会的非難の高まりと厳罰化の流れ，これらを肯定的に受け止めている国民の意識を背景として，保険会社は平成15年頃よりそれまでの「酒酔い運転」（酒に酔って正常な運転のできない状態）を免責とする条項を，「酒気帯び運転」を免責とする条項に順次変更しており，現在は各社とも「酒気帯び運転」を免責の対象としています。ただし，条項の表現の違いとそれが免責の範囲を拡大（保険の保護が受けられる範囲を縮小）させる改定であったことから，当該条項の解釈が争われることがあり，裁判例と学説も分かれています。

3　酒気帯び免責条項

(1)　免責の性質

　酒気帯び免責条項は，一般的に，酒気帯びの状態で事故が発生すれば保険者が免責とされる（状態免責）規定と理解されており[*1]，酒気帯び状態であったことと傷害（事故）の発生との間の因果関係は不要とされています。

(2)　「酒気帯び」の意義

(a)　規定の仕方

　酒気帯び運転免責の規定の仕方としては，①「酒気帯び等の影響により正常な運転ができない状態」を免責とするもの，②「運転が処罰の対象とされてい

る酒気帯び運転（道交117条の2の2第3号＊2）」を免責とするもの＊3，③「運転が禁止されている酒気帯び状態（道交65条1項）」を免責とするもの，という3つが考えられますが，現在ほとんどの保険会社が③を用いているようです＊4。

(b) **「運転が禁止される酒気帯び状態（道交65条1項）」の解釈**

現在保険会社は，上記③「運転が禁止される酒気帯び状態（道交65条1項）」での事故を免責とする規定を採用していますが，その解釈について見解が分かれています。この問題は，「どのような事実の証明に成功すれば保険者が免責とされるのか」にも関連します。

(ア) 非制限説

(i) 意　義　　条項の文言どおり，道交法65条1項で禁止された「酒気を帯びて」運転中に発生した事故を免責とします。すなわち，道交法65条1項の一般的な理解である「社会通念上酒気帯びといわれる状態をいうものであり，外観上（顔色，呼気等）認知できる状態にあること」であって「酒によった状態であることは必要でないし，また，運転への影響が外観上認知できることも必要ではない」＊5とするものです。

この見解は，飲酒運転の厳罰化のなかで保険約款が改定されたという経緯と，一般の保険契約者は法律の具体的な規定を知らなくても，常識的にみて酒気を帯びて自動車を運転することが法律で禁止されていること及びそのような運転が免責の対象となることを理解していると考えられること，厳格に免責規定を適用することによってモラルハザードを防止し保険契約をしている契約者相互の公平を保つことができるとします。

(ii) 裁　判　例☆2

●名古屋高判平26・1・23（金判1442号10頁）

〔保険の種類〕　人身傷害保険

〔免責規定〕「酒気を帯びて（道路交通法第65条1項違反またはこれに相当する状態）自動車または原動機付自転車を運転している場合」

〔判　旨〕　本件免責特約は，平成16年の約款改正により現在の「酒気を帯びて（道路交通法65条1項違反またはこれに相当する状態）」になったものであるが，これは，飲酒運転の根絶という世論が刑法や道交法の改正に影響を及ぼしたことを受けて，それまで「酒に酔って正常な運転ができない

おそれがある状態」で被保険自動車を運転しているときに生じた傷害や損害を免責の対象とする免責特約が見直されたことによる。このような改定の経緯も考慮すると，文言上特段の限定がないにもかかわらず，「正常な運転ができないおそれがある状態」という要件を付加しているのと同様の結論となる解釈を採用することはできない。

〔結　論〕　酒気帯び運転の事実は認定できない（保険会社有責）。

(イ)　制限説①（酒酔い基準説）

（i）　意　義　規定の文言にとらわれず，「酒気を帯びた状態」のうちアルコールの影響により正常な運転ができないおそれがある状態での運転中の事故を免責とします。免責となる事故の範囲を，最も狭く解釈するものです。

この見解は，酒気帯び運転免責が状態免責の規定であることから適用範囲を制限すべきこと，約款によっては「酒気帯び」が「麻薬等の影響により正常な運転ができない場合」の免責と併記されていること等を根拠としています。

（ii）　裁　判　例[3]

●名古屋地判平25・7・26（金判1442号22頁・自保ジャーナル1909号157頁）（前掲名古屋高判平26・1・23の第1審）

〔保険の種類〕　人身傷害保険

〔免責規定〕　「酒気を帯びて（道路交通法第65条1項違反またはこれに相当する状態）自動車または原動機付自転車を運転している場合」

〔判　旨〕　道交法65条1項は政令数値未満の罰則の対象とはならない程度の酒気帯び運転についても禁止するが，本件免責特約が，これに該当する状態にあったことをもっておよそ保険者を免責する規定であることから，運転にアルコールが影響するおそれのない場合にまで免責の対象とするのは相当でないから，本件免責特約は，酒気を帯びた状態での運転のうち，アルコールの影響により正常な運転ができないおそれがある状態での運転を免責事由とする趣旨であると解するのが相当である。そして，アルコールの影響により正常な運転ができないおそれがある状態に当たる場合とは，運転者の飲酒行動，事故当時身体に保有したアルコール量，アルコール耐性，事故当時の心身の状況，事故当時の運転状態や事故態様等を総合し，運転者が事故当時アルコールの影響により運転者としての通常の注意力，

判断能力等を明らかに低下した状態であったと評価される場合をいう。
〔結　論〕　酒に酔った状態での事故であった（保険者免責）。
　(ウ)　制限説②（政令基準説）
　(i)　意　義　　酒気帯び運転のうち「運転行為が処罰の対象とされる酒気帯び運転（道交117条の2の2第3号）」に発生した事故のみを免責とするものです。この見解は，従来免責とされてきた「酒酔い運転中の事故」より適用範囲を拡大するために「酒気帯び運転中の事故」に変更されましたが，アルコールの影響が少なく罰則もない酒気帯び運転全般に免責範囲を拡大すべきではないと考えます。酒気帯びの程度により事故発生の危険性が異なること，一般契約者は罰則をもって禁止されるものを「酒気帯び運転」と認識していること，道交法65条1項は「酒気帯び運転」の故意を要件としないために保険契約者に酷になりすぎることのほか，生命保険に関する「酒気帯び免責」条項が一般的にこのように理解されていることをその根拠とします。
　(ii)　裁判例　　自動車保険に関する裁判例で，この立場によるものはみあたりませんが，生命保険の飲酒免責条項をめぐる裁判例はこの見解によるといわれています。
　(4)　裁判例の傾向等
　損害保険会社各社が行った「酒酔い」免責から「酒気帯び」免責への変更が，飲酒運転に対する保険保護の範囲を狭めることを目的とする変更であったことは前述の経過から明らかです。また，条項の文言をあえて「道路交通法65条1項で禁止された運転」としたことも，飲酒運転事故の免責対象を広く捉えようとしているのだと思われ，裁判例もこの立場をとるものが多いように思われます。これを制限的に解釈する裁判例は，条項の変更がされたため保険の保護を受けられる範囲が急激に狭められたこともふまえて，変更の影響を制限したと思われますが，従来の「酒酔い運転」免責と実質的に変更がないとされる点で解釈上は難しいように思われます。自動車保険の裁判例にはみられませんが，罰則で禁止されている酒気帯びにこれを制限しようとする見解は，飲酒運転厳罰化の流れのなかであっても罰則をもって禁止された運転以外には保険の保護を与えようとするもので，酒気帯び免責が状態免責とされると免責の範囲が広すぎるという価値判断を背景にするものだと思われます。生命保険におけ

る解釈との統一という理由づけもありますが，自動車運転中の偶発的な事故を対象とする自動車保険と一般的な事故を広く対象とする生命保険とで保護される事故の範囲が異なることには理由があると思われますし，条項の文言上は制限のない（あえて制限的な条項を採用しなかった）ことは明らかです。結局，このような制限解釈をするかは保険保護の範囲を保険者と保険契約者の前提とする社会的な意識（飲酒運転で保険保護の対象外とされることを当然と考えるか）の解釈という政策的な問題に尽きるのであり，今後の裁判例の動向を注意する必要があります。

4　「酒気帯び運転」の認定

(1)　問題の所在

保険者に免責が認められるためには，免責条項に定めた（条項の解釈で導かれた）「酒気帯び運転」の事実が認定されることが必要であり，保険金請求に関する紛争ではこの事実認定が重要な争点となります。

(2)　裁　判　例

(a)　**事故態様と事故後の行動から認定したもの**

(ア)　広島高判平25・6・12（自保ジャーナル1902号152頁）

〔保険の種類〕　人身傷害保険

〔免責規定〕　「道交法65条１項に定める酒気を帯びた状態」

〔条項の解釈〕　制限説①（ただし，アルコールの影響で「正常な運転ができないおそれがある状態」を免責対象とすることに争いがない）

〔結　論〕　保険者免責

〔認定理由の骨子〕　事故現場を立ち去り，真冬の公園で一夜を明かすという通常では考えにくい行動の理由は，飲酒運転の発覚を恐れ，これを隠蔽するためと考えるのが合理的。深夜の道路を時速70km以上で４秒以上脇見運転をしたという原告（保険契約者）主張の事故態様は考えがたい。

(イ)　岡山地判平25・5・31（自保ジャーナル1877号164頁）

〔保険の種類〕　人身傷害保険

〔免責規定〕　「道交法65条１項に定める酒気を帯びた状態」

〔条項の解釈〕 非制限説
〔結　論〕 保険者免責
〔認定理由の骨子〕 搬送先の病院の救急入院患者チェックリストに「アルコール臭あり，飲酒運転，シートベルトをしておらずブロック塀に激突」等の記載があること，転送先病院の看護記録にも「アルコール臭＋」と記載されていること等から，「外観から酒気を帯びていると認識しうる状態」で運転したと認められる。

㈦　岡山地判平25・3・31（自保ジャーナル1895号159頁）
〔保険の種類〕 車輌保険
〔免責規定〕 「酒に酔った状態（アルコールの影響により正常な運転ができないおそれがある状態をいいます）」
〔条項の解釈〕 酒酔い免責条項の事案
〔結　論〕 保険者免責
〔認定理由の骨子〕 事故車両から自動発信された緊急通報により連絡したオペレーターとの会話で警察への通報を承知していたのに脱輪した被保険車両を放置して帰宅したこと，原告（保険契約者）の説明だと外気温5度以下，時間帯によっては氷点下のなかで徒歩約35分の距離を約14時間かけて帰宅したことになること，警察が原告を探していることを認識しながら事故から約17時間後に警察署に出頭したことについて何ら合理的な説明をしていないこと等から，原告が酒に酔った状態での運転等であったと認められる。

㈣　名古屋高判平26・1・23（前掲3(1)(b)(ア)(ⅱ)）
〔保険の種類〕 人身傷害保険
〔免責規定〕 「酒気を帯びて（道路交通法第65条1項違反またはこれに相当する状態）……運転」
〔条項の解釈〕 非制限説
〔結　論〕 保険者有責
〔認定理由の骨子〕 運転者から血中エタノールが検出されているが，保管されていた本件血液中のエタノールがその全部又は一部が死後に産生されたものである可能性を否定することはできないこと，送別会に最後まで参加

したこと，上司や同僚に挨拶しないで立ち去ったこと等が直ちに飲酒を裏づける事実ということはできないこと，ちょっとしたハンドルやブレーキの操作上の不手際でも発生することがないとはいえない事故態様から直ちに酒気帯び運転により生じたものということはできないことからすると，本件宴会で飲酒をし運転した事実を認めるに足りる証拠はない。

(3) 裁判例の傾向等

事故直後に飲酒検査が行われている場合や，捜査関係者あるいは目撃証人が運転者の様子を確認している場合は，それを証拠として裁判所が「酒気帯び運転」の有無を判断することになりますが，死亡事故で目撃者がいない場合や，事故後に現場から運転手が立ち去り事故後相当の時間が経過してから警察等に出頭したような場合は，様々な間接事実の積重ねから認定を行わざるを得ません。このような場面では，条項を制限解釈するのか否かにより，保険者側の免責立証の内容やその困難さが異なることになります。ただし一般論としてそのようにいえても，非制限説によれば同じ事実関係で免責立証が成功するというものでもありません。例えば，前掲名古屋高判平26・1・23が酒気帯び運転の範囲を広く解釈（非制限説）しながら酒気帯び運転の証明がないと保険者有責としたのに対して，その第1審である前掲名古屋地判平25・7・26が酒気帯び運転の範囲を狭く解釈（制限説①）しながら酒気帯び運転を認定して保険者免責としています。

〔松居　英二〕

━━━ ■判　例■ ━━━

☆1　「運転」の意義について，酩酊状態の運転者が首都高速道路の路肩に車を停め，座席シートを倒し仮眠中に追突された事故について，「運転」している場合にあたらない（保険者有責）とした横浜地判平23・5・27交民集44巻3号663頁・自保ジャーナル1849号1頁があります。

☆2　このほか，東京地判平23・3・16金判1377号49頁・自保ジャーナル1851号110頁（自損傷害特約，搭乗者傷害保険特約の事案），岡山地判平24・5・31（**4**(2)(a)(イ)。人身傷害補償条項の事案）があります。

☆3　このほか，広島高判平25・6・12（**4**(2)(a)(ア)。ただし，制限説①と解釈することに争いがない事案），大阪地判平21・5・18交民集42巻3号627頁・判タ1321号188頁・判時2085号152頁（車両保険の事案）があります。

Q43◆酒気帯び運転免責の意義

■注　記■

*1　「自動車保険の解説」編集委員会『自動車保険の解説2012』（保険毎日新聞社，2012年）95頁。
*2　道交法117条の2の2第3号の「政令で定める程度」とは，身体に保有するアルコールが血液1mlにつき0.3mg又は呼気1ℓにつき0.15mgです（道交令44条の3）。
*3　道交法117条の2の2第3号にいう「政令」を具体的に示した「道交法施行令第44条の3で定める程度以上にアルコールを保有する状態」とするものもあります（損害保険料率算出機構の自動車保険標準約款）。
*4　現在の約款の例
　●損害保険ジャパン日本興亜（株）THEクルマの保険（2015年10月版約款）

> 人身傷害条項　第2条(1)②イ「被保険者が道路交通法（昭和35年法律第105号）第65条（酒気帯び運転等の禁止）第1項に定める酒気を帯びた状態またはこれに相当する状態で契約自動車を運転している間」

　●東京海上日動火災保険（株）　Total assist（2016年4月版）

> 人身傷害条項　第3条(2)⑤「被保険者が，酒気を帯びて（※）ご契約のお車を運転している場合に生じた損害」
> （※）「道路交通法第65条1項違反またはこれに相当する状態をいいます」

　●三井住友海上火災保険（株）　GKクルマの保険・家庭用（2015年10月版約款）

> 人身傷害条項　第3条(2)②「道路交通法（昭和35年法律第105号）第65条（酒気帯び運転の禁止）第1項に定める酒気を帯びた状態もしくはこれに相当する状態でご契約のお車を運転している場合」

*5　道路交通法執務研究会編著／野下文生原著『執務資料道路交通法解説〔16-2訂版〕』（東京法令出版，2015年）687頁。

第3章◇任意自動車保険
第5節◇傷害条項等

Q44 被保険者の範囲（傷害条項等）

自動車保険に関連する人身傷害保険や無保険車傷害保険などの傷害保険が用意されていますが、これらの保険契約における被保険者の範囲について教えてください。

A

傷害疾病定額保険契約にいう被保険者とは、その者の傷害又は疾病に基づき保険者が保険給付を行うこととなる者をいい、傷害疾病損害保険における被保険者とは、自らの身体に傷害疾病が生じ、それにより損害を受ける者をいいます。自動車保険における傷害保険（特約）には、人身傷害保険、搭乗者傷害保険、無保険車傷害保険、自損事故保険などがありますが、同じ商品名でも各社の保険商品によって被保険者の範囲については違いがあります。問題となる保険についての約款を取り寄せて検討することが大切です。

☑キーワード

被保険者、正規の乗車装置又は正規の乗車装置のある室内、傷害疾病定額保険契約、人身傷害保険、搭乗者傷害保険、無保険車傷害保険、自損事故保険

解 説

1 被保険者とは

　傷害疾病定額保険契約にいう被保険者とは，その者の傷害又は疾病に基づき保険者が保険給付を行うこととなる者をいいます（保険2条柱書4号ハ）。傷害疾病損害保険では，これが「損害保険契約のうち，保険者が人の傷害疾病によって生ずることのある損害（当該傷害疾病が生じた者が受けるものに限る。）をてん補することを約するものをいう。」（保険2条7号）ことから，自らの身体に傷害疾病が生じ，それにより損害を受ける者をいいます。
　以下には，自動車保険に関連する傷害保険における被保険者の範囲について解説します。

2 人身傷害保険

（1）人身傷害保険とは
　人身傷害保険は，自動車の運行に起因する事故等であって，急激かつ偶然な外来の事故により被保険者等が身体に傷害を被ることによって被保険者等が被る損害に対して，加害者の賠償責任の有無にかかわらず，自ら契約した保険契約の人身傷害条項及び一般条項に従って保険金を支払うものであり，被保険者に過失がある場合であっても，故意又は極めて重大な過失にあたらない限り，保険金額を限度として，被保険者の過失の有無又はその割合に関係なく支払われるものです。

（2）被保険者の範囲
　同じ人身傷害保険と題する商品であっても，保険会社によって，あるいは適用される約款によって，被保険者の範囲に差異があります。
　例えば，東京海上日動火災保険株式会社のトータルアシスト自動車保険では，2014年10月1日～2015年9月30日始期契約の約款，第2章「傷害保険，人

第3章◇任意自動車保険
第5節◇傷害条項等

身傷害条項」2条(1)及び(2)では，被保険者の範囲について，次のように規定されていました。なお，各被保険者の意味については，本書**Q37**を参照してください。

---

(1) この人身傷害条項において被保険者とは，下表のいずれかに該当する者をいいます。
　① 記名被保険者
　② 次のいずれかに該当する者
　　ア．記名被保険者の配偶者
　　イ．記名被保険者またはその配偶者の同居の親族
　　ウ．記名被保険者またはその配偶者の別居の未婚の子
　③ ①および②のいずれにも該当しない者で，ご契約のお車の正規の乗車装置または正規の乗車装置のある室内に搭乗中の者
　④ ①および②のいずれにも該当しない者で，①または②のいずれかに該当する者が自ら運転者として運転中のご契約のお車以外の自動車または原動機付自転車の正規の乗車装置または正規の乗車装置のある室内に搭乗中の者。ただし，①または②のいずれかに該当する者が，その使用者の業務のために運転中の，その使用者の所有する自動車または原動機付自転車に搭乗中の者を除きます。
　⑤ ①から④以外の者で，ご契約のお車の保有者。ただし，ご契約のお車の運行に起因する事故の場合に限ります。
　⑥ ①から⑤以外の者で，ご契約のお車の運転者。ただし，ご契約のお車の運行に起因する事故の場合に限ります。
(2) (1)の規定にかかわらず，下表のいずれかに該当する者は被保険者に含みません。
　① 極めて異常かつ危険な方法で自動車または原動機付自転車に搭乗中の者
　② 業務として自動車または原動機付自転車を受託している自動車取扱業者

これに対して，2015年10月1日～2016年3月31日始期契約の約款の第2章「傷害保険，人身傷害条項」2条(1)及び(2)では次のように改訂され，2016年4月1日～始期契約の約款でも同じ規定となっています。

---

(1) この人身傷害条項において被保険者とは，ご契約のお車の正規の乗車装置または正規の乗車装置のある室内（＊1）に搭乗中の者をいいます。（＊1　正規の乗車装置のある室内には，隔壁等により通行できないように仕切られている場所

を含みません。）
(2) (1)の規定にかかわらず，下表のいずれかに該当する者は被保険者に含みません。
　① 極めて異常かつ危険な方法でご契約のお車に搭乗中の者
　② 業務としてご契約のお車を受託している自動車取扱業者

　改訂前の約款では，被保険自動車に搭乗中の人身傷害事故だけでなく，歩行中などの被保険自動車外で被保険者に生じた人身傷害事故を人身傷害保険でカバーすることを基本とし，特約によって被保険自動車に搭乗中の人身傷害事故に限定する方法をとっていました。これに対して，改訂後の約款では，基本的な補償内容を被保険自動車に搭乗中の人身傷害事故を対象とし，特約によって車外の人身傷害事故を対象にするという構造に改訂されました。

　この約款にいう「正規の乗車装置または正規の乗車装置のある室内」については後述します。

　このように被保険自動車に搭乗中の人身傷害事故とすると定めている保険契約においても，トータルアシスト自動車保険と異なった被保険者の範囲を定めるものがあります。例えば，損害保険ジャパン日本興亜株式会社の個人用自動車保険「THEクルマの保険」平成27年10月版（平成28年1月対応版）第3章「人身傷害条項」4条は，被保険者の範囲を次のように規定しています。

(1) この人身傷害条項における被保険者は，契約自動車の正規の乗車装置またはその装置のある室内に搭乗中の者とします。
(2) (1)に定める者のほか，次のいずれかに該当する者をこの人身傷害条項における被保険者とします。ただし，これらの者が契約自動車の運行に起因する事故によりその身体に傷害を被り，かつ，それによってこれらの者に生じた損害について自動車損害賠償保障法（昭和30年法律第97号）第3条（自動車損害賠償責任）に基づく損害賠償請求権が発生しない場合に限ります。
　① 契約自動車の保有者
　② 契約自動車の運転者
(3) (1)および(2)の規定にかかわらず，次のいずれかに該当する者は被保険者に含みません。
　① 極めて異常かつ危険な方法で契約自動車に搭乗中の者
　② 業務として契約自動車を受託している自動車取扱業者

第3章◇任意自動車保険
第5節◇傷害条項等

　前述のトータルアシスト自動車保険（2016年4月1日～）との主な相違は，被保険者に①契約自動車の保有者，及び②契約自動車の運転者を含むかどうかです（三井住友海上火災保険株式会社のGKクルマの保険・家庭用自動車総合保険，第2章「人身傷害条項」2条(1)②，③に同様の定めがあります）。

　上記の①契約自動車の「保有者」とは，自動車損害賠償保障法（自賠法）2条3項にいう保有者をいい，「自動車の所有者その他自動車を使用する権利を有する者で，自己のために自動車を運行の用に供するもの」をいいます。「自動車を使用する権利」とは所有権，賃貸借契約に基づく使用権等その根拠は問いませんが正当な権限に基づくものである必要があり，「自己のために」とは運行支配と運行利益が帰属するものと解されます（**Q5**参照）。

　上記の②契約自動車の「運転者」とは，自賠法2条4項にいう運転者をいい，「他人のために自動車の運転又は運転の補助に従事する者」をいいます。「他人のために」とは自動車使用についての支配権を有せず，かつ，使用による利益も享受していないことを意味しています（**Q7**参照）。

　「THEクルマの保険」では，これらの保有者又は運転者は，被保険自動車に搭乗中であるか否かを問わず，被保険者になると位置づけられています。

　しかし，このタイプの被保険者の場合は，被保険自動車の運行による事故で受傷した場合で，かつ，その被害につき誰も自賠法3条の損害賠償責任を負わない場合に限定して保険金支払の対象とされていますから，実質的には，被保険者となるのは被保険自動車搭乗中の場合に限定されるでしょう。

　このように保有者又は運転者が被保険者と位置づけられたのは，自損事故保険（自損事故危険担保特約）を廃止したことに伴って，この保険によって補償されていた固有の領域を人身傷害保険に取り込むために被保険者に加えられたものです。

　これに対して前述のトータルアシスト自動車保険（2016年4月1日～）では，保有者及び運転者を被保険者としていませんので，人身傷害保険の基本的な補償内容において，被保険自動車に搭乗中であることを徹底したものということができるでしょう（「人身傷害の他車搭乗中および車外自動車事故補償特約」により，「ご契約のお車の保有者」や「ご契約のお車の運転者」が被保険者に加えられます）。

　なお，被保険者の範囲の相違とともに，人身傷害事故をどのように定めてい

るかなども，いかなる場合に人身傷害保険の支払を受けられるのかに影響し，これも約款によって差異があるので注意が必要です。

(3) 正規の乗車装置又は正規の乗車装置のある室内に搭乗中の者

(a) 正規の乗車装置とは，道路運送車両の保安基準（昭和26年運輸省令第67号）に定める乗車装置をいい，同基準の20条は「自動車の乗車装置は，乗車人員が動揺，衝撃等により転落又は転倒することなく安全な乗車を確保できるものとして，構造に関し告示で定める基準に適合するものでなければならない」と定めています。

正規の乗車装置のある室内に搭乗中の者には，通路や床などにいて実際に座席に座っていない者も含まれ，正規の乗車装置のある室内であれば，被保険者の範囲に入ることになります。(2)の2016年4月1日～始期契約の約款の第2章2条(1)における（＊1）にいう「隔壁等により通行できないように仕切られている場所」とは車内から行き来できない荷台部分などをいい，そのような「場所を含みません。」とは，そのような場所に搭乗中の者は被保険者とはならないことを意味しています。

なお，この点に関しては，搭乗者傷害保険の「正規の乗車用構造装置のある場所」に搭乗中の者を被保険者と定めていたことに関して，これに該当するかが争われたことがありました。事案は，貨客兼用自動車の後部座席の背もたれ部分を前方に倒して折りたたむことで，折りたたまれた後部座席背もたれ部分の背面と車両後部の荷台部分とを同一平面として利用し，被害者が，その部分に少し身体を起こして横たわった状態で乗車していたところ，大型トラックに追突された衝撃で後部貨物積載用扉が開いて路上に投げ出されて死亡したというもので，最判平7・5・30（民集49巻5号1406頁・集民175号421頁・交民集28巻3号685頁）は「搭乗者傷害条項にいう『正規の乗車用構造装置のある場所』とは，乗車用構造装置がその本来の機能を果たし得る状態に置かれている場所をいうものと解するのが相当である。」とし，被害者が「乗車していた場所は，いわゆる貨客兼用自動車の後部座席の背もたれ部分を前方に倒して折り畳み，折り畳まれた後部座席背もたれ部分の背面と車両後部の荷台部分とを一体として利用している状態にあったというのであるから，右の状態においては，後部座席はもはや座席が本来備えるべき機能，構造を喪失していたものであって，右の

第3章◇任意自動車保険
第5節◇傷害条項等

場所は，搭乗者傷害条項にいう『正規の乗車用構造装置のある場所』に当たらないというべきである。」と判示しました。

しかし，RV車などの普及により多彩なシートアレンジをもつ車両が多くなったことから，この最高裁判決のような状態で乗車している場合にも，被保険者とする必要があることが認識されました。そのため，上記のように約款を定めて，この最高裁の事案のような場合でも「正規の乗車装置のある室内」に該当するものとして被保険者となるとしています。

(b) 正規の乗車装置又は正規の乗車装置のある室内に搭乗中の者について，搭乗者傷害保険（搭乗者傷害条項）に関してですが，争われた事案があります。

高速自動車国道である東北縦貫自動車道弘前線の上り車線で，車両を運転中，何らかの原因により運転操作を誤って，車両を中央分離帯のガードレールに衝突させるなどし，その結果，車両は，破損して走行不能になり，走行車線と追越車線とにまたがった状態で停止しました（本件自損事故）。その現場付近には街路灯等がなく，暗い状態でした。Aは，この本件自損事故後すぐに車両を降り，小走りで走行車線を横切って道路左側の路肩付近に避難しましたが，その直後に車両と道路左側の路肩との間を通過した後続の大型貨物自動車に接触，衝突されて転倒し，さらに同車の後方から走行してきた大型貨物自動車により轢過されて死亡しました。

搭乗者傷害条項において被保険者とは，被保険自動車の正規の乗車装置又は当該装置のある室内（隔壁等により通行できないように仕切られている場所を除く）に搭乗中の者をいう，とされ，「被保険者が，被保険自動車の運行に起因する急激かつ偶然な外来の事故により身体に傷害を被り，その直接の結果として死亡した場合」に支払われると定められていた場合に，保険金請求の可否が問題となりました。

最判平19・5・29（集民224号449頁・交民集40巻3号577頁・判タ1255号183頁）は，次のように判断して，保険金請求を認めました。

「自損事故は，夜間，高速道路において，中央分離帯のガードレールへの衝突等により，本件車両が破損して走行不能になり，走行車線と追越車線とにまたがった状態で停止したというものであるから，Aは，本件自損事故により，本件車両内にとどまっていれば後続車の衝突等により身体の損傷を受けかね

い切迫した危険にさらされ，その危険を避けるために車外に避難せざるを得ない状況に置かれたものというべきである。さらに，前記事実関係によれば，後続車にれき過されて死亡するまでのAの避難行動は，避難経路も含めて上記危険にさらされた者の行動として極めて自然なものであったと認められ，上記れき過が本件自損事故と時間的にも場所的にも近接して生じていることから判断しても，Aにおいて上記避難行動とは異なる行動を採ることを期待することはできなかったものというべきである。そうすると，運行起因事故である本件自損事故とAのれき過による死亡との間には相当因果関係があると認められ，Aは運行起因事故である本件自損事故により負傷し，死亡したものと解するのが相当である。したがって，Aの死亡は，上記死亡保険金の支払事由にいう『被保険者が，運行起因事故により身体に傷害を被り，その直接の結果として死亡した場合』に該当するというべきである。

たしかに，Aは後続車に接触，衝突されて転倒し，更にその後続車にれき過されて死亡したものであり，そのれき過等の場所は本件車両の外であって，Aが本件車両に搭乗中に重い傷害を被ったものではないことは明らかであるが，それゆえに上記死亡保険金の支払事由に当たらないと解することは，本件自損事故とAの死亡との間に認められる相当因果関係を無視するものであって，相当ではない。このことは，本件自損事故のように，運行起因事故によって車内にいても車外に出ても等しく身体の損傷を受けかねない切迫した危険が発生した場合，車内にいて負傷すれば保険金の支払を受けることができ，車外に出て負傷すれば保険金の支払を受けられないというのが不合理であることからも，肯定することができる。本件搭乗者傷害条項においては，運行起因事故による被保険者の傷害は，運行起因事故と相当因果関係のある限り被保険者が被保険自動車の搭乗中に被ったものに限定されるものではないと解すべきである。」

この最高裁判決については，異論はありますが，同様の被保険者の範囲に関する規定と保険事故（人身傷害事故）に関する規定を有する人身傷害保険について，参考になる裁判例といえます。

(c) 極めて異常かつ危険な方法で被保険自動車に搭乗中の者は，被保険者から除外されます。極めて異常かつ危険な方法とは，箱乗りのように客観的にその態様が極めて異常かつ危険なものをいいます。

(d) 業務として被保険自動車を受託している自動車取扱業者も被保険者から除外されますが、これは営業行為に伴う危険対策費は事業コストとして、自動車取扱業者が負担するのが妥当だからとされています。

3 搭乗者傷害保険

搭乗者傷害保険は、契約車の搭乗者が搭乗中に生じた事故により傷害を受けた場合に一定金額の保険金を支払うという定額給付方式の傷害保険です。搭乗者傷害保険がカバーする内容は、人身傷害保険がカバーする内容と重複することから、それを避けるために搭乗者傷害保険を廃止したり、死亡・後遺障害保険金を廃止するものが増えています。

被保険者の範囲について、例えば、搭乗者傷害保険を特約として定めている三井住友海上火災保険株式会社のGKクルマの保険・家庭用自動車総合保険(改定2015年10月)、搭乗者傷害(入通院／2区分)特約、3条(1)では、次のように規定しています。各意味内容については、前述の人身傷害保険における解説を参照してください。

> この特約における被保険者は、ご契約のお車の正規の乗車装置またはその装置のある室内に搭乗中の者とします。ただし、極めて異常かつ危険な方法でご契約のお車に搭乗中の者および業務としてご契約のお車を受託している自動車取扱業者は含みません。

4 無保険車傷害保険

無保険車傷害保険は、無保険車事故によって被保険者が死亡又は後遺障害の損害を被った場合に、加害者が対人賠償保険に加入していないか、加入していても保険金額が低いために十分賠償を受けられないときなどに、賠償義務者があることを条件に、約款に従って保険給付がなされる損害てん補型の傷害保険です。人身傷害保険の普及に伴い、人身傷害保険の適用がない場合の特約とするものが多くなっています。

被保険者の範囲について，例えば，東京海上日動火災保険株式会社のトータルアシスト自動車保険（2016年4月1日〜）の無保険車事故傷害特約では，前述の2014年10月1日〜2015年9月30日始期契約の約款，第2章「傷害保険，人身傷害条項」2条(1)①〜④と同じ規定がされています。

5　自損事故保険

自損事故保険は，自動車事故によって死亡，後遺障害又は傷害を被った場合で，単独事故や，加害者に自賠法上の責任追求ができないときに支払われる定額給付方式の傷害保険です。前述のように，人身傷害保険の普及と商品構成の観点から，自損事故保険を廃止する保険会社が多くなっています。

被保険者の範囲について，例えば，自損事故保険を特約として定めている東京海上日動火災保険株式会社のトータルアシスト自動車保険（2016年4月1日〜）自損事故傷害特約では，次のように規定しています。各意味内容については，前述の人身傷害保険における解説を参照してください。

---

(1) この特約において被保険者とは，下表のいずれかに該当する者をいいます。
　① ご契約のお車の保有者
　② ご契約のお車の運転者
　③ ①および②のいずれにも該当しない者で，ご契約のお車の正規の乗車装置または正規の乗車装置のある室内に搭乗中の者
(2) (1)の規定にかかわらず，下表のいずれかに該当する者は被保険者に含みません。
　① 極めて異常かつ危険な方法でご契約のお車に搭乗中の者
　② 業務としてご契約のお車を受託している自動車取扱業者

〔髙木　宏行〕

第3章◇任意自動車保険
第5節◇傷害条項等

Q45 胎児の扱い（無保険車傷害保険）

　妊娠中の妻が自動車を運転中，信号無視の車に追突されました。妻は搬送先の病院で帝王切開の手術を受けて長男を出産しましたが，重度仮死状態で出生したため，長男には重大な障害が残ってしまいました。加害者の自動車には対人賠償保険（任意保険）が付けられていません。一方，妻運転の自動車には，このような事態に備えるべく無保険車傷害保険を付けています。今回の事故では，同保険の利用を考えていますが，同保険には，胎児を被保険者とみなすような特別な規定が設けられていません。長男は，法律上，権利能力が認められない胎児の段階で事故に遭ったので，権利能力を有する被保険者として同保険の保護が受けられるか不安です。このような場合でも無保険車傷害保険金の請求は可能でしょうか。

A

　可能と解されます。無保険車傷害保険は被害者が契約する保険会社が，加害者に代わって損害をてん補するという性質を有しています。民法上，胎児は，損害賠償請求権については既に生まれたものとみなされるので，加害者に対し損害賠償請求をすることが可能です。加害者の損害賠償債務には胎児に対するそれも含まれます。そうである以上，加害者に代わって損害をてん補すべき無保険車傷害保険の保険会社は胎児の損害もてん補すべきことになります。また，保険契約者もこの保険にそのような期待を抱いているものと解されます。そうであるならば，胎児を被保険者とみなす特別な規定がない約款においても，約款所定の被保険者が被った損害に準ずるものとして，損害がてん補されるべきであると解することができます。

Q45◆胎児の扱い（無保険車傷害保険）

☑キーワード

無保険車傷害保険，胎児，権利能力，被保険者性

解　説

1　無保険車傷害保険の機能・仕組み

(1)　無保険車傷害保険の機能

　対人賠償保険（共済）の普及率は高いものの，これに加入していない加害者や，加入していても十分な保険金額を設定していない加害者も存在します。このような場合には，自動車事故の人身被害者が十分な補償を受けられない可能性が高まります。また，当て逃げ事故の人身被害者は，政府保障事業に対し補償を求めることができますが，損害額が補償限度額を上回る場合には，超過部分の自己負担を余儀なくされます。無保険車傷害保険は，そのようなリスクに対処すべく，被害者になり得る側が自助努力として付保する自動車保険です。

　この保険は総合型の自動車保険にセットされていますが，現在では，人身傷害保険が普及しているため，人身傷害保険が付保されている場合には，特約としてこれを補完する役割を果たしています。

(2)　無保険車傷害保険の仕組み

　この保険は，被保険自動車以外の自動車であって，被保険者の生命又は身体を害した自動車を相手自動車として，その相手自動車が以下に定める無保険車に該当する場合（無保険車事故の場合）に適用されます。支払対象とされる損害は，無保険自動車の所有，使用又は管理に起因して被保険者の生命・身体が害されることによって被保険者又はその父母，配偶者もしくは子が被る損害であり，賠償義務者が存在することを条件としています。

　この保険では，次のような場合の相手自動車を無保険自動車と定義しています。①対人賠償保険等が付保されていない場合，②対人賠償保険等が付保されているが，運転者年齢条件等の違反や免責事由に該当し，それが機能しない場

397

合，③対人賠償保険等が付保されているが，保険金額等が無保険車傷害保険の保険金額に達しない（相手自動車が2台以上ある場合には，それぞれの相手自動車について適用される対人賠償保険等の金額の合計額が無保険車傷害保険の保険金額に達しない）場合，④当て逃げ等により加害自動車が不明の場合です。

　この保険の被保険者は，一般に，①記名被保険者，②記名被保険者の配偶者，③記名被保険者又はその配偶者の同居の親族，④記名被保険者又はその配偶者の別居の未婚の子，⑤上記①ないし④以外の者で被保険自動車の正規の乗車装置又はその装置のある室内に搭乗中の者とされていますが，後述する最高裁判決☆1を受けて，被保険者の胎内にある胎児が，無保険自動車の所有，使用又は管理に起因して，その出生後に，生命が害されたり，後遺障害が生じた結果損害を被った場合には，既に生まれていたものとみなすという規定を設けている約款も見られます。したがって，そのような改定約款の下で，本設問のような事故が起こった場合には，当然に保険金請求ができることになります。

　この保険は損害てん補型の傷害保険であり，被保険者は保険事故の客体とされています。法律上，損害保険では被保険者は保険金請求権者とされますが（保険2条4号（イ）），この保険では，被保険者及び被保険者の父母，配偶者又は子が保険金請求権者とされています。

2　胎児の権利能力と法的擬制

　民法3条は，「私権の享有は，出生に始まる。」と規定していますので，胎児には原則として権利能力が認められません。他方，民法721条は，「胎児は，損害賠償の請求権については，既に生まれたものとみなす。」と規定し，胎児が生きて生まれた場合について例外的に権利能力を認めています。その趣旨は，出生前に行われた母親に対する不法行為のために胎児が障害をもって生まれた場合は，その不法行為は母親に対して行われたものであるとともに，胎児自身に対して行われたものでもあり，胎児は出生後に財産的損害及び精神的損害の賠償を請求できるということにあります。ちなみに，このように胎児の権利能力を擬制する規定は相続法規にもみられます（民886条1項等）。

　以上から，胎児は加害者に対して損害賠償請求権を行使することができます

し，加害者が対人賠償保険等に加入していればその保険会社に対して直接請求権を行使することもできます。一方，設問では，胎児が被保険者として保険会社に対し無保険車傷害保険金を請求できるか否かが問題となります。最近の約款のように，胎児を被保険者とみなす規定が存在すれば，何の問題もありませんが，そのような規定が存在しない場合をどう考えるべきでしょうか。

3 胎児の被保険者性と約款解釈

この問題につき，前掲（☆1）最判平18・3・28は次のような判断を示しました[*1]。①民法721条により胎児は損害賠償請求権については既に生まれた者とみなされるのであるから，胎児である間に受けた不法行為によって出生後に傷害が生じ，後遺障害が残存した場合には，胎児は加害者に対して損害賠償請求権を有する，②無保険車傷害保険契約は，相手自動車が無保険車であって十分な損害のてん補を受けられないおそれがある場合に支払われるのであって，賠償義務者に代わって損害をてん補するという性格を有するから，賠償義務者が賠償義務を負う損害はすべててん補の対象となるとの意思で締結されたものと解される，③胎児の損害は，約款上，記名被保険者の同居の親族に生じた傷害及び後遺障害による損害に準じるものとして無保険車傷害保険の保護が受けられる。

上記①は民法721条適用の当然の帰結を示すものですから何の問題もありませんが，②と③については検討の余地があります。

まず，②ですが，最高裁は，無保険車傷害保険契約は，保険会社が賠償義務者に代わって損害をてん補するという性格を有すると判示しています。本来，この保険は加害者の対人賠償保険の代替機能を果たすべく設計されていますから（すなわち，傷害保険という形式を採用しつつも，実質的には相手自動車に付保されるべき十分な保険金額の責任保険としての機能を果たしています），この点の判示は正当と思われます。最高裁は，次いで，賠償義務者が賠償義務を負う損害はすべててん補の対象となるとの意思で締結されたものと解されると判示しています。すなわち，最高裁は保険契約者の合理的意思内容について判断しています。この保険が，加害者の対人賠償保険の代替機能を果たしている以上，一般の保険契

約者が，賠償義務者が賠償義務を負う損害はすべてこの保険の保護の対象となると期待することは合理的と考えられます。

③は胎児の被保険者資格についての判断です。民法上，胎児に権利能力が認められない以上，胎児が被保険者資格を有すると解することは，一般論としては困難でしょう（この点については後掲**4**参照）。ところが，②によれば，無保険車傷害保険契約は，賠償義務者に代わって損害をてん補するという性格を有している以上，保険者は胎児の損害もてん補すると約束したことになりますから，被保険者資格について説明する必要があります。そこで，最高裁は，胎児が受けた損害は，記名被保険者の同居の親族に生じた傷害及び後遺障害による損害に直接には該当しないものの，これに「準ずる損害」と解することができるとしています。このようないわば拡張的な類推解釈の妥当性については，学説上，法的安定性の見地等からの批判がみられないわけではありませんが，無保険車傷害保険の制度趣旨や保険契約者の合理的な期待を尊重するのであれば，解釈論として必ずしも不当とはいえませんし，結論的にも妥当と解されます。

以上から，この判決の趣旨を反映して改定された最近の約款であればともかく，そのような改定を行っていない約款の下でも，最高裁判決の趣旨をふまえ，胎児は無保険車傷害保険金を請求できることになります。

4　最高裁判決の射程

最高裁は，胎児の保険金請求権を認めていますが，これはあくまでも相手自動車の対人賠償保険の代替機能を果たしている（傷害保険でありながら責任保険的機能を果たしている）という無保険車傷害保険の特殊性に着目した解釈であって，傷害保険一般にまで，胎児の被保険者を認めているわけではない点に注意する必要があります。

この点については，下級審判決ではあるものの，岐阜地裁判決[☆2]が参考になります。事案は，搭乗者傷害保険における胎児の被保険者性に関わるものですが，同判決は次のように判示しています。「保険金給付債務の発生事由，つまり条件は，被保険者が『傷害』を被ったときである（死亡保険金の給付は，

保険事故たる傷害の結果に応じた保険金給付の内容であって，死亡そのものが保険事故となっているわけではない）。……傷害とは，自然人たる身体の完全性を害する概念であり，……当然自然人を前提としたものである。」「搭乗者傷害保険は，保険法学上，傷害保険であり，これは保険法の定める損害保険と生命保険のいずれの範疇にも入らない第三者の形態である。そしてその解釈は，これらの保険に関するものによるところ，前者における『被保険者』とは，保険者と保険契約者との間の契約により，被保険利益の帰属主体として，保険事故が発生した場合に保険金を受け取る権利を与えられた者を言い，後者のそれは，その生死が保険事故とされている者を言う。このような観点からも，被保険者は，自然人を指すと言わなければならない。」

このように，傷害保険の被保険者は権利能力を有する自然人を指すとの理解は極めて自然です。胎児の被保険者性に関する立法論的な議論はともかく，少なくても現時点において最高裁判決の射程は無保険車傷害保険に限定されていると解するべきでしょう。

〔山野　嘉朗〕

■判　例■

☆1　最判平18・3・28民集60巻3号875頁・集民219号1047頁・判タ1207号73頁。
☆2　岐阜地判平6・7・29判タ872号281頁。

■注　記■

＊1　なお，同事案の第1審判決も第2審判決も結論的に胎児の被保険者性を認めていますが，いずれの理論構成も相当に綱渡り的です。まず，第1審判決は，被保険者は一見自然人のみが予定されているようにも解され得るが，胎児が，「……親族」，「……子」，「……者」のいずれかに該当すると解することも文言上不可能とはいえないと判示しています。また，第2審判決は，胎児は，事故発生時には被保険者である母の身体の一部であったことから，出生により被保険者である母の地位を承継するとともに，新たに被保険者である母の子として被保険者の地位を取得するとの，極めて技巧的な法律構成を示しています。

第3章◇任意自動車保険
第5節◇傷害条項等

Q46 保険者が代位により取得する権利の範囲

保険者が保険給付をした場合に，保険者が，代位よって取得する権利の範囲はどのようになるのでしょうか。

A

傷害保険において，保険者が支払をした場合に，常に代位が生じるわけではありません。定額給付方式がとられている場合には否定され，不定額給付方式がとられている場合には損害てん補契約性を理由として肯定されると考えられています。約款に代位規定がおかれている場合にはそれによって代位が行われます。搭乗者傷害保険では，代位は生じず，無保険者傷害及び人身傷害保険では代位が生じますが，後者については，どのような範囲に代位が生じるのかについては議論があります。

☑キーワード

傷害保険，搭乗者傷害保険，無保険車傷害保険，人身傷害保険，保険代位

解　説

1 傷害保険給付と損害賠償請求権

傷害疾病定額保険（傷害保険）は，保険契約のうち，保険者が人の傷害疾病に基づき一定の保険給付を行うことを約するものをいいます。

交通事故によって負傷した被害者は，加害者に対して，治療費，通院交通費

Q46◆保険者が代位により取得する権利の範囲

などの積極損害，休業損害や逸失利益などの消極損害及び精神的損害の賠償を請求することができます。

同時に，被害者が，保険会社との間で傷害保険契約（傷害疾病定額保険契約）を締結していることがあり，その場合には傷害保険から給付を受けることができます。

傷害保険から給付を受けたときに，加害者に対する損害賠償請求権が減額されてしまうのかどうかについては，損益相殺と保険代位の可否が問題となります。損益相殺とは，損害賠償請求権者が損害賠償請求権の発生事由に基づき利益を得ている場合にその利益を損害賠償額から控除することをいいます。保険代位とは，被保険者の傷害が第三者の行為によって発生し，保険者が保険金を支払ったときに，一定の要件の下に，被保険者が有している権利が保険者に移転することをいいます。代位がなされると，被保険者である被害者が加害者に対して有していた損害賠償請求権が保険会社に移転することになる結果，被害者の加害者に対する損害賠償請求権は代位が生じた部分については減少することになります。

これについて，生命保険契約に付加された特約に基づいて被保険者である受傷者に支払われる傷害給付金又は入院給付金について，最判昭55・5・1（集民129号591頁・判タ419号73頁・判時971号102頁）は次のように判示しました。

「既に払い込んだ保険料の対価としての性質を有し，たまたまその負傷について第三者が受傷者に対し不法行為又は債務不履行に基づく損害賠償義務を負う場合においても，右損害賠償額の算定に際し，いわゆる損益相殺として控除されるべき利益にはあたらないと解するのが相当」とし，「右各給付金については，〔筆者注：平成20年改正前〕商法662条所定の保険者の代位の制度の適用はないと解するのが相当であるから，その支払をした保険者は，被保険者が第三者に対して有する損害賠償請求権を取得するものではなく，したがって，被保険者たる受傷者は保険者から支払を受けた限度で第三者に対する損害賠償請求権を失うものでもないというべきである。」

このように，定額給付型の傷害保険やそれに類する保険からの給付金は，被害者側で負担する保険料の対価であり，また，損害賠償における損害を念頭においた損害てん補を想定しているものではありませんので，損害額からの控除

はできないと解すべきとされています。

　傷害保険について，代位がなされるかどうかに関する商法の解釈における通説的見解は，定額給付方式がとられている場合には否定し，不定額給付方式がとられている場合には損害てん補契約性を理由として肯定に解していました。保険法には，定額給付方式の傷害保険契約について，保険代位の適用を認める形式上の根拠は存在しませんが，傷害疾病損害保険契約については，保険法25条が適用されると解されています。

　傷害保険に関する約款には，定額給付方式の傷害保険契約について「当会社が保険金を支払った場合であっても，被保険者またはその法定相続人がその傷害について第三者に対して有する損害賠償請求権は，当会社に移転しません」（東京海上日動火災保険株式会社，傷害保険普通保険約款（2015年4月1日以降始期用）31条）などと定められています。

2　人身傷害保険（人身傷害補償保険）

　人身傷害保険は，自動車の運行に起因する事故等であって，急激かつ偶然な外来の事故により被保険者が身体に傷害を被ることによって被保険者が被る損害に対して，加害者の賠償責任の有無にかかわらず，保険者が，保険契約の人身傷害条項及び一般条項に従って保険金を支払うというものです。被保険者に過失がある場合であっても，故意又は極めて重大な過失に当たらない限り，保険金額を限度として，被保険者の過失の有無又はその割合に関係なく支払われます。

　この人身傷害保険は，実損てん補型の保険とされ，そのため保険給付をした場合に被害者の加害者に対する損害賠償請求権に代位すると定められており，代位される範囲については，被害者は損害賠償請求権を失います。

　もっとも，人身傷害保険で損害額とされるのは，約款に規定された算定基準に基づき算定された金額であり，民事損害賠償訴訟で認定される金額とは異なっており，その全額がてん補されないことが多く，また過失割合にかかわらず支払がなされることから，どのような範囲に代位が行われるのかが問題となります。

Q46◆保険者が代位により取得する権利の範囲

　この問題に関しては，絶対説，比例説，裁判（訴訟）基準差額説，人傷基準差額説が主張されています。絶対説は，保険者が給付額について優先的に代位できるとする説，比例説は，損害額に対する給付額の比率で，被害者の損害賠償請求権（過失相殺後）のものに代位するとする説，裁判（訴訟）基準差額説は，人身傷害保険からの給付額はまず過失相殺部分に充当され，その金額を超えた額についてのみ代位できるとする説，人傷基準差額説は，人身傷害保険からの給付額をまず人身傷害保険の算定基準の金額と過失相殺された損害賠償請求権の差額部分に充当し，この差額部分を超えた金額についてのみ代位できるとする説です。

　保険法25条，26条は，保険代位について差額説によって行うことを片面的強行規定として定めていますので，保険法の施行後は人傷基準差額説か裁判（訴訟）基準差額説によることとなります。

　この問題について，最判平24・2・20（民集66巻2号742頁・交民集45巻1号1頁・判時2145号103頁）及び，最判平24・5・29（集民240号261頁・交民集45巻3号533頁・判タ1374号100頁）は，裁判（訴訟）基準差額説によるべきと判示しました。この裁判（訴訟）基準差額説によった場合には，人身傷害保険から保険給付を受けて，その後に損害賠償請求をした場合と，損害賠償請求をしてから，人身傷害保険へ保険金の請求をする場合とで，被害者が受け取ることができる額が異なる可能性があることが問題として指摘されています。ここでは，代位の問題が生じる人身傷害保険金を先に受領した場合についてのみ考えることにします。

　最判平24・2・20は次のように判示しています。

　「被保険者である被害者に，交通事故の発生等につき過失がある場合において，訴外保険会社が代位取得する保険金請求権者の加害者に対する損害賠償請求権の範囲について検討する。

　本件約款によれば，訴外保険会社は，交通事故等により被保険者が死傷した場合においては，被保険者に過失があるときでも，その過失割合を考慮することなく算定される額の保険金を支払うものとされているのであって，上記保険金は，被害者が被る損害に対して支払われる傷害保険金として，被害者が被る実損をその過失の有無，割合にかかわらず填補する趣旨・目的の下で支払われるものと解される。上記保険金が支払われる趣旨・目的に照らすと，本件代位

第3章◇任意自動車保険
第5節◇傷害条項等

条項にいう『保険金請求権者の権利を害さない範囲』との文言は，保険金請求権者が，被保険者である被害者の過失の有無，割合にかかわらず，上記保険金の支払によって民法上認められるべき過失相殺前の損害額（以下『裁判基準損害額』という。）を確保することができるように解することが合理的である。

そうすると，上記保険金を支払った訴外保険会社は，保険金請求権者に裁判基準損害額に相当する額が確保されるように，上記保険金の額と被害者の加害者に対する過失相殺後の損害賠償請求権の額との合計額が裁判基準損害額を上回る場合に限り，その上回る部分に相当する額の範囲で保険金請求権者の加害者に対する損害賠償請求権を代位取得すると解するのが相当である。」

最判平24・5・29は，次のように判示しています。

「本件約款中の人身傷害補償条項の被保険者である被害者に交通事故の発生等につき過失がある場合において，上記条項に基づき被保険者が被った損害に対して保険金を支払った被上告人は，本件代位条項にいう『保険金請求権者の権利を害さない範囲』の額として，被害者について民法上認められるべき過失相殺前の損害額（以下『裁判基準損害額』という。）に相当する額が保険金請求権者に確保されるように，上記支払った保険金の額と被害者の加害者に対する過失相殺後の損害賠償請求権の額との合計額が裁判基準損害額を上回るときに限り，その上回る部分に相当する額の範囲で保険金請求権者の加害者に対する損害賠償請求権を代位取得すると解するのが相当である（最高裁平成21年（受）第1461号・第1462号同24年2月20日第一小法廷判決・民集66巻2号登載予定参照）。」

この裁判（訴訟）基準差額説によった場合，例えば，訴訟で認定される総損害額が1億円，人身傷害保険の算定基準で算定される損害額が8000万円，アマウントが5000万円，過失相殺率30％であるとすると，人身傷害保険から支払われた5000万円は総損害額のうち過失相殺される30％部分の3000万円にまず充当され（この部分に代位は生じません），残額の2000万円について，加害者に対する損害賠償請求権額の7000万円の一部に代位することになります（代位額2000万円）。その結果，被害者は人身傷害保険から5000万円を受領し，加害者から5000万円を受領することになり，裁判によって認定された被害者に生じた総損害額全額を受領できることになります。

Q46◆保険者が代位により取得する権利の範囲

　ちなみに，人傷基準差額説によった場合には，人身傷害保険の支払基準によって算定される損害額8000万円が，訴訟における過失相殺後の損害額7000万円を超える1000万円の部分（過失相殺部分の一部）には代位が生じず，支払われた5000万円の残額4000万円について代位が生じることになり，被害者は人身傷害保険から5000万円，加害者から3000万円を受領し，合計で人身傷害保険の支払基準による算定額である8000万円を受領できることになります。

　このように保険者が代位する場合には，被害者に損害が発生してから，人身傷害保険金が支払われるまでの間には，一定期間が経過していますので，損害に対する遅延損害金も発生しています。そこで，保険者が支払をした場合に，損害の元本に代位するのか，保険者が支払をした日までに発生した遅延損害金から代位するのかが問題となります。

　上述の最判平24・2・20は，「本件約款によれば，上記保険金は，被害者が被る損害の元本を填補するものであり，損害の元本に対する遅延損害金を填補するものではないと解される。そうであれば，上記保険金を支払った訴外保険会社は，その支払時に，上記保険金に相当する額の保険金請求権者の加害者に対する損害金元本の支払請求権を代位取得するものであって，損害金元本に対する遅延損害金の支払請求権を代位取得するものではないというべきである。」と判示して，損害の元本に代位するとしました。

　損害の元本に代位する場合，その損害の総額は，各損害費目における損害額を合計したものであり，人身傷害保険における損害の算定も，算定基準における個々の損害費目における損害額を積算したものとなっています。そこで，費目拘束があるのか，つまり，費目ごとに代位を考えていくことになるのかが問題となります。この点，東京高判平20・3・13（判時2004号143頁）は「訴訟において認定された被保険者の過失割合に対応する損害額を保険金の額が上回る場合に限り，その上回る限度において，保険会社は被保険者の加害者に対する損害賠償請求権を代位取得し（ただし，上回るか否かの比較は，積極損害，消極損害，慰謝料の損害項目ごとに行うべきである。），被保険者はその限度で加害者に対する損害賠償請求権を喪失するものと解すべきである。」と判示しました。これに対して，名古屋地判平22・3・17（自保ジャーナル1829号118頁）は，「原告は前記保険会社からの人身傷害保険の支払分のうち，食事負担額及び病

衣使用料，通院費，入院諸雑費の一部，その他費用の支払を除いているが，人身傷害保険に費目拘束はなく，307万8645円をもって支払があったものと認められる。」と判示しています。このように判断が分かれているところですが，現在の実務では，対応原則の適用を否定し，人身傷害保険金は被保険者の人身損害全体をてん補するものとして扱うことが多いのではないかと思われます。

3 搭乗者傷害保険

　搭乗者傷害保険は，契約車の搭乗者が搭乗中に生じた事故により傷害を受けた場合に一定金額の保険金を支払うという定額給付方式の傷害保険です。搭乗者傷害保険がカバーする内容は，人身傷害保険がカバーする内容と重複することから，それを避けるために搭乗者傷害保険を廃止したり，死亡・後遺障害保険金を廃止する自動車保険が増えています。

　交通事故によって被害を受けた被害者が，搭乗者傷害保険の給付を受けた場合，それを損害額から控除する必要があるのかが問題となります。

　これについて最判平7・1・30（民集49巻1号211頁・交民集28巻1号1頁・判タ874号126頁）は，AがB運転の自動車に同乗中，C運転の自動車との衝突事故により傷害を受けて同日死亡し，Aの相続人らが，Bが締結した自家用自動車保険契約に適用される搭乗者傷害条項に基づき保険会社から死亡保険金1000万円を受領した場合に，「本件条項に基づく死亡保険金は，被保険者が被った損害をてん補する性質を有するものではないというべきである。けだし，本件条項は，保険契約者及びその家族，知人等が被保険自動車に搭乗する機会が多いことにかんがみ，右の搭乗者又はその相続人に定額の保険金を給付することによって，これらの者を保護しようとするものと解するのが相当だからである。そうすると，本件条項に基づく死亡保険金を右被保険者の相続人である上告人らの損害額から控除することはできないというべきである。」と判示しました。この判例は，保険会社による代位については言及していませんが，代位も生じないと解されています。

　したがって，加害者側が契約していた保険会社から，搭乗者傷害保険を受領しても，被害者の加害者に対する損害賠償請求権は減額されることはないこと

になります。

　もっとも，保険料を加害者側が負担していることから，慰謝料を減額する方向で斟酌することができるとする下級審裁判例があります。もっとも，これには異論も唱えられており，また斟酌を認める場合でも，大きな割合の減額をすべきでないとする考えが優勢とされています。

4　無保険車傷害保険

　無保険車傷害保険は，無保険車事故によって被保険者が死亡又は後遺障害の損害を被った場合に，加害者が対人賠償保険に加入していないか，加入していても保険金額が低いために十分賠償を受けられないときなどに，賠償義務者があることを条件として（誰も損害賠償責任を負わない場合はこの保険給付はなされません），約款に従って保険給付がなされる損害てん補型の傷害保険です。そもそもは，加害車に対人賠償保険がない場合に，それが存在するのと同様の効果を与えるものであり，そのため訴訟等における損害賠償額を支払うものとされ，過失相殺による支払額の減額もなされていましたが，近時の約款では，人身傷害保険の支払基準によって損害を算定するものが多くなっています（過失相殺はされません）。

　無保険車傷害保険は，被害者側で付保する傷害保険とされていますが，保険会社が保険金を支払った場合には，被害者（被保険者）が加害者に対して有する損害賠償請求権を代位する旨の規定がおかれていますので，支払った金額を限度として損害賠償額が縮減することになります。

〔髙木　宏行〕

第3章◇任意自動車保険
第5節◇傷害条項等

Q47 搭乗者傷害保険金と損益相殺

　AはY$_1$が運転の自動車に搭乗中，Y$_2$が運転する自動車との衝突事故によって傷害を被り死亡しました。そこで，Aの相続人であるX$_1$らは，Y$_1$，Y$_2$に対して自動車損害賠償保障法（自賠法）3条に基づく損害賠償請求訴訟を提起しました。なお，X$_1$らは，Y$_1$が締結していた自家用自動車保険の搭乗者傷害条項に基づいて，死亡保険金1000万円を受領しています。

　裁判において，Y$_1$は，X$_1$らが受け取った搭乗者傷害保険金は，保険契約者の搭乗者に対する損害賠償の一種であるから，1000万円は損害賠償額から控除されるべきである，と主張しました。この主張は，認められるでしょうか。

A

　Y$_1$らの主張は，認められません。搭乗者傷害保険金は，被保険者が被った損害をてん補する性質を有するものではないからです。搭乗者傷害条項は，保険契約者及びその家族，知人等が被保険自動車に搭乗する機会が多いことに鑑みて，その搭乗者又はその相続人に定額の保険金を給付することによって，これらの者を保護しようとするものと解するのが相当だからです。そうすると，本件条項に基づく死亡保険金をその被保険者の相続人であるX$_1$らの損害額から控除することはできません。

☑キーワード

　搭乗者傷害保険，損益相殺

解説

1 搭乗者傷害保険

　対人賠償責任保険や対物賠償責任保険は，自動車事故に起因して被保険者が第三者の生命，身体あるいは財物に損害を与えたことによる損害賠償責任を保険によって担保することを目的としています。被保険者本人ではなく，第三者の損害をてん補するところから，サードパーティー型保険ともいわれています。これに対して搭乗者傷害保険は，被保険自動車に搭乗中の運転者や同乗者，さらには保有者本人について生じた損害を担保します。この搭乗者傷害保険は，①被保険自動車の正規の乗車用装置又は当該装置のある室内に搭乗中の者が，②被保険自動車の運行に起因する事故又は運行中の落下物等との衝突等の急激かつ偶然な事故によって死傷した場合に所定の保険金を支払う傷害保険です。この保険は事故の相手方の存在しない自損事故でも保険給付が行われます。

2 搭乗者傷害保険金と損益相殺

(1) 損益相殺の可否

　設問のように，AがY₁の運転の自動車に搭乗中に，Y₁の運転ミスによって事故が発生し，搭乗者傷害保険金の支払を受けた場合，AはY₁に対して損害賠償請求をするのですが，このときに支払を受けた搭乗者傷害保険金は損害賠償額から控除されるのか，また損害賠償における慰謝料額を算定するに際して搭乗者傷害保険金を受け取っていることが斟酌されるのか，という問題があります。この問題について判断した最高裁判例があり，次のように判示しました[☆1]。

　「(1)本件保険契約は，Y₁運転の前記自動車を被保険自動車とし，保険契約者（同被上告人）が被保険自動車の使用等に起因して法律上の損害賠償責任を負

担することによって被る損害をてん補するとともに，保険会社が本件条項に基づく死亡保険金として1000万円を給付することを内容とするものであるが，(2)本件保険契約の細目を定めた保険約款によれば，本件条項は，被保険自動車に搭乗中の者を被保険者とし，被保険者が被保険自動車の運行に起因する急激かつ偶然の外来の事故によって傷害を受け，その直接の結果として事故発生の日から180日以内に死亡したときは，保険会社は被保険者の相続人に対して前記死亡保険金の全額を支払う旨を定め，また，保険会社は，右保険金を支払った場合でも，被保険者の相続人が第三者に対して有する損害賠償請求権を代位取得しない旨の定めがある，というのである。

このような本件条項に基づく死亡保険金は，被保険者が被った損害をてん補する性質を有するものではないというべきである。けだし，本件条項は，保険契約者及びその家族，知人等が被保険自動車に搭乗する機会が多いことにかんがみ，右の搭乗者又はその相続人に定額の保険金を給付することによって，これらの者を保護しようとするものと解するのが相当だからである。そうすると，本件条項に基づく死亡保険金を右被保険者の相続人であるXらの損害額から控除することはできないというべきである。」

(2) 従来の裁判例

前掲注（☆1）最判平7・1・30の原審は，加害者が保険契約者である場合について，被害者に対する損害賠償額から搭乗者傷害保険金を控除することを認めた初めての裁判例です[☆2]。その理由としては，搭乗者傷害保険金は不法行為による法律上の損害賠償責任額のてん補の性質をもつ場合があることを否定できないこと，搭乗者傷害保険金の支払が損害賠償の法律上の賠償責任額のてん補にならないとすれば，搭乗者（実際にはその相続人）は保険加入者全員の負担において，法律上の損害賠償責任額を超えて支払を受けて，保険者は保険金の支払に関係なく，対人賠償の保険額を算定することになり，保険者がその分につき二重に支払うことになることを挙げています。

しかし，その他の従来の裁判例では，控除を否定する判例がほとんどです。その理由として，搭乗者傷害保険の定額性と保険代位がないことを挙げています[☆3]。また，被害者が保険契約者であることを理由としたり[☆4]，加害者が保険契約者ではないことを唯一の理由とするものがあります[☆5]。さらに，搭乗

者傷害保険金を慰謝料の算定にあたって考慮するという裁判例では，見舞金とすることが加害者の合理的意思であるとか，見舞いの意味以上の事故自体に関する謝罪の趣旨をも含むというのです。いずれにしても，控除を否定する従来の裁判例では，加害者の側に控除を認めることが妥当性を欠くような事由がある場合が多く，加害者の損害賠償額を減額することに裁判所が躊躇せざるを得ないような事情，すなわち飲酒運転あるいは極端なスピード・オーバーなどの無謀運転があります。しかし，最判平7・1・30の事案は極めてノーマルな事故といえなくもなく，しかもAが同乗していた車を運転していたY_1よりも，相手の車の運転手であるY_2の過失割合が多いことが認定されています。したがって，Y_1もまた被害者でもあり，さらには搭乗者傷害保険の保険契約者でもあるから，その意味ではY_1の賠償金額から搭乗者傷害保険金を控除することに最判平7・1・30の原審はさほど抵抗感がなかったともいえます。

3 最判平7・1・30の残された問題点

　本件のような交通事故の被害者が加害者を相手とする損害賠償請求訴訟では，被害者又は被害者の相続人が各種の保険契約による給付を受ける場合があります。最高裁は，これまで生命保険金[6]，火災保険金[7]，及び定額給付形の傷害保険金[8]については，それぞれの結論は一致して損益相殺を認めていません。その理由は，それぞれの保険金が既に払い込まれた保険料の対価としての性質があり，保険金支払義務と損害賠償義務との発生原因がともに無関係であることが述べられています。また被害者が負担した保険料の対価による保険給付が加害者の賠償責任額を軽減させることに対する疑問もあります。

　本件の搭乗者傷害保険がこれまで損益相殺が問題となった各種保険金と異なるのは，保険料を負担したのが賠償責任を負担する加害者である点です。保険契約者が保険料を負担したから保険金が支払われるのに，なぜ損益相殺の対象とならないのかという疑問には理由があるからです。しかし，最高裁は，上記のように，次の2点を理由として損益相殺を否定しています。それは，①搭乗者傷害保険金は損害てん補の性質を有しないこと，②損害てん補性がない理由は，本件搭乗者傷害条項は，定額の保険金を給付することによって搭乗者又は

その相続人を保護することにあるとしているのです。

最判平7・1・30後の残された問題点として，搭乗者傷害保険金は，慰謝料算定の際に斟酌することが可能であるか，また，加害者と被害者の間に損害額から搭乗者傷害保険金を控除する旨の合意があるという主張も排斥する趣旨であるか，という点があります。

(1) 慰謝料算定の際に斟酌することの可否

従来の裁判例では，最判平7・1・30と同様に，控除を否定するものがほとんどですが，ただ控除を否定する裁判例においても，慰謝料の算定に当たり搭乗者傷害保険金を斟酌するものがあります☆9。しかも，慰謝料の算定に当たり搭乗者傷害保険金を受領したことにより慰謝されたとして，まったく慰謝料請求を認めなかったものもあります☆10。また，損害賠償額からの控除を否定する学説においても，慰謝料の算定に当たり斟酌することに賛成するものは多くあります*1。

(2) 加害者と被害者の間に損害額から搭乗者傷害保険金を控除する旨の合意があるという主張も排斥する趣旨であるか

最判平7・1・30の原審は，運転者が搭乗者に対し不法行為による損害賠償責任を負うとき，この場合の搭乗者傷害保険金の支払の意味について，保険契約の際における保険契約者の意思を合理的に解釈すれば，搭乗者に対し自己の負担すべき損害賠償に関する保険をも含むものとして契約をしたとみるべきであり，贈与だけの趣旨に限定して保険契約をしたものとみるべきではない，と判示しています☆11。

この保険契約者の合理的意思解釈は，控除を肯定する説の最も主要な根拠となります。もし仮に，加害者と被害者との間において，同乗させるにあたって万一事故の場合には，搭乗者傷害保険金を損害賠償金に充当するという合意があれば，その合意の有効性は当然に認められます*2。しかし，このような当事者の合理的意思という判断基準では法的安定性を欠くという批判があり，また，一般的にいっても，加害者の意思が搭乗者傷害保険金が損害賠償金に充当されると考えるのは，解釈に相当程度の無理があります*3。通常は，むしろ対人賠償責任保険により全部の損害賠償金額がてん補されることを想定しています。しかも，搭乗者傷害保険のもともとの目的を考慮するならば，当然に損

害賠償額とは関係なく支払われるものとして，自動車保険契約を締結しているのが普通でしょう。また，損害賠償額が賠償責任保険の限度額を超えた場合には，事後的な感情として搭乗者傷害保険でてん補してもらいたいと思うことがあっても，少なくとも契約締結時にそのように考える者はあまりいません。さらに，もし合意があれば控除されるというのであれば，対人賠償の限度額を無制限にしている場合には，少なくとも賠償責任を負うことになる搭乗者との関係においては，搭乗者傷害保険契約を締結すること自体に意味がないことになってしまいます。

また，自動車保険約款で控除を定めることはもちろん可能ではありますが，加害者の賠償責任額自体について保険者と保険契約者との間で取り決めても，被害者との関係では効力はなく，加害者は賠償責任を負いますが賠償責任保険ではてん補されない損害を被ることになるのですから，妥当な解決方法とはいえません[*4]。もちろん，この場合には，被害者は搭乗者傷害保険の被保険者ですから，保険金の受領については保険契約上の契約内容に拘束されるのは当然ですが，加害者と被害者の関係では事前に契約的な取決めは一切ないので，被害者と加害者との間における損害賠償請求に関する紛争は依然未解決のまま残されています[*5]。

〔甘利　公人〕

━━━━■判　例■━━━━

☆1　最判平7・1・30民集49巻1号211頁・集民174号227頁・交民集28巻1号1頁。

☆2　高松高判平3・2・26民集49巻1号220頁・交民集28巻1号6頁・判タ763号256頁。

☆3　千葉地判昭57・12・24交民集15巻6号1692頁，新潟地判昭59・6・10交民集17巻3号765頁，東京高判昭59・7・12判タ544号236頁・判時1136号69頁，名古屋地判昭60・2・20交民集18巻1号203頁，大阪地判昭61・12・23交民集19巻6号1726頁，大阪地判平3・9・12交民集24巻5号1035頁。

☆4　大阪地判平3・9・12交民集24巻5号1035頁。

☆5　大分地判平4・9・18交民集25巻5号1137頁。

☆6　最判昭39・9・25民集18巻7号1528頁・集民75号521頁・判タ168号94頁。

☆7　最判昭50・1・31民集29巻1号68頁・集民114号109頁・判タ319号129頁。

☆8　最判昭55・5・1集民129号591頁・判タ419号73頁・判時971号102頁。

第3章◇任意自動車保険
第5節◇傷害条項等

☆9 　東京地判平元・3・9交民集22巻2号345頁，東京高判平2・3・28判タ754号192頁，名古屋地判平4・5・11交民集25巻3号589頁・判タ794号139頁。なお，東京高判昭59・5・31下民集35巻5～8号323頁はその可能性を指摘するだけです。
☆10　東京地判平元・3・9交民集22巻2号345頁。
☆11　前掲（☆2）高松高判平3・2・26。

＝■注　記■＝

＊1　泉澤博「税金・各種保険給付と損益相殺」判タ639号78頁，小賀野昌一「搭乗者傷害保険と損害賠償額」金判933号157頁，金澤理「搭乗者傷害保険金と損益相殺」『創立60周年記念損害保険論集』（損害保険事業総合研究所，1994年）771頁参照。なお，西島梅治「各種保険と損害の塡補」判タ268号203頁は，搭乗者傷害保険金が保険契約者側の賠償責任の履行としての機能をもつ場合を別として，一般的には見舞金としての性質があるから非控除説が正しい，といいます。
＊2　山下友信「保険契約の類型と民事責任」商事1330号8頁。
＊3　山下友信「保険契約と損益相殺」石田満先生還暦記念『商法・保険法の現代的課題』（文眞堂，1992年）433頁・434頁。
＊4　山下・前掲（＊3）437頁。
＊5　中西正明ほか「私法学会シンポジウム　保険契約法と民法理論の交錯」私法56号136頁〔山下友信発言〕。

第6節　車両条項

Q48　偶然性の立証責任

　私が契約している自動車保険契約の車両保険の約款には、「衝突、接触、墜落、転覆、物の飛来、物の落下、火災、爆発、盗難、台風、洪水、高潮その他偶然な事故によって被保険自動車に生じた損害に対して、この車両条項及び基本条項に従い、被保険者に保険金を支払います。」という規定があります。この規定にいう「その他偶然な事故」とはどのような事故をいうのでしょうか。また、それは保険金請求者の側で証明しなければならないのでしょうか。

A

　偶然な事故とは、保険契約の成立の当時において、当該事故の発生と不発生がいずれも可能であって、発生するかどうかが不確定であった事故であることをいい、保険金請求者側では、そのことを主張・立証すればよいとされ、保険会社側が免責を得るためには、当該事故が保険契約者側の故意によること（偶発性の欠如）や約款で定める保険契約者側の重過失等の免責事由としての事実を抗弁として主張・立証しなければなりません。

　なお、車両の窃盗の事件では、保険金請求者側が、「被保険者の占有に係る被保険自動車が保険金請求者の主張する所在場所に置かれていたこと」及び「被保険者以外の者がその場所から被保険自動車を持ち去ったこと」という外形的事実を主張・立証すれば

よいとされています。

☑キーワード

車両保険(共済),偶然な事故の主張立証責任,盗難事故の立証責任

解　説

1　偶然な事故の意味内容と主張立証責任

　自動車保険(以下,自動車共済を含みます)契約のうち車両保険の支払に関しては,多少の表現上の相違はありますが,約款で「衝突,接触,墜落,転覆,物の飛来,物の落下,火災,爆発,盗難,台風,洪水,高潮その他偶然な事故によって被保険自動車に生じた損害に対して,この車両条項及び基本条項に従い,被保険者に保険金を支払います。」という趣旨の条項が規定されており,「偶然な事故」を車両保険金の支払要件としています。問題は,この「偶然な事故」の意味内容は何か,及びその立証責任を保険金請求者側と保険会社側のいずれが負担するか,ということです。なぜならば,この「偶然な事故」という事実を立証困難な内容に解釈し,その立証責任を,保険金請求者が負担することになれば保険金は支払われにくくなり,保険会社が負担することになれば,保険金は支払われやすくなるからです。

　この意味内容につき,一般的な損害保険契約における事故の偶然性に関する通説的見解は,損害保険契約を規定していた平成20年改正前商法629条にいう「偶然ナル一定ノ事故」と同じ概念であり,保険契約の成立の当時において,事故の発生と不発生がいずれも可能であって,発生するかどうかが不確定な事故のことをいい,当該事故が被保険者の意思に基づかないものであること(いいかえれば,被保険者が故意に事故を起こしたのではないこと,以下これを「偶発性」といいます)とは異なるという見解です。また,平成20年改正前商法641条は,被保

険者等の故意によって生じた事故を免責事由としていました。それゆえ，原則として損害保険金の請求者は，事故の偶発性についての主張立証責任までは負わず，保険会社において当該事故が被保険者等の故意により発生したものであることを主張・立証すべきであると解されています。平成20年改正前商法の629条や641条は新たに制定された保険法にも同趣旨の規定がありますので（保険2条6号・17条1項），平成22年4月1日に同法が施行された後でも，以上のような見解が通説となっています。

ところが，同じ損害保険のなかでも車両保険では，保険金支払の要件として約款で「衝突，接触，墜落，転覆，物の飛来，物の落下，……その他偶然な事故」と規定されています。そのため，車両保険に関しては，「事故の偶発性」（被保険者らの故意によらないこと）が約款上保険事故の内容として取り込まれているとして，保険金請求者側が保険事故の偶発性を立証すべきであるとの見解も有力に主張されており，この見解を採用する下級の裁判例もあり，裁判所の判断は分かれていました。

2 請求者の偶発性の主張立証責任

このようななかで，平成18年に裁判所の判断を統一するような最高裁判例が相次いで出されました。最判平18・6・1[1]（以下「6月1日判決」といいます）と，最判平18・6・6[2]（以下「6月6日判決」といいます）です。6月1日判決の事案は，自己所有の車両を運転してマリーナ施設に赴いた際，車両が海中に水没する事故が発生したとして，被保険者が，自家用自動車総合保険（SAP）契約に基づき保険会社に車両保険金等を請求したというもので，車両の水没が保険約款にいう「偶然な事故」であるか，その立証責任は原告と被告のどちらが負担するかが争点となりました。第1審（福井地裁敦賀支部）[3]・第2審（名古屋高裁金沢支部）[4]は，ともに「偶然な事故」の立証責任は原告（請求者）側にあり，その立証ができていないとして請求を棄却しました。しかしながら，その上告審である6月1日判決は逆の判断を下しました。すなわち，保険約款で「衝突，接触，墜落，転覆，物の飛来，物の落下，……その他偶然な事故」を保険事故と規定する趣旨について，平成20年改正前商法629条が損害保険契

第3章◇任意自動車保険
第6節◇車両条項

約の保険事故を「偶然ナル一定ノ事故」と規定したのは，損害保険契約が保険契約成立時においては発生するかどうか不確定な事故によって損害が生じた場合にその損害をてん補することを約束する契約であるから，保険契約成立時において保険事故が発生すること又は発生しないことが確定している場合には保険契約が成立しないことを明らかにしたものと解すべきであり，当該保険約款の規定も，前記平成20年改正前商法の趣旨をわかりやすく例示して明らかにしたものであるとしました。そして，上記約款にいう「偶然な事故」を，上記平成20年改正前商法の「偶然ナル」事故と同じであるとし，保険事故の発生時において事故が被保険者の意思に基づかないこと（保険事故の偶然性）をいうものと解することはできないと判示しました。また，平成20年改正前商法641条を根拠にして，保険解約者又は被保険者の悪意又は重大な過失によって保険事故を発生させたことは保険金請求権の発生を妨げる免責事由であるとしました。このような判断の下，車両保険金の請求をする者は，事故の発生が被保険者の意思に基づかないことにつき主張・立証すべき責任を負わないとしたうえで，本件保険契約成立時において本件事故が発生するかどうか確定していなかったことは明らかである（偶然性は認められる）と判示して，本件事故が偶然なものであるという立証がないとして請求を棄却した原判決を破棄差戻しとしました。

これに続いた6月6日判決は，何者かにより自己所有の車両の前後部，両側面にひっかき傷を付けられたとして，被保険者が自動車保険契約に基づく車両保険金等を請求したという事案です。この事件では，車両に「ひっかき傷」がついたことが保険約款にいう「偶然な事故」であるか，その立証責任は原告被告どちらが負担するかが争点となりました。この事件でも，第1審（名古屋地裁）☆5・第2審（名古屋高裁）☆6は，ともに「偶然な事故」の立証責任は請求者側にあるとし，その立証ができていないとして請求を棄却しました。ところが，その上告審である6月6日判決は，当該保険約款の車両条項が「衝突，接触，墜落……その他偶然な事故」を保険事故と規定する趣旨につき，前記6月1日判決と同じく通説的見解に立った解釈をし，車両保険金の請求をする者は，事故の発生が被保険者の意思に基づかないことの主張立証責任を負わないと判示したうえで，本件事故が偶発的な事故であることの立証がないとして保

険金請求を棄却した原判決の部分を破棄差戻しとしています。

　以上平成18年の2つの最高裁判決により，最高裁は車両保険金の請求事案について前記通説的見解をとることを明らかにしたものといえます。したがって，車両保険約款にいう「偶然な事故」といえるためには，保険金請求者側は，保険契約の成立の当時において，当該事故の発生と不発生がいずれも可能であって，発生するかどうかが不確定であった事故であることを主張・立証すればよいことになります（通常は容易なことでしょう）。これに対して，保険会社側において免責を得るためには，当該事故が保険契約者や被保険者の故意又は重過失によるものである等の免責事由としての事実を抗弁として主張・立証しなければなりません。一般的に，現在の車両保険約款では，保険金を支払わない場合として，保険契約者，被保険者又は保険金を受け取る者，及びそれらの者の近親者や使用人の「故意」のほか「重大な過失」をも免責事由として規定しています。この要件は保険会社側に主張立証責任があり，保険会社側でそのような免責事由の主張・立証がなければ，その他の免責事由がない限り保険金が支払われることとなっています。

3　窃盗事件における外形的事実の主張・立証

　次に，車両保険金が請求されて偶然性が争われることが多いケースに盗難事故があります。この場合にも，上述した通説的見解や最高裁判例に従えば，「盗難」も保険契約当時には発生するかどうか不確定な事故であり偶然性は認め得るのであるから，保険金請求者側では盗難の損害を主張・立証すればよく，保険会社の側でその事故が保険金請求者側の故意又は重過失によることを免責事由として主張・立証すべきであるとする見解（損害説）にも理由なしとしません。しかしながら，「盗難」は，被害者の意思によらないで生じた事故（すなわち偶発的な事故）という意味が含まれているとも考えられます。そのため，盗難の意義の論理的帰結として保険金請求者側で事故の偶発性をも立証すべきであるという見解（盗難説）や，保険金請求者側では事故の偶発性までの主張立証責任はないが，外形上盗難があったといえるだけの事実を証明する必要があるという見解（外形的事実説）が有力に主張されてきました。

第3章◇任意自動車保険
第6節◇車両条項

　この見解の対立が，下級審の裁判例にも反映しており，判断の一致をみないままとなっていましたが，平成19年に上記外形的事実説を支持する最高裁判例が相次いで出されました。最判平19・4・17☆7（以下「4月17日判決」といいます）と，最判平19・4・23判決☆8（以下「4月23日判決」といいます）です。4月17日判決の事案は，約10日間のフィリピン旅行中，自宅マンションの駐車場に駐車していた自己所有車が盗難に遭ったとして車両保険金の支払請求がなされたものです。判決は，一般に盗難とは占有者の意思に反する第三者による財物の移転をいうという前提の下に，保険約款で，保険契約者等が故意によって保険事故を発生させたことを保険金不払事由と規定していることは，平成20年改正前商法641条と同様に免責事由として規定したというべきであるとし，保険事故が保険契約者又は被害者の意思に基づいて発生したことは保険者が免責事由として主張・立証すべきことであるとしました。そして，約款上の盗難という事実が発生したとして車両保険金の請求をする者は，「被保険者以外の者が被保険者の占有に係る被保険自動車をその所在場所から持ち去ったこと」という外形的な事実を主張・立証すれば足り，被保険自動車の持去りが被保険者の意思に基づかないものであることを主張・立証すべき責任を負わないと判示しました。そして，この事実についても保険金請求者に主張立証責任を課したうえその立証がないとして保険事故の発生を否定し請求を棄却した原判決（福岡高裁）☆9を破棄し，原審に差し戻しました。

　次に，4月23日判決の事案は，無償で譲り受けた車両に，車両保険金額240万円とする一般自動車総合保険契約を締結した保険契約者が，ショッピングセンターの駐車場内で当該車両が盗難に遭ったとして保険金請求をしたケースですが，判決はやはり外形的事実説を採用しています。ただ，この判決は，保険金請求者は「被保険者以外の者が被保険者の占有に係る被保険自動車をその所在場所から持ち去った」という盗難の外形的事実を主張・立証する責任を免れないが，その外形的事実とは，「被保険者の占有に係る被保険自動車が保険金請求者の主張する所在場所に置かれていたこと」及び「被保険者以外の者がその場所から被保険自動車を持ち去ったこと」という事実から構成されるとし，原審（大阪高裁）☆10の「外形的・客観的にみて第三者による持ち去りとみて矛盾のない状況」が立証されれば盗難の事実が事実上推定されるとして盗難の事

実を認定した判断は，主張立証責任の分配に実質的に反すると判示し，原判決を破棄差戻しとしました。

4 盗難事件で双方が主張・立証すべき事実の検討

　以上2つの最高裁判例は，窃盗の保険事故に関する立証責任につき外形的事実説をとることについては共通していますが，4月23日判決は保険金請求者が立証すべき外形的事実が，「被保険者の占有に係る被保険自動車が保険金請求者の主張する所在場所に置かれていたこと」及び「被保険者以外の者がその場所から被保険自動車を持ち去ったこと」であることを明示しており，4月17日判決よりも一歩分析を進めた判決と評価できます。とはいえ，このような外形的事実を主張・立証すればよいとされても，そもそも盗難（車両の窃盗）は密かに行われるものですから，目撃者を探すことは非常に難しく，車両持去りの場面が撮影された防犯カメラの映像などがなければ立証は困難であるといえます。この点については，上記外形的事実を裏づける証拠が被保険者の供述しかないような事例においても，これに反する証拠がないか又は弱く，その供述の信用性が維持されているような場合には，外形的事実が認定されることもあり得る旨の最高裁調査官の見解があります[1]。

　要するに，事案にもよると思われますが，窃盗の保険事故に関しては，保険金請求者側で外形的事実の主張がなされ，その主張内容が相当程度の信用性を有するものであれば，そのような請求者側の盗難主張の信ぴょう性を減殺するため，保険会社側による請求者側の故意又は重過失を基礎づける事実の主張・立証が必要となり，その立証の程度によって，請求者側の外形的事実が認められる（又は認められない）との判断や，外形的事実は認められるが請求者側の故意又は重過失が認められるため免責という判断が下されることになるものと思われます。

〔小松　初男〕

第3章◇任意自動車保険
第6節◇車両条項

■判　例■

☆1　最判平18・6・1民集60巻5号1887頁・集民220号381頁・交民集39巻3号595頁。
☆2　最判平18・6・6集民220号391頁・判タ1218号191頁・判時1943号14頁。
☆3　福井地敦賀支判平16・9・2交民集39巻3号597頁。
☆4　名古屋高金沢支判平17・2・28交民集39巻3号608頁。
☆5　名古屋地判平16・12・22金判1244号59頁。
☆6　名古屋高判平17・7・14金判1244号57頁。
☆7　最判平19・4・17民集61巻3号1026号・集民224号75頁・交民集40巻2号313頁。
☆8　最判平19・4・23集民224号171頁・判タ1242号100頁・判時1970号106頁。
☆9　福岡高判平18・2・23交民集40巻2号328頁。
☆10　大阪高判平17・6・2金判1267号44頁。

■注　記■

＊1　髙橋譲「最高裁判所判例解説」曹時62巻4号915頁。

第7節　その他

Q49　弁護士費用保険

弁護士費用保険とはどのようなものですか。弁護士費用保険から，着手金を受領すると，加害者（賠償義務者）への損害賠償請求において，弁護士費用損害を請求することができなくなりますか。加害者から弁護士費用を含む損害賠償金を受領した場合に，弁護士費用保険を請求することはできますか。

A

　弁護士費用保険は，約款所定の被害事故によって被害者である被保険者が被った損害を加害者に対して賠償請求する場合に，被保険者（被害者）が弁護士等に法律相談や訴訟提起をする際に生じる経済的損失（損害）を保険給付によっててん補する内容の損害保険契約をいいます。
　弁護士費用保険から着手金を受領していても，また，弁護士費用保険の契約をしていても，加害者（賠償義務者）に対する弁護士費用損害が認められないということにはならないでしょう。
　加害者から，判決で認容された弁護士費用損害分を受領し（弁護士費用保険から受領した分があればそれも加えて），それが弁護士との委任契約に基づく弁護士費用額を超えているときは，別途，弁護士費用保険金の請求をすることはできません。

第3章◇任意自動車保険
第7節◇そ の 他

☑キーワード

弁護士費用保険，弁護士費用特約，保険代位

解　説

1　弁護士費用保険とは

　交通事故によって被害を受けた場合，その損害賠償請求を被害者が自ら行うのは必ずしも容易ではなく，弁護士等の専門家に依頼しなければ，賠償額の積算，交渉，訴訟手続の遂行を適切に行うことができないことが多いのが実情です。

　弁護士に委任した場合，委任者は弁護士に対して報酬を支払う義務を負います。弁護士費用保険の適否は，この委任契約に基づく報酬請求権が存在することが前提になります。

　弁護士費用保険は，約款所定の被害事故によって被害者である被保険者が被った損害を加害者に対して賠償請求する場合に，弁護士費用等を負担することによって被る経済的損失（損害）を保険給付によっててん補する内容の損害保険契約をいいます。弁護士費用等担保特約，弁護士費用特約，弁護士費用等補償特約などの名称が付されています。いわゆる権利保護保険（弁護士保険）の一形態として，自動車保険契約の特約として締結されるものであり，2000（平成12）年に導入され，その後，急速に広まったものです。傷害保険や火災保険などにも付帯され，近時，適用範囲が拡大されてきていますが，ここでは自動車保険の特約としての弁護士費用保険についてみることにします。

　弁護士費用保険に関する約款の定め方は，各社各様です。保険金を支払う場合について，例えば，次のような規定がなされています。

　①　東京海上日動火災海上保険株式会社「トータルアシスト」（2016年4月1日〜始期契約）弁護士費用等補償特約第2条(1)

> 当会社は，被保険者が対象事故によって被った損害について，保険金請求権者が法律上の損害賠償請求を行う場合に弁護士費用を負担したことによって生じた損害に対して，この特約の規定にしたがい，弁護士費用保険金を支払います。

② 損害保険ジャパン日本興亜株式会社「THEクルマの保険」(平成27年10月版（平成28年1月対応版))弁護士費用特約第1条(1)本文

> 当会社は，この特約により，保険金請求権者が賠償義務者に対し被害事故にかかわる法律上の損害賠償請求を行う場合に，保険金請求権者が弁護士費用等を負担することによって被る損害に対して，弁護士費用保険金を支払います。

③ 三井住友海上火災保険株式会社「GKクルマの保険・家庭用自動車総合保険」(改定：2015年10月）弁護士費用特約第2条(1)

> 当社は，被保険者が偶然な事故により被害を被ること（以下「被害事故」といいます。）によって，保険金請求権者が損害賠償請求を行う場合は，それによって当社の同意を得て支出した損害賠償請求費用を負担することにより被る損害に対して，この特約に従い，保険金請求権者に損害賠償請求費用保険金を支払います。

④ あいおいニッセイ同和損害保険株式会社「タフTOUGHクルマの保険」(平成28年4月）弁護士費用特約第2条(1)

> 当社は，次の①または②のいずれかに該当する場合に，被保険者が弁護士費用等を負担することによって被る損害に対して，この特約に従い，弁護士費用等保険金を支払います。
> ① 被害事故の場合において，被保険者が被害について賠償義務者に対し法律上の損害賠償請求を行うとき。
> ② 無責事故の場合において，被保険者がその損害について損害賠償請求をされ，損害賠償請求を行う者と争う必要があるとき。

このように，弁護士費用保険の目的は，損害のてん補にありますので，損害

第3章◇任意自動車保険
第7節◇そ の 他

保険契約（保険2条6号）と解されます。

2 被保険者の範囲

弁護士費用保険の被保険者は，各社によって表現が異なっていますが，概ね次の範囲の者とされています（以下の内容は，TOUGHの約款第3条(1)によります）。

---

① 記名被保険者
② 記名被保険者の配偶者
③ 記名被保険者またはその配偶者の同居の親族
④ 記名被保険者またはその配偶者の別居の未婚の子
⑤ ①から④まで以外の者で，ご契約のお車の正規の乗車装置またはその装置のある室内（隔壁等により通行できないように仕切られている場合を除きます。以下この条において同様とします。）に搭乗中の者
⑥ 上記①から⑤まで以外の者で，①から④までの者が自ら運転者として運転中（駐車または停車中を除きます。）のご契約のお車以外の自動車の正規の乗車装置またはその装置のある室内に乗車中の者。ただし，①から④までの者の使用者の業務（家事を除きます。）のために運転中の，その使用者の所有する自動車に搭乗中の者を除きます。
⑦ 上記①から⑥まで以外の者で，ご契約のお車の所有者

---

3 弁護士費用保険金を支払う対象

弁護士費用保険金は，対象事故や被害事故によって被った損害賠償を行う場合に弁護士費用等を負担したことによって生じた損害に対して支払われます。この対象事故や被害事故は，次のものとされます（以下の内容は，THEクルマの保険の約款の被害事故の定義によります）。

日本国内において保険期間中に発生した偶然な事故により，次のいずれかに該当する被害が生じたことをいいます。
　① 賠償義務者が自動車を所有，使用または管理することに起因する事故により，次のいずれかに該当すること。

ア．被保険者の生命または身体が害されること。
　　イ．被保険者が所有，使用または管理する財物が滅失，破損または汚損されること。
　②　①のほか，被保険者が自動車に搭乗中に，次のいずれかに該当すること。
　　ア．被保険者の生命または身体が害されること。
　　イ．被保険者が所有，使用または管理する財物が滅失，破損，または汚損されること。ただし，その財物が被保険者が搭乗中の自動車に積載中の財物である場合に限ります。
　③　①および②のほか，次のいずれかに該当する自動車が滅失，破損または汚損されること。
　　ア．契約自動車
　　イ．契約自動車以外の被保険者が所有する自動車

　ここにいう「偶然な事故」とは，保険事故をいい，保険法5条1項括弧書の「偶然の事故」と同義であって，保険契約成立時において発生するかどうかが不確定な事故をいうと解されています。

　弁護士費用等とは，例えば「当会社の同意を得て支出した次の費用をいいます。」とされ，具体的には「損害賠償に関する争訟について，弁護士，司法書士，裁判所またはあっせんもしくは仲裁を行う機関に対して支出した弁護士報酬，司法書士報酬，訴訟費用または仲裁，和解もしくは調停に要した費用」などと規定されています（THEクルマの保険の弁護士費用等の定義によります）。こうした費用について，保険会社の同意や承認を得て支出するものとする約款が多くなっています（トータルアシスト，THEクルマの保険，タフTOUGHクルマの保険では，弁護士費用の定義において定めています）。

4　弁護士費用保険が支払われる場合と金額

　弁護士費用保険は，**1**でみたように，保険会社によって支払われる場合の表現は多少異っていますが，例えば，被保険者が，自動車を運転していたところ，加害車に衝突されて負傷した場合，渋滞で停止していたところ，後続の加害車に追突されて車両が損傷を受けた場合に，その損害賠償請求をするために弁護士費用等を負担したときに支払われます。

支払われる金額については，300万円を限度とするものがほとんどです。なお，トータルアシストでは法律相談費用保険金を含めて300万円と定められています。

従前は，限度額を定めるだけのものが多かったのですが，そのため保険会社と弁護士との間で弁護士費用額をめぐる紛争が生じるようになったことから，経済的利益に応じた弁護士費用の算定方法を定める約款が現れ，現在では，旧弁護士報酬基準に準じた内容の弁護士費用保険金支払限度額を定めるものが主流になっています。例えば，着手金については，経済的利益の額が125万円以下の場合には上限額10万円，125万円を超えて300万円以下の場合は経済的利益〔事故内容および被保険者が対象事故によって被った被害から計算されるべき損害賠償請求の額〕の額の8％に相当する金額，300万円を超え3000万円以下の場合は経済的利益の額の5％に相当する金額に9万円を加えた額，などと支払上限額が定められています（トータルアシスト，第6条(2)に関する別表によります）。

このような規定のある約款の場合，300万円の範囲で，これによって算定された金額が支払限度額になります。弁護士と依頼者との間の委任契約によって上記基準以上の金額の報酬額の合意をしていた場合でも，弁護士費用保険でカバーされるのは，この限度となり，これを超える部分については依頼者が支払うことになります。

5　弁護士費用保険金が支払われない場合

約款では，弁護士費用保険金を支払わない場合を類型別に定めています（以下の内容は，THEクルマの保険より抜粋）。

① 被害事故に関する免責事由としては，被保険者の故意または重大な過失によって発生した被害事故，被保険者が法令に定められた運転資格を持たないで自動車を運転している間に発生した被害事故，被保険者が道路交通法65条（酒気帯び運転等の禁止）1項に定める酒気を帯びた状態またはこれに相当する状態で自動車を運転している間に発生した被害事故，被保険者が麻薬，大麻，あへん，覚せい剤，シンナー等の影響により正常な運転ができないおそれがある状態で自動車を運転している間に発生した被害事

故，被保険者が，自動車の使用について，正当な権利を有する者の承諾を得ないで自動車に搭乗中に発生した被害事故，被保険者の闘争行為，自殺行為または犯罪行為によって発生した被害事故などの場合には，保険金を支払わないとしています。

② 戦争その他の変乱などによる免責事由として，戦争，外国の武力行使，革命などの事変または暴動，地震，噴火，津波，核燃料物質等による汚染物の放射性・爆発性起因事故，自動車を競技・曲技のために使用すること，財物の欠陥，自然の消耗，故障損害については，保険金を支払わないとしています。

③ 被保険者が賠償義務者と特別な関係にある場合の免責事由として，賠償義務者が，記名被保険者等である場合，被保険者の父母，配偶者または子，被保険者の使用者，被保険者の使用者の業務に自動車を使用している他の使用人などである場合には，保険金を支払わないとしています。

④ 加えて，保険金請求権者が社会通念上不当な損害賠償請求またはこれにかかわる法律相談を行う場合は，それにより生じた費用に対しては保険金を支払わないとしています。

6 弁護士費用保険金の支払と賠償義務者への請求額等との関係

弁護士が，代理人として賠償義務者に対して損害賠償請求を行うまでの前に，弁護士費用保険金として弁護士報酬の一部（着手金，タイムチャージの一部）を受領した場合，賠償義務者へ請求する弁護士費用損害額から受領済みの弁護士費用額を控除しなければならないのでしょうか。弁護士費用保険が存在することから，成功報酬を含む弁護士費用損害はこれによっててん補されることになりますので，賠償義務者へは請求できないことになってしまうのかが問題となります。

(1) 弁護士費用保険からの一部受領と弁護士費用損害の関係

これについては，被害者が加入する自動車保険（任意保険）の弁護士費用保険金によって弁護士費用が賄われているので，被害者には弁護士費用相当額の損失は発生しないと賠償義務者が主張した事案で，「この保険金は原告（保険

契約者）が払い込んだ保険料の対価であり，保険金支払義務と損害賠償義務とはその発生原因ないし根拠において無関係と解されるから，被告の上記主張は採用できない。」と判示した裁判例[1]，「代理人への委任が同特約に基づくことのみをもって，本件訴訟を提起した原告X会社において，弁護士費用に相当する損害が発生しないことにはならず，また，同特約により既に弁護士費用が原告X保険会社から原告X会社に支払われたことまでの証明もない。」と判示した裁判例[2]，「仮に，原告甲野が自動車保険契約の弁護士費用特約を利用していたとしても，弁護士費用相当額の保険金は原告甲野の負担した保険料の対価として支払われるものであるから，原告甲野に弁護士費用相当額の損害が発生していないとはいえない。」と判示した裁判例[3]などがあります。

　いずれも結論は妥当といえますが，理由づけには疑問が残ります。弁護士費用保険は損害保険ですから，上記裁判例のように無関係とはいいきれません。弁護士費用特約では，普通保険約款の規定を準用していますので，保険会社が弁護士費用を支払った場合，被保険者の賠償義務者に対する弁護士費用の損害賠償請求権に保険代位がなされます。

　この点で，被害者が加入する弁護士費用担保付自動車保険では，保険金請求権者が第三者に費用を請求することができる場合には，保険会社は，支払った保険金の限度内で，かつ，保険金請求権者の権利を害さない範囲内で，保険金請求者がその第三者に対して有する権利を取得する旨が定められており，少なくとも支払済みの弁護士費用について請求権を有するのは保険会社であって，被害者ではないとして，被害者の加害者に対する弁護士費用相当額の請求を認めなかった裁判例[4]があります。

　しかし，代位については，約款の文言からは，弁護士との委任契約の終了時に発生する報酬金の支払を終えた後に生じ得るものであって，着手金支払が弁護士費用特約からなされたことをもって生じるものとは解されません。判決による弁護士費用損害などと弁護士費用特約からの支払額との調整規定を定めていることからは，この規定によって調整できる場合には代位は生じないと考えられますので，この点からも着手金支払時には，保険者による代位は生じないと解することになると考えられます。

　また，弁護士費用額が判決で認容される額より多額となる場合は，差額説を

とる限り，支払われた保険金額を損害額から単純に控除はできません。最終的に，報酬総額と弁護士費用損害が確定されるまでは代位は論じがたい，という点からも，絶対説的に控除するのはおかしいといえるでしょう☆5。

したがって，着手金について弁護士費用特約から支払を受けたとしても，代位によって賠償義務者の弁護士費用損害の賠償義務が減じられることにはならないと解されます。なお，弁護士費用特約があるだけで，その支払を受けていない場合に，損害のてん補があったとみることは困難です。

(2) 賠償義務者からの支払との関係

前述のように，弁護士費用特約の約款では，賠償義務者等から支払があった場合の調整について規定しています。保険金請求権者に支払った弁護士費用保険金の返還を求めることができるとして，例えば，次のような定めがおかれています（以下の内容は，THEクルマの保険，第12条②によります〔形式上の理由から一部修正〕）。

> 　被害事故に関して保険金請求権者が提起した訴訟の判決に基づき，保険金請求権者が賠償義務者からその訴訟に関する弁護士費用等の支払を受けた場合で，次のイの額がアの額を超過するとき。
> 　ア．保険金請求権者がその訴訟について弁護士または司法書士に支払った費用の全額
> 　イ．判決で確定された弁護士費用等の額と当会社が第1条の規定により既に支払った保険金の合計額
> ［当会社が返還を請求することができる額］上記イの額から上記アの額を差し引いた超過額に相当する金額。ただし，第1条の規定により支払われた保険金の額を限度とします。

この調整規定に関しては，賠償義務者に対する訴訟によって弁護士費用損害が認定され，その支払を受けた場合，それとは別に被害者側が契約する保険会社に弁護士費用保険金を請求できるのかが問題となった事案がありました。

事案は，亡AがY保険会社との間で締結した弁護士費用等担保特約を締結していたところ，亡Aが交通事故により死亡し，亡Aを相続した原告らが，弁護士に委任して加害者に対する損害賠償請求訴訟（別件）を提起して，弁護士費用損害を含む損害が認容されて支払を受けた後で，Y保険会社に対して，別件

第3章◇任意自動車保険
第7節◇そ の 他

交通事故訴訟において認められて支払われた弁護士費用は，保険契約における弁護士費用等担保特約における弁護士費用とは別のものであると主張して，その支払を求めたものです。

裁判所は，次のように判示しました[☆6]。

「本件特約は，約款1条①によれば，日本国内において発生した急激かつ偶然な外来の事故によって，被保険者が費用を負担したことによって被る損害に対して保険金を支払うものであることから，保険契約のうち，保険者が一定の偶然の事故によって生ずることのある損害をてん補することを約するものであり，損害保険契約（保険法2条6号）である。」

「賠償義務者が被保険者に対して判決で認定された弁護士費用を支払った場合の弁護士費用の額と被告が既に支払った保険金の合計額が，被保険者が委任契約により弁護士に対して支払った費用の全額を超過する場合は，被告は，本件特約に基づく保険金の支払義務がないことになる。」

「原告らは，弁護士費用と弁護士報酬は，その法律関係，性質，金額が異なるので，本件委任契約に基づき弁護士が原告らに請求する弁護士報酬は，別件訴訟の判決において認定された弁護士費用とは異なると主張する。

しかし，別件訴訟の判決において認定された弁護士費用は，本件事故による不法行為と相当因果関係のある損害として，別件訴訟の提起のための訴訟委任に要した費用であり，原告らは，別件訴訟の提起のため，弁護士との間で本件委任契約を締結し，原告らの主張によれば，着手金10万円，報酬金317万円について，原告らは弁護士に弁護士報酬に係る支払義務を負ったとのことであるから，上記弁護士費用と当該弁護士報酬とは，原告らが，別件訴訟提起のための訴訟委任・訴訟費用に要した費用という意味においては同じである。そうすると，これらについて，弁護士費用，訴訟費用として支出した損害のてん補という意味において同一に解することは，合理性を有するものと考えられる。」

上記の結論は，利得禁止原則や損害てん補原則に沿ったものであり，妥当と考えられます。

7　その他

　以上のほか，弁護士費用保険に関しては，①被保険者本人が弁護士である場合に，他の弁護士に訴訟を委任せず，本人訴訟で訴えを提起したときに，その弁護士費用について弁護士費用保険金の請求ができるのか（弁護士賠償責任保険契約に関する事案で消極に解した裁判例☆7があります），②弁護士費用が自由化されていることから，事案の実体に比して不当に高額な弁護士費用とする委任契約が締結された場合に保険会社はその支払を拒めるのか（ただし，前述した保険金限度額を定める新約款が適用になるものについては，これは問題となりません。もっとも，経済的利益の算定をめぐっては争いになる場合があり，その場合に保険会社の同意・承認要件によって保険金請求の可否が決せられることになるでしょう☆8），③弁護士費用保険を利用すると依頼者の契約する保険会社から事案の進捗報告を求められるが，加害者側の保険会社と同一の場合に，守秘義務との関係で問題は生じないのか，などの問題があります。

〔髙木　宏行〕

■判　例■

☆1　大阪地判平21・3・24交民集42巻2号418頁。同様の判示をするものとして，東京地判平24・1・27交民集45巻1号85頁。
☆2　東京地判平22・8・23自保ジャーナル1838号84頁。保険金支払の証明がないとの理由を用いた例として，名古屋地判平27・7・7（平成27年（レ）第56号）WLJ。
☆3　東京地判平24・1・27交民集45巻1号85頁。
☆4　福岡地判平23・5・9（平成22年（レ）第222号）WLJ。
☆5　横浜地判平24・10・31交民集45巻5号1322頁。
☆6　東京地判平25・8・26金判1426号54頁・自保ジャーナル1907号167頁，東京高判平25・12・25自保ジャーナル1934号159頁，最判平26・6・27自保ジャーナル1934号159頁。
☆7　東京高判平19・2・28金判1322号45頁。
☆8　長野地諏訪支判平27・11・19自保ジャーナル1965号163頁。

キーワード索引

あ

悪意免責	Q 8
アフロス（アフター・ロス）契約	Q27
案分説	Q23
医業	Q10
医業類似行為	Q10
慰謝料	Q41
一括払制度	Q36
１点単価	Q 9
因果関係不存在特則	Q28
飲酒運転	Q43
上積み保険	Q36
運行供用者	Q 3，Q 5
運行支配・運行利益	Q 5
運行に起因する事故	Q 4
運行によって	Q 3
運転者	Q 7
――としての地位の離脱	Q 7
運転補助行為	Q 7
運転補助者	Q 7

か

外国人	Q18
外来性の主張立証責任	Q42
加害者請求	Q 2
確定遅延損害金	Q25
加算的過失相殺	Q21
家事従事者	Q11
過失相殺	Q36
――の類推適用	Q19
過失相殺後控除説	Q22
過失相殺前控除説	Q22
加重（後遺障害の等級認定）	Q13
関連共同	Q21
企業損害	Q11
危険責任	Q 5
危険増加による解除	Q29
危険物管理責任	Q 5
基礎収入（額）	Q12，Q17
記名被保険者	Q37
休業損害	Q11
給与所得者	Q11
競合的不法行為	Q21
強制保険	Q 2
共同運行供用者の他人性	Q 6
共同不法行為	Q21
共同不法行為者間の求償	Q21
業務災害	Q38
虚偽記載・不実申告	Q32
許諾被保険者	Q37
寄与度	Q19，Q21
偶然な事故の主張立証責任	Q48
継続説	Q16
系列（後遺障害等級表）	Q13
健康保険	Q22
権利能力	Q45
故意免責	Q 8
――条項	Q39
後遺障害逸失利益	Q16
後遺障害の等級認定の仕組み	Q13
高額診療	Q 9
高次脳機能障害	Q15
交替運転	Q 7
告知義務	Q28
個別適用	Q37，Q43
固有装置説	Q 4

キーワード索引

さ

- 財産上の損害 …… Q41
- 裁判管轄 …… Q18
- 在留資格 …… Q18
- 差額説 …… Q12
- 酒酔い免責 …… Q43
- 自家用自動車総合保険 …… Q26
- 事業所得者 …… Q11
- 時効期間の起算点 …… Q35
- 時効の中断 …… Q35
- 自損事故保険 …… Q44
- 疾患と身体的特徴 …… Q20
- 疾病免責 …… Q42
- 質問応答義務 …… Q28
- 自動車保険普通保険約款 …… Q39
- 自動補償特約条項 …… Q31
- 自賠責保険 …… Q1
- 死亡の逸失利益 …… Q17
- 車両保険（共済）…… Q48
- 重過失減額 …… Q3
- 自由診療 …… Q9
- 重大事由解除 …… Q32
- 酒気帯び免責 …… Q43
- 準拠法 …… Q18
- 傷害疾病定額保険契約 …… Q44
- 傷害保険 …… Q46
- 消極損害 …… Q11
- 症状固定 …… Q13
- 状態免責 …… Q43
- 承認請求書 …… Q30
- 消滅時効 …… Q35
- 所有・使用・管理（被保険自動車の）…… Q36
- 序列（後遺障害等級表）…… Q13
- 心因的要因 …… Q20
- 人身傷害補償特約 …… Q42
- 人身傷害（補償）保険 …… Q1, Q26, Q44, Q46
- 親族間事故に対する免責 …… Q36
- 新ホフマン …… Q12, Q17
- 生活費控除率（割合）…… Q12, Q17
- 正規の乗車装置又は正規の乗車装置のある室内 …… Q44
- 請求権代位 …… Q24
- 政府の保障事業 …… Q8
- 責任持ち特約 …… Q27
- 積極損害 …… Q9
- 絶対的過失相殺 …… Q21
- 切断説 …… Q16
- 説明・調査協力義務 …… Q32
- 素因減額 …… Q19, Q20, Q36
- 相続（的）構成 …… Q14, Q17
- 相対的過失相殺 …… Q21
- 相当因果関係 …… Q4, Q19
- 相当（後遺障害の等級認定）…… Q13
- 損益相殺 …… Q22, Q24, Q47
- 損害発生通知義務 …… Q32
- 損害防止義務 …… Q32
- 損害防止費用 …… Q32

た

- 代位 …… Q23
- 胎児 …… Q45
- 体質的素因 …… Q20
- 貸借 …… Q5
- 貸借当事者間の免責契約の第三者効力 …… Q5
- 代替労働 …… Q11
- 他人性 …… Q3, Q6
- 他保険契約 …… Q28
- 玉掛作業 …… Q7
- 遅延損害金 …… Q25, Q34
- 中間利息の控除 …… Q12
- 超過保険 …… Q33
- 重複保険 …… Q33
- 直接請求 …… Q23
- 治療費 …… Q9
- 賃金構造基本統計調査（賃金センサス）…… Q14
- 通知義務 …… Q29
- 搭乗者傷害保険 …… Q44, Q46, Q47
- 盗難事故の立証責任 …… Q48

キーワード索引

独立責任額	Q33
──按分方式	Q33
──全額方式	Q33

な

内　縁	Q40
任意自動車保険	Q 1
年　金	Q22
──の逸失利益性	Q12
脳脊髄液減少症（低髄液圧症候群）	
	Q15
ノンフリート等級	Q30

は

配偶者	Q40
廃　車	Q31
賠償責任保険	Q 2
被害者	
──請求	Q 2
──の自殺	Q19
──の直接請求権	Q36
被害者優先説	Q23
非器質性精神障害	Q15
必要かつ妥当な実費	Q10
非典型後遺障害	Q15
被保険自動車	Q37
──の入替え	Q31
被保険者	Q37，Q44
──の親族	Q38
被保険者性	Q45
不真正連帯債務	Q21
物的損害（物損）	Q41
扶養（的）構成	Q14，Q17
平均賃金	Q14
併合（後遺障害の等級認定）	Q13
弁護士費用特約	Q49
弁護士費用保険	Q49

報償責任	Q 5
法定利率	Q25
保険会社間の求償	Q33
保険休止状態	Q27
保険金額按分方式	Q33
保険金支払債務の履行期	Q34
保険代位	Q46，Q49
保険の目的物の譲渡	Q30
保険料の増額	Q29
保険料領収前免責	Q27

ま

未必の故意	Q39
民法改正	Q17
無保険車傷害保険	Q44 〜 Q46
免責事由	Q36，Q38，Q40
──の限定	Q 3

ら

ライプニッツ係数	Q17
ライプニッツ式	Q12
履行期の延長	Q34
領収前免責条項	Q27
労　災	Q22
労働者災害補償保険法（労災保険法）	
	Q24
労働能力喪失期間	Q12，Q16
労働能力喪失説	Q12
労働能力喪失率	Q12

A〜Z

CRPS（カウザルギー・RSD）	Q15
MTBI	Q15
PTSD	Q15
VAS（Visual Analogue Scale）チャート	Q10

判例索引

■大審院

大判大 2・10・20民録19輯910頁	Q12
大判大 9・ 4・20民録26輯553頁	Q17
大判大14・ 2・19新聞2376号19頁	Q35
大判大15・ 2・16民集 5 巻 3 号150頁	Q17
大連判大15・ 5・22民集 5 巻386頁	Q19
大判昭16・12・27民集20巻24号1479頁	Q17

■最高裁判所

最判昭30・ 5・24刑集 9 巻 7 号1093頁	Q10
最判昭33・ 4・11民集12巻 5 号789頁・集民31号155頁・判時147号 4 頁	Q40
最判昭35・ 3・10民集14巻 3 号389頁・集民40号285頁・判時217号19頁	Q42
最判昭37・ 5・ 4 民集16巻 5 号1044頁・集民60号541頁	Q12
最判昭37・ 6・12民集16巻 7 号1322頁・集民61号171頁・判時308号 6 頁	Q27
最判昭37・ 9・ 4 民集16巻 9 号1834頁・集民62号345頁	Q24, Q25
最判昭37・12・14民集16巻12号2407頁・判時327号36頁	Q 6
最判昭39・ 2・11民集18巻 2 号315頁・集民72号137頁・判タ160号69頁	Q 5
最判昭39・ 6・24民集18巻 5 号874頁・集民74号181頁・判タ166号106頁	Q12, Q17
最判昭39・ 9・25民集18巻 7 号1528頁・集民75号521頁・判タ168号94頁	
	Q22, Q24, Q47
最判昭39・12・ 4 民集18巻10号2043頁・判タ169号219頁・判時394号57頁	Q 5, Q 6
最判昭40・ 9・ 7 集民80号141頁・判タ184号146頁	Q 5
最判昭41・ 4・ 7 集民20巻 4 号499頁・集民83号41頁・判時449号44頁	Q12
最判昭41・ 6・21民集20巻 5 号1078頁・判タ194号83頁	Q20
最判昭42・ 4・27集民87号305頁	Q42
最判昭42・ 9・29集民88号629頁・判タ211号152頁・判時497号41頁	Q 3, Q 6
最判昭42・11・10民集21巻 9 号2352頁・集民89号115頁・判タ215号94頁	Q12
最判昭43・ 4・23集民22巻 4 号964頁・判タ222号102頁・判時519号17頁	Q21
最判昭43・ 8・27集民22巻 8 号1704頁・集民92号91頁・判タ226号78頁	Q12
最判昭43・ 9・24集民92号369頁・判タ228号112頁・判時539号40頁	Q 3
最判昭43・10・ 8 民集22巻10号2125頁・判タ228号114頁・判時537号45頁	Q 3
最判昭43・10・18判タ228号115頁・判時540号36頁	Q 5
最判昭43・11・15民集22巻12号2614頁・集民93号191頁・判タ229号153頁	Q11

441

判例索引

最判昭44・1・31交民集2巻1号1頁・判時553号45頁 ……………………… **Q 3**
最判昭44・3・28民集23巻3号680頁・交民集2巻2号291頁・判時555号46頁 ……… **Q 7**
最判昭44・9・12民集23巻9号1654頁・集民96号567頁・交民集2巻5号1215頁 ……… **Q 5**
最判昭45・7・15民集24巻7号771頁・集民100号81頁・判タ251号166頁 ……………… **Q35**
最判昭46・11・9民集25巻8号1160頁・集民104号177頁・交民集4巻6号1589頁 ……… **Q 5**
最判昭46・12・7集民104号595頁・交民集4巻6号1660頁・判時657号50頁 ………… **Q 5**
最判昭47・5・30民集26巻4号898頁・交民集5巻3号625頁・判タ278号206頁 ……… **Q 6**
最判昭47・5・30民集26巻4号939頁・交民集5巻3号631頁・判タ278号145頁 ……… **Q 4**
最判昭48・12・20民集27巻11号1611頁・集民110号787頁・交民集6巻6号1704頁 …… **Q 5**
最判昭49・7・19民集28巻5号872頁・交民集7巻4号960頁・判タ311号134頁
　……………………………………………………………………………………… **Q11**，**Q12**
最判昭50・1・31民集29巻1号68頁・集民114号109頁・判タ319号129頁 …………… **Q47**
最判昭50・7・8集民115号257頁・交民集8巻4号905頁 ………………………………… **Q11**
最判昭50・10・3集民116号243頁・交民集8巻5号1221頁 ……………………………… **Q19**
最判昭50・10・24民集29巻9号1379頁・交民集8巻5号1258頁・判タ329号127頁
　……………………………………………………………………………………… **Q12**，**Q22**
最判昭50・11・4民集29巻10号1501頁・交民集8巻6号1581頁・判タ330号256頁
　………………………………………………………………………………………… **Q 3**，**Q 6**
最判昭50・11・28民集29巻10号1818頁・集民116号717頁・交民集8巻6号1595頁 …… **Q 5**
最判昭52・11・24集民31巻6号918頁・交民集10巻6号1533頁・判タ357号231頁
　……………………………………………………………………………… **Q 3**，**Q 4**，**Q 7**
最判昭53・10・20民集32巻7号1500頁・集民125号531頁・交民集11巻5号1280頁
　……………………………………………………………………………………… **Q12**，**Q17**
最判昭54・6・26集民127号127頁・交民集12巻3号607頁・判タ391号71頁 ………… **Q12**
最判昭54・7・24交民集12巻4号907頁・判タ406号91頁・判時952号54頁 …………… **Q 3**
最判昭55・5・1集民129号591頁・判タ419号73頁・判時971号102頁 ……… **Q46**，**Q47**
最判昭56・10・8集民134号39頁・交民集14巻5号993頁・判タ954号80頁 ………… **Q12**
最判昭56・12・22民集35巻9号1350頁・集民134号609頁・交民集14巻6号1277頁 …… **Q12**
最判昭57・1・19民集36巻1号1頁・判タ463号123頁・判時1031号120頁 ………… **Q25**
最判昭57・4・27交民集15巻2号299頁・判タ471号99頁・判時1046号38頁 ………… **Q 6**
最判昭57・11・26民集36巻11号2318頁・交民集15巻6号1423頁・判タ485号65頁
　………………………………………………………………………………………… **Q 3**，**Q 6**
最判昭58・2・18集民138号141頁・交民集16巻1号1頁・判タ494号72頁 ………… **Q37**
最判昭58・2・18集民138号157頁・交民集16巻1号14頁・判タ494号66頁 ………… **Q12**
最判昭58・4・19民集37巻3号321頁・交民集16巻6号1779頁・判タ497号89頁 …… **Q22**
最判昭58・9・6民集37巻7号901頁・判タ509号123頁・判時1092号34頁 ………… **Q25**
最判昭59・10・9集民143号49頁・判タ542号196頁・判時1140号78頁 …………… **Q12**
最判昭61・10・9判タ639号118頁・判時1236号65頁 ………………………………… **Q25**
最判昭62・2・20民集41巻1号159頁・集民150号229頁・交民集20巻1号39頁
　……………………………………………………………………………………… **Q29**，**Q32**
最判昭62・5・29民集41巻4号723頁・集民151号103頁・判タ652号126頁 ………… **Q23**
最判昭62・7・10民集41巻5号1202頁・判タ658号81頁・判時970号3頁 ……… **Q18**，**Q22**

442

判例索引

最判昭62・12・17集民152号281頁 …………………………………………………… **Q12**
最判昭63・4・21民集42巻4号243頁・交民集21巻2号239頁・判タ667号99頁 … **Q19**，**Q20**
最判昭63・6・16集民154号177頁・判タ685号151頁・判時1298号113頁 ………… **Q3**，**Q4**
最判昭63・6・16民集42巻5号414頁・判タ681号111頁・判時1291号65頁 ………… **Q3**，**Q4**
最判平元・4・11民集43巻4号209頁・交民集22巻2号255頁・判タ697号186頁 ……… **Q22**
最判平2・3・23集民159号317頁・判タ731号109頁・判時1354号85頁 ……………… **Q12**
最判平2・6・5判時1354号87頁 ……………………………………………………… **Q12**
最判平4・6・25民集46巻4号400頁・交民集25巻3号547頁・判タ813号198頁
　…………………………………………………………………………………… **Q19**，**Q20**
最判平4・12・18集民166号953頁・判タ808号165頁・判時1446号147頁 ………… **Q8**，**Q39**
最判平5・3・16判タ820号191頁・判時1462号99頁 ……………………………………… **Q5**
最判平5・3・24民集47巻4号3039頁・判タ853号63頁・判時1499号51頁
　…………………………………………………………………………… **Q12**，**Q22**，**Q24**
最判平5・3・30民集47巻4号3262頁・集民168号下423頁・交民集26巻2号283頁 …… **Q39**
最判平5・3・30民集47巻4号3384頁・集民168号下503頁・判タ816号168頁 ………… **Q30**
最判平5・4・6民集47巻6号4505頁・集民169号1頁・判タ832号73頁 ……… **Q14**，**Q17**
最判平5・9・9交民集26巻5号1129頁・判タ832号276頁・判時1477号42頁 ………… **Q19**
最判平5・9・21集民169号793頁・判タ832号70頁・判時1476号120頁 ……………… **Q12**
最判平7・1・30民集49巻1号211頁・交民集28巻1号1頁・判タ874号126頁
　…………………………………………………………………………… **Q22**，**Q46**，**Q47**
最判平7・5・30民集49巻5号1406頁・集民175号421頁・交民集28巻3号685頁 …… **Q44**
最判平7・7・14交民集28巻4号963頁 ……………………………………………………… **Q25**
最判平7・11・10民集49巻9号2918頁・集民177号169頁・交民集28巻6号1525頁 …… **Q40**
最判平8・4・25民集50巻5号1221頁・集民179号1頁・交民集29巻2号302頁
　……………………………………………………………………………………… **Q12**，**Q16**
最判平8・5・31民集50巻6号1323頁・集民179号117頁・交民集29巻3号649頁
　……………………………………………………………………………………… **Q12**，**Q16**
最判平8・10・29交民集29巻5号1272頁・判タ947号93頁 ……………………………… **Q20**
最判平8・10・29民集50巻9号2474頁・交民集29巻5号1255頁・判タ931号164頁 …… **Q20**
最判平8・12・19交民集29巻6号1615頁 …………………………………………………… **Q4**
最判平9・1・28民集51巻1号78頁・判タ934号216頁・判時1598号78頁 …………… **Q18**
最判平9・3・25民集51巻3号1565頁・集民182号577頁 ……………………………… **Q34**
最判平9・9・4集民185号1頁・交民集30巻5号1273頁・判タ958号112頁 ………… **Q30**
最判平9・10・17民集51巻9号3905頁・交民集30巻5号1288頁・判タ958号108頁 …… **Q27**
最判平9・10・31民集51巻9号3962頁・交民集30巻5号1298頁・判タ959号156頁 …… **Q6**
最判平9・11・27集民186号227頁・交民集30巻6号1559頁・判タ960号95頁 ………… **Q5**
最判平11・7・16交民集32巻4号983頁・判タ1011号81頁・判時1687号81頁 ………… **Q7**
最判平11・10・22民集53巻7号1211頁・集民194号773頁・判タ1016号98頁 … **Q12**，**Q22**
最判平11・10・26交民集32巻5号1331頁 …………………………………………………… **Q25**
最判平11・12・20民集53巻9号2038頁・集民195号755頁・交民集32巻6号1669頁 …… **Q16**
最判平12・3・24民集54巻3号1155頁・判タ1028号80頁 ……………………………… **Q20**
最判平12・9・7集民199号477頁・判タ1045号120頁・判時1728号29頁 ……………… **Q17**

443

判例索引

最判平12・11・14集民200号155頁・交民集33巻6号1755頁・判タ1049号218頁 ……… **Q12**
最判平12・11・14民集54巻9号2683頁・集民200号139頁・交民集33巻6号1741頁 …… **Q12**
最判平13・3・13民集55巻2号328頁・交民集34巻2号327頁・判タ1059号59頁 ……… **Q21**
最決平14・7・9交民集35巻4号917頁 ……………………………………… **Q12**, **Q14**
最決平14・7・9交民集35巻4号921頁 ……………………………………… **Q12**, **Q14**
最判平15・7・11民集57巻7号815頁・交民集36巻4号905頁・判タ1133号118頁 …… **Q21**
最判平15・12・11民集57巻11号2196頁・集民212号173頁・判タ1143号253頁 ……… **Q35**
最判平16・12・20集民215号987頁・交民集37巻6号1489頁・判タ1173号154頁
　　　　　　…………………………………………………………………………… **Q22**, **Q25**
最判平17・6・2民集59巻5号901頁・判タ1183号234頁・判時1900号119頁 ……… **Q25**
最判平17・6・14集民59巻5号983頁・集民217号69頁・判タ1185号109頁 …… **Q12**, **Q17**
最判平18・3・28民集60巻3号875頁・集民219号1047頁・判タ1207号73頁 ………… **Q45**
最判平18・6・1民集60巻5号1887頁・集民220号381頁・交民集39巻3号595頁 …… **Q48**
最判平18・6・6集民220号391頁・判タ1218号191頁・判時1943号14頁 …………… **Q48**
最判平19・3・8民集61巻2号518頁・集民223号403頁・判タ1238号177頁 ………… **Q40**
最判平19・4・17民集61巻3号1026頁・集民224号75頁・交民集40巻2号313頁 …… **Q48**
最判平19・4・23民集224号171頁・判タ1242号100頁・判時1970号106頁 ………… **Q48**
最判平19・5・29民集224号449頁・交民集40巻3号577頁・判タ1255号183頁 … **Q4**, **Q44**
最判平19・7・6集民61巻5号1955頁・集民225号79頁・判タ1251号148頁 ………… **Q42**
最判平19・10・19民集226号155頁・交民集40巻5号1155頁・判タ1255号179頁 …… **Q42**
最判平20・2・19民集62巻2号534頁・交民集41巻1号1頁・判タ1268号123頁 …… **Q23**
最判平20・2・28集民227号371頁・判タ1265号151頁・判時2000号130頁 …… **Q34**, **Q35**
最判平20・3・27集民227号585頁・判タ1267号156頁・判時2003号155頁 ………… **Q20**
最判平21・12・17民集63巻10号2566頁・集民232号611頁・交民集42巻6号1409頁 …… **Q24**
最判平22・1・26判タ1321号86頁・判時2076号47頁 ……………………………… **Q12**
最判平22・9・13民集64巻6号1626頁・判タ1337号92頁・判時2099号20頁 ……… **Q22**
最判平22・10・15集民235号65頁 ……………………………………………………… **Q22**
最判平24・2・20民集66巻2号742頁・交民集45巻1号1頁・判時2145号103頁 …… **Q46**
最判平24・5・29集民240号261頁・交民集45巻3号533頁・判タ1374号100頁 …… **Q46**
最判平26・6・27自保ジャーナル1934号159頁 ……………………………………… **Q49**
最大判平27・3・4民集69巻2号178頁・判タ1414号140頁・判時2264号46頁 … **Q22**, **Q24**

■高等裁判所

福岡高判昭38・1・11判時355号67頁 ………………………………………………… **Q27**
東京高判昭46・1・29交民集4巻1号35頁・高民集24巻1号13頁・判タ257号103頁 … **Q6**
仙台高判昭47・6・29交民集5巻3号658頁・判タ280号246頁 ……………………… **Q6**
東京高判昭49・10・15交民集7巻5号1277頁・判時767号91頁 ……………………… **Q37**
札幌高判昭50・2・13交民集8巻5号1237頁 ………………………………………… **Q19**
東京高判昭53・1・12判時887号110頁 ………………………………………………… **Q27**
東京高判昭55・9・4交民集13巻5号1126頁・判タ430号132頁・判時980号64頁 …… **Q6**
仙台高判昭57・1・27交民集15巻1号51頁 …………………………………………… **Q19**

444

東京高判昭57・5 ・11交民集15巻 3 号578頁・判タ466号65頁・判時1041号40頁 ……… **Q12**
札幌高判昭57・12・23交民集15巻 6 号1485頁・判タ486号166頁 ……………………… **Q27**
東京高判昭59・5 ・31下民集35巻 5 〜 8 号323頁 …………………………………………… **Q47**
東京高判昭59・7 ・12判タ544号236頁・判時1136号69頁 ………………………………… **Q47**
東京高判昭63・2 ・24民集47巻 4 号3291頁・交民集21巻 1 号20頁・判タ658号247頁 … **Q39**
東京高判平 2 ・3 ・28判タ754号192頁 ……………………………………………………… **Q47**
仙台高判平 2 ・6 ・11判タ750号217頁・判時1372号91頁 ………………………………… **Q19**
高松高判平 3 ・2 ・26民集49巻 1 号220頁・交民集28巻 1 号 6 頁・判タ763号256頁 …… **Q47**
札幌高判平 4 ・11・26交民集29巻 6 号1621頁 ……………………………………………… **Q 4**
東京高判平 4 ・12・21交民集26巻 5 号1138頁・金判940号29頁 ………………………… **Q19**
東京高判平 5 ・8 ・31民集51巻 1 号137頁・判タ844号208頁 …………………………… **Q18**
福岡高判平 8 ・10・23交民集29巻 5 号1313頁・判タ949号197頁・判時1595号73頁 …… **Q 9**
福岡高宮崎支判平 9 ・3 ・12交民集30巻 2 号307頁・判タ956号193頁・判時1611号77頁
 …………………………………………………………………………………………………… **Q 9**
東京高判平 9 ・6 ・10交民集30巻 3 号663頁・判タ962号213頁 ………………………… **Q18**
東京高判平12・3 ・22交民集33巻 2 号445頁・判時1712号142頁 ……………………… **Q12**
東京高判平13・1 ・25判タ1059号298頁 …………………………………………………… **Q18**
仙台高判平14・1 ・24交民集35巻 6 号1732頁・判時1778号86頁 ……………………… **Q 4**
東京高判平14・1 ・30自保ジャーナル1433号 2 頁 ……………………………………… **Q18**
東京高判平16・2 ・26交民集37巻 1 号 1 頁 ………………………………………………… **Q42**
札幌高判平16・7 ・16民集59巻 5 号1054頁 ………………………………………………… **Q12**
大阪高判平16・9 ・16交民集37巻 5 号1171頁 ……………………………………………… **Q 7**
名古屋高金沢支判平17・2 ・28交民集39巻 3 号608頁 …………………………………… **Q48**
大阪高判平17・6 ・2 金判1267号44頁 ……………………………………………………… **Q48**
名古屋高判平17・7 ・14金判1244号57頁 …………………………………………………… **Q48**
福岡高判平17・8 ・9 交民集38巻 4 号899頁・判タ1209号211頁 ………………………… **Q12**
福岡高判平18・2 ・23交民集40巻 2 号328頁 ……………………………………………… **Q48**
名古屋高判平18・4 ・7 判時1936号84頁 …………………………………………………… **Q19**
東京高判平19・2 ・28金判1322号45頁 ……………………………………………………… **Q49**
大阪高判平19・7 ・22自動車保険ジャーナル1709号 8 頁 ………………………………… **Q32**
仙台高判平19・8 ・29判タ1268号287頁 …………………………………………………… **Q32**
東京高判平20・3 ・13判時2004号143頁 …………………………………………………… **Q46**
名古屋高判平20・9 ・30交民集41巻 5 号1186頁 …………………………………………… **Q42**
東京高判平21・1 ・21LEX/DB25451165 …………………………………………………… **Q32**
東京高判平21・4 ・28自保ジャーナル1812号 2 頁 ………………………………………… **Q 4**
大阪高判平22・4 ・27交民集43巻 6 号1689頁 ……………………………………………… **Q10**
東京高判平22・10・28判タ1345号213頁 …………………………………………………… **Q12**
大阪高判平23・7 ・20判タ1384号232頁 ………………………………………… **Q 3**,**Q 4**
広島高岡山支判平24・9 ・28自保ジャーナル1885号 1 頁 ………………………………… **Q33**
仙台高判平24・11・22判タ1390号319頁・判時2179号141頁 …………………………… **Q28**
東京高判平25・5 ・22交民集46巻 6 号1701頁 ……………………………………………… **Q 3**
広島高判平25・6 ・12自保ジャーナル1902号152頁 ……………………………………… **Q43**

判例索引

東京高判平25・8・7 LEX/DB25501813 ……………………………………… **Q 4**
東京高判平25・12・25自保ジャーナル1934号159頁 ………………………… **Q49**
名古屋高判平26・1・23金判1442号10頁 …………………………………… **Q43**
名古屋高判平27・4・23自保ジャーナル1953号148頁 ……………………… **Q38**

■地方裁判所

東京地判昭37・1・23判タ129号62頁 ………………………………………… **Q42**
大阪地判昭43・5・10判時534号66頁 ………………………………………… **Q 7**
金沢地判昭43・7・31判時547号70頁 ………………………………………… **Q19**
大阪地判昭45・4・28判タ249号199頁 ……………………………………… **Q19**
東京地判昭45・6・17判タ253号306頁 ……………………………………… **Q42**
宇都宮地判昭46・1・29交民集4巻1号146頁 ……………………………… **Q36**
東京地判昭46・8・31交民集4巻4号1259頁 ……………………………… **Q19**
名古屋地判昭47・5・10判タ283号305頁 …………………………………… **Q19**
東京地八王子支判昭47・6・20交民集5巻3号817頁 ……………………… **Q42**
函館地判昭47・6・28交民集5巻3号871頁・判タ280号276頁 …………… **Q 7**
東京地判昭48・2・23交民集6巻1号299頁・判タ295号307頁・判時713号96頁 … **Q27**
大阪地判昭48・3・30判タ306号242頁 ……………………………………… **Q42**
札幌地判昭48・8・25交民集6巻4号1359頁 ……………………………… **Q19**
東京地判昭48・10・17判タ319号211頁・判時731号55頁 ………………… **Q19**
東京地八王子支判昭49・3・28交民集7巻2号425頁 ……………………… **Q19**
広島地呉支判昭49・6・7判時770号97頁 …………………………………… **Q27**
福岡地判昭49・10・4交民集7巻5号1363頁 ……………………………… **Q19**
金沢地判昭50・11・20交民集8巻6号1667頁 ……………………………… **Q 7**
東京地八王子支判昭50・12・15交民集8巻6号1761頁 …………………… **Q42**
東京地判昭51・3・25交民集9巻2号429頁・判時829号65頁 …………… **Q 9**
大阪地判昭51・5・24判タ345号287頁 ……………………………………… **Q 7**
東京地判昭53・6・29交民集11巻3号897頁・判タ375号120頁・判時908号104頁 …… **Q27**
東京地判昭54・1・25交民集12巻1号84頁・判タ387号119頁 …………… **Q 6**
札幌地判昭55・2・5交民集13巻1号186頁・判タ419号144頁 ………… **Q 5**
東京地判昭55・7・15交民集13巻4号897頁 ……………………………… **Q 7**
東京地判昭55・12・23判タ442号160頁・判時993号68頁 ………………… **Q 4**
東京地判昭57・2・1判タ458号187頁・判時1044号19頁 ………………… **Q12**
大阪地判昭57・9・29交民集15巻5号1274頁・判タ483号138頁 ………… **Q 7**
千葉地判昭57・12・24交民集15巻6号1692頁 …………………………… **Q47**
新潟地判昭59・6・10交民集17巻3号765頁 ……………………………… **Q47**
熊本地判昭59・11・28交民集17巻6号1649頁・判タ548号255頁・判時1144号134頁 … **Q 4**
名古屋地判昭60・2・20交民集18巻1号203頁 …………………………… **Q47**
大阪地判昭60・4・26交民集18巻2号599頁・判タ560号269頁・判時1171号105頁 …… **Q19**
大阪地判昭60・6・28交民集18巻3号927頁・判タ565号170頁 ………… **Q 9**
神戸地判昭60・9・25交民集18巻5号1256頁 ……………………………… **Q 9**

東京地判昭60・10・25民集47巻4号3277頁・交民集18巻5号1329頁・判タ569号33頁	**Q39**
東京地判昭61・5・27交民集19巻3号716頁・判タ621号162頁・判時1204号115頁	**Q11**
福岡地小倉支判昭61・9・1交民集19巻5号1215頁	**Q12**
大阪地判昭61・12・23交民集19巻6号1726頁	**Q47**
大阪地堺支判昭62・10・22判時1293号129頁	**Q19**
静岡地下田支判昭62・12・21金商804号38頁	**Q 4**
神戸地判昭63・10・28判タ702号202頁・判時1322号128頁	**Q19**
東京地判平元・3・9交民集22巻2号345頁	**Q47**
大阪地判平元・3・10交民集22巻2号353頁・判タ707号198頁・判時1328号83頁	**Q12**
東京地判平元・3・14判タ691号51頁・判時1301号21頁	**Q 9**
東京地判平元・3・24交民集22巻2号420頁	**Q42**
大阪地判平元・4・14交民集22巻2号476頁	**Q42**
東京地判平元・9・7交民集22巻5号1021頁・判タ729号191頁・判時1342号83頁	**Q20**
山形地酒田支判平3・2・28交民集24巻1号245頁	**Q 4**
東京地判平3・3・22判時1404号119頁	**Q32**
名古屋地判平3・8・30交民集24巻4号1001頁	**Q11**
大阪地判平3・9・12交民集24巻5号1035頁	**Q47**
東京地判平4・2・27交民集25巻1号224頁・判タ788号245頁・判時1423号95頁	**Q19**
東京地判平4・3・10交民集25巻2号323頁・判時1423号101頁	**Q19**
名古屋地判平4・5・11交民集25巻3号589頁・判タ794号139頁	**Q47**
大阪地判平4・6・18交民集25巻3号707頁	**Q22**
大阪地判平4・8・27交民集25巻4号984頁	**Q19**
大分地判平4・9・18交民集25巻5号1137頁	**Q47**
東京地判平4・9・24民集51巻1号128頁・判タ806号181頁・判時1439号131頁	**Q18**
東京地判平4・10・2交民集25巻5号1182頁・判タ799号22頁・判時1469号82頁	**Q19**
仙台地判平5・3・25交民集26巻2号406頁・判タ846号233頁	**Q12**
横浜地判平5・3・29交民集26巻2号425頁	**Q19**
大阪地判平5・4・8交民集26巻2号459頁	**Q11**
金沢地判平5・7・6判タ831号168頁	**Q19**
東京地判平5・8・31判時1479号146頁	**Q18**
大阪地判平5・12・17交民集26巻6号1541頁	**Q42**
神戸地判平6・3・31交民集27巻2号465頁	**Q11**
東京地判平6・4・22交民集27巻2号503頁	**Q12**
岐阜地判平6・7・29判タ872号281頁	**Q45**
東京地判平7・3・28交民集28巻2号527頁・判タ904号184頁	**Q17**
東京地判平8・3・26交民集29巻2号470頁	**Q19**
富山地判平9・2・28交民集30巻1号302頁・判タ946号257頁	**Q 4**
大阪地判平9・3・27交民集30巻2号516頁	**Q11**
浦和地判平9・7・2交民集30巻4号957頁・判タ959号213頁	**Q18**
東京地判平9・9・18交民集30巻5号1404頁	**Q11**
長崎地判平9・10・21交民集30巻5号1500頁	**Q11**

判例索引

神戸地判平9・10・28交民集30巻5号1549頁……………………………………**Q11**
大阪地判平9・11・27交民集30巻5号1696頁……………………………………**Q11**
東京地判平9・12・24交民集30巻36号1832頁……………………………………**Q18**
千葉地一宮支判平10・2・6判タ970号247頁……………………………………**Q32**
大阪地判平10・3・12交民集31巻2号324頁……………………………………**Q19**
名古屋地判平10・3・18交民集31巻2号339頁…………………………………**Q18**
東京地判平10・3・25交民集31巻2号441頁……………………………………**Q18**
名古屋地判平10・4・22交民集31巻2号593頁…………………………………**Q11**
横浜地判平10・6・8交民集31巻3号815頁・判タ1002号221頁……………**Q15**
大阪地判平10・6・30交民集31巻3号979頁……………………………………**Q18**
大阪地判平10・7・27交民集31巻4号1107頁……………………………………**Q12**
大阪地判平10・10・13交民集31巻5号1515頁……………………………………**Q11**
大阪地判平10・11・5自動車保険ジャーナル1318号……………………………**Q42**
大阪地判平11・7・19交民集32巻4号1113頁……………………………………**Q20**
東京地判平11・10・20交民集32巻5号1579頁……………………………………**Q11**
大阪地判平12・1・27交民集33巻1号180頁……………………………………**Q12**
東京地判平12・3・14交民集33巻2号523頁……………………………………**Q20**
名古屋地判平12・4・28交民集33巻2号758頁…………………………………**Q11**
大阪地判平12・10・12自動車保険ジャーナル1406号4頁………………………**Q42**
長野地諏訪支判平12・11・14交民集33巻6号1855頁・判タ1074号226頁・判時1759号94頁
　……………………………………………………………………………………………**Q12**
東京地判平12・12・12交民集33巻6号1996頁……………………………………**Q11**
神戸地判平13・1・23自動車保険ジャーナル1435号……………………………**Q42**
山形地判平13・4・17交民集34巻2号519頁……………………………………**Q9**
札幌地判平13・8・30判タ1089号223頁・判時1769号93頁……………………**Q12**
大阪地判平13・11・30交民集34巻6号1567頁……………………………………**Q12**
東京地判平14・1・29判時1785号55頁……………………………………………**Q12**
東京地判平14・2・22判時1791号81頁……………………………………………**Q10**
大阪地判平14・4・11交民集35巻2号514頁……………………………………**Q12**
東京地判平14・7・17判時1792号92頁……………………………………………**Q15**
名古屋地判平14・9・20交民集35巻5号1225頁…………………………………**Q11**
大阪地判平15・2・5交民集36巻1号202頁……………………………………**Q19**
京都地判平15・2・28自動車保険ジャーナル1499号2頁………………………**Q42**
東京地判平15・7・28交民集36巻4号969頁……………………………………**Q42**
東京地判平15・8・4交民集36巻4号1028頁……………………………………**Q42**
大阪地判平15・9・10交民集36巻5号1295頁……………………………………**Q4**
札幌地判平15・11・28判時1852号130頁……………………………………………**Q12**
東京地判平16・9・1自保ジャーナル1582号18頁………………………………**Q11**
福井地敦賀支判平16・9・2交民集39巻3号597頁………………………………**Q48**
名古屋地判平16・12・22金判1244号59頁…………………………………………**Q48**
東京地判平17・1・17交民集38巻1号57頁……………………………………**Q11**
神戸地判平17・5・17交民集38巻3号781頁……………………………………**Q20**

判例索引

京都地判平17・7・28自保ジャーナル1617号5頁 ……………………………………… **Q11**
大阪地判平17・11・30交民集38巻6号1623頁 …………………………………………… **Q18**
大阪地判平19・1・31交民集40巻1号143頁 ……………………………………………… **Q11**
東京地判平19・6・27交民集40巻3号816頁 ……………………………………………… **Q12**
東京地判平19・7・5交民集40巻4号849頁・判時1999号83頁 ……………… **Q3, Q8**
東京地判平19・12・17交民集40巻6号1619頁 …………………………………………… **Q12**
大阪地判平19・12・20交民集40巻6号1694頁 …………………………………………… **Q32**
横浜地判平20・1・24自保ジャーナル1744号9頁 ……………………………………… **Q18**
東京地判平20・3・11交民集41巻2号271頁 ……………………………………………… **Q12**
大阪地判平20・3・13交民集41巻2号321頁 ……………………………………………… **Q12**
東京地判平20・5・12交民集41巻3号576頁 ……………………………………………… **Q22**
大阪地判平20・6・17交民集41巻3号735頁 ……………………………………………… **Q12**
神戸地判平20・6・24交民集41巻3号754頁 ……………………………………………… **Q11**
東京地判平20・11・27交民集41巻6号1502頁・判時2030号30頁 ………………… **Q18**
東京地判平20・12・17交民集41巻6号1643頁 …………………………………………… **Q12**
大阪地判平21・2・26交民集42巻1号294頁 ……………………………………………… **Q12**
大阪地判平21・3・24交民集42巻2号418頁 ……………………………………………… **Q49**
大阪地判平21・5・18交民集42巻3号627頁・判タ1321号188頁・判時2085号152頁 … **Q43**
神戸地判平21・10・21交民集43巻6号1697頁 …………………………………………… **Q10**
東京地判平21・12・25交民集42巻6号1703頁 …………………………………………… **Q18**
東京地判平22・1・27交民集43巻1号31頁 ……………………………………………… **Q20**
名古屋地判平22・3・17自保ジャーナル1829号118頁 ………………………………… **Q46**
名古屋地判平22・3・19交民集43巻2号435頁 …………………………………………… **Q12**
東京地判平22・8・23自保ジャーナル1838号84頁 …………………………………… **Q49**
名古屋地判平22・9・10交民集43巻5号1188頁 ………………………………………… **Q18**
東京地判平23・3・16金判1377号49頁・自保ジャーナル1851号110頁 …………… **Q43**
福岡地判平23・5・9（平成22年（レ）第222号）WLJ ……………………………… **Q49**
横浜地判平23・5・27交民集44巻3号663頁・自保ジャーナル1849号1頁 ……… **Q43**
東京地判平23・5・31交民集44巻3号716頁 ……………………………………………… **Q9**
宇都宮地判平23・10・7判タ1369号236頁・判時2131号138頁 …………………… **Q32**
仙台地判平23・12・22判タ1390号323頁・判時2179号144頁 ……………………… **Q28**
東京地判平24・1・27交民集45巻1号85頁 ……………………………………………… **Q49**
岡山地判平24・1・31自保ジャーナル1885号11頁 …………………………………… **Q33**
東京地判平24・4・13交民集45巻2号471頁 ……………………………………………… **Q12**
東京地判平24・6・12交民集45巻3号720頁 ……………………………………………… **Q3**
横浜地判平24・10・31交民集45巻5号1322頁 …………………………………………… **Q49**
千葉地判平24・12・6自保ジャーナル1889号110頁 …………………………………… **Q22**
東京地判平25・3・7交民集46巻2号319頁・判タ1394号250頁・判時2191号56頁 …… **Q3**
岡山地判平25・3・31自保ジャーナル1895号159頁 …………………………………… **Q43**
大阪地判平25・4・17交民集46巻2号554頁 ……………………………………………… **Q5**
岡山地判平25・5・31自保ジャーナル1877号164頁 …………………………………… **Q43**
名古屋地判平25・7・26金判1442号22頁・自保ジャーナル1909号157頁 ……… **Q43**

判例索引

東京地判平25・8・6交民集46巻4号1031頁 …………………………………………… **Q 9**
東京地判平25・8・26金判1426号54頁・自保ジャーナル1907号167頁 ……………… **Q49**
神戸地判平25・9・5交民集46巻5号1159頁 …………………………………………… **Q42**
東京地判平25・9・18交民集46巻5号1252頁・自保ジャーナル1910号116頁 ………… **Q22**
横浜地判平26・2・17交民集47巻1号268頁 …………………………………………… **Q42**
千葉地判平26・9・30判時2248号72頁 …………………………………………………… **Q18**
名古屋地判平26・10・30自保ジャーナル1953号151頁 ………………………………… **Q38**
名古屋地判平27・7・7（平成27年（レ）第56号）WLJ ……………………………… **Q49**
長野地諏訪支判平27・11・29自保ジャーナル1965号163頁 …………………………… **Q49**

■編著者

伊藤　文夫（前日本大学法学部教授）

丸山　一朗（損害保険料率算出機構）

末次　弘明（弁護士　宮川・末次法律事務所）

| 損害保険の法律相談Ⅰ〈自動車保険〉 | 最新青林法律相談12 |

2016年6月15日　初版第1刷印刷
2016年7月15日　初版第1刷発行
2016年10月15日　初版第2刷発行

廃止検印	ⓒ編著者	伊藤　文夫
		丸山　一朗
		末次　弘明
	発行者	逸見　慎一

発行所　東京都文京区本郷6丁目4の7　株式会社　青林書院
振替口座　00110-9-16920／電話03(3815)5897〜8／郵便番号113-0033

印刷・藤原印刷㈱／落丁・乱丁本はお取り替え致します。
Printed in Japan　ISBN978-4-417-01686-1

JCOPY 〈㈳出版者著作権管理機構 委託出版物〉
本書の無断複写は著作権法上での例外を除き禁じられています。複写される場合は，そのつど事前に，㈳出版者著作権管理機構（電話 03-3513-6969，FAX 03-3513-6979，e-mail；info@jcopy.or.jp）の許諾を得てください。